臺灣輔導一甲子

台灣輔導與諮商學會 —— 策劃

蕭文、田秀蘭 —— 主編

 心理出版社

目次

第二篇　諮商教育與訓練 …………………………… 233

第三章　諮商心理師培訓制度的回顧與省思
（林家興、林烝增）…………………………… 235

第四章　諮商督導的美麗與哀愁（王文秀）……… 281

第五章　諮商倫理議題的過去、現在與未來（王智弘）335

臺灣輔導一甲子：傳承與發展

　　台灣輔導與諮商學會今年適逢成立一甲子的週年慶，對一個現代人來說，一甲子的生命歲月不僅仍然充滿生命活力且有豐富的內涵，更重要的是他帶著成熟的生命視野，引領開創下一個世代的光華。面對這樣一個光輝的時刻，台灣輔導與諮商學會除以「風華一甲子：輔導諮商之典範流動、轉變與創新」為主軸，辦理學術研討會外，更以十二萬分虔敬的心，邀集國內學者、專家共同撰寫「臺灣輔導一甲子」的鉅作，將臺灣輔導與諮商在過去六十年來的努力呈現出來，同時也從未來的角度提出規劃與趨勢。閱讀本書，對曾參與其中的人來說，除了心有戚戚更是與有榮焉，因為累積了他們多年來的腳步與心力，才有今日臺灣輔導與諮商光華的六十年豐盛的內涵；對於才剛踏入輔導與諮商的年輕一族，藉著閱讀本書，可以了解許多「為什麼？」從而接續上一輩的努力，開創屬於他們的下一個璀璨世代；至於一般社會或相關領域的人閱讀本書後，更可以激發他們對輔導與諮商的「恍然大悟」，而有在未來共襄盛舉、一同努力為臺灣未來健康的心理社會共同打拼。這本「臺灣輔導一甲子」的書，帶著承先啟後的歷史使命，以此呈現在大家的面前。

　　本書由三大領域組成，第一部分為「傳承與未來」，內容從臺灣輔導的基石：學校輔導工作六十年的回顧與展望，做詳盡的描述；其次以極其涵蓋的角度記錄了過去近四十年來（1980～2018 年），臺灣在輔導與諮商上的研究焦點與未來趨勢，這一部分的內容從 1980 年起開始算，每十年一個間隔作為一個概約性的轉換，從不同十年的研究焦點中，除了看見許多學者在研究上的投入外，更可看見他們透過不

同研究主題反映出他們對當時社會變遷的敏銳覺察；值得一提的是，在該章第四節（2011～2018 年），所列出的研究主題多與現今諮商實務操作現場所面對的議題有關，例如：諮商督導、諮商倫理、媒材的應用、諮商本土化、跨領域合作、臨終關懷等，而現今臺灣諮商心理學界所關心的議題，例如：老人諮商、社區諮商等，也在第五節納入探討的範圍。總而言之，第一部分的「傳承與未來」所列述之研究主題有相當的可讀性。

　　本書的第二部分為「諮商教育與訓練」，此部分以三個章節的篇幅呈現，內容涵蓋了臺灣輔導與諮商專業在過去六十年來，如何培訓專業輔導與諮商人才、制度的建立、諮商心理師的甄試與證照核發、輔導教師與心理師的實習等，以上議題將在第三章介紹；截至 2000 年為止，臺灣輔導與諮商專業的發展，以及有關輔導人員的任用、組織條例的設置、學校輔導活動的課程與安排、相關的評鑑與考核等，多半與教育當局由上而下的推動有關，固然可以用政府的高瞻遠矚而為其喝采，然最大的問題仍在於輔導與諮商人員的基本能力與品質管理上。有鑑於此，台灣輔導與諮商學會於是以民間的力量推動諮商心理師法案的通過，《心理師法》推動的時間前後長達十年，如今諮商心理師的培訓與甄試從課程要求、實習、心理師考試、繼續教育及換證等，都有明確的規定與要求，至於臺灣輔導與諮商人員的素質已可與西方先進國家相比擬，政府和台灣輔導與諮商學會的努力有目共睹。然而，在諮商現場操作的過程中，又面臨到以前較少面對的問題，那就是諮商督導與諮商倫理的議題，本書因此在第四章、第五章兩個部分為文做詳盡的討論，透過歷史回顧、理論依據、現場面臨的議題與難題，乃至於未來的趨勢等，做深入的論述。由以上三個章節的內容來看，臺灣的學校輔導人員和諮商心理師的核心基本素養暨專業能力，在過去悠悠的歲月裡，透過政府和民間相關專業團體的努力，已

成為社會可信賴的專業了。

　　本書的第三部分為「轉型中的臺灣諮商與輔導專業」，分別以六、七、八共三章篇幅來討論，這三個章節讓我們清楚的看到臺灣輔導與諮商專業典範的轉移與創新，更從歷史的流動中，讓我們可以暫時停下腳步進行反思，進而凝聚下一步創新的動力。職是之故，在第六章裡，先從臺灣過去六十年來的社會流動中找到社會大眾所關心的焦點議題，再以回應社會流動的臺灣諮商專業為題進行討論，於此我們看到了臺灣輔導與諮商專業是如何回應社會流動，而一步一腳印的成就了自己的內涵。第七章為「諮商心理學在臺灣」，約從 1970 年中期開始，臺灣出現諮商心理學的名詞，它涵蓋了諮商理論、諮商研究法、諮商評量、諮商倫理（見本書第五章），乃至於今日的多元文化諮商等；基本上，諮商心理學是構成諮商專業的骨幹也是核心基礎，缺少了這一部分，諮商專業就如失根的蘭花而沒有安身立命的所在。隨著社會的流動，臺灣的諮商心理學不斷的從典範的調整、重整和創造新的典範以服務社會，閱讀本（第七）章，可以清楚的讓我們了解到諮商專業的哲學與邏輯，對於回答「諮商專業是如何出現？」的問題十分有助益。至於第八章，則以傳承的角度來看待臺灣輔導與諮商專業在近幾年來的努力。從 2008 年諾貝爾經濟學獎得主提出「合作共治」的觀點以來，跨領域合作的概念也逐漸成為各專業共同努力的方向。臺灣的輔導與諮商專業在過去十多年來即開始從跨世代、跨領域合作的概念，重新思考輔導與諮商的未來定位。本章第一節即是從這樣的角度開始探討不同專業對諮商的需求，了解不同專業的需求，諮商專業才有重新調整自我內涵與行進步伐的機會；本章第二節則是從社區的角度來審視諮商與社區的結合，美國自 1987 年開始，即極力鼓吹社區諮商對諮商與心理健康普及化的重要性，臺灣則從 2000 年起開始意識到社區心理健康的議題，與社區社福機構的合作乃是近幾年來

臺灣諮商專業的最大成就之一，不僅提供直接服務，更參與了「預防」的工作，提供社區或社會大眾自我照顧的可能性，建立社區合作平台便成為臺灣諮商專業在過去十年來的重要成就。本章第三節以「建立諮商產業」的觀點拓展諮商專業的通路，產業的概念說明了諮商不應再是孤立的專業，它必須與不同的產業合作，才能提供自己的能見度與被需求度，以產業的概念來描繪諮商專業未來發展的願景，似乎讓人看見了未來的方向。至於本章第四節則以未來諮商專業的發展在科技的衝擊與影響下，如何走出一條新的道路，本節提出若干研究論證，也提出若干精闢的論述，為未來諮商與輔導和發展提出方向。

在本書前言結束之前，再次回顧前文，總覺得似有不妥，仔細思量再三，發現本書書名為《臺灣輔導一甲子》，卻忽略了中國輔導學會（創會的名稱）於創會期時，諸多前輩們的投入與奠基；在參考本學會於 1999 年學會四十週年所出版的《輔導學大趨勢》一書中，有關中國輔導學會對臺灣輔導的貢獻著墨甚多，這段期間從 1958 年學會成立到 1978 年為止，又被稱為「草創期」，檢視這段時間的歷史，許多前輩的名字躍然紙上，相信現今許多年輕的一輩，對這些前輩們並不十分熟悉，甚至不知道有這些前輩們的存在，雖然「哲人日已遠，典型在夙昔」，筆者在最後以最恭敬的心列舉他們的大名，其中的多數前輩早已成仙界之人，少數幾位國寶級的人物仍在輔導界繼續引導臺灣輔導與諮商專業向前邁進：

蔣建白（創會理事長）、楊寶乾、宗亮東、許志偉、
吳鼎、黃堅厚、張慶凱、李煥、彭駕騂、張植珊、
劉焜輝、牛格正、黃正鵠、吳武典、馮觀富等人。

本書謹以十二萬分的感謝，將這些前輩們的大名列舉如上。沒有他們的努力，就沒有今日臺灣輔導與諮商的盛景，臺灣輔導一甲子有了他們才算完整，爰為之記！

蕭文

第三十三屆台灣輔導與諮商學會理事長

2018 年 10 月 20 日

風華一甲子，歡慶六十載！

　　台灣輔導與諮商學會（前身為中國輔導學會）成立於民國 47 年（西元 1958 年），今年歡慶六十年，這對任何人而言，都是份喜悅！六十年前學會的成立，成為臺灣輔導與諮商心理專業發展的定錨，舉凡《心理師法》的推動、協調，《學生輔導法》的起草、發展、公布，直到兩項法案的持續推行，始終扮演著重要角色。本會長期以來提供政教單位相關諮詢意見，進行相關實務性委託研究，辦理相關專業訓練及心理成長活動，並引領臺灣全民的心理健康發展。

　　就法令促進專業發展的層面而言，本會於 2001 年《心理師法》通過的隔年（2002 年），即起草並推動《諮商心理實習辦法》，開始針對全臺灣的諮商心理實習機構進行審查與把關，迄今 16 年。期間也執行行政院衛生署（現為行政院衛生福利部）之「諮商心理學程研究生臨床規範訂定計畫」，使諮商心理專業之實習及訓練工作能更上軌道。此外，學會亦訂有相關辦法進行諮商心理督導的資格認證，並分為一般諮商專業督導及學校諮商督導雙軌並進，使督導資格認證制度更加周延完備。而對於心理師的繼續教育積分審查，仍持續依據相關辦法進行專業進修時數認證。

　　學會在成立 60 週年的盛會中，出版了這本眾志成城的專書——《臺灣輔導一甲子》，書中囊括臺灣半個世紀以來的輔導諮商專業議題，包括：學校輔導、諮商心理、諮商督導、專業倫理，以及社會流動中所呈現的多元樣貌，所有議題由將近 50 位作者共同完成，具有豐厚之歷史意義。本專書的出版，一方面代表輔導諮商界的專業認同與歸屬；另一方面也在流動的社會脈絡下，帶動不同專業實務之間的跨

領域整合。未來，本會將持續透過實務活動的推展以及每年一次的全國系所主管會議，凝聚全國所有系所主管的智慧，共商時代當下重要的諮商心理與輔導議題。

　　值此風華六十之際，大夥兒更當胸懷本土、放眼世界。期盼讀者加入本學會會員及各項工作小組或委員會委員，共商各項建議，讓學會更紮實、更貼近會員需求，也更穩健地帶領輔導諮商專業向下一個甲子邁進。

田秀蘭

第四十四屆台灣輔導與諮商學會理事長

2018 年 10 月 20 日

第一篇

傳承與未來

第 一 章

臺灣輔導的基石：
學校輔導工作六十年的回顧與展望

王麗斐[1]、李佩珊[2]、趙容嬋[3]、柯今尉[4]

　　臺灣學校輔導工作可謂是在實踐中不斷修正與發展的專業。早期係取經於西方，1968 年因九年國民義務教育，「國民中學課程標準」將指導活動課程列入，正式全面啟動；1973 年高級中學輔導體制建立；1979 年國民小學課程列入輔導活動；大專校院亦相繼成立學生輔導中心推動輔導工作，遂逐步建立各級學校輔導體制（劉焜輝，1983）。學校輔導工作一路走來，雖受到政府教育政策的影響而建立，但過程中每個階段的演變、每個法規制度的制定與修正，皆讓人感受到前人種樹的艱辛與後人乘涼的感動。2014 年，《學生輔導法》

1　國立臺灣師範大學教育心理與輔導學系教授
　　（本文通訊作者，lfwang@ntnu.edu.tw）
2　高雄市立左營高級中學輔導主任
3　國立員林崇實高級工業職業學校輔導教師
4　教育部技術及職業教育司專門委員
本文的部分資料整理自教育部「各級學校輔導工作參考手冊編製與修訂計畫」
（教育部 105A0108）。能獲得完整而珍貴的史實資料，由衷感謝教育部學生事務及特殊教育司的全力協助，並特別感謝劉焜輝、吳武典、林幸台、金樹人、鄭崇趁、傅木龍、楊昌裕、蕭秀朗、郭佳音與陳一惠等人接受深度訪談，以及「各級學校輔導工作參考手冊編製與修訂計畫」研究團隊的協助，特此致謝。

雖然已立法通過，給予學校輔導工作法制化的保障，同時也帶給學校輔導人員不同於以往的新挑戰任務與高度期許，但輔導人員如何延續前人的努力成果，持續面對與因應新時代之挑戰等議題，正考驗著所有從事學校輔導工作的產官學各界。

「以史為鑑，可以知興替。」透過對各級學校輔導工作發展沿革的了解，將能更清楚學校輔導工作的現況、挑戰與願景。本章共分為四節探討：第一節介紹學校輔導工作在四個教育階段中的歷史軌跡；第二節研究學校輔導工作模式的變革；第三節述說《學生輔導法》的發展歷程；第四節則反思當前學校輔導工作的挑戰與未來因應。

第一節　學校輔導工作在四個學制中的歷史軌跡

臺灣學校輔導工作的歷史發展軌跡，最早大概可追溯至 1950 年代。當時回國升學的僑生逐年增加，教育部為協助僑生的適應問題而建立「僑生輔導」制度，許多學者認為此是近代學校輔導工作之始（何金針、陳秉華，2007；張植珊、吳正勝，1999；劉焜輝，1997）。再加上該時期的教育部接受美援僑教專款，選派十餘位大專教師與教育行政人員赴美研究進修，同時陸續邀請外國學者專家來臺講學。時任教育部普通司司長及僑委會主任委員之蔣建白博士，以及許多關心學校輔導的學者專家，於 1958 年成立中國輔導學會（現為台灣輔導與諮商學會）。爾後，這些開疆拓土的前輩們積極撰寫專書、出版期刊、推動實驗與試辦工作等，不僅帶動了新教育輔導氣息，也形成專業對話氛圍，引領學校輔導工作朝專業化發展（宋湘玲、林幸台、鄭熙彥，1994）。

早期學校輔導工作的試驗，除在國立華僑中學外，也包含在省立臺北第二女子中學（現為臺北市立中山女高）等校所推動的一系列

「中等學校輔導工作實驗計畫」與臺北市東門國小的「兒童心理衛生實驗」等。1975 年行政院教育會議決議各級學校應設置學生輔導單位；同年，教育部亦函請中小學於訓導系統內盡量遴用具備心理學知識及輔導技術人員，優先聘用相關科系畢業生，並將「心理衛生」、「輔導原理與技術」與「訓育原理與技術」等，列為班級導師在職訓練講習課程（王麗斐、林淑君，2016）。另外，1968 年政府開始實施九年國民義務教育，1979 年制定公布之《國民教育法》和《高級中學法》也分別確立高級中等以下學校的輔導單位與人力編制。

當十二年國民基本教育開始籌劃推展之時，2011 年的《國民教育法》第 10 條修法，明確設置中小學專任輔導教師（以下簡稱專輔教師）及增置專任專業輔導人員（以下簡稱專輔人員，即心理師、社會工作師），當年各縣市亦陸續設立學生輔導諮商中心；到了 2014 年所制定公布的學校輔導專法：《學生輔導法》，更成為現今各級學校輔導工作推動之最高法源依據，凸顯教育體制與法律的變革，帶動臺灣學校輔導工作朝法制化與專業化的發展。自此，各級學校輔導工作的體制、運作方式、人員與組織編制，甚至專業標準，皆有了明確的法令保障與要求。

由於各個學制的學生輔導工作沿革與發展，受其學制教育資源與法令影響，四個學制之輔導工作發展特性差異頗大，因此以下將分別以國民小學（以下簡稱國小）、國民中學（以下簡稱國中）、高級中等學校（以下簡稱高中），以及大專校院等教育階段，說明該教育階段學校輔導工作之發展歷史脈絡。

壹、國小學生輔導工作之發展

一、國小輔導工作的試驗與早期推動

早期的國小輔導工作具試驗性質，係以點狀方式開始拓展（林建

平，1995）。臺北市政府於 1960 年指定東門國小進行「兒童心理衛生實驗」，首開國小輔導工作之先河，此是由臺大醫院附設兒童心理衛生中心指導臺北市東門國小所推展的兒童心理衛生工作。當時推動的學生輔導工作與運作方式，對後來的學校輔導工作運作形式有很大的啟發及影響，例如：引入精神科醫師擔任專家指引、結合輔導理論與實務、整合輔導與測驗及研究、運用個別諮商與小團體輔導策略等（王麗斐、田秀蘭、林幸台、林美珠、王文秀，2005；林建平，1995）。1963 年臺灣省教育廳指定臺北市立師範學院附設小學為國小輔導工作的實驗學校；1968 年臺北市政府教育局將臺北市國小心理衛生工作及兒童指導工作交由西門國小負責辦理，不過，此時的國小輔導工作發展僅止於點狀的單一學校運作，尚未帶動制度面或全面性的影響（王麗斐、杜淑芬，2017）。

到了 1968 年，政府推動九年國民義務教育，關鍵性的影響學校輔導工作朝向輔導課程化的發展。教育部首先在國中推動指導活動課程，而在 1975 年修訂公布之「國民小學課程標準」當中，增列「國民小學輔導活動實施要領」，這是國小首次出現輔導活動課程的規劃，也是「輔導」一詞首次在官方課程中被提及，並將過去慣用之「指導活動」課程名稱正式改名為「輔導活動」（鄭崇趁，1998）。該課程之目的是希望協助學生認識自己、適應環境，以及養成良好之生活與學習態度。只是國小「輔導活動」課程並未設科教學，而是透過融入課程教學的方式推展，也就是未排定授課時間的方式（溫怡梅、陳德華，1990）。此一作法原本是期許能夠透過融入課程，帶動全體教師合力推動輔導課程，然而也因這種形式上「輔導人人有責」的設計，讓國小輔導工作無法有效落實推動（王麗斐、趙曉美，2005；吳正勝，1992）。

這樣的現象即使到了 1979 年政府制定《國民教育法》後，也依舊存在。此時的《國民教育法》已將國小「輔導室」與「輔導人員」納

入學校的正式組織編制❶，成為國小輔導室運作最早的法源依據。到了1999 年，《國民教育法》再次修訂時，進一步規範「輔導主任及輔導教師以專任為原則」，且「輔導室得另置具有專業知能之專任輔導人員及義務輔導人員若干人」；然而，因為這些法規並無明確規範「輔導人員」的專業資格、聘任與員額編制，再加上輔導主任的應設置標準在 25 班以上❷，而超過三分之二之國小並無法符合，以及多數學校輔導的第一線工作者與學者專家對於教育法規的陌生與忽視，也讓這些法規再次呈現徒具形式的現象（王麗斐、趙曉美，2005；林美珠，2000）。

即令到了 1984 年，國小首度甄試與訓練具有專業背景者來擔任輔導主任，卻因教育部於 1995 年修正《國民中小學教育人員甄選儲訓及遷調辦法》，取消了國小輔導主任必須具備輔導專業知能的規定，又再度讓國小輔導專業化的發展受挫（王麗斐、趙曉美，2005）。

此外，由於經費與法規的考量，多年來許多縣市的國小皆以「25 班以上」作為設置輔導室或輔導主任的規準，而事實上臺灣卻有約三分之二的國小是屬於 24 班以下的學校，也使得多數國小的輔導工作運作上面臨無輔導室，或有輔導室卻無輔導人員編制的窘境（王麗斐等人，2005），這使得國小缺乏輔導人力資源的困境一直存在至今，特別是小校的部分。雖然這些困境因此激發國小發展出許多如何在無輔導人力編制下的創意作法（例如：「愛心媽媽」、「認輔教師」制度等），但也因此影響了國小輔導工作的運作方式，更朝向行政化、活動化與志工化的發展（王麗斐、趙曉美，2005）。

至於國小輔導人才的培育，1984 年陸續於九所師專的普通科成立輔導組（後陸續改制為教育大學或與其他學校合併為綜合型大學），啟動了國小輔導專業人力的培育；不過該輔導組僅有 20 學分的輔導專業相關課程，且輔導組設立的目標在培養具輔導知能的一般教師，而非從事學生輔導工作的專任輔導教師（王麗斐，1999）。

　　總之，國小輔導工作的發展雖然起步很早，初始也有完善的專業運作規劃，但受限於個別學校實施，缺乏可行制度與法規的支持，於是，後期在形勢比人強的環境下，就漸漸地流向「窮則變、變則通」的行政化、活動化與志工化之「人治」發展。

二、正式課程與輔導計畫促進普及化

　　隨著社會快速朝工商化社會轉型，因應社會變遷的需要，教育部於 1993 年頒布「國民小學課程標準」❸，將「輔導活動」列為正式課程且設科教學，使國小輔導工作之推動邁入一個新的里程碑。當時（1996 年），教育部規劃國小三年級開始，實施每週一節課（40 分鐘）之輔導活動課程，低年級雖不另訂時數，仍可用導師時間或融入各科教學的方式實施。此課程主要以兒童活動為中心，共有七大目標，分成學習輔導與生活輔導兩大項，編有教學進度及教學單元，並依發展性、預防性及治療性等三級輔導架構與學科教學結合，以協助學生發展自我、預防適應困難與改善偏差行為；進行方式可採團體或個別輔導（魏麗敏，1997）。此階段的國小輔導活動課程，依循國中輔導的作法，以全部學生為對象，並採用西方學校心理學之三級輔導架構推動。另外，七大目標主要是：認識自己與接納自己、生活習慣與態度、學習態度、解決問題的能力、價值判斷的能力、認識正確的職業觀念，以及針對特殊兒童的輔導，與國中的生活輔導、學習輔導及生涯輔導範疇類同。可惜此立意良善的輔導活動課程僅實施一年，就因面臨周休二日制度的實施（上課時間由 5 天半調整為 5 天）而默默消失。

　　到了 1994 年，由於九年一貫課程的改革，國小課程受到國中課程規劃的影響，「輔導活動」被併入「綜合活動學習領域」來實施，由於該課程多由導師授課，在授課教師缺乏輔導專業背景的條件下，再次使得該課程中的「自我發展、生活經營、社會參與、保護自我與環

境」等主軸課程流於形式而難落實執行，這也使得以課程來推動學生輔導工作的方式，對國小輔導工作的發展影響不深（王麗斐等人，2005）。

　　如前所述，雖然早期國小輔導工作的規劃頗重視輔導人員的專業性，擔任輔導主任者必須具備一定的輔導專業背景（王麗斐、趙曉美，2005）。但是，無論是 1979 年制定或 1999 年修正的《國民教育法》，皆未對輔導主任、組長或輔導人員所應具備的「專業知能」予以明確規範；再加上 1995 年教育部取消國民中小學輔導主任必須具備輔導專業知能的規定，更使得輔導主任的定位偏向行政專責角色（吳芝儀，2005；林美珠，2000）。此調整的優點在於為輔導處（室）帶入更多擁有行政經驗的主任，讓校園輔導工作的推動連結更多行政資源；但也因這些主任缺少介入性與處遇性輔導的專業知能，在面對嚴重適應困難的學生時，往往無法有效發揮輔導效能，有時甚至還出現外行領導內行的窘境，讓輔導工作更朝向活動化、行政化發展；有時甚至產生專業受到壓抑的困境，這也讓輔導處（室）的專業形象與專業效能於無形中被削弱（王麗斐等人，2005；吳英璋、徐堅璽，2003）。

　　此外，隨著政府日益重視學生輔導工作，教育部於 1991 至 2003 年期間大力推動兩個巨型的輔導工作計畫（即「輔導工作六年計畫」、「青少年輔導計畫」）。在國小方面，側重於「培育輔導人才」、「充實輔導設施」、「整合輔導活動」、「擴展輔導層面」，以及「提升教師輔導知能」等方面的發展（鄭崇趁，2000）。這個時期的輔導工作主要以專案形式推動各種特定議題的輔導工作，例如：春暉、朝陽、璞玉等專案，也就是將輔導概念採全面式、普及式的方式在國中小校園內推廣（葉一舵，2013）。在 1996 年的教育改革總諮議報告書裡，教育部即針對學生輔導工作，倡議將教學、訓導、輔導進行三合一整合的輔導運作方式（即「建立學生輔導新體制——教學、訓導、輔導三合一整合實驗方案」，簡稱「教訓輔三合一方案」）；

同時引入三級輔導體制的概念,強調全體教師皆負有輔導之責;也頒布《教師輔導與管教學生辦法》,推動「認輔制度」,並以實驗方式引入不具教師資格之專業輔導人員(即具有諮商、心理、社工背景之專業人員)等;並逐步建構學校與社區、醫療、法政等單位合作之橫向的輔導網絡,使得學校輔導工作逐漸從校內輔導運作,擴大關注到與校外輔導資源的連結(鄭崇趁,2000)。

三、國小輔導工作邁向專任與專業化

到了 2004 年,教育部延續以「友善校園總體營造計畫」[4]推動全校性輔導工作。此時期的輔導工作因建基於先前「輔導工作六年計畫」、「青少年輔導計畫」、「兩性平等教育實施方案」、「中輟學生通報及復學輔導方案」、「加強學校法治教育計畫」、「教訓輔三合一方案」、「生命教育中程計畫」、「人權教育實施方案」等計畫的推動,已大大增加國小教師的基本輔導知能,普遍喚起國小校園對學生輔導工作的重視,也就更加關注到校園裡嚴重適應不良學生的輔導工作。此外,當時的臺北市於 2004 年開始辦理諮商心理師國小校園駐區服務方案,首開諮商心理專業進駐國小校園服務之首例。隔年(2005 年),高雄市成立全國第一所「學生心理諮商中心」,部分縣市(如花蓮縣、臺南市、彰化縣等)也陸續成立,這是國小輔導朝向專業化發展的重要轉捩點。

2008 年是國小輔導室首度被注入專業人力、打破零編制的關鍵年代,以補助 2 至 4 節課鐘點費的方式,首次為國小增置輔導教師(日後稱為兼任輔導教師)。同年,臺北市也推動「臺北市國民小學增置輔導教師三年計畫」(臺北市政府教育局,2008),規劃以三年期程設置全市國小專職輔導教師,為全國首創第一批國小專任輔導教師,對國小輔導工作的專業化發展起了關鍵而重要的示範作用。

接著,教育部於 2010 年修訂《教育部補助直轄市縣(市)政府增

置國中小輔導教師實施要點》，明確規範這些受補助的國小兼任輔導教師須具備專業背景資格（即俗稱 ABCD 類❺），係政府首度將輔導教師專業背景明確化，並以計畫性方式補助地方政府所轄的國中小全面設置兼任輔導教師（即符合專業資格者可獲 2 至 4 節鐘點費補助）。另外，此要點之第 6 條規定「落實輔導教師專業聘任」，明確規定「輔導教師不得由學校主任、組長兼任。但國小六班及國中三班以下之學校由未兼任主任或組長之教師擔任輔導教師確有困難者，報經縣市政府同意後，不在此限」，其對輔導教師資格的專業化有重要影響，至今（2018 年）的多次修訂版本，皆強調輔導教師專業聘任原則，凸顯政府對國小輔導教師專業化的重視。

　　另一個時間軸，則是 2010 年在桃園縣某國中發生引起社會高度關注的校園霸凌事件。該事件促使《國民教育法》第 10 條修正，首次於編制內採用外加員額的方式，也就是於 24 班以上國小設置專輔教師 1 名；另於各縣市 55 班以上之國中小設置專輔人員 1 名；縣市依所轄國中小校數，每 20 校核配 1 名專輔人員供縣市統籌運用。接著，2011 年全國 22 縣（市）在教育部督導下，成立了縣市層級的學生輔導諮商中心，扮演支援與支持學校推動處遇性輔導工作的重要平臺，並新增置專輔人員 488 位。到了 2012 年，教育部依《國民教育法》補助各縣市國小設置專輔教師，並規劃五年期程於 2017 年完成設置，共設置了 727 名國小專輔教師。

　　至此，國小輔導教師的編制大翻轉，不僅從無到有、從兼任到專任，並對國小輔導教師的專業背景明文規定❻，研擬出專屬國小輔導加註專長的專門課程科目及 26 修習學分之規定❼。如此積極且有系統地投入輔導專業人力，有如久旱逢甘霖，為國小輔導工作挹注極大能量，促成明顯的質與量之轉變。為協助學校落實推動三級輔導工作，教育部更於 2013 年出版《國民小學輔導工作參考手冊》，並以「WISER」代稱此手冊所提出之具有生態合作觀的學校三級輔導工作運作模式

運作模式（王麗斐、羅明華、楊國如，2013）。到了 2014 年，《學生輔導法》的制定公布，更為國小輔導體制帶來全面性的影響，使得人員編制與運作制度邁向法制化，其規定國小每校至少置 1 名專輔教師，每增 24 班再增置 1 名；自 2017 年起，教育部也明確規劃 24 班以下國小之專輔教師設置時程，將以 15 年的時間，逐步增置國小專輔教師員額，估計國小專輔教師將增置 3,600 名（《教育部國民及學前教育署補助置國中小輔導教師實施要點》）；惟《學生輔導法》第 22 條也規定專輔教師之配置，自 2017 年起由中央主管機關每五年進行檢討，國小最後能否在 15 年期滿時，達到每校至少設置 1 名專輔教師，仍屬未定之數。

　　整體而言，國小輔導工作的發展十分艱辛，雖然很早（1960 年）就有了東門國小實驗方案，開始進行國小輔導方案之實驗；然而這些設置細膩的國小輔導專業方案之發展，卻猶如沙漠中的綠洲，因為缺乏穩定制度的支持，如同海市蜃樓般，時而出現乾枯消失的現象。這些年來，由於社會的需求，以及教育當局、關心國小輔導的學者專家與學校夥伴鍥而不捨地從教育政策、學校體制，乃至於教學課程（如採用輔導活動課程、「輔導工作六年計畫」、「教訓輔三合一方案」與「友善校園總體營造計畫」等）裡努力，才逐步讓輔導專業的概念在國小校園萌芽。接著，隨著國小校園對輔導專業的認識與需求日增，在法令與政策的推動之下，更因著 2004 年起學生輔導諮商中心、專輔人員、專輔教師等陸續加入，使得已有普及化輔導基礎的國小校園，終能啟動輔導專業化的發展。

貳、國中學生輔導工作之發展

一、國中輔導工作的早期推動與發展

　　國中輔導工作受到 1950 年代起推動的僑生輔導工作之影響，1958

年制定公布《僑生回國就學及輔導實施辦法》，強調生活輔導與學習輔導的兩大工作方針，也奠定日後國中輔導工作的內涵與運作方式（何金針、陳秉華，2007；張植珊、吳正勝，1999；劉焜輝，1997）。

在 1968 年推動九年國民義務教育之前，臺灣義務教育僅限於國小階段的六年，當時畢業後升學的學制稱為「初級中學」（簡稱初中）。1962 年，教育部修訂「中學課程標準」，明確規定初中教育以注重生活教育和培養健全國民為目標。不同於國小的學校輔導試驗方案是由縣市政府（臺北市）主導或精神醫療單位指導，國（初）中的學校輔導工作試驗則是由教育部與當時的省教育廳逐年擴展實施學校輔導工作相關計畫與實驗方案，包括 1960 年教育部指定國立華僑中學和省立臺北第二女子中學試行辦理。1962 年起，中國輔導學會陸續受省教育廳委託推行中學輔導工作試驗，於 1962 年有省立桃園中學等 7 校、1963 年增加師大附中等 5 校、1964 年再增加進德中學等 7 校，至 1965 年實驗學校增加至 31 所，還包括 1 所大專、2 所專科學校、3 所職業學校、4 所小學，其餘皆為中學（宗亮東，1983）。此階段的試驗針對輔導內容、方法、組織及設備進行許多嘗試，奠定學校輔導工作的雛型架構，並提供專家人力資源講授輔導理論與技術，辦理輔導工作研討會，編輯輔導叢書及研究專刊等。學會並運用調查研究、實地視導，以及檢討會等方式，針對實驗結果與困境進行討論與交流（張植珊，吳正勝，1999）。

總之，國中輔導人力的專業培育始於 1958 年，臺灣省立師範大學（於 1967 年改名為國立臺灣師範大學）教育學系開設心理學組課程，另有部分大專（如政治大學、臺中師專等）開設輔導原理、教育輔導、職業輔導等課程，以做為建置輔導人力的準備。1967 年，教育部為實施九年國民義務教育準備和暖身，由宗亮東教授擔任「國民中學課程標準」召集人，成立「指導活動課程組」，並研議課程架構草案，使得國中輔導工作得以在摸索中成長（何金針、陳秉華，2007；

二、九年國民義務教育建制輔導課程與組織

因感於教育對國家建設之重要，除 1968 年起正式實施九年國民義務教育，以增班設校、師資訓練，以及提高學童就學率為發展重點，至 1982 年修正公布了《強迫入學條例》，臺灣正式進入九年國民義務教育的新里程碑。

九年國民義務教育的推動對國中輔導工作之推展具有重大意義。教育部於 1968 年頒布的「國民中學暫行課程標準」當中，新設「指導活動」一科；施行三年之後，自 1972 年 10 月 10 日修訂為「國民中學課程標準」，仍維持「指導活動」科目。設置課程的同時，並於 1968 年規範國中的行政運作體系應設置「指導工作推行委員會」及「執行祕書」，負責掌理學生輔導事務，並規劃學校輔導工作。當時定義的學校輔導工作應包含：學習輔導、生活輔導與職業輔導。另外，為因應九年國民義務教育，設置學校指導活動教師的培育工作，1968 年國立臺灣師範大學成立教育心理學系，臺北市並於該年度培育首批國中指導活動執行秘書（後稱為輔導教師）44 名（王麗斐、林淑君，2016）。接著在 1971 年，臺灣省立教育學院（1989 年改名為國立彰化師範大學）創校並成立輔導學系，亦以培育中學輔導師資為目標，首任系主任為張植珊教授。

1979 年制定公布《國民教育法》，明定國中應設輔導室，並規範輔導室之下得設輔導組與資料組❽。1980 年教育部頒布《國民中學評鑑暫行實施要點》、《國民中學評鑑標準》、《國民中學評鑑手冊》等，開創學校輔導工作評鑑之始。1984 年，國中輔導執行秘書正名為輔導主任，亦規定由具備輔導教師資格者擔任；但日後又於 1995 年取消國民中小學輔導主任必須具備輔導專業知能的規定（詳見國小篇所述）。

三、輔導課程的變化與輔導計畫的推動

　　1983 年教育部修訂發布「國民中學課程標準」，正式將「輔導」二字取代了過去的「指導」，而成為「輔導活動」，規定「輔導活動時間應由輔導本科系或相關科系畢業受過輔導專業訓練的教師擔任」。但至 2000 年，由於九年一貫課程改革，將輔導活動、家政和童軍教育等課程合併為「綜合活動學習領域」。雖授課時數不變，但消失的「輔導活動」課程名稱，也使得部分學者專家憂心輔導專業被忽略，斲傷學校輔導的專業發展（吳英璋、徐堅璽，2003；張麗鳳，2008；許育光，2013；陳秀樺，2013）。

　　為帶動學校輔導工作發展，教育部於 1991 年 7 月至 1997 年 6 月間執行「輔導工作六年計畫」，計畫分三階段，分別為：「階段一」培育輔導人力，充實輔導設施，整合輔導活動，厚植輔導基礎；「階段二」修訂輔導法規，擴充輔導層面，實施輔導評鑑，落實輔導工作；「階段三」建立全面輔導體制，統合發展輔導效能；共執行十八項計畫項目，總核定經費 85.95 億元，但實質使用僅 28.26 億元。在此計畫推動時期，學校輔導工作受到前所未有的重視，不論在政策、資金及人力配置上，皆得到很大的支持，不僅提升了學校輔導工作在整個教育體系中的地位，也快速地將輔導概念在國中小校園內推廣（葉一舵，2013）。在國中的推動方面，六年計畫特別側重於「培育輔導人力」、「充實輔導設施」、「整合輔導活動」、「擴充輔導層面」及「提升教師輔導知能」等向度的發展，並以專案形式推動各種特定議題的輔導工作，例如：春暉、朝陽、璞玉等專案，希望藉由輔導來預防犯罪及解決校園暴力等作為，防範青少年問題惡化（鄭崇趁，2000）。

　　自 1997 年 8 月起，教育部持續推動第二個六年計畫——「青少年輔導計畫」，並於同年 7 月發函停止適用「訓育綱要」，改以加強辦理

校園心理衛生教育、中輟學生復學輔導、人權教育、品德教育、生命教育、性別平等教育、法治教育及強化學務功能等為主。接著於 1998年至 2004 年期間推動「教訓輔三合一方案」，首次引進美國學校心理學之初級預防、二級預防和三級預防觀念，朝整合學校各處室與教師系統的輔導工作發展。不過，「教訓輔三合一方案」也面臨了許多困境，例如：訓導處（現為學務處）與輔導室的諸多立場與概念對立；認輔教師常被誤以為可取代專業輔導教師等（林清文，2007）。於是在這種處室間整合困難，以及缺乏專業輔導人力參與學校輔導的情形下，再加上校園裡有愈來愈多嚴重適應不良的危機個案，也使得學校對諮商輔導專業化的需求不斷增加，故開啟了輔導的「全面性」與「專業性」整合與分工的磨合階段（王麗斐、杜淑芬，2017；葉一舵，2013）。

四、國中輔導工作邁向專任與專業化

1997 年教育部試辦「國民中學設置專任輔導教師及專業輔導人員實施計畫」，首開不具教師背景的專業輔導人力（即諮商心理師、臨床心理師、社會工作師）進入國中校園從事學生輔導工作之紀錄。當時，臺北市選擇以主修臨床心理及社會工作系所畢業人員擔任專業輔導人員，而臺灣省與高雄市則選擇以心理、社工及輔導相關科系畢業人員擔任，是為中小學設置專業輔導人員的試驗（林家興、洪雅琴，2002）。

然而，朝向專業之路仍有不少阻礙，例如：2003 年立法院曾一讀通過《國民教育法》第 10 條修正案，當時原擬刪除國中小輔導室與輔導教師的法源依據，經中國輔導學會、學者專家以及第一線學校輔導工作者積極爭取後，才得以保留、化解危機。2005 年教育部負責學生輔導政策的訓育委員會成立輔導工作諮詢小組，經多方討論，在 2006年將「立專法」及「修各法」兩案併陳給杜正勝部長，後經部長裁示

「立專法」，於是開啟了《學生輔導法》之草擬工作；同年也發布了「友善校園總體營造計畫」，持續以計畫方式推動學生輔導工作。接著，2008 年教育部訂定《教育部補助直轄市縣（市）政府增置國中小輔導教師實施要點》，於 2010 年開始以減授 10 節課的方式補助國中增置輔導人力，並訂定受補助輔導教師專業背景資格（即俗稱 ABCD 類），將輔導教師專業背景明確化。此補助鐘點的方式，對國中增加專業輔導人力，起了明顯的協助效果。

　　《教育部補助直轄市縣（市）政府增置國中小輔導教師實施要點》對國中輔導教師專業聘用的重要性與國小相同，為落實輔導人力專任專用，曾經歷多次修正，於 2010 年新增的第 6 條規定「落實輔導教師專業聘任」，明確規定輔導教師不得由學校主任、組長兼任；但國中三班以下之學校由未兼任主任或組長之教師擔任輔導教師確有困難者，報經縣市政府同意後，不在此限。迄 2017 年的修正版本，皆強調輔導教師以專業聘任為原則。

　　到了 2011 年，因《國民教育法》第 10 條修正條文，在編制內採取外加員額的方式，於每個國中設置 1 名專任輔導教師，21 班以上國中再增置 1 名；並以五年期程設置專輔教師與專輔人員，截至 2016 年 7 月止，共增置了 1,233 名國中專輔教師，以積極回應國中校園的輔導需求。2014 年《學生輔導法》公布，對國中專輔教師增置員額的規定，由 20 班編制 1 名提高到 15 班編制 1 名，於是延續《國民教育法》第 10 條的編制規定，自 2017 年再規劃國中專輔教師設置時程，擬分 9 年（自 2017 至 2025 年）完成規劃設置。這不僅是國中輔導工作專業化發展的關鍵時刻，更是學校輔導工作的重要里程碑。此外，為回應現場工作之需要，教育部於 2013 年出版《國民中學輔導工作參考手冊》（王麗斐、杜淑芬，2013），並以 WISER 代稱學校三級輔導工作之運作模式。

參、高中學校輔導工作之發展

一、高中輔導工作的早期推展與組織

　　類似地，高中學校（包括高中職等各類型高中）學生輔導工作也是從課程開始推展。1962年7月教育部修訂「中學課程標準」時，將初中與高中目標分列，明確區分當時初中與高中教育的不同功能，強調高中注重人才教育，奠定學術研究及專業訓練基礎。

　　1970年（59學年度）起，高中陸續開始試辦學生輔導工作。1971年為因應國中首屆畢業生進入高中就讀，「高級中學課程標準」隨之修訂，其強調國中與高中的課程銜接，並且特別重視「指導活動」。在總綱教學通則中，明白規定：「各校必須善為利用，分別實施生活指導、教育指導與職業指導，以了解學生能力、性向、志趣與專長，發現學生個別問題，增進學生學習效能」，顯示當時的「指導活動」並不是正式課程，係指學生輔導相關作為。接著，1972年臺灣省政府教育廳訂頒《高級中等學校指導工作實施要點》及活動綱要，通令高中職實施「指導活動」。

　　1973年訂頒的《高級中學學生評量與輔導工作實施要點》，首次明確規定高中輔導組織編制，明定：「各校應設置輔導工作推行委員會，校長為主任委員，遴選曾受輔導專業訓練並有輔導經驗者為該會執行秘書，負責推動一切輔導工作。每15班得置輔導教師1人，裏辦有關輔導與測驗工作。」在工作任務上，強調升學與職業輔導：「根據各種測驗結果之分析，適宜升學之學生應實施完整之教育輔導，運用各種合理的學習活動，務使學生能充分發展其潛能」，「各校對不適宜升學之學生，得開設職業課程，協助其修習各種職業選修科目，俾能培養一技之長，以適應其特殊性向之發展。」

二、高中輔導工作的試辦與全面啟動

　　為進一步試辦高中輔導工作效益，1974 年公布之「高級中學輔導工作實施方案」指出，高級中學實施輔導工作原則是以繼續國民中學之基礎，施以生活輔導、教育輔導、升學輔導及職業輔導，其中第一學年實施教育輔導，以分班編組和培養學生優良學習態度、習慣、方法等；第二學年實施升學輔導，以協助學生認識自身條件，認識學校科系情況，進而正確的選擇升學目標；第三學年的職業輔導，則以協助學生認識自身條件和工作世界，進而確定職業目標，培養職業技能與觀點（宋湘玲、林幸台、鄭熙彥、謝麗紅，1997）。當時並指定 9 所高中（臺北市師大附中、景美女中；臺灣省羅東高中、新竹高中、竹山高中、彰化高中、花蓮女中、前鎮高中、徐匯中學等）試辦學生評量輔導工作，並成立輔導工作推行委員會，除了作為高中各校進行輔導工作的依據，並將輔導範圍從升學與就業的範圍，擴大至生活習慣及理想、自我領導與身心正常發展等個人與社會的生活適應問題。由此可見，高中學生輔導工作之發展與世界各國趨勢一致，皆因升學與職業輔導的需求而受重視，進而能有效協助學生身心健康發展。高中初步試辦輔導工作受到肯定之後，1976 年將試辦學校增加至 50 所。到了 1979 年 5 月 2 日制定公布《高級中學法》，正式將學生輔導工作納入法規當中，此為高中輔導工作法制化的開端。其後，陸續於 1978 年修正通過《職業學校規程》、1981 年發布《高級中學規程》與《高級中學學生輔導辦法》，逐步使高中輔導工作的制度、人力及工作內涵一一到位。

　　相較於國中輔導教師以授課為主，乏力執行學生輔導工作，高中輔導教師於設置時，便明文規定其專職於學生輔導工作，無需擔任課程教學授課或其鐘點比照組長或主任[9]。此一規定，對日後《國民教育法》修訂「國中小專任輔導教師以不授課為原則」之訂定，具有關鍵

性的幫助。近期高中訂定授課新規定時，也明文敘及《學生輔導法》
對於輔導教師原則不授課之規定。

　　回顧高中輔導工作的最初發展，經歷了整整十年的評估、試驗、
檢討與修正後，才使全國高中於 1979 年（68 學年度）得以全面推行學
生輔導工作；顯示高中輔導工作的發展，在初期即採有計畫、有步驟
地透過試驗方案了解推動方法及效益，再逐步達到全面推動的目標，
奠定穩固的發展基礎。

三、高中輔導工作法制化促成專業化

　　《高級中學法》、《職業學校法》等相關法規不僅為高中輔導工
作提供明確的角色定位，也指引了明確的工作方向與任務，有利於長
久與穩固之發展。1999 年第二次修正的《高級中學法》十分重要，此
法正式確立輔導人力編制、建立輔導會議制度，並且調整了輔導工作
內涵，除刪除原條文中對資賦優異學生及不適於繼續接受高級中學教
育學生之輔導規定，也進一步修正《高級中學學生輔導辦法》，以因
應各地區輔導工作之實際需要。

　　值得注意的是，高中輔導行政人力的編制和聘用與國民中小學不
同，1999 年《高級中學法》修法時，將原第 13 條第 2 項：「輔導工作
委員會置專任輔導教師，由校長遴聘具有專業知能人員充任之」，修
正為第 15 條第 2 項：「輔導工作委員會置專任輔導教師，由校長遴選
具有專業知能之教師充任之；校長應就輔導教師中聘兼 1 人為主任輔導
教師」，並增列第 15 條第 3 項：「輔導工作委員會得聘請具有專業知
能之輔導人員及義務輔導人員為兼任委員」。使高中輔導人力從 1979
年由校長遴聘具有專業知能人員擔任，轉變為 1999 年之後須由取得輔
導教師資格之專任輔導教師擔任，並從輔導教師當中聘 1 名為主任輔導
教師。

　　為因應十二年國民基本教育之推動，2013 年 7 月 10 日制定公布的

《高級中等教育法》，將過去《高級中學法》及《職業學校法》之規定整合規範，並且正式將過去高中職分列之習慣改併稱為「高級中等學校」，包括普通型、技術型、綜合型和單科型等四大類型。高中的設置多元，不僅有公私立學校、完全中學，還有日間部與進修部。此外，《高級中等教育法》第 20 條第 2 項規定：「高級中等學校輔導處（室）置主任一人，由校長於專任輔導教師中遴聘一人兼任之」（教育部，2016b），終將沿用 35 年的「主任輔導教師」職稱更名為「輔導主任」。2015 年對應修正之《高級中等學校組織設置及員額編制標準》第 3 條，將輔導處（室）列為學校的一級單位，使輔導處（室）的定位予以正名，納入法制的單位與主管編制，更增進高中輔導工作的推動及效益。

四、高中輔導人力侷促與多層次發展

　　高中輔導人力之編制也不同於國中與國小，輔導主任一直是內含於專任輔導教師員額而非外加的行政職務，過去也較少有學校設置組長等相關行政人力。依照 2013 年之前每 15 班設 1 位輔導教師的編制方式，每位輔導教師主責輔導的學生人數超過 500 人。雖然《高級中等學校組織設置及員額編制標準》中，註明高中輔導處（室）得設輔導、資料各組，但設組與否仍受各縣市政府規定，也須斟酌學校規模大小及校務發展之需要。此外，雖然《學生輔導法》規定高中的專任輔導教師員額要提高至每 12 班設 1 人，且於 55 班以上學校置專任專業輔導人員；但是，由於各縣市政府的教育經費與資源不一，加上少子化因素造成減班超額之預防措施，許多縣市至今尚未依法聘足輔導教師，或改以代理老師聘任。整體而言，因為缺乏行政人力的編制，高中輔導人力的運用較為侷促。許多高中輔導工作常以「年級制」或「任務制」的分工方式執行，例如：高三的年級輔導教師可能要負責高三學生的輔導行政與個案輔導等工作，或者負責生命教育主題的輔導教師

要協助籌劃生命教育之各類講座與活動。多重的工作角色雖有助於輔導教師接觸師生,並且行銷輔導觀念,但也因身處在多重角色影響下,增加對於維持輔導專業倫理的挑戰。

總之,高中輔導工作已持續穩定發展多年,期間政府亦推行多種輔導工作方案,從「輔導工作六年計畫」、「青少年輔導計畫」、「教訓輔三合一方案」,至 2004 年推動迄今之「友善校園總體營造計畫」,提供輔導教師和一般教師充實輔導知能的機會。此外,1994 年啟動的大學多元入學制度(教育部於 1994 年試辦大學推薦甄選入學方案,1998 年增加試辦申請入學方式,1999 年正式通過大學多元入學新方案),賦予高中輔導工作協助學生生涯定向和發展之任務;2004 年「普通高級中學課程暫行綱要」開始納入「生涯規劃」和「生命教育」課程,2014 年發布「十二年國民基本教育總綱」強調自發、互動、共好之理念,並將高中「生涯規劃」與「生命教育」納入綜合活動領域綱要,自此國小、國中與高中的輔導課程開始有了一貫與銜接的概念。

早期在省教育廳時代,便積極設置高中職心理衛生諮詢服務中心和高中職輔導團,期待透過行政作為提升高中輔導工作水準。為因應《學生輔導法》之通過,教育部於 2016 年通過《教育部學生輔導諮商中心設置要點》,設置高中學生輔導諮商中心總召學校及駐點服務學校,辦理學生輔導諮商工作,使高中的三級輔導資源平臺更加完備,展現高中輔導工作的多層次發展。

肆、大專校院輔導工作之發展

一、大專校院輔導工作的早期推動

早期大專校院的輔導工作推展,受到「大學自主」理念影響,各校多自主推動,因此各校輔導工作的運作模式、人員編制與輔導專責

單位之名稱等，皆有諸多差異；不過若以鉅觀的角度，仍可看到大專校院在輔導工作上的轉變與發展，包含：輔導人力的增加、輔導專業人力漸漸取代非專業人力，以及輔導業務的多元化等（許韶玲，2003）。大專校院輔導工作最早的發展應可溯及 1964 年國立臺灣大學首創輔導專責單位，其後有 1966 年國立政治大學設立學生生活輔導心理衛生中心研究委員會，以及 1970 年國立高雄師範大學在訓導處下設立學生心理輔導室等。另外，中國輔導學會於 1965 年協助國立臺灣大學、國立政治大學、國立臺灣師範大學等學校實施輔導與測驗計畫，對於高等教育之心理測驗推廣與輔導工作推動，具有開啟之貢獻（王麗斐、林淑君，2016）。

在法源上，教育部於 1976 年函頒《專科以上學校設置學生輔導委員會暨學生輔導中心實施要點》與《專科以上學校設置學生心理衛生中心實施要點》[10]，促使各校開始普遍設立學生事務處諮商輔導組、學生輔導中心或心理衛生中心等專責單位，可見當時教育部訓育委員會（以下簡稱訓委會）的大力策進，對於大專校院的學生輔導工作發展至為關鍵。修慧蘭（2008）曾分析北區大學諮商輔導中心之服務現況，將大學輔導中心之工作區分為個別諮商、團體諮商、心理衛生推廣服務等項目，其中以心理衛生推廣服務最多，個別諮商服務其次，團體諮商服務最少。不過，許雅惠（2011）的調查則發現其工作益加多元，大專校院輔導中心除進行諮商外，也須具備教育、研究與訓練的功能。不過無論如何演變，心理健康／衛生與預防輔導的概念仍是大專校院輔導工作的重點，三級預防的發展性輔導概念仍是重要基礎（何福田，1990；許雅惠，2011）。

二、大專校院分區諮詢單位之推展

相對於高中職以下學校輔導工作得力於政策的大力推廣，大專校院在校園中的輔導工作推展，多仰賴各校的輔導專業團隊各自打拼，

其專業品質良莠不齊現象時有所聞，故在教育部訓委會輔導下，設置大專校院分區諮詢單位，對各校輔導工作推展發揮催化性影響。行政院於 1981 年核定《加強青少年輔導工作實施要點》，教育部接續於 1982 年 1 月 30 日正式委託國立政治大學、國立臺灣師範大學、國立臺灣教育學院（現為國立彰化師範大學）、國立高雄師範學院（現為國立高雄師範大學）等四所學校附設「學校青年輔導諮商中心」，聘請教育、心理及輔導等教授或專家組成輔導諮詢小組。在教育部頒定之《委託國立政治大學、臺灣師範大學、臺灣教育學院、高雄師範學院附設學校青年輔導諮商中心協助大專院校推展學生輔導工作實施要點》當中提及，此四區中心的設置目的在於：「協助大專院校推展學生輔導工作，提供輔導資料、諮商技術、測驗解釋等疑難問題之諮商服務，以增進大專院校輔導與訓導人員之輔導知能，期協助大專青年解決生活疑惑並增進身心健康」，當時每一個中心負責輔導 23 至 25 所學校（金樹人，1982）。由分區諮詢中心負起各區大專校院學生輔導工作的諮詢任務持續發展至今，也為大專校院輔導工作發展奠定基礎（王麗斐、林淑君，2016；何金針、陳秉華，2007）。

　　2005 年，教育部訂定發布之《教育部設置大專校院學生事務工作協調聯絡中心及輔導工作協調諮詢中心實施要點》❶，對設置大專校院學生事務工作協調聯絡中心及輔導工作協調諮詢中心，有了更明確之規劃，除將全國大專校院的學生諮商或輔導中心劃分由四區中心提供服務外，並清楚規範他們負責規劃區內各校輔導工作之整體配合事項，到了 2011 年並再次修正。總之，1982 年教育部委託設立之「學校青年輔導諮商中心」為四區輔諮中心之前身，2005 年頒布之要點則進一步透過要點與行政規範，強化大專校院學生事務及輔導功能，整合相關人力，提升服務品質，逐步健全大專校院學生輔導工作之發展。

三、大專校院輔導工作的法制化

　　雖然大專校院學生輔導工作長期受到大學自主的影響，各校的組織、編制、運作方式與專業程度差異很大，不過回顧大專校院輔導工作之歷史，仍可發現大專校院輔導工作在這數十年的專業發展脈絡，包含輔導人力增置、輔導業務多元及輔導資訊化等，例如：各大專校院在學校組織規程中設置學生輔導專責單位，並有部分學校考量服務對象包含學生、教職員與眷屬等，而成立諮商輔導中心或諮商中心。在輔導人力增加方面，教育部與各方積極努力下，於2014年11月12日制定公布《學生輔導法》，該法除了明定學生輔導需有專責單位與專責人員外（第4條），並明定各級學校的學生輔導工作組織、工作內涵與人力編制、健全學生輔導工作制度與體系，對於學生輔導工作的內涵、架構、任務及人力編制，提供了明確的法源基礎，也為大專校院輔導工作提供前瞻視野。

　　2001年10月21日《心理師法》的公布實施，規定欲從事諮商與心理治療工作者，需具備心理師專業執照始得執行業務。這項法規的公布實施，開始影響第一線大專校院輔導工作者的聘任，帶領許多大專校院從一般大學具諮商輔導相關專長教師兼任輔導教師工作，轉而開始聘任具諮商心理師專業證照者從事。到了2014年，《學生輔導法》更明確的將大專校院學生輔導人力界定為專業輔導人員，也就是指具有諮商心理師、臨床心理師或社會工作師證照者。此一公布，更將大專校院諮商輔導單位的人力結構明顯確認為上述三種專業證照者。接著，教育部於2014年發布《教育部補助大專校院設置專業輔導人員要點》[12]，並於2018年修正與補助項目及額度，更逐步協助大專校院輔導專業人力之編制完備。

　　回顧大專輔導工作發展歷史，可發現大專校院輔導工作朝輔導人力增加、業務多元化、工作資訊化等方向發展（許韶玲，2003）。

《學生輔導法》雖對大專的人力提供明確規定❸，教育部也積極運用政策辦法協助其落實執行，但是這些人力制度的落實與實踐，仍有賴日後學界、實務工作者與政府行政單位的共同努力。

　　整體觀之，四個學制之學校輔導工作發展，不僅受到學生發展特質以及教育體制之差異而有所不同，也受到社會需求、政策規範，以及建置時的社會背景、國家經濟發展而有所不同。不過即令如此，各級學校輔導工作的運作模式仍有許多共通之處，例如：受到西方學校輔導運作架構、課程預防模式、政府計畫式方案補助，以及政策性的三級輔導運作體制等影響，而帶來許多類同的運作模式與改革。以下將針對臺灣這些年來在學校輔導工作運作模式之變革進行探討。

第二節　學校輔導工作模式的變革

　　如前節所述，臺灣學校輔導工作在四個不同學制之發展歷程各有其特色，但相同的是，在歷經六十餘年的實驗、修正與實踐，已逐步朝向本土運作模式發展。本節將探討臺灣學校輔導工作模式的變革，梳理其發展的脈絡與特色。具體而言，臺灣學校輔導工作模式大致可以分為四個重要運作模式：(1)「個別實驗」運作模式；(2)「課程預防」運作模式；(3)「方案計畫」運作模式；(4)「生態合作」運作模式等。因時代背景、社會環境對學校輔導的需求與提供資源多寡，而形成不同階段的運作模式與特色，也帶來不同的影響。以下就這四個重要運作模式階段的發展項目與特色分述之。

壹、「個別實驗」運作模式

在 1950 至 1961 年間，由於美援及政府推動教育革新，教育部選派十餘位大專教師與教育行政人員赴美進修，也陸續邀請美國學者與聯合國教科文組織專家來臺講學，將此時期美國蓬勃發展的輔導運動介紹至臺灣（何金針、陳秉華，2007；張植珊、吳正勝，1999）。由於美國學校輔導工作起源於二十世紀初，從最早期的職業輔導工作，隨著時代與需求演進，逐步建立起學校輔導與諮商的工作內涵及學校諮商師的工作職掌。1940 年代受到 Carl Rogers 所提倡的非指導性諮商之影響，重視學生個別適應的諮商服務逐漸取得學校輔導工作的主導地位。時至 1960 年代，學校輔導工作定位為「學生事務服務」（pupil personnel service），輔導服務類型大致包含：定向輔導、個人紀錄或評量、個別諮商、資訊提供、安置服務及追蹤輔導等（Gysbers, 2001; Gysbers & Henderson, 2012）。

此時，臺灣學校輔導工作發展的重要項目，是由教育部推動的僑生輔導，當時輔導的重點在於學生的學習輔導與生活輔導（吳武典，2013）。另一個重要發展亮點是 1959 年的「東門方案」，臺北市東門國小在臺大醫院附設兒童心理衛生中心創辦人林宗義博士的指導下，成為第一所試辦全方位的學校心理衛生實驗方案之學校。「東門方案」係透過個案研討會和講座的形式，以及運用心理測驗量表輔助，協助全校教師具備心理衛生知能的早期偵測和早期預防目的，更成立心理衛生室，下設輔導教師，將兒童心理健康工作納入學校行政體系之中，並且設有轉介專業機構（即臺大醫院兒童心理衛生門診）的機制。當時所著重的工作重點在於解決學生的適應不良問題，這與美國同時期學校輔導工作著重心理諮商導向是相似的。「東門方案」雖然已初具學校輔導工作樣貌，但尚未能從發展的角度全面性的進行學校

輔導工作，故此時的學校輔導工作僅能說已具學校輔導之雛形，但尚未能落實預防於先的輔導目標（王麗斐、杜淑芬，2017）。

由於學校輔導工作尚在草創試驗階段，1958 年在教育部支持下所創立的中國輔導學會，扮演了推動臺灣學校輔導工作的重要角色。當時的輔導前輩與學者積極活躍地投注心血，出刊《輔導研究》（後改名為《輔導月刊》、《輔導季刊》）、《測驗與輔導》（行政院青年輔導委員會出版）等，並且編撰輔導叢書、心理衛生叢書與職業輔導叢書，辦理專題演講及研討會等，帶動國內輔導工作之學術發展。

在中學的學校輔導工作部分，教育部於 1960 年指定國立華僑中學及省立臺北第二女子中學實驗輔導制度與實施方法，展開了實驗與試辦工作。1962 至 1965 年間，教育部與省教育廳和中國輔導學會合作推動「中等學校輔導工作實驗計畫」，計有 37 所學校被指定為實驗學校，針對輔導制度、內容、方法、組織及架構採取實驗方案進行，在嘗試中逐步奠定學校輔導工作的雛型架構（宋湘玲等人，1997）。

雖然此時期的學校輔導工作屬於個別實驗方案，僅限於在少數個別實驗學校中實施，尚未普及全國，但這些實驗性質的方案已逐步將輔導工作之相關理念與知識引進校園，並且從實作中累積經驗，奠下臺灣學校輔導工作萌芽之基礎，也深遠影響後續學校輔導工作之運作。

貳、「課程預防」運作模式

1966 年，中國輔導學會建請教育部召集國內專家學者成立有關委員會，研擬中等學校實施輔導制度的各項設施。由於當時的時空背景仍處於戒嚴狀態，學校仍以訓育文化為管教學生的主流方式，輔導理念要進入校園並不容易，所以在學校輔導工作的推行上採取迂迴策略，名稱上以「指導」替代「輔導」，以「課程植入」的方式在國中先行推動（陳惠雯、王曉薇、韓昌宏、彭瑞蓮、張雅苓，2006）。

1968 年政府實施九年國民義務教育時，在課程中增列「指導活動」課程，並設置了「指導活動推行委員會」，聘用執行秘書及指導活動教師，輔導工作於是在國中階段全面推展（宋湘玲等人，1994；張植珊、吳正勝，1999；張麗鳳，2005；溫怡梅、陳德華，1990；劉焜輝，1997）。而同年頒布的「國民中學課程標準」之指導活動涵蓋了教育輔導、生活輔導、職業輔導三面向，也規範課程的實施方法，例如：每週一節的課程時間進行學生身心調查、心理測驗，或各項升學、就業與其他輔導活動，並且根據課程標準編印「學生手冊」及「教師手冊」，提綱挈領的指引課程實施方法（許錫珍、邱維城、張春興，1977）。此時期的輔導工作以正式課程成為教育的一環，將生活、學習、身心適應與生涯發展等的內涵，透過課程的形式，有系統、有順序的授與學生或與學生討論。大陸學者葉一舵（2013）形容，這是臺灣學校輔導史上的第一個黃金期，不僅學生輔導工作在學校行政上獲得了法律地位，國中輔導工作也從實驗階段進入了全面推展的制度化階段。

　　雖然臺灣學校輔導工作發展一開始是採取「曲線妥協」的方式，捨「輔導」就「指導」（張植珊、吳正勝，1999），但學界仍以宗亮東教授為關鍵角色，持續積極推動輔導的正名運動；因此在 1975 年修訂「國民小學課程標準」時，便直接以「輔導」稱之。1983 年「國民中學課程標準」修訂時，指導活動課就順理成章地改稱為「輔導活動課」。到了 2004 年實施九年一貫課程時，國中輔導活動則與童軍、家政整合成為「綜合活動領域」，以每週三節課共同推動。雖然授課時數不變，但「輔導活動」的課程名稱，從此走入歷史。

　　以課程方式推動輔導工作，將輔導正式納入學校教育中的一環，在臺灣學校輔導工作史上具有重大意義，然而在實際推動的過程中，各校實施狀態卻落差甚大。原本在設計上，輔導活動課程應由受過專業訓練的輔導教師，以每週一次的班級團體輔導活動方式進行，然而

在升學壓力下，有些學校將輔導活動課程配課給主科教師，造成輔導活動課程有名無實（張孟莉、張景然，2009；陳富雄，2004）。此外，輔導活動課程往往被「課程架構標準化」，部分授課教師依照課本架構進行輔導活動「教學」，重視「活動」的課程進行方式，往往熱鬧有餘，卻無法敏察班級內學生差異化的輔導需求；雖然輔導工作非立竿見影，但輔導活動課程的效益若無法充分展現在學生的在學適應上，輔導活動課程的成效也就經常受到質疑。

此外，每週高達 18 至 20 節的授課時數，造成輔導教師將授課做為主要工作項目，授課之餘從事學生輔導的時間與精力自然大受影響，而無法有充分心力照顧有個別輔導需求的學生（王仁宏，2003；王麗斐、趙曉美，2005），這也在無形中使得學校輔導工作的推動，被誤解或窄化為輔導課程的實施，失去了「以學生需求為出發」的核心目標價值，更忽略了個別學生的輔導需求。特別是當輔導教師以「照本宣科」的教學方式進行輔導活動課程，更遠離當初設置輔導活動課程之初衷（林清文，2007；張植珊，1980）。

除了在國中建立學校輔導制度與架構，教育部也陸續頒布高中、高職與國小課程標準或輔導活動實施要點，並通令大專校院成立學生輔導中心（王麗斐、林淑君，2016）。在國民小學部分，教育部在 1975 年頒布《國民小學輔導活動實施要領》，但輔導活動課程的實施並不另訂科目，亦無固定時間進行，而是由一般教師以融入教育情境與課程活動中實施。在零編制、無具體課程實施的運作模式下，日積月累就形成了國小教師對於輔導工作概念及執行的空洞化，以及輔導室缺乏專業的困境（王麗斐、趙曉美，2005；林美珠，2000）。

總之，以課程預防運作模式推動學校輔導工作，將其納為學校課程中的一環，雖可以達到全面推廣之功效，但標準化的課程內容也可能無法因時制宜地照顧到每一位學生的需求，而限縮學生輔導功能。此外，課程實際運作時，容易受到學校環境、教師教學方式、教師輔

導知能等影響，而造成效果上的差異。再加上學生輔導工作的效能不僅仰賴輔導教師，還深受導師以及其他教師之影響，當學生輔導工作局限於輔導教師的課程教授，其效能發揮也就僅止於該課堂，並無法發揮全校性的影響效果；是以，課程預防模式無形中也局限了學校輔導工作效能的發揮。

參、「方案計畫」運作模式

一、「輔導工作六年計畫」與「青少年輔導計畫」

到了 1990 年代，由於臺灣社會快速變遷，青少年問題層出不窮，政府為了解決青少年虞犯問題，進而檢討教育輔導制度，體認到學生輔導工作實為解決青少年問題最積極與有效的策略之一（鄭崇趁，1998）。因此，當 1991 年政府推動第二次國家建設時，在教育方面便積極推動「輔導工作六年計畫」，自此學校輔導工作邁入以計畫式與外加經費方式，也就是配合執行政府制定「計畫」或「專案」的學校輔導運作階段（鄭崇趁，1999）。當時推動的方案計畫主要是朝陽方案（問題行為學生輔導）、璞玉專案（國三不升學學生輔導）、攜手計畫、春暉專案、認輔制度等計畫，有些方案目前仍延續推動。除了1990 至 1996 年的「輔導工作六年計畫」外，接續於後的「青少年輔導計畫」（1997 至 2003 年）以及「友善校園總體營造計畫」（2004 年至今）等，均是運用計畫帶來經費補助的方式，來辦理校園心理衛生教育、中輟／離學生復學輔導、人權教育、品德教育、生命教育、性別平等教育、法治教育，以及強化學校學務功能等為主（吳武典，2013；葉一舵，2013）。此時，政府對於青少年問題預防的政策，已不僅止於學生心理層面的輔導，也同時包含了學生事務、人權教育、生命教育、性別平等教育、法治教育等內涵。

根據葉一舵（2013）對 1990 年所推動「輔導工作六年計畫」的評

析，他認為該計畫目標的擬定不僅周全而縝密，帶有對臺灣學校輔導體制建立與實踐的理想規劃，且企圖結合家庭、學校、社會及國內外資源，建立全面輔導體制，統整規劃輔導工作發展，除了消極希望減少青少年問題行為，並積極希望培養國民正確人生觀，促進青少年身心健康，增益社會祥和。在這個總目標之下，又分為三階段目標及十八項計畫項目：第一階段（自 1991 年 7 月至 1993 年 6 月）為「培育輔導人力，充實輔導設施，整合輔導活動，厚植輔導基礎」；第二階段（自 1993 年 7 月至 1995 年 6 月）為「修訂輔導法規，擴充輔導層面，實施輔導評鑑，落實輔導工作」；第三階段（自 1995 年 7 月至 1997 年 6 月）則為「建立全面輔導體制，統合發展輔導效能」。

　　「輔導工作六年計畫」當初總核定經費為 85.95 億元，實質使用 28.26 億元，對臺灣整體學校輔導工作的發展帶來深遠的影響，除提升了學校輔導軟體（如教師輔導專業知能提升、輔導經費編列等）與硬體（如輔導設施充實、心理測驗修訂等），也透過各項計畫與活動的推展，有效地將輔導理念普及化，爾後教育部的輔導政策更是參考與延續此時期的規劃（王麗斐、林淑君，2016），例如：當時研議擬定的《輔導法》與研議建立輔導專業人員證照制度計畫，皆為後續輔導工作法制化階段打下基礎。葉一舵（2013）便聲稱此一階段之「輔導工作六年計畫」展現了臺灣社會對於校園輔導工作的重視，是第一次由政府部門主導的大規模輔導工作提升計畫，無論是在政策的力度、計畫的完備、經費的規模、人力的投入、觀念的推廣等方面，均達到前所未有的高度，也是臺灣學校輔導史的另一個輝煌時期。

　　不過，這種政府由上而下、急切希望全面推動的執行方式，雖立意良善，但因未能從學校輔導工作現場的實際現況與需求出發，以及採漸進式的方式推動，結果反而引起學校輔導人員的誤解與抗拒，認為這是種「學校體制外灌注到學校體制內的痛苦」（夏林清、丘延亮、許維素、黃宜敏、王慧婉、陳孟瑩等，1998，引自張麗鳳，

1998）。此外，研究案成果與基層需要的脫節，許多政策的推動對學校體制內原來存在的問題並未帶來實質的改變，也未能充分回應學校教育現場之需求（夏林清等人，1998，引自張麗鳳，1998），更讓這些輔導政策的推動事倍功半，成效評價不一。

　　總之，「輔導工作六年計畫」原期待透過各項方案的推動，達到有效提升學校輔導工作效能。然而，青少年問題與其所身處的生態系統有關，更牽涉到社會環境與家庭議題，輔導工作的效能也非一朝一夕可見；此外，計畫式的輔導方案因受限於年度的經費申請、核銷，以及結案報告期待看到輔導「有成效」展現的心態下，在方案激盪和經費核銷後，雖可展示亮眼的數據與成效，也平面化的帶動多數教師更具備輔導觀念，但實質上對輔導體制建構之推動成就仍有待討論（許育光，2013）。

　　「輔導工作六年計畫」開創了學校輔導工作的新視野與新高度，然而其總目標達成度僅及四成：第一階段目標達成度約六成，第二階段目標達成度約五成，第三階段目標達成度約僅三成（鄭崇趁，1999），可見要在六年期間完成三階段十八項目的輔導工作計畫，不僅執行時間過於壓縮、流於求速效，也未能完整達到計畫所設定之目標。鍾思嘉、蕭文（1996）在進行教育部輔導工作六年計畫執行成果評估研究中，便指出缺乏連續性、缺乏合作性、缺乏具體目標、「地方教育行政機關」配合不足、研究專業缺乏管制、重質輕量等，是推動「輔導工作六年計畫」值得被檢討之處。

二、「建立學生輔導新機制──教學、訓導、輔導三合一整合實驗方案」

　　1994 年 4 月教改團體結合社運團體發動「四一〇教改大遊行」，教改運動如火如荼地進行。為了回應民間教育改革的呼聲，行政院成立了「教育改革審議委員會」，於 1996 年提出總諮議報告書，建議

「學校應行訓輔整合，建立學生輔導新機制」，行政院教育改革推動
小組則進一步將「結合社區資源，建立教學與訓導、輔導三合一學生
輔導新體制」列為十二項優先教改行動方案之一（唐璽惠，2003；陳
惠雯等人，2006；鄭崇趁，2005）。教育部於 1998 年 8 月 21 日函頒
「建立學生輔導新體制──教學、訓導、輔導之三合一整合實驗方
案」（簡稱教訓輔三合一方案），更深遠影響日後學校輔導運作模式
的發展（王麗斐、杜淑芬，2017；鄭崇趁，2002）。

　　「教訓輔三合一方案」企圖拓展過去「課程預防」的學校輔導運
作模式，透過輔導工作的分級以及校外資源的引入，因此概念上不僅
引進國外學校心理學之「初級預防、二級預防、三級預防」的三級輔
導觀念，同時開始透過政策的規範與訓練資源的投入，嘗試在校園裡
將輔導知能普及化，企圖建立「教學、訓導、輔導」三合一之校內教
育資源整合投入輔導工作之架構；除了積極培養教師具有輔導知能
外，也開始引入非教師身分的輔導專業資源，以及結合學校和社區資
源來協助有輔導需求之學生。此模式的理念架構，如圖 1-1 所示；教
師、訓輔人員之輔導與三級預防職責，則如表 1-1 所示。

　　總之，此時期推動之「教訓輔三合一方案」企圖以「帶好每一位
學生」為實施總目標。在此目標之下，期待能結合社區資源，發揮學
校教訓輔功能，提升學生輔導效能。此方案已初具生態合作的雛形，
將學校教師與輔導行政系統架構為三級預防體系，依據學生的適應困
難程度進行分級輔導，重視教師、訓導與輔導系統的分工合作，並導
入社區輔導資源，形成一個完整的學校輔導網絡，以統整規劃更為周
延的學校輔導工作（鄭崇趁，2005）。

　　在「教訓輔三合一方案」政策領導下，本於鼓勵「每位教師都可
以成為輔導老師」的想法，推動落實認輔制度，導致不少學校誤以為
認輔教師就足以負荷需要專業才能發揮效能的學生輔導工作，不僅造
成認輔教師的負荷過重，也使得學校教師對輔導專業有著錯誤期待與

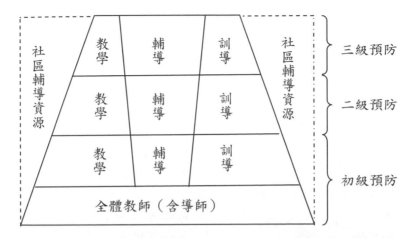

註：「三級預防」是指針對偏差行為、嚴重適應困難之學生，
　　提供矯治、諮商及身心復健輔導；「二級預防」是指針對
　　瀕臨偏差行為邊緣學生提供諮商、輔導；「初級預防」是
　　指針對一般學生、適應困難學生之一般輔導。

圖 1-1 「教訓輔三合一」之學校三級輔導工作網絡

資料來源：引自鄭崇趁（2002）

抗拒（王麗斐、趙曉美，2005；林清文，2007）。特別是大量辦理一般教師輔導知能的短期養成計畫、輔導普及化方案（如認輔制度、愛心媽媽等），以及過度倚重非專業教師與志工，來執行複雜且難以處理的學生偏差行為輔導工作，還有取消輔導主任的專業資格限制，不僅造成校園將輔導淺薄化，也因此對輔導專業產生更多質疑，並受到不少學者專家批判（例如：王麗斐、趙曉美，2005；林清文，2007；張麗鳳，2008）。教育部雖然原先企圖透過「教訓輔三合一方案」來強化教師、訓導與輔導系統的整合，但實際實施下來，反而導致不少學校面臨處室間整合困難的挑戰，再加上因此延伸之龐大工作量，更使得輔導人員怨聲載道（王仁宏，2003；張麗鳳，2008）。

　　整體而言，「教訓輔三合一方案」的推動有助於學校輔導的全面化與普及化發展，「每位教師都能輔導學生」的概念激勵了一般教師

表 1-1　教師、訓輔人員之輔導與三級預防職責表

教　師	訓輔人員
初級預防 ・有效教學 　——輔導理念融入教學 ・教學中的輔導 　——辨識學生行為問題能力 ・導師職責 　——班級經營、團體動力	初級預防 ・教師輔導工作諮詢 ・策訂教育輔導工作計畫 　・心理衛生方案 　・生涯輔導 ・鼓勵教師認輔學生
次級預防 ・認輔教師 　——個別關懷學生	次級預防 ・諮商輔導 　（個別輔導、小團體輔導、成長 　營團體） ・建構學校輔導網絡 ・成立危機處理小組
三級預防 ・了解輔導網絡 　——掌握及運用資源 ・危機處理 　——了解應變運作程序	三級預防 ・網絡與危機處理小組的實際操作 　——引進社會資源協助輔導專業 　——臨床工作

參與學生輔導工作，但隨著日益嚴重的學生行為偏差與適應問題，也加重了學校輔導工作對專業提升的渴求。可惜當時的教育主管機關因政策與社會需求，益加朝向「普及化」輔導工作的推動，導致此時期的學校輔導工作面臨「專業化」與「普及化」路線之爭（葉一舵，2013）。

在兩個六年輔導工作計畫之後，教育部於 2004 年持續推動「友善校園總體營造計畫」至今。這個計畫除了延續前面兩個大型計畫的規劃，更加強調學校教師及學生在進行教與學的歷程上，必須「如師如

友，止於至善」，任何教育活動及輔導管教措施均宜建立在「友善校園」之上發展，其主要內涵包括：校園安全、人權法治教育、關懷弱勢、選替性教育、輔導偏差行為學生等。至於學生輔導工作方面，持續加強落實學校輔導人力之編制與專業化，於是補助各縣市政府聘任未具教師資格之專輔人員，成立設置「學生輔導諮商中心」；同時，也鼓勵每位教師參與認輔工作，結合社區輔導資源，加強學校建置輔導資源網絡等。

這個階段的計畫式學校輔導運作模式，是由政府單位透過制度外的方案計畫以及經費補助方式，加深加廣學校輔導工作內涵，試圖透過挹住經費於各種措施與方案，期盼學校輔導能在解決青少年問題上發揮有效作為，以利學校輔導工作受到重視也獲得資源。然而，這些由上而下、大量快速的各項方案與措施，對學校輔導工作人員而言，除了例行推動的輔導工作外，還需要投入大量、額外的時間與心力在撰寫與申請計畫、辦理活動、核銷經費、彙整成果，以及應付評鑑訪視工作等，也帶給輔導教師諸多壓力與抱怨（張麗鳳，2008）。因此，雖然此階段的學校輔導工作看似遍地開花、成果斐然，但學校輔導人員實則面臨因配合政策，將心力投入在一項項上級所交辦的計畫項目中，反而無暇兼顧學生個別差異的輔導與諮商需求；再加上整體社會環境變遷加劇、家庭社經背景與功能差距拉大、學校教育現場各種不確定因子愈形嚴重、新的教育與課程制度的推行（如高中社區化、優質化政策等）、學生資質特性差異擴大等，也帶來了多元化的輔導需求。過去政府運用各種方案計畫之推動，雖然可以發揮「減緩惡化程度」的功能，但當今學校輔導工作所面對的挑戰，已不只是被動地配合方案計畫執行便可以獲得解決，需要的是更進一步主動地發掘學生需求，才能落實做到「將每個學生帶上來，成就其適性揚才」的教育目標。

肆、「生態合作」運作模式

一、WISER 三級輔導工作模式的發展

　　由於社會快速變遷，學生問題行為樣態日趨複雜，普及化的學校輔導政策愈來愈無法有效回應學校現場對專業輔導的需求，方案計畫式的學校輔導工作模式，也無法全面回應不同學校學生差異化的輔導需要，故需要能兼顧「全面性」與「專業性」整合與分工合作的輔導工作人力與輔導工作模式來因應（王麗斐、杜淑芬，2017）。2010 年桃園某國中發生校園霸凌事件後，由於社會大眾的殷殷關切，政府在 2011 年修正《國民教育法》第 10 條時，明定國民中小學應聘任專輔教師及專輔人員，這是第一次在國中小校園設置專輔教師，也是第一次正式將具有專業證照而不具教師資格之專輔人員，正式納入學校輔導體制。

　　過去對學校輔導工作之相關研究多提到學校輔導工作人力不足的困境（王麗斐、趙曉美，2005；林美珠，2000），此時政府積極充實學校輔導人力的政策，對學校輔導工作可說是一場及時雨。然而，新增置的學校輔導人力要如何發揮最佳效益、落實學生輔導工作、回應社會期待，仍是一個關鍵課題，例如：國中長期以來，已有以教授綜合活動學習領域輔導活動的輔導教師來兼辦學生輔導工作，如今新增置「原則上不授課」的專輔教師，他們之間將如何形成合作團隊，以避免權責不清、減少互相掣肘，便成為新興的挑戰議題；新增置的專輔人員（即諮商心理師、臨床心理師、社會工作師）雖規劃為處遇性輔導工作之主責人員，但他們如何與學校系統合作，發揮其應有效能，避免淪為多頭馬車，這也是第一線輔導工作者急切需要獲得解答的問題。

　　為了讓這些新增置的專業輔導人力及早勝任工作，以回應學校輔

導工作的需求，教育部於 2013 年特委託國立臺灣師範大學王麗斐教授及其團隊編製《國民中學學校輔導工作參考手冊》以及《國民小學學校輔導工作參考手冊》，以教育部之三級輔導政策為依歸，並透過對過往學校輔導成功經驗的彙整，期望協助新增置之輔導專業人力與現有的輔導體制整合，發揮適才適所之最大輔導效能。在研究過程中，透過訪視、深度訪談，以及焦點團體與專家諮詢座談，共邀得全國 21 個縣市、402 名第一線學校輔導工作者、教育行政人員，以及學者專家，共同參與研議。這是國內首次以一種整合「上」（政策法規）與「下」（第一線實務經驗）的本土化思維來修正以西方思維所界定的三級輔導運作模式。由於這個整合政策法規與實際成功運作經驗的學校輔導運作模式，可以 W-I-S-E-R 的五個核心構念所呈現，故命名為「WISER 三級輔導工作模式」（詳細內容於後說明）（王麗斐、杜淑芬、羅明華、楊國如、卓瑛、謝曜任，2013）。《國民中學學校輔導工作參考手冊》以及《國民小學學校輔導工作參考手冊》出版後，因為易懂好操作、貼近實務需求，廣受學校輔導第一線工作者的歡迎，教育部對外也爰引該模式進行學校三級輔導體制之說明。

接著，2014 年《學生輔導法》通過，三級輔導體制自此成為臺灣學校輔導工作之法定圭臬與架構。由於先前的參考手冊有利於校園輔導工作的推展，再加上國中參考手冊已完售，2016 年教育部再次委託王麗斐教授及其團隊進行「各級學校輔導工作參考手冊編製與修訂計畫」。此計畫涵括從國小到大專校院之學校輔導工作參考手冊，研究團隊同時蒐集國小到大專校院之各式成功學校輔導工作運作策略，並對 2013 年所發展之「WISER 模式」進行補充修正為「WISER-2.0 三級輔導工作模式」（以下簡稱「WISER-2.0 模式」）。

二、「WISER-2.0 模式」的架構

所謂「WISER-2.0 模式」是運用 W-ISE-R 來分別代表教育部的學校

三級輔導架構之核心意涵，其架構如圖 1-2 所示。「WISER-2.0 模式」的圖形是將西方傳統學校三級輔導運作之三角型模式，依據臺灣學校輔導工作的實際運作經驗加以修正，再加上以一般人熟悉的「紅黃綠」交通號誌的顏色，來凸顯此三個層級輔導工作的實施特性。

其中，發展性輔導係以綠色大三角形為底，代表推動發展性輔導時宜融入學校現有的課程、活動或體制之中，在學校日常生活中達到「預防於先」的效果；依序增加黃色的介入性輔導三角形，代表介入性輔導要如黃燈一般，掌握初期警訊並及早處理，以達到防微杜漸，

介入性輔導（ISE）：
個別化介入（Individualized intervention）、
系統合作（System collaboration）、
歷程評估（on-going Evaluation）
經發展性輔導仍無法有效協助之學生，依其個別化需求訂定輔導方案或計畫，提供諮詢、個別諮詢、個別諮商及小團體輔導等措施，並提供評估轉介機制，進行個案管理及輔導。

發展性輔導（W）：
全校做（Whole school）、
聰明做（Working smart）及
雙贏做（Win-win）
針對全校學生，訂定學校輔導工作計畫，實施生活輔導、學習輔導及生涯輔導相關措施。

處遇性輔導（R）：
資源整合（Resource integration）
經發展性及介入性輔導仍無法有效協助之學生，結合心理治療、社會工作、家庭輔導、職能治療、法律服務、精神醫療等各類專業服務。

至少 80% 參與者受益

圖 1-2 「WISER-2.0 模式」架構圖

盡早化解學生就學適應的困難；最上方處遇性輔導的紅色小三角形，代表一旦學生問題持續惡化，便要如同面對紅燈般，以緊急的態度處理且掌握全面網絡資源之運用，以因應學生就學適應之問題。另外，在比例上也援引典型班級經營的「80-15-5」黃金比例原則來進行修正（Curwin & Mendler, 1988），提醒執行者若要能發揮學校輔導工作的最大效益，在規劃與推動發展性輔導時，要重視大多數學生的輔導需求，以達到至少有 80%參與者能受益為原則。

三、「WISER-2.0 模式」的內涵

「WISER-2.0 模式」之「W」代表發展性輔導工作要做得好，需把握全校做（Whole school）、聰明做（Working smart），以及雙贏做（Win-win）之 3W 原則；介入性輔導工作強調須重視個別化介入（I：Individualized intervention）、系統合作（S：System collaboration），以及持續性評估（E：on-going Evaluation）等三項核心原則；處遇性輔導則須把握整合校內外多元資源（R：Resource integration）之原則。如果將上述代表發展性與介入性輔導工作原則之英文單字串聯起來，便形成了 WISE，代表推動發展性與介入性輔導工作，便是「智慧的（WISE）」學校輔導作法，推動者當然就是「有智慧的（WISE）」輔導人員；若能將發展性、介入性與處遇性輔導等三級輔導工作都兼顧，就如同把 W、ISE 與 R 全部串聯起來，就變成了「更有智慧的（WISER）」，造就「更有智慧的（WISER）」學校輔導工作，推動者自然就是「更有智慧的（WISER）」輔導人員。這樣的 WISER 英文字義，傳達了學校輔導人員要把學生輔導工作推動得好，需要有智慧地規劃與統整三級輔導工作，不只要有效能地推動主責的介入性輔導，還要有智慧地運用發展性輔導達到預防於先、減少介入性與處遇性輔導，必要時也要能善用校外輔導資源，有策略地整合運用，三者缺一不可。此外，輔導人員也必須期許自己是一位有智慧的輔導專業

工作者，需要具有全校性思維，把握聰明做以及雙贏做等原則，重視學生與校本特色來發展個別化介入輔導，啟動系統合作，以及進行歷程與成效評估；必要時也要運用與整合多元資源，方能事半功倍地照顧到更多校園裡有輔導需求的學生。

四、發揮以學生為本的 WISER 生態資源網絡

隨著學生問題樣態的多元化，期待輔導教師以一己之力便能成功輔導學生是不切實際的，系統合作已是學生輔導工作中跨專業的共識（趙文滔，2015）。相較於美國三級輔導工作強調每個層級的專業特殊性（如輔導、諮商、心理治療），從臺灣學校輔導工作中萌芽的WISER 三級輔導工作模式則重視每個層級間的融合與合作，這與華人文化講求人際關係中的中庸與和諧十分一致，也就是在發展性輔導層級，給予各處室與每位教師，甚至是行政人員對於學生輔導工作的支持與肯定其貢獻，視其為「伙伴」、「自己人」；在介入性與處遇性輔導層級，則強調輔導教師的專業性與校內外跨專業資源的重要性，其目的是要建立以學生為本的生態資源系統，讓輔導教師與受輔學生之生態系統中的重要他人能夠彼此合作，以發揮最好的輔導效果。

為使學校輔導工作能發揮事半功倍的效果，WISER 三級輔導工作模式建議在介入性與處遇性輔導工作的系統合作中，建立起「以學生為本」的生態資源網絡（如圖 1-3 所示），讓輔導人員與受輔學生之生態系統中的重要他人，能秉持「萬物並育而不相害，道並行而不相悖」的哲學，彼此發揮功能並相互合作，達到最好的輔導效果。為使輔導資源運用的效力發揮極大化，在運用這些生態系統的輔導資源時，要具有漸進、由親而疏、由近而遠的層次，也就是先運用受輔學生身邊的重要他人（如家長、導師、同儕手足、任課教師等），漸進到校外的各式生態輔導資源（如學生輔導諮商中心、社政系統、衛政系統、警政系統、司法系統、民政系統，以及其他教育系統和在地社區資源

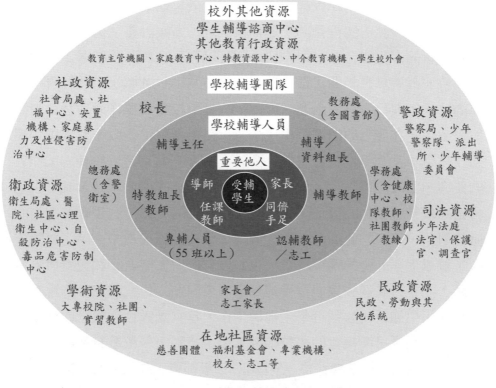

圖 1-3　以學生為本的生態資源網絡

等）。且輔導人員與各式資源間宜透過溝通與合作平臺，建立共識目標，並採取互補合作策略，讓彼此的優勢發揮最大效益。因此，自2013 年「WISER 模式」問世至今，已有許多現場輔導人員依據此概念，發展出有效和受輔學生生態系統合作的模式，例如：雙師合作（與導師合作）、輔特合作（與特教教師合作）、學輔合作（與學生事務人員合作）、親師師合作（與導師、家長合作）、雙專合作（專輔教師與專輔人員合作）、輔科合作（輔導與學科或職科合作）、個案管理以及個案會議（與受輔學生相關之重要師長一起開會研議輔導策略與分工合作）等，大大地提升輔導成效，讓接受介入性輔導的學生能更快速的改善其問題，提升就學適應狀況。

　　歸納言之，臺灣學校輔導工作模式從最早期的「個別實驗」運作模式開始，歷經「課程預防」運作模式、「方案計畫」運作模式，一直到今日的「生態合作」運作模式，可以發現臺灣學校輔導工作的發展與政府政策息息相關。這些教育政策多為了試圖解決當時社會所面臨的青少年與社會重大議題。因此，一旦學校輔導工作者對社會脈動與青少年正在發生的問題陌生或疏忽，難免會對這些政策要求感到壓力、挑戰，甚至不自覺想對抗。由於「助人」向來是學校輔導工作者的使命，當政府與社會大眾對學校輔導高度期許與要求時，其實也是肯定學校輔導工作的價值。學生向來是教育的主體，也是輔導工作的服務對象，面對如此的社會高度期待，學校輔導人員未來除了要能深入了解學生與社會的輔導需求，也需要有能力去整合相關教育與社會資源，並且打破過去只看重受輔學生個人問題的傳統諮商輔導思維，學習運用生態系統觀進行學生輔導工作，建立團隊合作模式的作法，如此才能因應日漸複雜的學校輔導工作，達到使學校教育系統中的師生皆能受益的學校輔導目標。WISER 三級輔導工作模式雖首開生態合作發展趨勢，也逐步累積一些生態合作策略，但仍有許多待開發與需要再細膩發展之生態系統取向之學校輔導運作模式與介入策略。

第三節　《學生輔導法》的發展與爭議

壹、緣起：「輔導工作六年計畫」

　　《學生輔導法》的立法工作，最早可溯及到教育部於 1991 年推動的「輔導工作六年計畫」中的項目十三「整編修訂輔導法規計畫」，該計畫可說是《學生輔導法》之濫觴。當時教育部透過邀請輔導學者及法律專業人員協助，依據類別有系統的整理各級學校輔導法規，並

進行輔導法規內涵分析研究，同時研議擬訂《輔導法》，以作為推展輔導工作的最基本法源，最後雖未完成《輔導法》草案，但也為未來的《學生輔導法》相關內容之形成奠定基礎。

貳、爭議：立輔導專法之定調

長期以來，臺灣學生輔導相關規定原本散見於《國民教育法》、《高級中學法》、《職業學校法》（後兩者於 2013 年合併為《高級中等教育法》）、《專科學校法》、《大學法》等各教育階段法律，因此在解決「輔導工作缺乏社會觀念支持」、「各級學校輔導體制分歧」、「輔導專業化與普及化爭論」，以及「輔導教師與輔導人員的專業認同出現危機」等學生輔導政策問題上，產生了「立專法」或「修各法」之爭議（郭佳音，2015）。

於是，教育部訓委會自 2004 年起，陸續於各區舉辦多場有關學生輔導工作立法或修法的諮詢會議，並於 2005 年由「學生輔導諮詢小組」（原「建立學生輔導新體制規劃委員會」改組而成）進行初步討論，以及研議訂頒《學生輔導法》之評估與建議。該年，中國輔導學會發表「中國輔導學會支持推動學生輔導法立法聲明」，提出四點立法之必要性及四點建議立法方向，該四點立法之必要性包括：(1)各級學校學生的正常心理發展及嚴重情緒行為困擾亟需關懷；(2)學校輔導工作的發展日漸陷入混淆與困頓；(3)各級學校輔導制度各異也各有困境；(4)社會相關專業已有長足發展。此外，並建議：(1)應全面關懷各發展階段學生成長發展的需求；(2)依據各學校層級的需要，確立輔導組織架構；(3)建立學校輔導專業工作團隊，提供學生專業性的協助；(4)提升學校輔導主任與教師的專業知能，以保障學生輔導工作的品質（中國輔導學會，2005）。

於是經過多方討論，在 2006 年由當時教育部負責學生輔導政策的

訓委會，將「立專法」及「修各法」兩案併陳給杜正勝部長，之後杜部長裁示立專法，自此開啟了《學生輔導法》的立法工程。

參、翻轉：專法立法過程

一、2006～2010 年草案研擬過程

2006 年教育部先以公開招標「研擬學生輔導法草案計畫」方式處理，由中國輔導學會得標。該年 10 月，中國輔導學會年會以「輔導新興議題的關懷與學校輔導人員的立法參與」為年度主題，集思廣益各界意見。研擬過程分為兩個階段：第一階段主要是蒐集國內外關於學生輔導相關法規之文獻資料，並召開 16 場焦點團體座談和 4 場專家學者訪談；第二階段是針對草案雛形進行研修，舉辦 8 場說明和諮詢座談會，終使《學生輔導法》草案產出，提交給教育部備查。2009 年教育部舉辦北、中、南、東 4 場公聽會，聽取各界意見。依據《中央行政機關組織基準法》第 5 條第 3 項規定，不得以作用法或其他法規規定機關之組織，也就是不得在《學生輔導法》中規定學校輔導組織與員額編制。2010 年教育部進行第二次委託研究，由國立宜蘭高中辦理「學生輔導法草案法條研修計畫」，將公聽會後之草案版本進行研修。

在此一階段，為強化國中小輔導人力，教育部於 2008 年訂定《教育部補助直轄市縣（市）政府增置國中小輔導教師實施要點》，自 97學年度（2008 年 8 月 1 日～2009 年 7 月 31 日止）起，補助國小由學校現有教師中，遴選具備輔導專業背景者（即輔導諮商相關系所畢業，或修畢輔導 40 學分或 20 學分者），以每週減授 2 節課方式兼辦學生輔導工作之費用；99 學年度（2010 年 8 月 1 日～2011 年 7 月 31 日止）起，補助國中由學校現有教師中，遴選具備輔導專業背景者，以每週減授 10 節課方式兼辦學生輔導工作之費用。補助人數係依照學校班級數核給，而這個計算基準日後也成為《國民教育法》第 10 條計算專任

輔導教師員額之基礎。計算基準如表 1-2 所示。

表 1-2　專任輔導教師員額編制表

國小班級數	增置國小輔導教師人數	國中班級數	增置國中輔導教師人數
24 班以下	1 人	10 班以下	1 人
25 至 48 班	2 人	11 至 20 班	2 人
49 至 72 班	3 人	21 班以上	增置一名專任輔導教師員額；縣市政府得視學校規模及需求，將該員額核配之經費彈性調整為學校之兼任輔導教師名額（約可設置 5 至 6 名兼任輔導教師）。
73 至 96 班	4 人		
97 班以上	5 人		

二、2011 年《國民教育法》第 10 條修正，增置國中小輔導人力

2010 年底，桃園某國中發生重大校園霸凌事件，事後檢討原因之一是學校輔導人力不足，因此立法委員提出《國民教育法》第 10 條修正草案，提案在國中小增加專任專業輔導人員。此提案很快獲得朝野政黨立委的支持，於是該修正案在 2010 年 12 月 31 日成案後，隨即在 2011 年 1 月 7 日於院會逕付一讀。而在朝野協商過程中，除了原提案增加的專輔人員（即諮商心理師、臨床心理師、社會工作師）外，又增加了專輔教師，讓三級輔導人力更完整。經過三次密集的朝野協商，隨即在 1 月 12 日三讀通過[14]；從提案、成案到完成三讀不到半個月，也顯示政府的行政立法部門對學生輔導工作之重視及支持。

依照該條文規定，在專輔教師部分，24 班以上的國小置 1 人，國中每校置 1 人，21 班以上的國中再增置 1 人（亦即置 2 人）；至於專輔人員部分，55 班以上的國小或國中置 1 人，直轄市、縣（市）政府所轄公私立國中小 20 校以下者，置 1 人，21 至 40 校者，置 2 人，41 校以

上者以此類推。而上述人員設置所需經費，由教育部補助。依當時的班級數估算，全國應增置 2,156 名專輔教師（國中 1,288 名、國小 868 名）及 574 名專輔人員，所需經費每年約 20 億元（以每名專輔教師每年人事費 80 萬元、每名專輔人員每年人事費 60 萬元計算）。

三、2011～2014 年，一波三折的《學生輔導法》終於誕生

由於立法院修正通過《國民教育法》第 10 條，納入國民教育階段配置專輔教師及專輔人員的規定，相關預算也獲得行政院支持，因此《學生輔導法》草案內有關學校輔導組織及員額編制規定等條文，也重新放入草案內文中。2011 年至 2013 年 11 月，教育部召開多次法案研修會議，邀請 22 個直轄市、縣（市）政府及部內相關單位，就《學生輔導法》草案提供意見，並據以修正草案條文。經教育部法規委員會、部務會議審議通過後，於 2013 年 11 月 19 日函報草案至行政院審議。

行政院經過兩次審查會議後提院會審議，行政院院會通過後，於 2014 年 3 月 7 日函報立法院，4 月 18 日立法院交付教育及文化委員會審查，該會安排於 5 月 22 日詢答，惟審查前一天臺北捷運發生重大隨機殺人事件，因涉案人為某大學在學學生，而提高外界對《學生輔導法》草案審查的關注程度，故 5 月 22 日改以詢答方式，並未針對條文進行實質討論。之後，立法院於 5 月 27 日召開公聽會，立委亦針對條文提出多個修正版本，教文會 10 月 6 日進行逐條審查，於 10 月 28 日立法院會議才正式三讀通過。

《學生輔導法》歷經多年討論，臺北捷運殺人事件並非促成《學生輔導法》立法之主因，但此一事件對《學生輔導法》的內容確實產生重大影響，包含大量增設高中以下學校專輔教師、軍警學校納入《學生輔導法》適用等，也因此一事件而造成立法院審議通過條文與行政院函請立法院審議條文之差異（差異條文為劃底線處），說明如表 1-3 所示。

表 1-3　《學生輔導法》立法院審議通過與行政院函請立法院審議條文差異表

立法院審議通過條文	行政院函請立法院審議條文	修正原因及影響
第二條　本法所稱主管機關：在中央為教育部；在直轄市為直轄市政府；在縣（市）為縣（市）政府。 　　軍事及警察校院，其主管機關分別為國防部及內政部。 　　本法所定事項涉及各目的事業主管機關業務時，各該機關應配合辦理。	第二條　本法所稱主管機關：在中央為教育部；在直轄市為直轄市政府；在縣（市）為縣（市）政府。 　　本法所定事項涉及各目的事業主管機關業務時，各該機關應配合辦理。	行政院版本係將軍警學校排除《學生輔導法》適用範圍，而是以「準用」的方式，然因臺北捷運殺人事件行兇者，原本就讀軍校，之後才轉至一般大學就讀。因此，立委認為就讀軍警學校與一般大專者，年紀與求學背景相當，所需輔導資源等不應有差異，且學生可能轉學，若軍警學校與一般大專輔導機制不同，恐難以銜接，因此修正第3條，將軍警學校納入《學生輔導法》適用範圍，併同修正第2條，增列國防部及內政部為主管機關。
第三條　本法用詞，定義如下： 一、學校：指公私立各級學校。但不包括矯正學校。 二、輔導教師：指符合高級中等以下學校輔導教師資格，	第三條　本法用詞，定義如下： 一、學校：指公私立各級學校。但不包括矯正學校、軍事或警察校院。 二、輔導教師：指持有高級中等以下學	

表1-3 《學生輔導法》立法院審議通過與行政院函請立法院審議條文差異表（續）

立法院審議通過條文	行政院函請立法院審議條文	修正原因及影響
依法令任用於高級中等以下學校從事學生輔導工作者。 三、專業輔導人員：指具有臨床心理師、諮商心理師或社會工作師證書，由主管機關或學校依法進用，從事學生輔導工作者。 前項第二款輔導教師資格，由中央主管機關定之。	校合格教師證書，依法令任用於高級中等以下學校從事學生輔導工作者。 三、專業輔導人員：指具有臨床心理師、諮商心理師或社會工作師證書，由主管機關或學校依法進用，從事學生輔導工作者。	
第十條　高級中等以下學校專任輔導教師員額編制如下： 一、國民小學二十四班以下者，置一人，二十五班以上者，每二十四班增置一人。 二、國民中學十五班以下者，置一人，十六班以上者，每十五班增置一人。 三、高級中等學校十二班以下者，置一	第十條　高級中等以下學校專任輔導教師員額編制如下： 一、國民小學二十四班以上者，置一人。 二、國民中學每校置一人，二十一班以上者，增置一人。 三、高級中等學校每滿十五班置一人，餘數達八班以上未滿十五班者，增置一人。	行政院版本僅將當時高中以下學校之專任輔導教師編制相關法令規定納入，並未增加人數。在審查條文時，立委因下列原因要求增加專任輔導教師編制： 1.臺北捷運殺人事件行兇者雖為大學生，但從學校輔導過程中，凸顯學校輔導人力不足，而學生輔導應從國小就開始重視，而國小只有30％左右的

表 1-3　《學生輔導法》立法院審議通過與行政院函請立法院審議條文差異表（續）

立法院審議通過條文	行政院函請立法院審議條文	修正原因及影響
人，十三班以上者，每十二班增置一人。 　學校屬跨學制者，其專任輔導教師之員額編制，應依各學制規定分別設置。	學校屬跨學制者，其專任輔導教師之員額編制，應依各學制規定分別設置。	校數是 24 班以上，亦即多數國小沒有專任輔導教師。 2.高中專任輔導教師編制會隨著班級數增加而增加，但國中小卻沒有，會讓班級數愈多的學校，專任輔導教師的負擔愈沉重。 條文修正後，使高中以下學校每校至少都有一名專任輔導教師，且隨著班級數增加而增加，讓二級輔導人力資源較能滿足教學現場需求。
第二十一條　高級中等學校以下學生家長、監護人或法定代理人應發揮親職之教育功能，相對承擔輔導責任，配合學校參與學生輔導相關活動，提供學校必要之協助。 　為促進家長參與學生輔導工作，各級學校應主動通知輔導資源或輔導活動相關訊息。	第二十一條　軍事及警察校院得準用本法之規定，相關學校於準用時，其主管機關分別為國防部及內政部。	1.因軍警校院修正為適用本法，因此原本準用的相關規定就刪除。 2.部分學生的問題出在家庭，如果家長無法發揮親職教育功能，學校輔導工作難以推動，因此在本條文增加家長責任之相關規定。

表1-3 《學生輔導法》立法院審議通過與行政院函請立法院審議條文差異表（續）

立法院審議通過條文	行政院函請立法院審議條文	修正原因及影響
第二十二條　第十條及第十一條有關專任輔導教師及專任專業輔導人員之配置規定，於中華民國一百零六年八月一日起<u>逐年增加，並自一百零六年起由中央主管機關每五年進行檢討</u>。	第二十二條　<u>為因應少子女化趨勢</u>，第十條及第十一條有關專任輔導教師及專任專業輔導人員之配置規定，於中華民國一百零六年八月一日起，每五年由中央主管機關進行檢討。	因為立法增加大量專任輔導教師，無法在短時間內聘足所需人力，因此明定在2017年8月1日起（也就是依照《國民教育法》第10條規定要完成國中小專任輔導教師聘任期限的隔天），主管機關應逐年增加相關人力。

肆、革新：《學生輔導法》帶來之改變

　　《學生輔導法》是我國輔導史上第一部關於學校輔導工作的專法，該法於2014年10月28日於立法院三讀通過立法，並於11月12日經總統以華總一義字第10300168991號令公布施行，成為現今落實校園學生輔導工作推動之重要法源依據。2015年10月15日教育部臺教學（三）字第1040135032B號令發布《學生輔導法施行細則》，針對《學生輔導法》施行之內涵細項加以說明補充。《學生輔導法》通過後，對學校輔導工作有明確之界定，不但確認學校三級輔導工作之推展方式，並對全校教師在學校輔導工作所扮演的角色，以及輔導人員編制、轉銜服務機制、輔導場所、經費編列等，都有明確的規範。《學生輔導法》立法之重要意義在於完備學校輔導工作三級體制，明示學校校長、教師及專輔人員均負有學生輔導工作之職責；並以學生為核心，廣納學生生態系統中的輔導人力資源，例如：家長、學生輔導諮商中心與其他教育系統（如特殊教育資源中心、家庭教育中心等），

強化校內外單位資源整合與輔導網絡合作。此外，更設置轉銜輔導服務，使各教育階段學生的輔導需求得以銜接，讓學生受到輔導資源照顧與保護（王麗斐、喬虹，2013；張允騰，2016）。總之，《學生輔導法》的制定是學校輔導工作專業化的重要里程碑，也是亞洲地區制定學校輔導體制專法之首創，亦為臺灣學校輔導工作開啟新紀元（劉仲成，2016）。以下就《學生輔導法》所規範之重要概念進行說明。

一、明定各級輔導組織

1. 各級教育行政主管機關執行學生輔導行政工作，應指定學生輔導專責單位或專責人員；學校應由專責單位或專責人員推動學生輔導工作。（《學生輔導法》第 4 條）

2. 設立學生輔導諮商中心：高級中等以下學校主管機關（教育部國民及學前教育署與各地方政府）應設學生輔導諮商中心，提供學生心理評估、輔導諮商、資源轉介等三級輔導服務事項，並視實際需要統籌調派所置之專任專業輔導人員。（《學生輔導法》第 4 條）

3. 教育行政主管機關成立學生輔導諮詢會，提供有關學生輔導政策及法規興革之意見、協調相關單位推展學生輔導相關工作之事項、研議實施學生輔導措施之發展方向等協助。（《學生輔導法》第 5 條）

4. 高級中等以下學校應設學生輔導工作委員會，統整學校各單位相關資源、訂定學生輔導工作計畫、落實並檢視其實施成果、規劃或辦理學生輔導工作相關活動、結合學生家長及民間資源推動學生輔導工作等內容；專科以上學校得準用高級中等以下學校學生輔導工作委員會之作法，以統整校內各單位相關資源以推展學生輔導工作。（《學生輔導法》第 8 條）

二、確定三級輔導架構

　　《學生輔導法》將過去實務上推動的三級輔導機制，明定其名稱、實施對象、措施、主協辦人員等，如表 1-4 所示。

表 1-4　三級輔導架構表

名稱	性質	對象	措施	主責人員	協助人員
發展性輔導	初級輔導	全校學生	訂定學校輔導工作計畫，實施生活輔導、學習輔導及生涯輔導相關措施	學校教師（指具有教師身分者，包含輔導教師）	專業輔導人員
介入性輔導	二級輔導	經發展性輔導仍無法有效滿足其需求，或適應欠佳、重複發生問題行為，或遭受重大創傷經驗等學生	依學生個別化需求訂定輔導方案或計畫，提供諮詢、個別諮商及小團體輔導等措施，並提供評估轉介機制，進行個案管理及輔導	1.高中以下由輔導教師主責。2.專科以上由專業輔導人員主責。	1.學校教師（指具有教師身分者）2.專業輔導人員
處遇性輔導	三級輔導	經介入性輔導仍無法有效協助，或嚴重適應困難、行為偏差，或重大違規行為等學生	配合學生特殊需求，結合心理治療、社會工作、家庭輔導、職能治療、法律服務、精神醫療等各類專業服務	專業輔導人員	學校教師（指具有教師身分者，包含輔導教師）

資料來源：教育部（2014a）

三、增置輔導人力

　　《學生輔導法》除了規範大專校院應置之專業輔導人員的人數外，也增加了高中以下學校專輔教師之人數，而《學生輔導法施行細則》再就相關人員之資格予以明定，以下分別就專輔教師及專輔人員之員額配置規定及資格，彙整如表 1-5 及表 1-6 所示。

表 1-5　專任輔導教師員額及資格

學制	員額配置規定	資格
國小	班級數 24 班以下者，置一人，25 至 48 班者，置二人，49 班以上者以此類推。	1. 於 101 至 105 學年度，應具有下列資格之一： (1)輔導、諮商、心理相關系所組畢業（包括輔系及雙主修）且具國民小學合格教師證書，或同時具輔導（活動）科或綜合活動學習領域輔導活動專長教師證書及國民小學合格教師證書。 (2)國民小學加註輔導專長教師證書。 2. 自 106 學年度起，應具有國民小學加註輔導專長教師證書。
國中	班級數 15 班以下者，置一人，16 至 30 班者，置二人，31 班以上者以此類推。	1. 於 101 至 105 學年度，應具有下列資格之一： (1)輔導、諮商、心理相關系所組畢業（包括輔系及雙主修）且具中等學校合格教師證書。 (2)中等學校輔導（活動）科或國民中學綜合活動學習領域輔導活動專長教師證書。 2. 自 106 學年度起，應具有中等學校輔導（活動）科或國民中學綜合活動學習領域輔導活動專長教師證書。

表 1-5　專任輔導教師員額及資格（續）

學制	員額配置規定	資格
高中	班級數 12 班以下者，置一人，13 至 24 班者，置二人，25 班以上者以此類推。	應具有中等學校輔導（活動）科教師證書或高級中等學校輔導科教師證書。

資料來源：教育部（2015）

表 1-6　專業輔導人員員額及資格

學制	員額配置規定	資格
高級中等以下學校	1. 班級數達 55 班以上者，應至少置專任專業輔導人員一人。 2. 由學校主管機關所轄學校數合計 20 校以下者，置一人，21 校至 40 校者，置二人，41 校以上者以此類推。	具有臨床心理師、諮商心理師或社會工作師證書，由主管機關或學校依法進用，從事學生輔導工作者
專科以上學校	1. 學生 1,200 人以下者，應置專業輔導人員至少一人；超過 1,200 人者，以每滿 1,200 人置專業輔導人員一人為原則，未滿 1,200 人而餘數達 600 人以上者，得視業務需求，增置一人。但空中大學及宗教研修學院，不在此限。 2. 採計方式： (1) 應置人數未達三人者，所置人員應以專任為之。 (2) 應置人數達三人以上者，其應置總人數之三分之一以下，得以學校兼任專業輔導人員累計執行介入性或處遇性輔導服務時數折抵計算；一年累計達 576 小時，得折抵為一名專任專業輔導人員。	

資料來源：教育部（2014a，2015）

四、規範輔導知能提升及培訓管道

（一）教育行政主管機關及學校妥善規劃專業培訓管道

1. 各級主管機關應妥善規劃專業培訓管道，並加強推動教師與專業輔導人員之輔導知能職前教育及在職進修。（《學生輔導法》第 14 條）
2. 學校應定期辦理校長、教師及專業輔導人員輔導知能研習，並納入年度輔導工作計畫實施。（《學生輔導法》第 14 條）

（二）學生輔導相關人員依身分別之職前培訓與在職進修

1. 初任輔導主任或組長、輔導教師及初聘專業輔導人員，應修習高級中等以下學校主管機關所辦理之職前基礎培訓課程，至少 40 小時。（《學生輔導法》第 14 條）
2. 高級中等以下學校之教師，每年應接受輔導知能在職進修課程至少 3 小時。（《學生輔導法》第 14 條）
3. 輔導主任或組長、輔導教師及專業輔導人員，每年應接受在職進修課程至少 18 小時，其內容得包括專業倫理與法規、學生輔導實務與理論及學生輔導重大議題等範疇；初任輔導主任或組長、輔導教師及初聘專業輔導人員，於當年度已完成 40 小時以上之職前基礎培訓課程者，得抵免之。（《學生輔導法》第 14 條與《學生輔導法施行細則》第 14 條）

五、規範輔導設備與資源

1. 學校應設置執行學生輔導工作所需之場地及設備，執行及推動學生輔導工作。（《學生輔導法》第 16 條）
2. 各級主管機關及學校為推動學生輔導工作，應優先編列所需經

費，並專款專用。（《學生輔導法》第 20 條）

3. 學校應指定場所妥善保存學生輔導資料（《學生輔導法》第 9 條），並得以書面或電子儲存媒體資料保存之；保存時限應自學生畢業或離校後 10 年，已逾保存年限之學生輔導資料，學校應定期銷毀，並以每年一次為原則（《學生輔導法施行細則》第 10 條）。

六、明定轉銜輔導及服務機制

1. 教育部訂定學生轉銜輔導及服務辦法，規範學校應提供整體性與持續性轉銜輔導及服務，使各教育階段學生輔導需求得以銜接；並得建置學生通報系統，供學校辦理學生轉銜輔導及服務之通報及輔導相關工作。（《學生輔導法》第 19 條）

2. 學生轉銜輔導及服務流程區分為列冊追蹤、評估、通報、同意、資料轉銜及輔導處遇等階段，透過學生原就讀學校之輔導專業判斷，對學生現就讀學校產生預警作用，並建立兩校間互助合作的管道與平臺（密件轉銜學生輔導資料及召開轉銜會議等），進行個案管理及輔導。

3. 軍事及警察校院得準用一般學校學生轉銜輔導及服務機制，在相同之機制下進行合作或配合，使各教育階段學生的輔導需求得以銜接，以符合建立學生轉銜輔導及服務機制之目的。

　　總之，《學生輔導法》完成立法後，對學校輔導工作的架構、人力、合作機制等產生重大影響，然而輔導人員在養成過程中，對於法令素養訓練的忽略與不足，已成為當今輔導教師推動學生輔導工作的限制。特別的是，《學生輔導法》涉及到輔導工作許多面向，包括：輔導資料保存及運用、保密義務的遵守及例外、轉銜機制的運作等，尤其「轉銜機制」是一個全新的制度，更需法令說明及宣導。上述這些均有賴對學生輔導等相關法規的理解，再搭配一般教師及輔導人力

的研習，持續培訓輔導人員相關知能，以落實《學生輔導法》相關規定，進而達到運用法規資源提升學生輔導效能。

學生輔導工作的推動，因為立法已逐步產生系統性的質變，輔導人員不只要增加對法的理解，還要在執行輔導工作的同時，敏感法且善用法，知法懂法，以爭取更多資源來共同協助有輔導需求的學生；也就是隨著學生輔導工作法制化後，學校輔導工作的推動將不僅僅只是執行諮商輔導專業，更需兼具對法的理解與運用。而這也是未來學校輔導人員在職前教育的養成、在職教育訓練，以及督導時，需要兼顧的重要面向。

第四節　當前學校輔導工作的挑戰與因應

學校輔導工作之目的，是為了促進與維護學生身心健康及全人發展，並健全學生輔導工作（《學生輔導法》第1條），故應為教育的主體而非附屬品。再加上處於不同教育階段的每位學生，皆有不同的學習與家庭背景，因此學校須有妥適的輔導措施，方能幫助學生的學業成就，及其生涯、自我與人際發展得以成長，讓今日的學生變成在未來有生產力、適應良好，以及成功的大人（American School Counseling Association [ASCA], 2018; Lapan, Gysbers, & Kayson, 2007）。回顧臺灣學校輔導工作數十年來的發展，其形式和內涵有很大的變化，不僅在國小、國中、高中和大專校院等不同教育學制之間有很大的差異，即使在同一個學制當中也幾經更迭。基於家庭、學校、社會、政治、經濟、網路虛擬世界等種種錯綜複雜因素之影響，再加上少子化、十二年國教、新課綱等學校教學環境與體制的轉變，學校輔導工作不僅是學校教育中的一項重要環節，更是一門催化教育品質精緻化的專業。不僅在臺灣教育變革的關鍵時刻從未缺席，也愈來愈被看重。因此，

面對新時代的挑戰，學校輔導工作者如何能有更積極因應之作為，以回應社會需求，並提升對學生輔導服務品質的維護與持續專業的發展，將是關心學校輔導工作之學者專家、政府官員，以及第一線工作者未來的共同課題。

學校輔導工作篳路藍縷，從「個別實驗」、「課程預防」和「方案計畫」等運作模式，直至近期發展出具有本土特色的「生態合作」運作模式，係累積了各階段許許多多前人的耕耘與努力。數十年來，每一個階段的發展各有其不同背景及資源，從有專業觀念但無專業資源，到開始嘗試各種可能性的輔佐資源，迄今達到有專業觀念也有專業資源的狀態，期間的起承轉合必須感謝每一位願意努力嘗試並投入的前輩與今人，才有今日共同累積的學校輔導工作動能與前進軌跡。如同教育及輔導觀念的不斷演進，學校輔導工作模式的變革仍有許多有待討論與改進的空間。WISER 三級輔導工作模式雖首開這個生態合作發展趨勢，也逐步累積了一些生態合作策略，但仍有許多細節有待持續開發與細緻發展，企盼未來將持續創造與落實更多的生態合作或跨專業合作之學校輔導運作模式與策略。

以下就當前學校輔導工作的主要挑戰與可能因應方式進行探討。

壹、學校輔導工作的績效展現與專業領導

在 2011 年《國民教育法》第 10 條修法之前，國中的輔導工作長期由減授鐘點但大量授課的綜合活動領域輔導專長教師擔任，國小則採零編制且無專業要求下推動；在修法增補後，國中小開始明顯增加原則上不授課、具專業背景之專輔教師及專輔人員進入校園。隨著這些人力逐年增補至學校，政府與學校現場對於輔導人員的期待也節節上升，於是輔導處（室）的業務也跟著快速膨脹。值得提醒的是，立法增置輔導人力的初衷，是為了因應過去專業欠缺與人力不足，導致學

生輔導工作無法落實的困境（郭佳音，2015）；如今，在尚未落實人力聘用以補足先前因欠缺人力而無法執行的學生輔導工作之際，即快速地增加許多新業務，此舉恐將使先前欲增置輔導人力之原始目的喪失，甚至導致學校輔導工作失焦的危機，實在不可不慎。

　　此外，長期渴求學校輔導工作發揮效能之士，在面對有機會增置專業輔導人力之後，可能因為寄予厚望、高度期待，認為既然已經補上人力，學校輔導工作就應該要能快速展現績效、發揮功能；若非如此，便是輔導人員努力不足或專業不夠云云。這樣的期待讓人一則以喜，一則以憂：喜的是，學校輔導工作顯然備受關注，才會如此被看重；憂的是，如此觀點正透露出許多人將學校輔導工作誤解為「單一個人」就可以處理的工作，只要輔導人員夠專業、學生夠努力，就可以讓學生輔導的問題快速解決、讓有輔導需求的學生在短時間內回到正軌；殊不知，如此簡化的想法其實忽略了學校輔導工作的生態系統性問題，反將斲傷未來學校輔導工作的發展。

　　事實上，學生輔導工作，特別是兒童青少年的輔導工作，並非如此簡單就能發揮效能。學生輔導工作深受社會環境、校園及兒童青少年周遭重要他人的生態系統影響，故若以「個人化」（personalized）觀點看待學生輔導問題，期盼輔導能快速展現具體績效，一旦未達成期待便予以苛責或質疑，有時反而會阻礙學校輔導工作的落實推展。再加上過去的教育訓練或學校輔導教師工作內容，幾乎都偏重在課程教學或「個別化」的諮商訓練與執行，較缺乏培養積極主動催化校園正向輔導氛圍的知能，因此也常讓輔導教師經驗到，校長及其他同仁不了解、不支持輔導，使輔導工作遭遇事倍功半的挫折。

　　要扭轉上述的種種挑戰與困境，輔導人員恐怕需先由自身改變做起。首先宜反思與破除過去以「個人化」觀點從事學生諮商輔導工作的局限，願意冒險走出輔導人的同溫層，並且培養不同以往的生態合作觀之諮商輔導知能，如此才能更具有能量與學校同仁主動、理性且

不斷地溝通與合作，以獲得大家合理的期待與理解。不容忽視的是，學校輔導是教育改革精緻化的重要助力，輔導工作與教育工作一樣，其重要核心皆是學生，也都是在致力於化解會阻礙學生在校學業成功經驗（academic success）之障礙，催化學生長出夢想並發展追夢計畫與能力，促成教育平等以及創造學業成功經驗之專業（Education Trust, 2001; Lapan et al., 2007）。

所幸臺灣學校輔導工作已推行一甲子，透過政策性的推動，一般學校教師大多已具備基礎輔導知能，讓當今的學校輔導工作相對處於一個比較容易溝通輔導理念的時代。如何把握這個良好的基礎，進一步催化校園的正向輔導氛圍，讓學生能身處在友善校園之中學習與改變，便是輔導人員的首要職責。因此，輔導人員的工作不僅在於敏察學生的輔導需求、提供協助，也要能覺知與整合校園生態資源，並透過規劃適切的輔導工作計畫，啟動全校性輔導工作與營造友善校園，讓有輔導需求的學生獲得最大幫助。特別的是，輔導人員也是學校團隊的一員，與其他學校教師是伙伴關係。輔導人員要視自己為學校輔導團隊中的領導者，這邊所謂的領導並非指的是上下階級的領導角色，而是基於輔導專業，和學校其他工作同仁分享輔導所能為學生、為教師帶來的益處。美國教育基金會（Education Trust, 2001）便指出，輔導教師需透過「領導」、「倡議」、「合作」與「系統改變」，以促進學校輔導工作的全面落實。如此的主動溝通、重視生態合作與績效展現，引領外界對於學校輔導工作產生合理的期待，方能逐步回應校園的高度輔導需求，並創造雙贏的局面。

貳、輔導工作擘畫重視主動性與前瞻性

回顧學校輔導工作的數十年發展，會發現政府的政策推動扮演了不可或缺的角色。在辦理初期，人力與物力均缺乏，確實需要政策規

劃的支持，以計畫性方案提供更多執行的動能，例如：「輔導工作六年計畫」、「青少年輔導計畫」、「教訓輔三合一方案」，乃至於現今的「友善校園總體營造計畫」。當《學生輔導法》的制定通過，規範三級輔導為當今學校輔導工作之架構，更確認了組織和人力的到位。但是，學校輔導涉及的層面十分複雜，政策制定者或學者專家皆難以全面掌握學校輔導工作的全部面貌；各縣市資源迥異，各學制間也各有差異，就連各校也因學生特質或學校環境之不同，而需要不同的輔導工作推動方式，例如：《學生輔導法》規定高中以下每校至少設置一名專輔教師，一旦偏鄉小校只有不到 50 位學生時，其工作內容自然會與大型學校有所不同；再者，有關於專輔人員究竟是設置於 55 班以上之學校內，或是由縣市輔諮中心來統籌調派，不同縣市亦有不同的運作方式。

　　過去，輔導工作是為了因應社會與政策需求由上而下的推動，第一線的學校輔導人員常感到政府推動的輔導政策與教育現場之輔導需求有所落差；學校輔導人員不是自己工作的主體，又缺乏倡議發聲的管道，於是常有其工作方式受到教育主管機關或縣市政府所決定的無奈感受（王麗斐、趙曉美，2005；張麗鳳，1998）。隨著輔導工作經驗的累積，要如何具有主體性且又能具備前瞻性地來引導學校輔導工作的發展，將是未來學校輔導工作專業發展必須要優先思考的問題（郭佳音，2015）。在此建議，以學校輔導人員要具有主動性，同時能在教育現場進行實務研究，以發展出具有校本特色的輔導工作方案，並且爭取發表機會與進行分享。如此一來，既可於同儕間相互激盪出具有創意與效益的輔導工作進行方式，又可提供政府單位作為未來規劃相關政策之參考。

　　具體而言，學校輔導人員未來可透過相關工作會議（如全國各級學校的輔導工作會議）向教育主管機關提出建言，或者撰文發表於輔導專業期刊，引發共鳴；還可以參與專業團體（如台灣輔導與諮商學

會、臺灣諮商心理學會、台灣輔導教師協會等）針對學校輔導工作之議題進行倡議，由下而上，促使政府在推動相關政策時，能更貼近學校輔導現場之需求。再者，輔導工作除了前瞻性，也應不忘初衷，莫忘「學生」才是教育與輔導工作關注的焦點與主體。因此，從中央到地方、從教育主管機關到現場輔導實務工作者，均須思考在推動政策／校務／輔導策略時，如何能更加考量到學生之需求。再以輔導工作評鑑為例，除了政府部分應制定符合教育輔導工作實務所需要的評鑑指標之外，學校輔導人員也應有自我評鑑之概念。建議學校輔導團隊透過他評與自評之結果，整體提升學校輔導氛圍、學習情境，並進一步規劃適合自己學校、能發展具有校本特色的學校輔導工作。

　　總之，輔導人員要能運用輔導工作評鑑，檢視學校輔導工作的執行成效，並發掘問題、回應需求，例如：分析個案來談議題，可以從介入性輔導了解本校學生的輔導需求，進而規劃全校性的發展性輔導計畫。另外，輔導人員也要運用相關會議，如校務會議、導師會議等機會，展現輔導工作績效；且輔導人員必須要能理解現階段的教育政策，成為學校教育團隊的一員，找到自己能夠貢獻專業之處，為別人加分、也為自己贏得專業，例如：目前推動之十二年國教新課綱，而WISER三級輔導工作模式的發展性輔導工作策略強調：「全校做」、「聰明做」及「雙贏做」，就可以作為推動教務、輔導及全校教師通力合作，共同因應十二年國教新挑戰的策略。以高中為例，輔導人員熟悉與學生進行生涯諮詢的談話技巧，可協助課程諮詢教師增進其對學生進行選課諮詢時的輔導能力。當輔導人員在重要的教育政策推動時不缺席，並且展現出自己的能力與價值時，便可秉持輔導專業也回應外界對輔導工作的期待。總之，無論是政策主管、執行單位或是輔導人員，若能化被動為主動，以前瞻的角度思考作為，而不僅侷限於學生事件處理壓力或是既有政策的框架，如此便能真正站在學生的角度建構前瞻性與有助益的學校輔導工作。未來若有機會研商修正《學

生輔導法》的架構，亦應秉持本精神作為省思和努力之方向。

參、輔導人力發展邁向專業化與教育體系整合

　　早期輔導工作推動時，輔導專業常常不被信任。王麗斐、趙曉美（2005）分析該時期的國小輔導工作，發現「非專業人力」與「不具備專業知能」是學校輔導工作不被信任的關鍵因素。這是因為當時的輔導處（室）人員與其他教師無異，只具備初級輔導知能，而沒有輔導專業資格與能力，也就造成他們面臨複雜且困難處理的學生問題時，無法作為教師與學校的後盾，讓學校教師對「輔導專業」失去了信心。此外，過去學校教育深受升學主義影響，非主科之輔導活動課程常被拿來當作主科的配課，自然無法發揮輔導預防於先的功能；輔導處（室）常被誤解為「有問題的學生」才去的地方，更讓真正有需要協助的學生猶豫、抗拒前往；輔導主任甚至被譏為「涼」主任，或是被視為「通往校長之路」的處室主任歷練等。因此，即便政府自1990年代起，在政策上對輔導工作的推展不遺餘力，積極推動各式輔導工作計畫，卻因這些早期學校輔導工作的錯置窘境，讓學校輔導工作的推動事倍功半，而無法讓學生輔導的功能到位。

　　2008年《教育部補助直轄市縣（市）政府增置國中小輔導教師實施要點》首次明確定義輔導教師的專業背景條件，也是國小輔導打破零編制的關鍵年代；到了2011年《國民教育法》第10條修法，2014年《學生輔導法》及2018年《國民小學與國民中學班級編制及教職員員額編制準則》明確規定中小學輔導教師逐年增置之期程等，各級學校輔導教師的專業人力終於逐步到位，令人欣喜。然而，輔導人員有時對於「輔導專業」的迷思（如輔導人員對於專業界線的過度僵化或缺乏省思的堅持），反而造成與他人合作的阻礙；或者輔導人員容易讓其他學校教育人員產生「輔導必須專業，所以只有輔導人員才有能力

做輔導」的錯誤概念。

其實，從生態系統觀來看，輔導人員須與全校教師及行政人員一起合作，方能發揮最佳績效；若輔導人員只站在受輔學生的角度思考，可能會不理解導師帶班的理念與兩難，或行政人員須堅持的原則與糾結，甚至是班級同儕的錯綜複雜心態與需求等；由於他們皆為受輔學生在校的重要他人，輔導人員有必要將其納入諮商輔導的介入思維中整合理解。舉例來說，當輔導人員認為學生從原來犯錯十次變成犯錯六次，即是很大的進步；但是，當導師管理全班學生時，一日當中只要有一位學生在班上製造一次紛爭，便會造成導師班級管理的額外負擔，更何況學生的突發狀況經常是多於一次，因此導師和輔導人員要能相互理解與體諒，才能發展出合作協助學生的默契與共識，也才能讓受輔學生受益。此外，輔導人員也應該要精進介入性輔導的專業能力，能夠細緻化地進行系統化的個案概念化與評估，了解受輔學生的需求並提供適切資源，進一步與轉介者或系統中的重要他人進行對話，協助這些受輔學生生態系統中的重要他人真正去理解學生問題背後的需求，如此才能讓生態中的其他人願意一同合作協助受輔學生，提升輔導效能。簡而言之，倘若輔導人員沒有思考到學生周邊的重要他人，缺少與他們的共識與合作，則遑論能幫助到這些有輔導需求的學生了。

另一方面，輔導人員較欠缺對於輔導相關法規的熟悉，甚少積極參與體制變革或政策層面，也是當今學校輔導工作推動的阻礙。事實上，學校輔導應是教育改革實踐的重要助力，輔導人力的專業化將有助於教育工作能夠更加精緻化，促成教育平等，以及創造學生學業成功經驗的專業（Education Trust, 2001）。因此，學校輔導人員不僅是「教育人員」，亦需要具備足夠的教育理念與了解當前的教育政策。在學校層面，可主動認識其他處室人員及其業務內容，思考學校輔導工作如何協助學校推展教育工作，讓輔導成為學校教育加分的利器。

在政策層面，除了可透過學會或協會等組織參與政策之討論，亦可投入學校輔導行政工作來實踐理念。若有機會，更可積極協助教育主管機關，承辦輔導相關活動或任務，或提供相關專業諮詢，以影響法規政策之推動。歸納言之，積極融入學校系統，將有助於輔導工作在學校紮根；主動參與教育行政和政策，會使得輔導工作更加與學校教育整合、改變學校的輔導工作生態，並造福更多學子。反之，如果因秉持專業之理由而與他人保持距離，則會阻礙其推展；在校園如此，在資源網絡或政策層面亦然。

以校園或系統合作為例，須先了解合作必須建立在平等、互信、互惠的基礎之上，而這樣的基礎經常要從彼此的半信半疑與磨合中建立起；也就是說，當感受到想要合作的對象抗拒時，不要急於認定對方無法合作，而是先評估對方進行合作的態度與意願，並設定可行的合作目標與策略，逐步漸進的建立信賴關係。當與不同資源共同協助學生時，要能先發揮同理心，理解對方在協助受輔學生時可能面臨的困境與情緒，且能更巨觀地了解受輔學生問題的正向與負向資源，化阻力為助力。總之，學校輔導工作的專業化與精緻化的發展仍有許多部分待努力，包括輔導人員本身專業能力的持續加深，也包括與不同專業合作的持續加廣與精緻化。

肆、輔導訓練「學」與「用」的整合與本土化發展

走入學校輔導工作現場，會發現輔導專業發展的單一化及學用落差，是迫切亟須改變的學校輔導工作危機（許雅惠，2011；麥麗蓉，2003）；而在輔導教師或專輔人員（心理師和社工師）的養成教育當中，欠缺針對學校教育系統的專業培力，是當今學校輔導工作必須正視的培訓危機。衡諸目前培育學校輔導教師的相關系所，大多仍重視綜合活動領域輔導課程教學或諮商心理專業訓練，絕大多數未將「輔

導網絡」、「輔導團隊」與「系統合作」等生態系統觀納入課程，使得輔導新血在進入校園後，容易遭遇到各種系統層面的「震撼教育」，且多獨自憑藉著人脈與經驗摸索，多年後才能深刻體會到生態系統合作的重要性（林容葵，2013；趙文滔，2015）。這正是 WISER 三級輔導工作模式之生態系統觀企圖帶動的努力方向，也是目前推動該模式所遭受到的關鍵挑戰之一。

所以，學用落差的問題要回歸到最根本的議題，也就是教育體系究竟對學校輔導的需求為何？輔導人力在學校需要達成的任務為何？學校輔導人員對自己的「角色定位」為何？以生態系統觀看學校輔導工作，輔導人員自然須與全校教師與行政人員合作，共同推展學校輔導工作。然而，在目前輔導人員的養成教育中，對於生態系統觀的學校輔導工作尚停留在理念的學習，少有技術或實務經驗的訓練，到了學校工作現場幾乎是從頭摸索。當缺乏實務運作的知能，若是遇到合作困境與挫折，可能因為求助無門而降低新進輔導人員與學校其他教育人員合作的意願，也使得輔導人員容易退回到單打獨鬥的狀況。這樣不僅無法有效協助受輔學生，也會造成輔導人員身心耗竭的危機，並與其他教育人員拉開距離，在學校系統中邊緣化，自然無法融入教育體系當中（林淑華、田秀蘭、吳寶嘉，2017；陳婉真、黃禎慧、侯瑀彤、江守峻、洪雅鳳，2018）。

因此，為了縮短學用落差，除了輔導教師、心理師及社會工作師的養成教育，必須要更貼近學校輔導工作的實務需求，並包含理解教育制度與政策、相關法規等的課程規劃，也要幫助學生培養能運用在學校實務現場的生態合作輔導工作能力，並鼓勵學生增加參訪學校的機會，利用實習的時間連結「學」與「用」。更重要的是，要向在學校現場的第一線輔導實務者請教與學習如何進行系統合作、有效溝通，以及推動跨專業的合作等。此外，《學生輔導法》規定的 40 小時職前訓練課程，與每年 18 小時在職進修也是重要的培力方式。合適的

訓練課程將能快速幫助學校輔導人員在進入職場前，盡快獲得資深前輩的經驗傳承，只是目前部分的職前與在職訓練課程仍只側重廣泛政策宣導（如性別平等教育、危機處理、兒少法令等），或者基礎諮商專業（如不同諮商理論學派、諮商相關媒材使用等）培訓，建議教育主管機關與主導研習規劃者在規劃專業進修時，能細膩的考量當今學校輔導工作的專業發展脈絡與需求，在規劃主題式的進修課程時，能兼顧生態系統、團隊合作與督導課程的系統性研習，不只透過經驗分享、個案討論與督導的方式，也能更有系統與進階式的規劃研習內容，以幫助學校輔導人員能逐步累積及精緻化與學校其他教育人員合作的知能，讓學校輔導工作的運作更精緻化也更加成熟，進而促成學校輔導效能的加成加倍。

此外，隨著時代快速變遷，學生問題益增複雜化，學校輔導工作所面臨的挑戰也不同於以往，輔導人員需要更多元的策略與方法來因應，於是來自實務現場、以解決問題為導向的實務研究（practice research），將是日後突破學校輔導工作困境的利器。學校輔導人員可以透過以實務基礎證據（Practice-Based Evidence）的研究，將所面臨的輔導實務問題做為起點，透過系列研究逐步發展出有研究證據支持，且效率與效能更佳的輔導介入策略，如此不僅能提升輔導效能造福學生，也能建構出適合臺灣的本土化學校輔導運作模式。

總之，諮商輔導領域歷經一甲子的努力，已培育出不少具有碩博士學位，且具豐富學校輔導實務經驗之學者與實務工作者，大家若能主動了解學校輔導實務現場的困境，形成學術與實務合作之研究團隊，共同研發出能夠幫助學校輔導工作者的輔導策略與方法，並與政府政策結合，將可促成產官學共同為學校輔導工作努力。如此不僅能建構出更有效能的本土化學校輔導運作模式，也讓校園裡更多有輔導需求的學生受益。

伍、輔導資源網絡多元與生態系統整合

　　由於學生輔導之議題日益多元，各專業領域的分工朝向細緻化，各種專業團體雖然多元卻缺乏橫向聯繫，且因彼此不夠了解、擔心地盤之爭（turf war），容易各自為政、缺乏積極溝通，不僅使輔導資源網絡複雜化，也造成跨專業間合作的多頭馬車困境。這樣跨專業間的競合關係、地盤之爭等議題，挑戰長期獨自承擔學校輔導工作的諮商輔導人；特別的是，隨著愈來愈多專業與人力投入學校輔導工作、學生輔導議題的複雜化已不再是單一專業所能承擔，以及學校輔導運作逐步受到法制的影響等，學校輔導工作走出傳統獨立運作的模式恐已無法避免，學校輔導人員如何打破過去習以為常的「個人模式」輔導思維，已是當今輔導人員在實務工作上另一個重要關鍵挑戰。WISER 三級輔導工作模式正是為回應跨專業合作與分工議題而生，其企圖透過生態合作的思維，有效整合現行的校內外輔導人力與資源，成為一個能適用臺灣學校實務運作的輔導工作模式。不同於過往學校輔導工作多為政府由上而下推動政策，而忽略學校現場輔導工作之現況與聲音，WISER 三級輔導工作模式的建構是以政府政策為骨，以學校輔導實務現場的成功經驗為肉，將政府政策轉化為更貼近實務現場、有利於全體教育與輔導人員實踐的輔導作為。

　　然而，這樣理想性高的 WISER 三級輔導工作模式，仍需要許多know-how 的實務知識來實踐。對學校輔導人員而言，認識與建構在地的輔導資源網絡就非常重要。從三級輔導工作架構觀之，若學生需要結合校外資源進行處遇性輔導，學校輔導人員平時建構的輔導資源網路便能即時派上用場。因此，學校輔導人員於平常便要認識其他教育資源（特教資源中心、家庭教育中心、中介教育機構、學生校外會等）、社政資源〔社會局（處）、家庭暴力及性侵害防治中心、社福

中心、新住民中心等〕、衛政資源（社區心理衛生中心、自殺防治中心、毒品危害防制中心等）、警政資源（警察局、派出所、少年警察隊、少年輔導委員會等）、司法資源（少年法庭法官、少年保護官、少年調查官等），以及在地社區資源（NGO、基金會、安親班、慈善團體、校友等）等相關單位的業務與服務內容。平時也可透過與學校其他單位合作，邀請這些在地的相關單位到校進行推廣性之教育活動，例如：可以與學務處合作邀請毒品危害防制中心進行藥物濫用防制宣導，或者邀請家庭教育中心針對家長進行親職教育講座，建立起聯繫與合作關係。

　　此外，目前的政府單位仍經常運用計畫方案推動輔導工作，許多輔導人員視申請計畫為畏途，擔心在例行輔導工作之外增加額外負擔。但其實若能將計畫方案結合目前學校例行的輔導工作項目，其實對學校輔導工作而言是資源挹注，也可以運用經費帶入校外資源，例如：邀請心理師到校與家長進行親職諮詢、邀請學者專家對教師進行輔導知能研習等，如此申請計畫便不只是為申請而申請，而是真正能將資源運用在需要的地方。學校輔導人員若能秉持著「改變從自己開始」，期許自己從一小步開始推動學校的正向輔導氛圍，日積月累，便會創造很不一樣的輔導團隊。學校輔導工作的道路要能愈走愈開闊，有賴學校輔導人員成為更積極的催化者。

　　走向生態合作的輔導運作模式，不僅在訓練上要有所調整，輔導人員實務運作的觀念與策略也要有所調整，從獨立運作走向合作分工的方式，是必然的發展趨勢。學校輔導人員如何學習面對所處多元、複雜又快速變化的社會與學生輔導問題，並樂意走出舒適圈，了解其他專業的特性與資源，主動與不同專業一起合作，進而發展出具有學校本位特色的學校輔導工作運作模式，來因應學生多元的輔導需求，將是未來發展的方向。

結語

誠如國立臺灣史前文化博物館的一首「海洋南島」小詩:「為未來珍惜過去:沒有歷史,就沒有根;沒有根,就沒有未來」(Facing the future, we treasure the past, for without history, we have no roots. And without roots, we have no future.) 。回溯歷史演進,學校輔導工作長期扮演著學校教育轉型與精緻化的關鍵角色。隨著社會環境的更迭,學生輔導議題面向複雜且多元,學校輔導工作無法只是被動順應政策要求,而需逐步發揮主動性,規劃具有前瞻性且符合學校及學生需求的輔導工作內涵。此外,輔導人員在推展學校輔導工作的同時,也要能兼顧專業與倫理,適時地展現工作績效,尋求學校同仁伙伴的合作,也能分享輔導工作成果。展望未來學校輔導工作的發展方向,學校輔導人員再也無法單打獨鬥,必須走向生態合作的學校輔導工作運作模式,廣納受輔學生周圍的重要他人與資源形成輔導團隊,進行跨專業合作。因此,未來無論在養成教育或在職培訓時,皆宜多提供能提升生態合作觀的學校輔導運作模式之理論與實務知能,以因應輔導工作實務現場所需。面對當前輔導工作的挑戰,學校輔導人員除了秉持諮商輔導專業,更要能展現主動性與前瞻性,善於溝通、樂於溝通,成為推動學校輔導工作的整合與催化者。

註 解

註❶：《國民教育法》（教育部，1979）第10條規定：「國民小學應設輔導室或輔導人員……。輔導室置主任1人，由校長遴選具有專業知能之教師聘兼之，並置輔導人員若干人，辦理學生輔導事宜。……」

註❷：1982年，教育部（71）台參字第23001號令訂定發布的《國民教育法施行細則》，其中第12條對國民小學輔導組織，規定如下：

1. 12班以下者設教導、總務兩處及輔導室或輔導人員。……
2. 13班至24班者設教務、訓導、總務三處及輔導室或輔導人員。……
3. 25班以上者設教務、訓導、總務三處及輔導室。……輔導室得設輔導、資料二組。

此規定於1981年先以40班以上設置代理輔導主任，直到1988年才落實25班以上設置輔導主任（蕭秀朗，私人溝通，2016，2018）。

註❸：教育部於1993年9月20日台（82）國字地052752號，修正「國民小學課程標準」，首次將輔導活動課程納入，規定：自一年級起，分六年逐年實施，惟第三年至第六年設科實施。

註❹：教育部2004年12月27日台訓（二）字第0930169777號函發布友善校園計畫。

註❺：教育部（2010）修正《教育部補助直轄市縣（市）政府增置國中小輔導教師實施要點》之輔導教師專業背景之優先順序：

A. 輔導、諮商、心理相關專業系所畢業。
B. 領有輔導活動科／綜合活動學習領域輔導活動專長。
C. 修畢輔導四十學分。
D. 修畢輔導二十學分。

註❻：教育部（2017）《教育部國民及學前教育署補助置國中小輔導教師實施要點》規定，專任輔導教師應具之專業知能，應確依101年4月12日臺訓（三）字第1010046968C號令辦理，也就是國民小學階段之輔導教師於101學年度至105學年度應符合下列資格之一：

1. 輔導諮商心理相關系所組畢業（含輔系及雙主修）且具國民小學合格教師證書者，或同時具輔導（活動）科／綜合活動學習領域輔導活動專長教師證書及國民小學合格教師證書。
2. 國民小學加註輔導專長教師證書。

自一百零六學年度起，應具有國民小學加註輔導專長教師證書。

註❼：教育部於 2011 年委託國立臺灣師範大學陳李綢教授研議「國民小學教師加註輔導專長專門課程科目及學分對照表」，並依教育部令 2012 年 4 月 30 日臺中（二）字第 1010067948C 號委由國立臺中教育大學落實審查。

註❽：1982 年，教育部（71）台參字第 23001 號令訂定發布的《國民教育法施行細則》，其中第 12 條對國民中學行政組織，規定如下：

1. 6 班以下者設教導、總務二處及輔導室。教導處分設教務、訓導二組。

2. 7 至 12 班者設教務、訓導、總務三處及輔導室。教務處分設教學設備、註冊二組；訓導處分設訓育、體育衛生二組；總務處分設文書、事務二組；輔導室得設輔導、資料二組。

3. 13 班以上者設教務、訓導、總務三處及輔導室。教務處分設教室、註冊、設備三組；訓導處分設訓育、生活教育、體育、衛生四組；總務處分設文書、事務、出納三組；輔導室得設輔導、資料二組。

註❾：《高級中等學校教師每週任課節數注意事項》（已於 2015 年廢止）第 7 條規定：「主任輔導教師及專任輔導教師依規定不必授課以專任為限。但學校如因課務需要須由主任輔導教師及專任輔導教師兼課，其兼課基本節數分別比照處主任及教學組長每週任課節數辦理……。」另《高級中等教育法》通過後，2014 年重新訂定之《國立高級中等學校教師每週教學節數標準》第 6 條規定更為詳細：「學校專任輔導教師及輔導處（室）主任，專職學生輔導工作，無需擔任課程教學。但依學生輔導法第十三條第二項但書規定，教授輔導相關課程者，其每週基本教學節數，規定如下：一、專任輔導教師：（一）日間部：比照前條第一項二級單位日間部教學組長之規定。（二）進修部：比照前條第一項二級單位進修部組長之規定。二、輔導處（室）主任：比照前條第一項一級單位主任之規定。……」

註❿：教育部於 1976 年 9 月 16 日臺（65）訓字第 24847 號函頒《專科以上學校設置學生輔導委員會暨學生輔導中心實施要點》與《專科以上學校設置學生心理衛生中心實施要點》。

註⓫：教育部以臺訓（一）字第 1000181294C 號令訂定發布《教育部設置大專校院學生事務工作協調聯絡中心及輔導工作協調諮詢中心實施要點》。

註⓬：教育部 2014 年 10 月 29 日臺教學（三）字第 1030153030B 號令訂定
　　　發布《教育部補助大專校院設置專業輔導人員要點》，並於 2018 年 9
　　　月 26 日修正之。

註⓭：《學生輔導法》第 11 條第 5 項規定：「專科以上學校學生一千二百人
　　　以下者，應置專業輔導人員至少一人；超過一千二百人者，以每滿一
　　　千二百人置專業輔導人員一人為原則，未滿一千二百人而餘數達六百
　　　人以上者，得視業務需求，增置一人」（教育部，2014）。

註⓮：2011 年，《國民教育法》第 10 條修正條文為：

（第三項）國民小學及國民中學應設輔導室或輔導教師。輔導室置主任
　　　　　一人及輔導教師若干人，由校長遴選具有教育熱忱與專業
　　　　　知能教師任之。輔導主任及輔導教師以專任為原則。

（第四項）前項專任輔導教師員額編制如下：
　　　　　一、國民小學二十四班以上者，置一人。
　　　　　二、國民中學每校置一人，二十一班以上者，增置一人。

（第五項）前項規定自中華民國一百零一年八月一日施行，於五年內
　　　　　逐年完成設置。

（第六項）國民小學及國民中學得視實際需要另置專任專業輔導人員及
　　　　　義務輔導人員若干人，其班級數達五十五班以上者，應至
　　　　　少置專任專業輔導人員一人。

（第七項）直轄市、縣（市）政府應置專任專業輔導人員，視實際需要
　　　　　統籌調派之；其所屬國民小學及國民中學校數合計二十校
　　　　　以下者，置一人，二十一校至四十校者，置二人，四十一
　　　　　校以上者以此類推。

（第八項）前二項專任專業輔導人員設置所需經費，由教育部視實際需
　　　　　要補助之；其人員之資格、設置、實施方式、期程及其他
　　　　　相關事項之辦法，由教育部會商直轄市、縣（市）政府後
　　　　　定之。

參考文獻

中文部分

中國輔導學會（2005）。**中國輔導學會支持推動「學生輔導法」立法聲明**。2018 年 7 月 29 日，取自 http://www.guidance.org.tw/old_data/main.html

王仁宏（2003）。從教訓輔三合一談學校輔導體系的建立。**學生輔導雙月刊**，**85**，96-105。

王麗斐（1999）。國小輔導師資培育現況之調查研究。**中華輔導學報**，**7**，161-200。

王麗斐、杜淑芬（2013）。**國民中學學校輔導工作參考手冊**。臺北市：教育部。

王麗斐、杜淑芬（2017）。Working WISER：臺灣學校輔導工作模式之本土化發展與建置。載於陳秉華（主編），**多元文化諮商在臺灣**（頁 613-648）。新北市：心理。

王麗斐、杜淑芬、羅明華、楊國如、卓瑛、謝曜任（2013）。生態合作取向的學校三級輔導體制：WISER 模式介紹。**輔導季刊**，**49**（2），4-11。

王麗斐、田秀蘭、林幸台、林美珠、王文秀（2005）。台灣小學輔導工作的發展與專業內涵之實施現況。**基礎教育學報**，**14**（1），83-100。

王麗斐、林淑君（2016）。臺師大與臺灣學校輔導工作發展。載於周愚文（主編），**臺師大與臺灣教育**（頁 145-184）。臺北市：國立臺灣師範大學出版中心。

王麗斐、喬虹（2013）。**「建構高關懷學生個案輔導資料轉銜機制及通報系統評估計畫」**結案報告。教育部委託專案計畫。取自 https://goo.gl/NPkCPG

王麗斐、趙曉美（2005）。小學輔導專業發展的困境與出路。**教育研究雙月刊**，**134**，41-53。

王麗斐、羅明華、楊國如（2013）。**國民小學學校輔導工作參考手冊**。臺

北市：教育部。

何金針、陳秉華（2007）。台灣學校輔導人員專業化之研究。稻江學報，**2**（2），166-183。

何福田（1990）。**大專院校訓輔體制之研究**。教育部訓育委員會委託研究報告。（計畫編號：0790021672）

吳正勝（1992）。**國民中學輔導活動課程實施現況之研究**。臺北市：教育部訓育委員會。

吳武典（2013）。**臺灣心理輔導的演進、現況與展望**。（未出版）

吳芝儀（2005）。我國中小學校輔導與諮商工作的現況與挑戰。**教育研究月刊**，**134**，23-40。

吳英璋、徐堅璽（2003）。校園中輔導專業人員之角色功能。**學生輔導**，**85**，8-21。

宋湘玲、林幸台、鄭熙彥（1994）。**學校輔導工作的理論與實施**。高雄市：復文。

宋湘玲、林幸台、鄭熙彥、謝麗紅（1997）。**學校輔導工作的理論與實務**。高雄市：高雄復文。

宗亮東（1983）。**輔導學的回顧與展望**。臺北市：幼獅文化。

林建平（1995）。國小輔導工作的瓶頸與突破。**教育研究雙月刊**，**44**，18-22。

林美珠（2000）。國小輔導工作實施需要、現況與困境之研究。**中華輔導學報**，**8**，51-76。

林家興、洪雅琴（2002）。專業輔導人員參與國中輔導工作的概況與成效。**教育心理學報**，**34**（1），83-102。

林容葵（2013）。**國中兼任輔導教師在學校系統之合作經驗的困境與突破**（未出版之碩士論文）。國立臺北教育大學，臺北市。

林淑華、田秀蘭、吳寶嘉（2017）。高中職輔導教師工作困境、因應方式與督導需求初探。**家庭教育與諮商學刊**，**20**，87-116。

林清文（2007）。**學校輔導**。臺北市：雙葉書廊。

金樹人（1982）。從學校青年輔導諮商中心的設立談大專院校輔導工作的推行。**測驗與輔導**，**51**，808-811。

修慧蘭（2008）。北區大學輔導諮商中心的人力與服務現況分析及未來可
　　努力的方向。**輔導季刊，44**（2），38-47。

唐璽惠（2003）。輔導人力資源整合之探討。**立德學報，1**（1），42-48。

張允騰（2016）。**學生輔導法轉銜輔導及服務機制之研究**（未出版之碩士
　　論文）。國立臺北教育大學，臺北市。

張孟莉、張景然（2009）。國中綜合活動教師在教育情境中的行動選擇研
　　究。**輔導與諮商學報，33**（2），33-53。

張植珊（1980）。我國近六十年的輔導運動及其發展動向。載於宗亮東等
　　著，**輔導學的回顧與展望**。臺北市：幼獅文化。

張植珊、吳正勝（1999）。中國輔導學會早期的功能與貢獻：兼論八十年
　　來我國的輔導運動。載於中國輔導學會（主編），**輔導學大趨勢**（頁
　　3-23）。臺北市：心理。

張麗鳳（1998）。輔導教師專業組織發展與學校輔導工作。**輔導季刊，44**
　　（3），45-51。

張麗鳳（2005）。**我國中小學輔導工作的回顧與前瞻**。發表於第一屆中小
　　學輔導與諮商學術研討會。嘉義市：國立嘉義大學。

張麗鳳（2008）。輔導教師專業組織發展與學校輔導工作。**輔導季刊，44**
　　（3），45-51。

教育部（1973）。**高級中學學生評量與輔導工作實施要點**。臺北市：作
　　者。

教育部（1979）。**國民教育法**。臺北市：作者。

教育部（1982）。**國民教育法施行細則**。臺北市：作者。

教育部（1999）。**高級中學法**。臺北市：作者。

教育部（2004）。**友善校園總體營造計畫**。臺北市：作者。

教育部（2005）。**大專校院學生事務工作協調聯絡中心及輔導工作協調諮
　　詢中心實施要點**。臺北市：作者。

教育部（2010）。**教育部補助直轄市縣（市）政府增置國中小輔導教師實
　　施要點**。臺北市：作者。

教育部（2012）。**教育部國民及學前教育署補助置國中小輔導教師實施要
　　點**。臺北市：作者。

教育部（2014a）。**學生輔導法**。臺北市：作者。

教育部（2014b）。**教育部補助大專校院設置專業輔導人員要點**。臺北市：作者。

教育部（2015）。**學生輔導法施行細則**。臺北市：作者。

教育部（2016a）。**國民教育法**。臺北市：作者。

教育部（2016b）。**高級中等教育法**。臺北市：作者。

教育部（2017）。**教育部國民及學前教育署補助置國中小輔導教師實施要點**。臺北市：作者。

教育部（2018）。**國民小學與國民中學班級編制及教職員員額編制準則**。臺北市：作者。

許育光（2013）。國小輔導教師實務內涵初探：從困境與期待分析進行對話。**中華輔導與諮商學報**，**38**，57-89。

許雅惠（2011）。大專校院輔導教師工作現況與專業知能需求之研究。**教育心理學報**，**43**（1），51-76。

許韶玲（2003）。從全國大學校院輔導中心名稱的調查研究中檢視輔導中心名稱的定位。**輔導季刊**，**39**（1），1-11。

許錫珍、邱維城、張春興（1977）。國民中學輔導工作實施狀況之調查研究。**國立臺灣師範大學教育心理學報**，**10**，83-90。

郭佳音（2015）。**學生輔導法立法過程之個案研究**（未出版之碩士論文）。國立臺灣師範大學，臺北市。

陳秀樺（2013）。**國小輔導教師工作壓力、工作倦怠與督導需求之相關研究**（未出版之碩士論文）。臺北市立大學，臺北市。

陳婉真、黃禎慧、侯瑪彤、江守峻、洪雅鳳（2018）。心理師與學校輔導合作經驗初探：北部地區心理師之觀點。**輔導與諮商學報**（印刷中）。

陳富雄（2004）。**高雄市國民中學教師對綜合活動學習領域實施內涵之調查研究**（未出版之碩士論文）。國立高雄師範大學，高雄市。

陳惠雯、王曉薇、韓昌宏、彭瑞蓮、張雅苓（2006）。從中小學輔導工作的挫敗看專業證照助人工作者駐校模式的救濟：走一條尋回專業的路。**應用心理研究**，**30**，155-179。

麥麗蓉（2003）。為大學校園輔導工作找出路：一個強調輔導工作者專業主體性大學校園輔導工作模式初探。**輔導季刊，39**（1），12-18。

溫怡梅、陳德華（1990）。輔導學的歷史與發展。載於吳武典等著，**輔導原理**（頁45-72）。臺北市：心理。

葉一舵（2013）。**臺灣學校輔導發展史**。臺北市：心理。

臺北市政府教育局（2008）。**臺北市國民小學增置輔導教師三年計畫**。臺北市：作者。

趙文滔（2015）。中小學輔導教師跨系統合作之成功經驗探究。**家庭教育與諮商學刊，19**，1-31。

劉仲成（2016）。《學生輔導法》的立法過程與內涵及其影響。**教育研究月刊，264**，4-20。

劉焜輝（1983）。如何突破學校輔導工作的瓶頸。**師友月刊，188**，4-8。

劉焜輝（主編）（1997）。**輔導原理與實務**。臺北市：三民。

衛生福利部（2016）。**心理師法**。臺北市：作者。

鄭崇趁（1998）。**教育與輔導的軌跡**。臺北市：心理。

鄭崇趁（1999）。**整合導向評估模式之運用：以「教育部輔導工作六年計畫」為例**（未出版之博士論文）。國立政治大學，臺北市。

鄭崇趁（2000）。教訓輔三合一方案的主要精神與實施策略。**教育部學生輔導雙月刊，66**，14-25。

鄭崇趁（2002）。交互作用，整合發展：教訓輔三合一方案的管理哲學。載於九十一學年度師範院校教育學術論文發表會論文集（頁59-75）。嘉義縣：國立嘉義大學。

鄭崇趁（2005）。從學校組織再造的需求探討教訓輔三合一方案在教育改革中的角色功能。**國立臺北教育大學學報，18**（2），75-100。

蕭秀朗（2016/8/20，2018/8/31）。國小輔導主任設置之起源與規範。（私人溝通）

鍾思嘉、蕭文（1996）。**教育部輔導工作六年計畫執行成果評估研究**。臺北市：教育部訓育委員會。

魏麗敏（1997）。國小輔導活動新課程之內涵及發展方向。**研習資訊，14**（5），49-56。

西文部分

American School Counseling Association. (2018). *The role of the school counselor*. Retrieved from https://www.schoolcounselor.org/asca/media/asca/Careers-Roles/RoleStatement.pdf

Curwin, R., & Mendler, A. (1988). *Discipline with dignity*. Alexandria, VA: Association for Supervision and Curriculum Development.

Education Trust. (2001). *Achievement in America: 2001*. Washington, DC: Author [Producer & Distributor].

Gysbers, N. C. (2001). School guidance and counseling in the 21st century: Remember the past into the future. *Professional School Counseling, 5*(2), 96-105.

Gysbers, N. C., & Henderson, P. (2012). *Developing and managing your school guidance and counseling program* (5th ed.). Alexandria, VA: American Counseling Association.

Lapan, R. T., Gysbers, N. C., & Kayson, M. A. (2007). *Missouri school counselors benefit all students*. Jefferson City, MO: Missouri Department of Elementary and Secondary Education.

附錄　各級學校輔導工作重要紀事

時間		各級學校輔導工作重要紀事			
西元	民國	國小	國中	高中	大專校院
1951~1962	40~51	1.教育部遴選十餘位大專教師與教育行政人員赴美研究進修 2.美國學者及聯合國文教組織專家來臺講學 3.僑生輔導工作開始實施			
1956	45				訂定各項輔導僑生回國升學辦法，並於大專校院設置「僑生輔導委員會」
1958	47	中國輔導學會成立			
1959	48	臺北市政府指定東門國小進行「兒童心理衛生實驗」			
1960	49	臺北市東門國小在臺大醫院附設兒童心理衛生中心的指導下，推展兒童心理衛生工作「兒童心理衛生實驗」	教育部指定國立華僑中學與省立臺北第二女子中學（現為臺北市立中山女高）實驗輔導制度		

時間		各級學校輔導工作重要紀事			
西元	民國	國小	國中	高中	大專校院
1962	51	省教育廳陸續實施學校輔導工作計畫與實驗方案			
			修訂「中學課程標準」，開始將初中與高中目標分列，明確初中與高中教育的不同功能		
1963	52	省教育廳指定臺北市立師範學院附設小學為國小輔導工作的實驗學校			
1964	53				國立臺灣大學首創大專輔導專責單位
1966	55			教育部制定《中等學校加強指導工作實施辦法》，於指定學校進行分年實驗，附帶訂定「中等學校指導活動分年工作計畫」、《中等學校指導活動實驗辦法》、《中等學校指導人員訓練辦法》及《中等學校實施指導工作效果考查辦法》	1.部分大學（如國立政治大學、臺中師專）開設輔導原理、教育輔導、職業輔導等課程 2.國立政治大學成立學生生活輔導心理衛生中心研究委員會

時間		各級學校輔導工作重要紀事			
西元	民國	國小	國中	高中	大專校院
1967	56		1. 教育部為實施九年國民義務教育作準備,成立「指導活動課程組」 2. 規劃與制訂「國民中學指導活動課程標準」		
1968	57	臺北市政府教育局將臺北市國小心理衛生工作及兒童指導工作交由西門國小負責辦理	1. 九年國民義務教育正式實施 2. 國立臺灣師範大學成立教育心理學系,受教育部委託,辦理輔導工作人員暑期研習班 1. 教育部公布「國民中學課程標準」,規範國民中學應設置「指導工作推行委員會」、「指導活動教師」及「執行祕書」		

時間		各級學校輔導工作重要紀事			
西元	民國	國小	國中	高中	大專校院
			2.規劃學校輔導工作包含學習輔導、生活輔導與職業輔導，並編輯指導活動課程之學生手冊及教師手冊 3.臺北市培育首批國中指導活動執行秘書（現稱輔導教師）44名		
1970	59				國立高雄師範大學在訓導處下設立學生心理輔導室
1971	60			在「高級中學課程標準」總綱教學通則中納入「指導活動」，強調學生輔導之推動	
		臺灣省立教育學院（現國立彰化師範大學）成立輔導學系			

時間		各級學校輔導工作重要紀事			
西元	民國	國小	國中	高中	大專校院
1972	61			《高級中等學校指導工作實施要點》及活動綱要公布	
1973	62			《高級中學學生評量與輔導工作實施要點》，設「輔導工作推行委員會」	
1974	63			「高級中學輔導工作實施方案」，指定 9 所高中試辦：臺北市立師大附中、景美女中；臺灣省立羅東高中、新竹高中、竹山高中、彰化高中、花蓮女中、前鎮高中、徐匯中學	
1975	64	修訂「國民小學課程標準」，增列國民小學輔導活動實施要領，首次使用「輔導」			

時間		各級學校輔導工作重要紀事			
西元	民國	國小	國中	高中	大專校院
1976	65			試辦高中輔導工作學校增為50所	頒布《專科以上學校設置學生輔導委員會暨學生輔導中心實施要點》，各校開始普遍設立學生事務處諮商輔導組、學生輔導中心或心理衛生中心
1977	66			教育部召開「高級中學評量輔導工作檢討會」	
1978	67	開始實施《國民小學輔導活動實施要領》			
1979	68	公布《國民教育法》，明訂國小設輔導室或輔導人員	公布《國民教育法》，明定國中應設輔導室	1.公布《高級中學法》，第13條即為輔導工作委員會之設置濫觴 2.全面推行專任輔導教師制度	

時間		各級學校輔導工作重要紀事			
西元	民國	國小	國中	高中	大專校院
1979	68	1.臺灣省立教育學院（現國立彰化師範大學）成立輔導研究所碩士班 2.國立臺灣師範大學以教育心理學系現有師資與設備基礎下成立輔導研究所碩士班			
		公布《國民教育法》，其中第 10 條規定：「國民小學應設輔導室或輔導人員；國民中學應設輔導室。輔導室置主任一人，由校長遴選具有專業知能之教師聘兼之，並置輔導人員若干人，辦理學生輔導事宜」			
1980	69		教育部頒布《國民中學評鑑暫行實施要點》、《國民中學評鑑標準》、《國民中學評鑑手冊》等，開創國中輔導評鑑工作		1.大專校院學生輔導中心納入正式編制 2.國立臺灣師範大學成立學生輔導中心
1981	70	省教育廳開始於 40 班以上國小設置輔導室和代理輔導主任		發布《高級中學規程》、《高級中學學生輔導辦法》	

時間		各級學校輔導工作重要紀事			
西元	民國	國小	國中	高中	大專校院
1982	71	頒布《國民教育法施行細則》，第 12 條規定國中小輔導組織之設置標準			教育部委託國立政治大學、國立臺灣師範大學、國立臺灣教育學院、國立高雄師範學院附設「學校青年輔導諮商中心」，負起北、中、南三區大專校院學生輔導工作諮詢任務
1983	72		修訂公布「國民中學課程標準」，將「輔導」正式取代「指導」	省教育廳委託基隆高中完成《臺灣省高級中學輔導手冊》（陳榮華、劉焜輝等著）	
1984	73	1.甄試與訓練具專業背景者擔任國小輔導主任 2.制訂「教育部發展與改進國民小學輔導工作訪視計畫」	國中指導活動執行祕書正名為輔導主任，規定由具備輔導教師資格者擔任	頒布《加強高級中學實施輔導工作三年計畫》，對學校輔導工作的評鑑做出明確規定	

時間		各級學校輔導工作重要紀事			
西元	民國	國小	國中	高中	大專校院
1984	73	九所師專陸續於普通科成立輔導組，培養具輔導知能之國小教師			
1985	74	國立臺灣師範大學成立輔導研究所博士班，並將系（所）名稱更名為教育心理與輔導學系（所）			
				省教育廳編印《高級職業學校輔導工作手冊》	
1987	76	九所師範學院於初等教育學系設置輔導組			
1989	78	國立彰化師範大學成立輔導研究所博士班			
1991	80	頒布「教育部輔導工作六年計畫」			
1991～1997	80～86	推動「輔導工作六年計畫」			
1993	82	修正「國民小學課程標準」，首次將輔導活動課程納入，規定自一年級起，分六年逐年實施，惟第三年至第六年設科實施			

時間		各級學校輔導工作重要紀事			
西元	民國	國小	國中	高中	大專校院
1994	83	國立高雄師範大學成立輔導研究所碩士班			
1995	84	教育部修訂《國民中小學教育人員甄選儲訓及遷調辦法》，取消國民中小學輔導主任必須具輔導專業知能的規定		省教育廳編印《臺灣省高級中學輔導工作實務手冊》	
		教育部推動認輔制度			
1997~2003	86~92	教育部推動「青少年輔導計畫」			
1997	86	教育部發布《教師輔導與管教學生辦法》			
1998	87	「輔導活動課」成為正式且獨立課程，並列有明確的輔導目標與實施細則，可惜僅維持一年，即因上課時間由五天半調整為五天而消失	1997~1998年，教育部試辦「國民中學設置專業輔導人員實施計畫」；臺北市教育局選擇以臨床心理與社會工作系所畢業人員；高雄市教育局與省教育廳選擇以心理、社工及輔導相關系所畢業人員試辦		
1998~2003	87~92	教育部推動「建立學生輔導新體制——教學、訓導、輔導三合一整合實驗方案」			

時間		各級學校輔導工作重要紀事			
西元	民國	國小	國中	高中	大專校院
1999	88	921 大地震，促成《心理師法》之制定			
		國立高雄師範大學成立輔導研究所博士班			
		修訂《國民教育法》，規定「國民小學及國民中學應設輔導室或輔導教師。輔導室置主任一人及輔導教師若干人，由校長遴選具有教育熱忱與專業知能教師任之。輔導主任及輔導教師以專任為原則。輔導室得另置具有專業知能之專任輔導人員及義務輔導人員若干人」		修正發布《高級中學法》，大幅修改高中輔導工作相關內容	
2000	89	教育部公布《國民中小學九年一貫課程暫行綱要》，將輔導活動課程與童軍、家政整合為綜合活動學習領域課程		廢止《高級中學規程》，更名為《高級中學法施行細則》	
2001	90	公布《心理師法》			
2002	91			《職業學校法》第 10 條之 6 增列輔導工作委員會、輔導人力及工作任務（原列於《職業學校規程》第 36、37 條）	

時間		各級學校輔導工作重要紀事			
西元	民國	國小	國中	高中	大專校院
2003	92	立法院一讀通過《國民教育法》第 10 條修正案，擬刪除國中小輔導室與輔導教師之法源依據。經中國輔導學會與學者專家積極爭取後得以保留、未刪除			
2004	93	教育部推動友善校園學生事務與輔導工作			
		臺北市國小試辦諮商心理師駐校服務方案			
2005	94	高雄市掛牌成立全國第一所「學生心理諮商中心」			頒布《大專校院學生事務工作協調聯絡中心及輔導工作協調諮詢中心實施要點》
		1.教育部發布「友善校園總體營造計畫」 2.教育部訓委會成立輔導工作諮詢小組，初步草擬《學生輔導法》			
2006	95	1.教育部於友善校園計畫新增「專業輔導人員參與國民中小學學生輔導工作方案」，補助每一縣市至少設置一中心 2.花蓮縣成立「學生諮商輔導中心」			

時間		各級學校輔導工作重要紀事			
西元	民國	國小	國中	高中	大專校院
2007	96	臺南市成立「學生諮商暨個案管理中心」		教育部中部辦公室編印《高級中等學校輔導教師參考手冊》	
2008	97	教育部訂定《教育部補助直轄市縣（市）政府增置國中小輔導教師實施要點》，並訂定受補助輔導教師專業背景資格（即俗稱 ABCD 類），將輔導教師專業背景明確化			
		1. 補助國小設置兼任輔導教師，聘任具輔導專業資格者從事輔導工作 2. 臺北市設置國小專任輔導教師，首批聘任 45 名，為全國首創；分三年期程建置完成 3. 彰化縣成立「學生心理諮商中心」			

時間		各級學校輔導工作重要紀事			
西元	民國	國小	國中	高中	大專校院
2009	98	因莫拉克風災，教育部頒布「莫拉克風災災後學生心理輔導計畫」			
		嘉義縣成立「學生心理諮商中心」			
2010	99	1.教育部修正《教育部補助直轄市縣（市）政府增置國中小輔導教師實施要點》，補助國中兼任輔導教師減授鐘點 10 節課 2.桃園縣某國中發生校園霸凌事件，引起社會高度關注 3.臺北市成立「學生心理諮商中心」			
			臺南市置國中零鐘點專任輔導教師 18 人		
2010～2012	99～101	推動「各地方政府所屬國民中小學務與輔導工作視導訪評工作」			
2011	100	《國民教育法》第 10 條修正，正式明文規定國中每校（每 20 班再加一名）、國小 24 班以上設置專任輔導教師至少一名；55 班以上或 20 校置專任專業輔導人員一名			
		教育部責成各縣市教育局成立「學生輔導諮商中心」			

時間		各級學校輔導工作重要紀事			
西元	民國	國小	國中	高中	大專校院
2012	101	增置專任專業輔導人員（即心理師、社會工作師）進行國中小駐區駐校服務，計488名			
		依據《國民教育法》開始增聘國小專任輔導教師	依據《國民教育法》開始增聘國中專任輔導教師		
2013	102	教育部組織再造，原「訓育委員會」與「特殊教育工作小組」改為「學生事務與特殊教育司」			
		教育部出版《國民小學學校輔導工作參考手冊》，以WISER代稱學校三級輔導工作運作模式	教育部出版《國民中學學校輔導工作參考手冊》，以WISER代稱學校三級輔導工作運作模式	1.制定公布《高級中等教育法》，第13條規範學生輔導工作 2.發布《高級中等教育法施行細則》，並自隔年8月1日施行	

時間		各級學校輔導工作重要紀事			
西元	民國	國小	國中	高中	大專校院
2014	103	1.發布「十二年國民基本教育課程綱要總綱」 2.制定公布《學生輔導法》			頒布《教育部補助大專校院設置專業輔導人員要點》，補助大專校院聘用專兼任專業輔導人力，並於2017年7月6日修訂之
2015	104	1.《學生輔導法施行細則》公布 2.《學生轉銜輔導及服務辦法》公布，並於2016年8月正式實施		廢止《高級中學法施行細則》之輔導相關規定	
2016	105	《學生轉銜輔導及服務辦法》正式施行			
		五年期程（2011～2016）共增聘國小專任輔導教師727名	五年期程（2011～2016）共增聘國中專任輔導教師1,233名	1.廢止《高級中學法》之輔導相關規定 2.發布《教育部學生輔導諮商中心設置要點》 3.教育部學生輔導諮商中心揭牌成立	

時間		各級學校輔導工作重要紀事			
西元	民國	國小	國中	高中	大專校院
2017	106	確立專任輔導教師規劃設置時程：自2017年起，擬以15年期程增置國小專任輔導教師員額；每校至少一名，每24班再增置一名	確立專任輔導教師規劃設置時程：自2017年起，國民中學擬以9年期程完成設置		
		《學生轉銜輔導及服務通報注意事項》制定公布			

第 二 章

近四十年來臺灣諮商與輔導研究的焦點與未來趨勢[1]

林美珠[2]、田秀蘭[3]

　　走過一甲子，特別是近四十年，臺灣輔導與諮商的相關研究呈現蓬勃發展之情形。本章透過四個十年的劃分，進一步將各時期代表性的研究議題做整理。

　　首先，在第一個十年（約在 1980～1990 年）的諮商研究中，學校輔導、兒童與青少年輔導等相關研究議題開始萌芽；職業倦怠的概念也開始引進國內；學者開始對不同諮商理論與技巧的應用進行探究。在第二個十年（約在 1991～2000 年），學校輔導的研究延伸至家長諮詢；諮商歷程的微觀研究發展受西方研究的影響開始盛行；諮商工作在不同層面的應用涵蓋了團體諮商與生涯諮商；復原力概念則翻轉一直以來負向觀點的諮商研究；而同樣導入正向能量的還有焦點解決短期治療。在第三個十年（約在 2001～2010 年），延續對正向能量關注的是正向心理學之研究；而後現代取向的敘事治療亦深受學者青睞；於此同時，心理衛生的重要性漸漸受到重視，像是憂鬱以及自殺議

1　本章由林美珠及田秀蘭負責各階段時期研究焦點之規劃。

2　國立東華大學諮商與臨床心理學系教授

3　國立臺灣師範大學教育心理與輔導學系教授

題;對於特殊族群需求的關注,啟動了同志諮商的研究;在全人觀點的關照之下,靈性與宗教的議題亦占有一席之地;跳脫口語為主的遊戲治療,擴展個人系統至家庭與婚姻諮商,以及關注的場域擴展至企業的員工協助,都是這個時期甚具代表性的發展特徵。第四個十年(約在 2011~2018 年),則是在全球化的發展架構下,臺灣的諮商研究既關注多元文化與族群,亦同時紮根與深化本土化研究,並企圖找出諮商的藍海,進行跨領域合作的實務研究;而呼應諮商心理師專業養成議題的諮商督導與諮商實習,以及隨著專業發展而來的倫理議題亦同樣受到學者重視;在這個時期,實務工作者對於心理劇以及表達性媒材在諮商應用的興趣持續增加;而凸顯社會正義的霸凌議題,亦開始受到學界的重視;同在這個時期,臺灣安寧療護醫療領域在國際上已具口碑,更因靈性關懷的諮商加入而發展得更全人與完整。最後,本章第五節針對臺灣社會的新興議題提出未來諮商研究之趨勢,特別是臺灣未來即將步入高齡化社會而衍生的老人諮商;還有因應社會經濟結構轉變的中年職涯轉銜生涯諮商以及社區諮商;此外,還有針對婚姻議題的伴侶諮商,以及身心障礙者的復健諮商等,均是未來值得諮商研究者投入探究的領域。

第一節　1980～1990 年的研究焦點

壹、學校輔導、學習輔導

吳芝儀 [4]

　　為整理臺灣輔導與諮商學界於 1980～1990 年之間的研究焦點，筆者藉助國家圖書館之「臺灣期刊論文索引系統」，設定查詢條件為年代介於 1980～1990 年間，摘要中包含「輔導」或「諮商」和「研究」三個語詞，且以中文書寫的學術性論文，搜尋結果共得到 77 篇期刊論文。經仔細檢視，剔除非屬輔導領域或非屬實徵研究的論文後，共得到 52 篇以輔導或諮商為主題的實徵研究論文，其中有 48 篇均發表於《輔導學報》（現為《輔導與諮商學報》）。《輔導學報》係由國立彰化師範大學輔導與諮商學系創刊於 1978 年，1998 年曾一度更名為《彰化師大輔導學報》，後於 2005 年再次更名至今。因此，1980～1990 年代輔導學界的重要研究論文幾乎全發表於此一重要刊物，並不難理解。

　　在這 52 篇輔導與諮商領域的實徵研究論文中，依主要研究參與者，大略可區分為國高中學生、大專學生、輔導人員、犯罪少年等四類，其中以國高中學生獲得最大量的研究關注，共計發表 23 篇研究報告；其次為大專學生，共計發表 18 篇研究報告（其中 1 篇包含兩個族群）；關注輔導人員者有 10 篇，而犯罪少年則有 2 篇論文探討。此外，由於國高中學生和大專學生均係學校場域，故研究面向約可再依

4　國立嘉義大學輔導與諮商學系教授

學校輔導工作的三大主軸，區分為學習輔導、生活輔導和職業／生涯輔導等三大範疇。以學生為對象的三大輔導工作範疇研究報告中，學習輔導共計 15 篇，生活輔導有 11 篇，而職業／生涯輔導有 14 篇；國高中學生以學習輔導居多，大專學生則以職業／生涯輔導居多。而以輔導人員為對象的 10 篇研究論文中，有 8 篇均是以國中輔導場域或國中輔導教師為對象探討輔導工作環境問題。可見，在 1980～1990 年代之間，輔導與諮商的研究焦點主要聚焦於「學校輔導工作場域」。在研究方法上，幾乎全部都是量化研究，除了 8 篇以「團體輔導與諮商」模式進行的實驗研究之外，幾乎絕大多數都是問卷調查研究。茲詳述如下。

一、國高中學生

以國高中學生為研究對象的 23 篇論文中，有 10 篇論文均以學習輔導為研究焦點，有 7 篇可歸屬於廣泛的生活輔導範疇，另外 6 篇則係職業輔導領域。以下擇要說明之。

（一）學習輔導

李咏吟（1983，1986，1987，1989，1990）和陳騰祥（1986，1988，1989）是此時期學生學習輔導研究的代表人物。李咏吟（1983）運用行為改變技術中的增強策略，證實延長在家學習時間的增強策略能提高國中生的英文或數學成績；而增加學習者的上課發問行為，更是比僅增強在家學習時間更能提高學習成績（李咏吟，1986）；當然，認知策略對提升成績更具有顯著效益（李咏吟，1987）。她進而自編「國中生學習技巧調查問卷」，作為國中生學習技巧之診斷性工具（李咏吟，1989）；並嘗試發展改進國中低成就學生學習技巧之團體輔導模式，經實驗證實：實驗組成員在學習技巧調查問卷的得分上有顯著的進步（李咏吟，1990）。何長珠、李咏吟（1987）亦證實，同

儕團體學習策略對同儕輔助者及受輔者的數學成績、學習態度及自我概念，均能有正向影響。陳騰祥（1986，1988）則專注於探討 S-P 表分析（Student-Problem Chart analysis）在學習診斷和學習評鑑上的應用，並證實利用 S-P 表分析實作對學習輔導課程教學具有顯著之效果（陳騰祥，1989）。

（二）生活輔導

國高中學生生活輔導的研究主題涉及較為廣泛的個人和人際議題，包括：國中學生各類教室行為和學業成就的關係（林義男，1980）；群性行為和學業成就的關係（袁志晃，1981）；國中學生在自我觀念、價值取向、成就動機與學習態度等心理特質（張月艮，1985）；高中聯考壓力對國中生身心健康的影響（王珮玲，1989）；同儕輔導對高中人際適應困擾學生帶來顯著的效果（王文秀、吳武典，1986）；社會技巧訓練團體有助於減少青少年攻擊行為（郭國禎，1988）等。

（三）職業輔導

1980 年代有關國高中學生職業輔導的研究報告，始於鄭熙彥（1981）對於國民中學學生升學問題與輔導之調查研究，主要問題包括：「自我認識」、「團體輔導與適應」、「課業準備」、「職業與前途」、「升學資料之蒐集與運用」、「個別輔導與適應」等六類。袁志晃（1982）的調查發現，國中學生的工作價值傾向較為積極，且與性別、年級、學業成就、地區等因素具有密切的關係；且高中、高職學生相當看重「休閒」、「成就」和「聲望」三項職業價值（袁志晃，1989）。林幸台（1983）以 255 名高一學生為實驗對象，探討不同輔導措施對其職業決策行為發展的影響後發現，接受擇業指南自導式輔導措施的實驗組學生，其職業決策行為發展顯著較優。林幸台

（1988）續探討職業自我效能對高一學生職業選擇的影響後發現，並無顯著預測作用。

二、大專學生

以大專學生為研究對象的 18 篇論文中，則以職涯輔導或當年仍稱「生計輔導」的 9 篇論文居多，正好占半數，而學習輔導論文有 5 篇，生活輔導論文則有 4 篇。以下擇要說明之。

（一）職業／生涯輔導

林幸台（1983，1984）研究大學生決策型態與職業決策行為後發現，男生較傾向於理性型反應，女生則較傾向於依賴型反應，而依賴型反應有隨年級之增加而降低的趨勢。袁志晃（1987，1988）研究大學生對電腦系統化職業價值澄清活動的反應相當正向，但對大學生生涯成熟、職業取向的發展並未達到預期的改變效果。陳麗娟（1987，1988）的研究證實，大學生的職業評估與其焦慮、內外控信念具有密切關係。陳麗娟（1989）的實驗研究結果顯示，在大學生生涯決策行為上，班級輔導的長期性效果優於團體諮商。

（二）學習輔導

此時期有兩位研究者最為關注大專學生的學習輔導議題，分別是吳正勝和林義男。吳正勝（1981，1987）調查大一學生的學習適應情形後發現，學生的就讀系組與願望、理想間有相當差距，出路及功課壓力為大一學生之主要困擾，故建議充實大學輔導機構，辦理多樣化的輔導設施，協助學生適應。林義男（1983，1987，1990）則鼓勵加強大學師生的非正式互動，並證實大學生的學術性參與和社會性參與，均有助於增進學生的學習成果。

（三）生活輔導

　　此時期的研究者所關注之大學生生活輔導議題，包括：何長珠（1980）以人類關係訓練提升大學生之自我實現；郭國禎（1986）調查大專學生求助需欲與求助態度後發現，學生遭遇困擾時比較喜歡向朋友、同學或家人求助；林義男（1986）發現師生互動的品質、對大學教學的滿意度、公平的知覺等，均有助於提升大學生對大學的向心力；曾漢榮（1989）驗證自我肯定訓練團體模式，有助於增進大學生社團負責人的自我肯定性、社會焦慮及自我接納。

三、輔導人員

　　1980～1990 年代以輔導人員為關注對象的 10 篇研究論文中，8 成為國中輔導場域，與第一項的國高中學生輔導工作議題相當具有一致性，例如：鄭熙彥（1980）以當年臺灣省、市國民中學輔導教師 491 人為調查對象，發現國中輔導教師對其工作之滿意水準未達滿意指標，故提出：確立輔導教師在學校組織中的地位、充實國民中學的輔導設施、制訂國民中學輔導教師自教育至任用之完整體系、強化輔導專業教育內容，提高專業教育效能，以及重視學校輔導教師專業精神的培養等具體建議。吳正勝（1984）以 413 所國中輔導秘書為調查對象，分析當時國中實施常態分班政策對於輔導工作的影響，研究結果除大力支持男女合班之常態編班政策之外，更積極建議：開設選修科來適應學生個別需要；加強預防性輔導措施，以維護學生心理健康，建立整體性的輔導工作計畫；輔導活動課程由專任輔導教師擔任，以確實實施班級輔導活動，而有助於學生生活與學習適應等項。吳正勝（1990）以經省市教育行政單位推薦之 120 所輔導工作績優學校為對象，深入研究國民中學輔導活動課程的設計與實施，並比較生活、教育、職業三個輔導範圍的實施績效，結果發現生活輔導的績效優於職

業輔導與教育輔導，而班級輔導活動的時間被挪用之情形仍然存在，故建議強化班級輔導活動課程由專業輔導教師擔任之制度，且應建立輔導活動課程實施績效之評鑑制度。

有趣且有些譏諷的是，學校輔導工作經過 40 年的發展和演變之後，上述兩位學者的建議放到 40 年後的現在來看，顯得仍有相當的適用性和前瞻性！

當然，輔導人員的任務龐雜艱鉅，工作壓力也不可小覷。林幸台（1986）曾調查495位國中輔導人員的工作壓力後發現，國中輔導人員在工作上普遍感受相當沉重的壓力，尤以工作負荷、經費設備、督導評鑑、同事關係等較明顯，較嚴重者為身心疲憊、挫折感、健忘等情緒症狀，故建議應建立整體性支持系統。輔導人員的專業督導系統、績效考核機制和獎勵酬賞機制，如能在此一整體性支持系統中妥善建置起來，應可在強化專業人力素質的同時，提升專業服務品質。

參 考 文 獻

王文秀、吳武典（1986）。適配論在高中同儕團體輔導上的應用效果之實驗研究。**中華心理學刊**，**28**（1），29-41。

王珮玲（1989）。高中聯考與國中生身心健康之研究。台北市立師範學院**學報**，**20**，337-374。

何長珠（1980）。人類關係訓練對大學輔導系學生自我實現效果之影響。**輔導學報**，**3**，111-125。

吳正勝（1981）。大一學生學習適應之調查研究。**輔導學報**，**4**，81-134。

吳正勝（1984）。國中學生常態分班之實施情況及輔導工作功能之研究。**輔導學報**，**7**，147-194。

吳正勝（1987）。大學聯招新制錄取大一學生聯考經驗及學習適應之研究。**輔導學報**，**10**，223-266。

吳正勝（1990）。國民中學輔導活動課程的設計與實施之研究。**輔導學報**，**13**，129-189。

李咏吟（1983）。延長在家學習時間的增強策略對國中生主科成績之影響研究。**輔導學報**，**6**，1-27。

李咏吟（1986）。增強國中生上課發問行為及在家學習時間對其主科成績之影響研究。**輔導學報**，**9**，133-163。

李咏吟（1987）。認知／行為的學習策略對國中生學業成績的影響。**輔導學報**，**10**，299-321。

李咏吟（1989）。國中生學習技巧運作狀況之調查。**輔導學報**，**12**，239-264。

李咏吟（1990）。改進國中低成就學生學習技巧之團體輔導模式。**輔導學報**，**13**，53-77。

林幸台（1983）。我國高中及大一學生職業決策行為之調查實驗與研究。**輔導學報**，**6**，91-124。

林幸台（1984）。我國大學生決策型態與職業決策行為之研究。**輔導學報**，**7**，41-66。

林幸台（1986）。國民中學輔導人員工作壓力之調查研究。**輔導學報**，**9**，205-238。

林幸台（1988）。性別因素、職業自我效能與職業選擇的關係：高一學生對職業的考量與選擇之研究。**輔導學報**，**11**，71-99。

林義男（1980）。我國國中學生教室行為之評量研究。**輔導學報**，**3**，61-89。

林義男（1983）。大學師生的非正式互動與學生學習成果的關係。**輔導學報**，**6**，125-148。

林義男（1986）。大學生對大學的向心力之研究。**輔導學報**，**9**，33-66。

林義男（1987）。大學生的學習參與情形與其學習成果的關係。**輔導學報**，**10**，179-221。

林義男（1990）。大學生的學習參與、學習型態與學習成果的關係。**輔導學報**，**13**，79-128。

袁志晃（1981）。國民中學學群性行為之評量研究。**輔導學報**，**4**，169-193。

袁志晃（1982）。國中學生工作價值之研究：性別、年級、家庭、社經地

位、學業成就、地區之比較。**輔導學報**，**5**，163-184。

袁志晃（1987）。電腦系統化職業價值澄清活動之編製與初步評估。**輔導學報**，**10**，143-177。

袁志晃（1988）。職業價值澄清策略與大學生生涯成熟、職業取向之關係。**輔導學報**，**11**，191-215。

袁志晃（1989）。高中、高職學生職業價值觀念的發展及其輔導策略。**輔導學報**，**12**，203-237。

張月艮（1985）。不同家庭社經背景國中學生心理特質之比較研究。**輔導學報**，**8**，199-227。

郭國禎（1986）。我國大專學生求助需欲與求助態度之調查研究。**輔導學報**，**9**，165-203。

郭國禎（1988）。社會技巧訓練對青少年攻擊行為之輔導研究。**輔導學報**，**11**，265-301。

陳麗娟（1987）。大學生學業成就與職業取向關係之研究。**教育學院學報**，**12**，189-213。

陳麗娟（1988）。職業取向的縱貫追蹤研究及其相關因素之探討。**輔導學報**，**11**，217-263。

陳麗娟（1989）。生計班級輔導和生計團體諮商的長期性輔導效果之追蹤比較研究。**輔導學報**，**12**，299-350。

陳騰祥（1986）。S-P 表分析（Student-Problem Chart analysis）在學習診斷的應用法及其實作感受之探究。**輔導學報**，**9**，275-311。

陳騰祥（1988）。S-P 表分析理論（Student-Problem Chart Analysis Theory）及其在學習評鑑上教師命題技術改進態度的效用之探究。**輔導學報**，**11**，1-69。

陳騰祥（1989）。學習輔導課程及其利用 S-P 表分析（Student-Problem Chart Analysis）實作教學效果的實徵研究。**輔導學報**，**12**，85-141。

曾漢榮（1989）。自我肯定訓練對大學院校學生社團負責人自我肯定性、社會焦慮及自我接納輔導效果之研究。**輔導學報**，**12**，171-201。

鄭熙彥（1980）。國民中學輔導教師工作滿意之研究。**輔導學報**，**3**，1-35。

鄭熙彥（1981）。國民中學學生升學問題與輔導。**輔導學報**，**4**，25-79。

貳、兒童與青少年輔導研究的焦點與趨勢

王櫻芬[5]

一、兒童與青少年輔導研究的緣起

在臺灣，兒童與青少年輔導工作的濫觴，始於 1960 年代教育部在九年國民教育中增設「指導活動」課程，將學校輔導納入正式的學校教育中（王麗斐、林淑君，2016）。此後，兒童與青少年輔導，一直是臺灣輔導工作發展的重要一環。受到近幾年來社會環境的急遽變化，身處其中的兒童、青少年及與其有密切關聯的家庭和學校系統，都受到很大的影響。輔導工作在提升兒童與青少年成功因應的歷程中，扮演的角色益形顯著，而以兒童與青少年為對象的輔導研究，則提供了實徵證據，支持輔導介入模式、方案和策略的有效性。

輔導工作的推展同時受到制度法規的影響，例如：教育部於 1990 年代推動「輔導工作六年計畫」、「建立學生輔導新體制：教學、訓導、輔導三合一整合實驗方案」等計畫（引自吳芝儀，2008）。之後，《心理師法》立法、《國民教育法》第 10 條修正和《學生輔導法》的公布等，皆使輔導人員的編制和體系建立更為完整，也使得兒童與青少年輔導研究的主題，從傳統輔導活動規劃成效和特殊議題兒童與青少年的輔導介入成效等，擴展至輔導方案評鑑和跨專業合作等議題，而形成更多樣化的面貌。

5　國立臺灣師範大學教育心理與輔導學系副教授

二、兒童與青少年輔導在臺灣本土的研究

筆者在不同資料庫鍵入「兒童」、「青少年」和「輔導研究」等語詞，搜尋自 1980 年迄今的文獻，共發現超過 500 篇的研究論文，數量相當可觀。其中大部分是 2000 年之後的研究論文，此時期以諮商輔導提供者為對象的研究更是大幅增加。綜觀歷年的研究主題，大致可以分為下面五大類：

1. 探討發展性輔導方案之成效：此類研究多採班級輔導形式，探討性別平等教育、生涯輔導、學習輔導、情緒教育等發展性輔導方案之作法和成效。

2. 特定諮商取向之成效研究：此類研究採用量化或質性方式，以一般兒童與青少年，或是有特殊議題的兒童與青少年為研究對象，探討採用某個特定諮商取向的個別輔導或團體輔導之成效。其所探討的諮商理論取向，除了傳統的阿德勒學派、認知行為治療、現實治療等學派之外，新興的諮商取向亦被涵蓋，例如：焦點解決、敘事取向、正向心理學等。而所謂特殊議題的兒童與青少年，則包括：安置機構中的青少年、新住民子女、高關懷學生、身心障礙學生等。

3. 特殊治療策略之應用效果研究：除了廣被研究的讀書治療、藝術治療、遊戲治療之外，音樂治療、桌遊媒材、攝影、動物輔助諮商等，也吸引諸多研究者的興趣。

4. 輔導人員的系統合作模式之研究：此類型研究多採質性研究或是行動研究方法，探討輔導人員彼此之間，或是和導師、學校行政系統等合作之經驗和模式。

5. 輔導人員的個人發展議題：由於輔導人力慢慢完備，而專輔老師是最新設置的職位，故在探討專任輔導教師的工作壓力、專業認同和督導需求等議題，亦是近年來常見的研究主題。

三、未來兒童與青少年輔導研究的建議

　　筆者預期，此領域的研究在未來仍有很大的發揮空間，除了在上述五大研究方向持續深化、累積研究成果之外，建議可以朝下列幾個方向發展：

1. 在輔導介入成效研究中，除了採用傳統的前後測實驗組設計外，可考慮採用歷程研究、個案研究和多次測量等多樣化的方式和評估工具，以更細緻地評估成效，並探究輔導兒童與青少年案主時，可能存有的獨特改變機制。
2. 發展以學校為單位或是以縣（市）政府整體輔導體系為單位的輔導方案評鑑研究，為輔導工作成效提供實徵證據。
3. 進行專業輔導人員之訓練方案成效評估研究，以更有效的培養可以勝任兒童與青少年輔導工作的專業人員。
4. 在臺灣的文化族群日益多元之下，探討有效協助多元文化族群的輔導方案，有其急迫性。
5. 面對數位化時代的來臨，試探有效融入網路科技、大數據和人工智慧於兒童與青少年輔導工作之作法與成效。

參考文獻

王麗斐、林淑君（2016）。臺師大與臺灣學校輔導工作發展。載於周愚文（主編），**師大與臺灣教育**（頁 145-184）。臺北市：國立臺灣師範大學出版中心。

吳芝儀（2008）。學生輔導法的研擬與影響。**輔導季刊**，**44**（3），34-44。

參、職業倦怠

劉淑慧[6]

一、西方的概念發展

職業倦怠（burnout）之受到關注，源自 1970 年代 Freudenberger 與 Maslach 不約而同的意外發現；到了 1981 年，測量工具——「Maslach 職業倦怠量表」（Maslach Burnout Inventory，簡稱 MBI）帶動大量的量化研究與論述；到了 1990 年代，它的研究對象還從專業助人推廣到服務業，再到各行各業，甚至擴及學生。

職業倦怠的內涵可由 MBI 的分量表窺知：在助人專業中，包含：情緒耗竭、去個人化、成就感低落；在一般工作者中，包含：耗竭、憤世態度、效能感低落。不過，儘管 MBI 是絕大多數量化研究的共同選擇，但相關爭議始終不斷：三個向度都是必要條件嗎？三者間有因果關係嗎？因此，後續也有量表只包含耗竭或只包含耗竭與負向工作態度，還有若干次群體被界定出來。

職業倦怠還曾被抨擊是「舊瓶裝新酒」，例如：職業倦怠可被視為長期的工作壓力反應嗎？還是與工作相關的憂鬱反應？慢性壓力症候群？慢性疲勞症候群？耗竭症候群？主流觀點大抵認為，就概念的建構與測量來看，它們都是相互獨立的，但在生活世界中，卻常相伴出現。工作壓力是職業倦怠的危險因子，憂鬱、慢性壓力症候群、慢性疲勞症候群、耗竭症候群則是長期或嚴重職業倦怠的後果。

---

6 國立彰化師範大學輔導與諮商學系教授

二、西方的兩類理論建構

對於上述發展，西方有兩類理論建構。第一大類為安身焦點，從長期壓力調適失敗的角度，探究「人在職場中如何做好人境互動，並維持足夠能量與工作表現」，包括：資源保存理論、工作要求—控制模式、工作要求—控制—支持模式、工作要求—資源模式。它們的共通典範是適配、平衡、平等，把職業倦怠視為個人生涯危機與調適議題，或人力資源管理議題，探究個人與工作環境如何相互索求與配合、相互供給與利用。第二大類為立命焦點，從狂熱追求理想卻幻滅的角度，探究「人在專業中如何建構與實踐自我認同與專業理想」，包括：拉岡精神分析觀點、存在精神分析觀點、自我價值理論。它們的共通典範是個人內在或主觀建構，把職業倦怠視為個人價值追求或理想實踐議題，探究個人的天生特質、風格態度、認同發展如何在人境互動中發揮作用，以及個人如何建構、維護、實踐存有意義。

三、臺灣的研究趨勢

1983 年張曉春提出第一篇概念介紹、1986 年廖貴鋒提出第一篇實徵研究、1986 年劉淑慧提出第一份本土量表編製，此後學術性期刊文章穩定增加，至近十年還倍數增長，目前累積達三百多篇，並有 4 篇深入分析實徵研究的回顧性文章。這 35 年的實徵研究趨勢如下：(1)多沿用西方的第一類職業倦怠理論；(2)多採用翻譯或修訂的 MBI；(3)多採用橫斷式、事後回溯性調查研究，甚少實驗性、縱貫性、質性研究；(4)探究對象集中在教育、醫療或助人專業、服務業、警政司法交通、運動等從業人員，且多針對單一職業；(5)探究焦點集中在前因後果與流行情況，其中以情緒勞動、情緒智商漸受重視，而家長式領導、臺灣過勞文化漸受關切；(6)僅有 5 篇探討介入方案之運作或成效，且多

侷限於個人層次之介入。

四、未來的研究建議

針對臺灣實徵研究不足之處，提出未來研究建議如下：

1. 以敘事學、現象學、詮釋學等研究典範，臨近深描在生活世界中的職業倦怠經驗。
2. 從壓力調適與人境適配典範的新近發展，提升以安身為焦點的職業倦怠理論；從精神分析、存在諮商、正向心理學典範的新近發展，提升以立命為焦點的理論。
3. 從更宏觀的經濟生產與社會文化觀點，探究異化、過勞、工作成癮、工作狂、工作中心流等經驗彼此間的異同和關聯。
4. 以批判理論深入剖析關係主義和過勞文化，描述它們透過組織文化影響職業倦怠的歷程。
5. 循交互辯證原則展開研究與統整理論，包括：研究對象之助人和非助人專業、跨領域整體和特定職業等之辯證發展、理論建構之臺灣與西方、安身與立命、負向與正向等之辯證發展。
6. 循個人與工作導向兼容並蓄、創意與理論基礎並重原則，研發具有實務影響力的職業倦怠防治之道。
7. 深入探究助人專業中職業倦怠的獨特性，像是情緒勞動、情緒智商、悲憫失調、瑪麗亞症候群、替代性創傷等。

肆、不同諮商理論與技巧的應用研究

田秀蘭[7]、林美珠[8]

一、諮商理論與技巧之應用研究的緣起

約在十九世紀晚期至二十世紀初期，諮商心理實務工作及研究者開始指出研究導入臨床服務的重要性，認為專業人員要以研究為基礎來選擇最有效的治療介入。之後，所謂以事實根據為基礎的實務運作（evidence-based practice），即在強調治療模式療效的探討。在這樣的發展脈絡下，關於諮商／治療理論與技巧之應用的療效、不同諮商／治療理論與技巧應用療效之比較，以及探討心理諮商與治療歷程中發生什麼事以導致個案的改變等研究，亦逐一開展。

二、諮商理論與技巧之應用研究的層面

回顧國外關於諮商理論與技巧之應用研究，進行有系統的整理者，首推 Bergin 與 Garfield 於 1971 年所編撰的第一版《心理治療與行為改變手冊》（*Handbook of Psychotherapy and Behavior Change*），至今已更新修正至第六版（2013 年）。接手的 Lambert 在最新的回顧中，將原本關注的三大諮商與治療取向：行為治療、認知與認知—行為治療、經驗治療，擴增為四大取向，包括：行為治療、認知與認知—行為治療、動力取向治療，以及涵蓋個人中心、完形、情緒焦點、存在主義等之人本—經驗取向治療。從這樣的變化可以發現，諮商與治療

7　國立臺灣師範大學教育心理與輔導學系教授

8　國立東華大學諮商與臨床心理學系教授

介入的實徵研究朝向多元且涵容之發展趨勢。

三、諮商理論與技巧在臺灣本土的研究

　　臺灣近年來的諮商實務工作蓬勃發展，然而以諮商理論為基礎的應用研究並不十分豐富，多數為各類諮商議題方面的研究。歸納《中華輔導與諮商學報》以及《教育心理學報》兩份重要且具指標性的期刊，自 1987 年至今，以諮商理論及諮商技巧為關鍵字檢索顯示，包括從早期的心理動力，到認知行為取向、人文取向，以及後現代主義思潮，均有相關的研究論文。在這些以本土樣本或概念為出發觀點的研究，例如：黃淑清、陳秉華（2005）探討心理動力取向的資深實務工作者之實務經驗；張勻銘、王智弘（2009）應用認知治療，以即時網路諮商方式介入憂鬱情緒之個案；賴正珮、陳慶福（2007）則係理情治療概念的應用，探討父母管教方式與兒童非理性信念之間的關係。在人文取向方面，何英奇（1987）由意義治療取向探討大專生對生命意義的概念。其他如個人中心、存在主義、完形治療等，過去也都有相關的研究論文。而深究其共同之處，多在探討人性觀點，以及面對受苦經驗或未竟事務，以體會幸福感受（王純娟，2005；陳金定，2007；盧怡任、劉淑慧，2014）。

　　值得注意的是，在後現代主義的諮商理論與技巧方面，近年來呈現百家爭鳴、百花齊放之現象。劉淑慧、孫頌賢、夏允中、王智弘（2017）從後現代思維以及正向心理學觀點，整理出成長取向、系統觀點、平等，以及辯證思維等四個論述，可作為華人文化充盈後現代思維與第二波正向心理學的重要資產。除此之外，家族治療概念應用於情侶溝通（莊雅婷、陳秉華，2006）或是隔代托育的過程研究（賈浩妃，陳秉華，1999），也都顯現出各種不同家族治療學派在現代社會的重要性。而敘事觀點的應用也有研究者關注，例如：張琦芳、金樹人（2012）探討敘事取向助人者自身改變的歷程之理解。

　　綜合臺灣多年來的本土研究，較多為諮商議題之探究，而在諮商理論的應用方面，則以後現代思潮的應用研究居多。另外，以特定族群為對象的研究也逐漸增加，包括：新移民子女、藥癮個案、乳癌婦女、風災水災後的心理復健，以及受苦個案等。

四、諮商理論與技巧之應用研究的趨勢

　　回顧近年來的臺灣諮商理論與技巧之應用研究，可以發現較多的是諮商／治療理論與技巧的相關概念之探討，而關於以事實根據為基礎的實徵研究，為數則較少。亦即，臺灣的學者／研究者關注各諮商理論與技巧的概念，但卻甚少探討不同理論及技巧介入的歷程與療效，此為未來諮商理論與技巧之應用研究可以多關注者。值得注意的是，關係理論取向、希望論取向的興起，其相關研究重視個人關係衝突及生活適應。而靈性或宗教，以及儒道思想的融入諮商理論，也會是未來本土諮商理論與技巧應用研究的重要趨勢之一。

參考文獻

中文部分

王純娟（2005）。深思個人中心學派之人性觀與治療者態度兼論其與禪宗、老莊義理之映照。**中華輔導學報**，**17**，213-244。

何英奇（1987）。大專學生之生命意義感及其相關：意義治療法基本概念之實徵性研究。**教育心理學報**，**20**，87-106。

張勻銘、王智弘（2009）。以全球資訊網為介面之認知治療網路即時諮商研究：以憂鬱情緒當事人為例。**教育心理學報**，**41**（1），45-68。

張琦芳、金樹人（2012）。敘事取向諮商師運用敘事概念後生命經驗改變歷程之研究。**中華輔導與諮商學報**，**33**，119-153。

莊雅婷、陳秉華（2006）。大學生情侶對「薩堤爾模式」溝通方案的改變知覺及改變影響來源之研究。**教育心理學報**，**37**（3），297-317。

陳金定（2007）。完形治療理論之驗證：接觸干擾、未完成事件與心理幸福感因果模式考驗。**教育心理學報**，**39**（1），45-68。

黃淑清、陳秉華（2005）。心理動力取向治療的知識獲得初探研究。**中華輔導學報**，**17**，173-212。

賈浩妃、陳秉華（1999）。祖父母協助托育孫子女的決定過程：運用家族治療中結構學派的分析。**教育心理學報**，**31**（1），109-137。

劉淑慧、孫頌賢、夏允中、王智弘（2017）。後現代思維與第二波正向心理學在諮商的應用，**中華輔導與諮商學報**，**49**，1-15。

盧怡任、劉淑慧（2014）。受苦轉變經驗之存在現象學探究：存在現象學和諮商與心理治療理論的對話。**教育心理學報**，**45**（3），413-433。

賴正珮、陳慶福（2007）。父母管教方式與兒童非理性信念、A型行為組型之相關研究。**教育心理學報**，**38**（4），443-460。

西文部分

Bergin, A. E., & Garfield, S. L. (Eds.) (1971). *Handbook of psychotherapy and behavior change*. New York, NY: John Wiley & Sons.

第二節 1991～2000 年的研究焦點

壹、諮商歷程研究

陳慶福[9]

一、諮商歷程研究的緣起

諮商歷程導向諮商成效，諮商成效則來自諮商歷程，故諮商歷程與諮商成效關係密切。諮商歷程研究關切的是：在諮商的歷程中發生了何事，以及某些影響諮商歷程的因素是如何影響諮商的進行。相對地，諮商成效關切的是：個案在接受諮商後，其症狀是否減輕以及困擾是否獲得改善。在諮商歷程的研究上，或許可以這麼說，自從有了諮商專業的存在，諮商歷程的研究就開始了。根據文獻的回顧，在1950 年代，個人中心治療的創始人 C. R. Rogers 和某些專家，就常以錄音轉謄逐字稿的方式，逐句分析諮商師和個案的對話內容，以找出個案在諮商中的轉折和改變的機制；其後，諮商歷程的分析則逐漸改採錄影觀察、問卷調查、深度訪談，或結合以上的方式進行資料的分析。

在 1980 年代，陸續有多位接受諮商專業訓練的學人歸國，並任教於大學的心理系或輔導諮商相關系所，這些學人回臺後推動了諮商的新思維，並發揮了實質的影響力，包括：在大學開設個別諮商、團體諮商、諮商實習與督導、生涯諮商及諮商歷程專題研究等課程，進行

---

9 國立屏東大學教育心理與輔導學系兼任教授

諮商歷程的相關研究、籌畫及拍攝一系列的諮商實務有聲圖書，以及舉辦諮商歷程的相關研討會，這當中以國立彰化師範大學輔導與諮商學系在 1994 年首辦的「諮商歷程研究學術研討會」最受矚目，也獲得與會輔導諮商人士的熱切迴響。

二、諮商歷程研究的層面

在 1991～2000 年間，臺灣所進行的諮商歷程研究大多在探討些什麼呢？筆者以「諮商與心理治療」、「（準）諮商員／治療師」、「諮商歷程」、「生涯諮商」、「督導」等關鍵字，搜尋這期間的碩博士論文、輔導諮商相關期刊和出版品後發現，這時期所探討的對象涵蓋：（準）諮商員、督導者、實習生、受督導者，以及不同年齡層的學校和社區個案。探討的議題則包括：諮商本土化、個別諮商和團體諮商專業能力之評量與量表編製、生涯諮商、生涯諮商相關量表編製、團體互動暨諮商行為、團體治療性與反治療性因素及量表編製、督導者和受督導者的知覺或關係、特定督導模式對受督導者之影響、情感轉移的知覺與反應模式、諮商員意圖與口語反應、諮商員自我認知對諮商關係暨諮商行為的影響、諮商歷程中的情緒經驗、網路諮商經驗、口語反應模式／諮商技巧與諮商成效、工作同盟、晤談感受、重要事件與諮商影響、隱而未說的話語、災難與復原力、諮商倫理、多元文化諮商等。在研究方法上，質性的研究占少數，可投稿的刊物也較少；在量化的研究上，則較欠缺適用於本土的研究工具，這樣的情形在 2000 年之後已經有大幅度的改善，特別是隨著質化研究方法和潮流的興起，量化研究在方法上的精進、新的研究工具之修訂或研發，以及有更多的研究者投入心力，而進行更深入和有系統地探討相關議題的諮商歷程，例如：焦點解決諮商的歷程與成效、循環督導模式的歷程與成效、多元文化／性別諮商、宗教與靈性諮商等，但目前仍欠缺高齡者諮商歷程的研究。

三、未來臺灣諮商歷程的研究建議

　　若以臺灣在 1991～2000 年間在諮商研究歷程所探討的議題，和歐美在 1980～1990 年間做比較，即可發現兩者間有不少相似的地方。筆者認為，未來的研究者除了繼續過去諸多諮商歷程相關變項和議題的探討外，宜多了解國內外的研究趨勢，例如：在 2000 年之前，雖有不少研究者探討諮商師所使用的「口語反應模式」對諮商的影響，但是後來的許多研究卻發現，單一的口語反應模式或口語技巧，對諮商成效的影響甚小；相對地，自從 1980 年代以來，「工作同盟」則持續受到關注和探討。此外，隨著高齡化社會的來臨，高齡者諮商歷程是一個值得投入的研究方向。再者，未來的研究者可採持續蒐集資料和比照的方式，了解參與者在諮商中的反應和變化。而未來的研究者除了選擇合適的研究方法外，亦可採用跨國或跨領域合作的方式，進行諮商歷程的探討。

參考文獻

Horvath, A. O., Del Re, A. C., Flückiger, C., & Symonds, D. (2011). Alliance in individual psychotherapy. *Psychotherapy, 48*(1), 9-16. doi:10.1037/a0022186

Lepper, G., & Riding, N. (2006). *Researching the psychotherapy process: A practical guide to transcript-based methods*. New York, NY: Palgrave Macmillan.

貳、復原力

蕭文[10]

一、復原力研究的緣起

　　有關復原力的研究約從上個世紀 1970 年代開始到 2000 年前後，橫跨三十多年之久。早在 1974 年，一位精神科醫師 Anthony 在其研究中發現，某些來自父母精神異常家庭的兒童，於其後個人發展中卻能免疫或健康成長，Anthony 把這些兒童稱之為「適應良好的兒童」（invulnerable child），之後許多研究即開始注意到為什麼有的兒童與青少年暴露在高危險的環境中（at risk）卻能有良好的適應（Rutter, 1987），這種適應或抗壓能力即被稱之為復原力或保護因子（protective factor）。到了 1990 年代後期，復原力研究更與正向心理學研究結合，其研究重點放在探索個人正向的能力或經驗，從預防的角度建構心理健康的個人（Hansen, 2003）。

二、復原力的研究層面

　　早期的復原力研究多半關注天災、人禍、死亡、重病等之問題，焦點置放於何以這些人在面臨重大生活事件時不會崩潰（collapse）（National Advisory Mental Health Council [NAMHC], 1996），最著名的若干研究多與創傷後壓力症候群（PTSD）的出現與否有關（Fullilove, 1996; Swenson, Powell, Foster, & Saylor, 1991）。在 1980 年間，文獻共收錄了 171 篇相關研究（Holaday & Mcphearson, 1997），其研究層面多與

---

10 國立暨南國際大學諮商心理與人力資源發展學系榮譽教授

兒童和青少年相關問題有關。由於復原力是一種流動因子，每個人所擁有的復原力也十分有著個別差異，有些研究開始用量化研究採因素分析的方法，試圖將復原力做廣泛性的分類（Konrad & Bronson, 1997）。然而，復原力應從何而來？是否可以透過諮商或心理健康教育培養？還是說復原力根本就是一種人格特質？答案仍莫衷一是。

三、復原力在臺灣本土的研究

　　臺灣最早的一篇復原力研究論文，可能是 1990 年中期由東吳大學社工系莫藜藜教授撰寫的「從娼少女復原力的個案研究」，然此研究較從「賦能」（empowerment）的角度探究所謂復原力對從娼少女從良的可能性。2000 年（民國 89 年），臺灣發生九二一大地震，教育部因此啟動了針對國、高中併同小學兒童的心理復健工作。在 2001 年於國立彰化師範大學所舉辦的一場災後心理復健的研討會中，即有若干研究開始注意到復原力在心理諮商／復健上的應用，從此開啟了臺灣本土有關復原力的研究。臺灣本土復原力研究與國外復原力研究的對象大體相同，研究內容多半與兒童和青少年在不同的生命面向之挫折經驗中，得以出現正向生命力量的復原力為主，其後的研究層面也陸續擴展到婚姻、身心障礙、單親父母、老人、離婚、自殺、燒燙傷、生涯發展、家暴等，然這些研究多半為博碩士論文，期間曾文志教授有多篇與復原力及 PTSD 相關的研究。值得一提的是，教育部在 1997 年後陸續在校園提出的青少年輔導計畫和其後提出的校園正向管教計畫中，內容也是以復原力為架構，從預防角度提出針對兒童與青少年心理健康網絡的建置。綜觀臺灣本土復原力的研究，從 2000 年開始，十年內蔚為研究風潮，也造就了不少博碩士論文，然研究方法多半為質性訪談，研究對象人數多為 3～5 人，在重複複製的情況下，始終難以描述復原力的內在真相。雖然期間有 3 篇左右的研究，以量化、時間序列、因素分析等方式試圖還原復原力的真相，其結果亦如國外研究，

難以回答復原力的根本問題，即復原力從何而來又如何發展下去？因此，在臺灣有關復原力的研究，於 2010 年前後已愈來愈少出現了。

四、復原力研究的趨勢

復原力和保護因子究竟在哪裡？對於一個個案而言，認識和找到自己的優勢只能說明他是什麼，並不能保證他未來一定可以如何！在《精神疾病診斷與統計手冊》（DSM-5）的序言中有段文字重新解讀了復原力，認為不應從因素或特質看待一個人是否有正向能量，而是從流動的觀點，從個人行為的意義來解讀一個人是否擁有復原力；換言之，似乎可從行為的後設認知角度探討個案行為的意義性。而在 McLeod、McLeod、Cooper 與 Dryden（2014）的多元治療模式中曾提到，人的任何行為其實隱含「潛意識的正向期待」，以此而言，未來的復原力研究並不在於幫助個案找出其復原力特質，而是協助個案與自己對話；諮商師的角色也從被動的探索個案復原力為何變成主動涉入個案行為經驗過程，在這種合作的過程中，讓個案清楚的看到、也理解到自己的正向期待與能量。

參考文獻

Fullilove, M. T. (1996). Psychiatric implications of displacement: Contributions from the psychology of place. *American Journal of Psychiatry, 153*, 12.

Hansen, J. T. (2003). Including diagnostic training in counseling currilar implication for professional identity development. *Counselor Education and Supervision, 43*(2), 96-107.

Holaday, M., & Mcphearson, R. W. (1997). Resilience and severe burns. *Journal of Counseling Development, 75*(5), 346-356.

Konrad, K., & Bronson, J. (1997). *Handling difficult times and learning resiliency.* AEE International Conference Proceedings (pp. 188-198).

McLeod, J., McLeod, J., Cooper, M., & Dryden, W. (2014). Pluralistic therapy. *Handbook of Individual Therapy*, 547-573.

National Advisory Mental Health Council [NAMHC]. (1996). Basic behavioral science task force of the National Advisory Mental Health Council: Vulnerability and resilience. *American Psychologist, 51*(1), 22-28.

Rutter, M. (1987). Psychological resilience and protective mechanism. American *Journal of Orthopsychiatry, 57*(3), 316-331.

Swenson, C. C., Powell, P., Foster, K, Y., & Saylor, C. F. (1991). *The long-term reactions of young children to natural disaster.* Paper presented at the annual convention of the American Psychological Association, San Francisco, CA.

參、生涯諮商

王玉珍[11]

一、生涯諮商研究的緣起

「生涯諮商」或「輔導」一詞出現之前，一般人熟知的是「職業輔導」。1970年初期，「生涯輔導」一詞取而代之（金樹人，2011），代表生涯輔導或諮商的視框，比職業選擇寬廣許多，其範疇除了生涯發展，主題擴展到自我與生活的探索、抉擇議題、變遷因應，以及幸福意義的追求。

二、生涯諮商的研究層面

「美國生涯發展學會」（NCDA）所屬期刊 *The Career Development Quarterly*，在2007年由田秀蘭教授撰寫的〈2006年全球生涯諮商與發展的回顧〉（Tien, 2007）一文中指出，生涯諮商研究的重點包括：發展、文化、族群、性別等生涯專業議題、理論與概念的發展，以及生涯介入與實務議題等。2012年的回顧中，歸納出專業議題、工作與幸福、生涯發展議題，以及理論概念等，也提到方法的多元性以及諮商師的全球與社會責任等。從中可以看到隨著不同世代發展，生涯諮商研究在理論上不斷精進與發展，關注的議題除了發展的議題、生涯轉換等，亦增加了工作與家庭平衡、移民、阻礙與歧視，以及靈性幸福等議題。

---

11 國立臺灣師範大學教育心理與輔導學系教授

三、生涯諮商在臺灣本土的研究

（一）理論的精進與發展

從過去到現在，生涯理論中的適配觀點一直引領實務與研究的發展。近幾年受到後現代思潮的影響，敘事取向的生涯諮商觀點出現，說故事底下反映出對當事人主觀經驗的推崇與重視，也關注生命經驗與脈絡對當事人生涯的影響，相關研究亦開始著重從質性研究方法探究當事人的相關獨特經驗。在這些典範的轉換中，混沌理論、生涯建構取向，以及優勢觀點等，近幾年也成為實務和研究的關注焦點，也有建構和整合不同的生涯理論與實務的作法，在理論發展上呈現多元蓬勃的樣貌。

（二）存在意義、靈性幸福與平衡等議題的發展

除了理論的精進外，近幾年的生涯諮商研究也關注存在意義、靈性幸福與生活平衡等議題。劉淑慧、陳弈靜、盧麗瓊、盧怡任、敬世龍（2014）提出存在現象學取向生涯觀主張，後來也建構出以《易經》為意涵之德性存在本土化生涯模式，嘗試在青少年及不同生命階段進行開展本土化之生涯諮商模式。生涯召喚等靈性觀點亦是近年來探究的重點，著重內心引導的力量，關心生涯之於個人的獨特意義、帶給他人或社會之貢獻、幫助與使命，更為重視生涯的靈性滿足與意義。此外，也著重多元族群之生活幸福與平衡，像是兼顧工作與家庭之平衡議題、職場適應、重返職場、障礙者生涯實務、原住民生涯發展，以及中年或退休的生命意義與生涯幸福等議題。

（三）資訊系統與工具發展

近幾年生涯資訊系統的發展，像是華人生涯網、大鵬網，或輔大

CVHS生涯與就業協助系統等，都帶動國內開始重視生涯資訊科技所帶來的影響與挑戰。王思峰等人（2014）建構輔大CVHS生涯與就業協助系統，關注引入生涯資訊科技後，所引發的輔導工作方式與服務範疇之漣漪式變化與影響。生涯相關工具的發展以及相關使用現況的研究，像是「成人生涯認知量表」（田秀蘭、郭乃文，2002），以及國高中職生涯測驗之現況與發展（宋曜廷、田秀蘭、鄭育文，2012），也都帶動了生涯諮商相關研究的發展。

四、生涯諮商研究的趨勢

近幾年，生涯諮商研究已邁向多元、多樣和靈性思維，方法上亦朝向量化與質性並重的研究做法，在對象上也更關注不同族群的多元議題。變與不變，正能反映近十年的生涯諮商趨勢，在迎接變動的同時，也關注個人內在不變的初衷、持續的努力適應，以及如何回應內在的召喚與意義。

參考文獻

中文部分

王思峰、吳濟聰、夏侯欣鵬、劉淑慧、鄔榮霖、周志明、蔡秦倫（2014）。大學生涯資訊系統CVHS-M1評估研究：生涯行為、輔導意涵與影響。**中華輔導與諮商學報，40**，95-126。

田秀蘭、郭乃文（2002）。「成人生涯認知量表」之發展及其效度研究。**測驗年刊，49**，19-38。

宋曜廷、田秀蘭、鄭育文（2012）。國中與高中職階段生涯測驗使用現況之分析研究。**教育心理學報，43**（4），875-898。

金樹人（2011）。**生涯諮商與輔導**。臺北市：東華。

劉淑慧、陳弈靜、盧麗瓊、盧怡任、敬世龍（2014）。存在現象學取向生涯輔導方案：以馬來西亞經驗為例。**輔導季刊**，**50**（3），13-23。

西文部分

Tien, H. S. (2007). Annual review: Practice and research in career counseling and development-2006. *Career Development Quarterly, 56*(2), 98-140.

肆、團體諮商

吳秀碧[12]

一、團體諮商研究的緣起

「團體諮商」為團體治療方法（group therapy methods）之一（吳秀碧，2017），在 1931 年「團體諮商」一詞首度出現於 Richard D. Allen（1931）在《教育期刊》（*Education*）第二期〈高中團體輔導課程〉（A group guidance curriculum in the senior high school）一文，然其概念與當前的「團體輔導」義同（Gazda, 1977），至 1940 年代起才有現代的團體諮商出現（Leddick, 2011）。Gazda、Duncan 與 Meadows（1967）的調查指出，1960～1965 年間美國仍有 80%的人認為團體諮商就是團體輔導；在同一份調查中，他們詢問了 43 位喜歡「團體諮商」一詞的人，發現他們的定義已和現在相同。雖然團體諮商和團體心理治療有數個明顯不同可區辨的特徵，然而美國直到 1970 年代末，研究者使用「團體心理治療」或「團體諮商」，仍舊按照他們想調查的是什麼，而不是依照兩者的區辨準則（Gazda, 1977），因此很難精準的指出第一篇的團體諮商研究於何時開始。

二、團體諮商研究的範疇

臺灣團體諮商研究的範疇在類別方面，2001～2012 年間，以效果研究占 68.54%居首位，歷程研究占 15.33%居次，兩者兼用者占 4.04%（許智傑、謝政廷、吳秀碧，2014）；研究議題在 1976～2012 年間，

---

12 國立彰化師範大學輔導與諮商學系教授退休

有人際、自我、精神疾患、生活適應、家庭關係、生涯、親密關係、情緒、學習與課業、性別平等、單親、喪親、成癮、偏差行為（含偷竊、犯罪）、壓力與因應等，其中以適應議題最多，高達 41.94%，發展議題25%次之（許智傑等人，2014；蘇以青等人，2006）；研究的年齡層有兒童、青少年、成人和老人等，其中以兒童占 22.58%最多，國中生占20.97%次之，老人占0.81%最少（許智傑等人，2014），與美國1970 年代的情況雷同（Gazda, 1971），主因與碩、博士論文居多，且研究場域以學校為主有關（陳永慶，2001）；研究的族群有專業人員（含領導者、實習諮商師等）、特殊族群（含醫療和司法體系的人員與工作對象），以及新住民等（許智傑等人，2014）。

　　至於研究的理論與模式，有單一理論或比較不同理論的效果研究；研究的理論取向，有認知、理情、認知行為、行為改變、多重模式、現實治療、焦點解決、阿德勒分析、溝通分析、折衷學派、人際取向和精神分析等（許智傑等人，2014；陳永慶，2001；陳若璋、李瑞玲，1987；蘇以青等人，2006）。自陳若璋、李瑞玲（1987）的研究至蘇以青等人（2006）的研究，20 年間使用的理論大為增加，並以認知—行為取向者占27.2%居首位，現實治療占7.2%次之，焦點解決占5.4%再次之，餘 11 種理論與模式合計占 23.6%，而未交代理論或方法者達 42%之多。約 9 年後，許智傑等人（2014）發現，以焦點解決占44.07%躍居第一，現實治療占 15.26%居次，理情治療占 13.55%再次之；至於結構有無，以結構團體占 91%之多，非結構團體僅占 4%（蘇以青等人，2006）。

三、團體諮商在臺灣本土研究的發展

　　雖然有研究指出，最早有關團體諮商的研究出現在 1968 年（陳秉華、王麗斐，1990）或 1972 年（陳若璋、李瑞玲，1987），然因這些研究資料並未區分不同性質的團體，故無從確認。可考者，於 1971 年

成立臺灣省立教育學院輔導學系（現國立彰化師範大學輔導與諮商學系），方引進美國的團體諮商，並開始相關研究。

國立彰化師範大學輔導學系（現輔導與諮商學系）於 1978 年出版《輔導學報》，為臺灣最早的一份諮商專業期刊，然而在 1990 年代中期之前，團體諮商研究並不多見。若合併不同性質團體的研究，1972～1986 年的 15 年間僅有 59 篇（陳若璋、李瑞玲，1987）；1976～2006 年的 30 年間為 276 篇（蘇以青等人，2006）。顯示自1970～1990 年代中期，在團體研究的發展甚為緩慢，並以博碩士論文為主。蘇以青等人（2006）指出，在他們所蒐集的 276 篇中，博碩士論文合計達 76% 之多。這種情況至許智傑等人（2014）研究時依然，他們在 124 篇「團體諮商」研究中，博碩士論文合計也達 64.52% 之多。

綜上所知，不論在 1990 年代中期之前或之後，都以博碩士論文所占比率特高，且自 1990 年代中期起，團體諮商研究的篇幅有快速成長的趨勢。1990 年代之前，僅彰化師大和臺灣師大設有諮商相關系所，之後各大學相繼設所，如今全台約有 16 個相關系所，反映輔導與諮商研究所之設置與團體諮商研究的發展關係密切。此外，陳永慶（2001）指出，團體心理治療和團體諮商都具有正向效果，且在行為問題處理的效果量有增大的趨勢，顯示專業水準的進步。

四、團體諮商研究的趨勢

Garfield（1991）以及 Beulter（1991）指出，1980 年代後期，美國已漸漸趨向以團體歷程為研究焦點，同時兼用歷程與效果研究，以便探究歷程中與效果關聯的變項，並研發使用在不同場域的團體模式與方法，為臺灣未來有待重視的方向。其次，臺灣的研究向來以學生和學校為主，未來需要擴大到其他對象和場域。此外，運用團體動力優勢的非結構團體諮商殊少，尚待發展。而西學中用隱藏的文化議題，不容忽視，長久以來抱持家族主義的華人族群，在面對以個人主義為

本的西學，必有不相容之處，需要正視這個議題，以研發適合華人的本土團體諮商之理論與方法。最後，團體諮商旨在滿足社會的核心需求，當前與未來的社會核心需求何在，亟待關注。

中文部分

吳秀碧（2017）。時代與團體治療。**輔導季刊，53**（4），1-16。

許智傑、謝政廷、吳秀碧（2014）。台灣團體諮商研究之題材與方法之整合性分析：以 2001～2012 為例。**台灣諮商心理學報，2**（2），49-75。

陳永慶（2001）。**國內心理治療與諮商輔導效果的整合分析研究**（未出版之碩士論文）。高雄醫學大學，高雄市。

陳秉華、王麗斐（1990）。輔導策略與輔導效果實徵的回顧與檢討。**教育心理學報，23**，237-260。

陳若璋、李瑞玲（1987）。團體諮商與治療研究的回顧評論。**中華心理衛生學刊，3**（2），179-215。

蘇以青、翁令珍、陳慧女、陳筱萍、張懿心、藍菊梅、朱惠瓊、曾正奇、謝秋雯、吳秀碧（2006）。**30 年間團體諮商與治療實徵性研究之國內文獻回顧**（未出版之研究報告）。國立高雄師範大學輔導研究所，高雄市。

西文部分

Allen, R. D. (1931). A group guidance curriculum in the senior high school. *Education, 2*, 189.

Beulter, L. E. (1991). Introduction to the special series on advances in psychotherapy process research. *Journal of Consulting and Clinic Psychology, 58*, 263-264.

Garfield, S. L. (1991). Issues and methods in psychotherapy process research. *Journal of Consulting and Clinic Psychology, 58*, 273-280.

Gazda, G. (1971). *Group counseling: A developmental approach.* Boston, MA: Allyn & Bacon.

Gazda, G. (1977). *Basic approaches to psychotherapy and group counseling* (2nd ed.). Springfield, IL: Charles C. Thomas.

Gazda, G., Duncan, J. A., & Meadows, M. E. (1967). Counseling and group procedures: Report of a survey. *Counselor Education and Supervision, 6,* 305.

Leddick, G. R. (2011). History of group counseling. In R. K. Conyne (Ed.), *The Oxford handbook of group counseling* (pp. 52-60). Oxford, UK: Oxford University Press. doi:10.1093/oxfordhb/9780195394450.013.0004

伍、焦點解決短期治療

洪莉竹 [13]

一、焦點解決短期治療的緣起與發展

　　焦點解決短期治療於 1980 年代早期由 Steve de Shazer、Insoo Kim Berg 及其同事在 Wisconsin Milwaukee 的 Brief Family Therapy Center（BFTC）發展而來，並於 1982 年正式命名為 Solution Focused Brief Therapy（SFBT）。1995 年，陳秉華教授將 SFBT 引介到臺灣；1996 年開始，學術機構與民間機構陸續邀請國外學者來臺講授 SFBT 的理念與技術；1997 年左右，以 SFBT 為主題的訓練課程，在臺灣各地如火如荼的展開。SFBT 在臺灣發展逾二十年，目前以 SFBT 為主題的課程與訓練仍受歡迎，以 SFBT 為主題的研究也持續成長。

二、焦點解決短期治療的研究

　　BFTC 早期的研究有：(1)觀察當事人的進步及實務工作者對促進當事人進步所做的貢獻；(2)詢問當事人：「是否達成治療目標」、「是否產生顯著進步」（許維素譯，2013/2012）。其後，探討 SFBT 治療效果的研究，包括：請當事人自評治療效果、使用實驗控制的對照研究、探究治療過程的歷程研究、對治療對話進行微觀分析。Gingerich、Kim、Stams 與 Macdonald（2012）指出，請當事人自評治療效果，70% 的當事人表示有達成治療目標或有顯著進步，而 Bavelas（2012）針對治療對話微觀分析進行回顧性研究。這些研究闡明心理

---

13 國立臺北教育大學心理與諮商學系教授

治療中共同建構的歷程。但是 Johnny S. Kim 於 2008 年針對 SFBT 治療進行的後設分析則指出，整體而言 SFBT 的效果值並不高（許維素譯，2013/2012）。

三、臺灣焦點解決短期治療的研究

臺灣與 SFBT 有關的研究，從 1998 至 2017 年，博碩士論文有 86 篇，行政院科技部補助獎勵的研究有 11 篇。研究主題包括：探討 SFBT 諮商成效、SFBT 諮商架構、SFBT 諮商歷程，探討 SFBT 訓練成效，以及諮商師應用 SFBT 之經驗或思考，其中針對 SFBT 成效進行探討的研究所占比例最高。

博碩士論文的研究對象，包括：兒童、青少年、大專學生、家長、案主、有心理困擾者、孕婦、生理疾病患者（如罹患乳房腫瘤婦女、糖尿病患者）、輔導教師、諮商心理師或助人工作志工。研究對象多元，其中以兒童、青少年、大專學生為對象的研究最多，占了約 55%，再加上以家長、輔導教師為研究對象的論文，合計約 72%，此可看出 SFBT 的研究場域，以各級學校為最多。2008 年之後，SFBT 相關研究的場域拓展到醫療、軍隊、宗教團體，顯現出 SFBT 被更廣泛的應用。學者研究之對象，包括：兒童、家長、中學輔導教師／教師、大學教師、成人女性、喪親家屬等。

SFBT 相關研究探討的諮商輔導議題，包括：自尊、人際關係／社交技巧、情緒困擾或情緒管理、感情議題、行為議題（如藥物濫用、網路沉迷、戒菸、違法行為）、家庭關係與家暴議題、親子關係與親職議題、生涯議題、學習議題、復原力建構／賦能等。運用團體諮商介入的研究最多，其次為個別諮商，其他介入方式包括：班級輔導、網路諮商與電話諮商。也有數篇研究探討 SFBT 的訓練課程成效與教學實踐經驗。

四、臺灣焦點解決短期治療研究的未來發展

　　目前的研究結果多半支持 SFBT 的應用成效，但在立即成效與延續成效方面，其研究結果並不一致，故需思考：SFBT 諮商歷程促進改變的療效因子和改變機制為何？對於臺灣的當事人，是否有某些觀點或特定技術的應用成效比較好？某些技術對特定類型案主或特定議題成效是否較佳？

　　筆者整合洪莉竹（2015）的觀點，提出焦點解決短期治療研究的未來發展方向：

1. 進行 SFBT 的回顧性研究：針對 SFBT 相關研究的研究結果進行整合性分析，了解既有研究之發現、貢獻與限制，並指出未來研究的方向。

2. 結合成效研究與歷程研究：透過歷程研究，進一步探討成效顯著的案例，思考 SFBT 的觀點與介入技術是如何促使當事人改變，其改變機制與改變歷程為何？成效未如預期的案例，出現哪些困難？這些困難對於 SFBT 的理論與實務發展有哪些啟發？

3. 研究者與實務工作者合作，進行長期研究：SFBT 的研究者需要與實務工作者長期合作，運用多元的研究方法（如實驗研究、行動研究、成效與歷程研究、對治療對話進行微觀分析），探討 SFBT 應用於特定對象或特定議題的成效與歷程，累積實徵研究結果，以提升 SFBT 的諮商效能。

參考文獻

中文部分

洪莉竹（2015）。焦點解決短期心理諮商在臺灣的發展。河南大學：心理

研究，**8**（4），23-29。

許維素（譯）（2013）。**建構解決之道的會談：焦點解決短期治療**（第二版）（原作者：P. D. John & I. H. Berg）。臺北市：心理。（原著出版年：2012）

西文部分

Bavelas, J. B. (2012). Connecting the lab to the therapy room: Microanalysis, co-construction, and solution-focused brief therapy. In C. Franklin, T. S. Trepper, W. J. Gingerich, & E. E. McCollum (Eds.), *Solution-focused brief therapy: A handbook of evidence-based practice* (pp. 144-162). New York, NY: Oxford University Press.

Gingerich, W. J., Kim, J. S., Stams, G. J. J. M., & Macdonald, A. J. (2012). Solution-focused brief therapy outcome research. In C. Franklin, T. S. Trepper, W. J. Gingerich, & E. E. McCollum (Eds.), *Solution-focused brief therapy: A handbook of evidence-based practice* (pp. 95-111). New York, NY: Oxford University Press.

陸、家長諮詢

鍾思嘉[14]

一、家長諮詢研究的緣起

　　家長諮詢（parental consultation）最早由 Faust（1968）倡導，其後逐漸引起各方關注。家長諮詢也稱之為親職諮詢或父母涉入（parent involvement）。一般而言，家長諮詢是心理師在對有心理或行為問題案主的諮商過程中，提供案主家長相關的知識和技能，一起來幫助案主改善問題。雖然不少案主的問題實際上是家長的問題，至少有相當程度的關聯性，但是多數的家長都不願意成為諮商案主。而使用家長諮詢之名較容易被家長接受，何況能得到家長的參與和合作，能使諮商的效果更佳。因此，家長諮詢有其不可忽視的重要性，尤其在進行兒童和青少年諮商時。

二、家長諮詢的研究層面

　　有關家長諮詢早期的研究，是 Dickson 與 Adcox（1984）以及 Nichol（1984）提供給家長改善孩子行為問題的研究。遺憾的是，家長諮詢的相關研究很少，即使國外也僅有十餘篇，且多為單一受試者設計的研究，其研究推論多少受到限制。之後，由於研究方法和統計軟體的進步，家長諮詢的研究逐漸從小樣本發展到較大樣本的實驗研究，例如：Traverne（1992）以行為學派諮詢模式協助 6 位有長期教育挫折的學齡前子女母親，顯示這種模式能有助於子女的語言發展。Rhoades

---

14 國立政治大學退休教授，浙江師範大學教師教育學院客座教授

（1993）以 4 名無法按時完成的小學男童為研究對象，提供其父母五次的個別諮詢，發現這 4 名男童完成作業的情形提升到一般學生的水準。Blackmon、Kaak 與 Ranseen（1997）以電子傳輸提供 43 位 2～15 歲心理疾患兒童的家長諮詢，顯示得到幫助的家長都感到滿意。Schill、Kratochwill 與 Elliott（1998）以聯合行為諮詢方式，幫助 19 位 4～5 歲不同行為問題兒童的家長，其兒童行為問題得到中等程度的改善。Cavell 與 Hughes（2000）則是探討 60 位攻擊性兒童的家長諮詢，顯示可以減少兒童攻擊行為的發生率。

然而，也有研究未發現家長諮詢的成效，例如：Rotto 與 Kratochwill（1994）整合行為學派諮詢模式與能力本位的親職教育，協助 9 位父母教養 7 名 3～7 歲子女，結果發現在練習的情境中，父母能熟練運用教養的技巧，且效果延續至八週後的追蹤測試，但結果雖然顯示父母主觀上認為子女的行為有改善，但是研究者在參與家庭的觀察中卻發現，這些家長的教養技巧並沒有改善。

三、家長諮詢在臺灣本土的研究

相較於國外為數不多的家長諮詢研究，臺灣這方面的研究更寥寥可數。最早的家長諮詢研究是邱獻輝（2000）以親子溝通諮詢團體的效果研究。之後，以遊戲治療理論或技術為主題的家長諮詢研究相對地多了一些，探究其原因是兒童遊戲治療的成敗，其父母的參與和合作是關鍵因素（何美雪，2013；吳麗雲，2010；沈珏君，2007；林佩鈴，2014；張明惠，2017）。而以諮商和治療理論為基礎的家長諮詢研究只有 3 篇：阿德勒取向（邱惠琴，2008；陳莉榛，2007），以及正向心理取向（韓佩凌，2012）。此外，還有一篇是探討某醫療單位的家長諮詢現況研究（甄家明，2008）。

四、家長諮詢研究的趨勢

　　探究國內外家長諮詢研究很少的情形，不外乎兩個可能原因：其一是過去的正規諮商教育中少有諮詢的課程或內容；其二則是進行此類研究還需要熟悉相較冷僻的家長諮詢理論和技術。因此，展望未來的研究，除了以現有的家長諮詢理論為基礎，還需要結合本土文化創造更多的家長諮詢之理念和技術，以及編製有效的研究工具。此外，考慮到諮詢的便利性和即時性，利用網路媒介（如微信、臉書、Line等）進行家長諮詢研究，也是一個未來的趨勢（楊琳，2017）。

参考文獻

中文部分

何美雪（2013）。探究遊戲治療師之家長諮詢運作架構（未出版之博士論文）。國立彰化師範大學，彰化市。

吳麗雲（2010）。家庭遊戲治療之家庭評估與親職諮詢（未出版之碩士論文）。國立彰化師範大學，彰化市。

沈玨君（2007）。兒童中心遊戲治療與親職諮詢過程中兒童行為變化情形之研究：以一個新移民家庭親子為例（未出版之碩士論文）。臺北市立教育大學，臺北市。

林佩鈴（2014）。ADHD 兒童之家長於遊戲治療期間接受親職諮詢對其親子關係經驗之探究（未出版之碩士論文）。中國文化大學，臺北市。

邱惠琴（2008）。阿德勒取向家長諮詢團體成效之研究（未出版之碩士論文）。國立新竹教育大學，新竹市。

邱獻輝（2000）。少年家長「親子溝通諮詢團體」之效果研究（未出版之碩士論文）。國立臺灣師範大學，臺北市。

張明惠（2017）。父母於參與型威信遊戲治療中之親職賦能內涵與其形成探究（未出版之碩士論文）。臺北市立大學，臺北市。

陳莉榛（2007）。家長諮詢訓練方案之成效探討以臺北縣家庭教育中心為

例（未出版之博士論文）。國立政治大學，臺北市。
楊琳（2017）。注意力缺陷多動障礙傾向兒童的父母訓練效果：以微信為媒介（未出版之碩士論文）。浙江師範大學，浙江省金華市。
甄家明（2008）。臺北縣市設有兒童心智門診之醫療單位提供父母親職諮詢之現況探討（未出版之碩士論文）。輔仁大學，新北市。
韓佩凌（2012）。正向心理取向家長諮詢之賦能動力模式（未出版之博士論文）。國立臺灣師範大學，臺北市。

西文部分

Blackmon, L. A., Kaak, H. O., Ranseen, J. (1997). Consumer satisfaction with tele-medicine child psychiatry consultation in rural Kentucky. *Psychiatric Services, 48*(11), 1464-1466.

Cavell, T. A., & Hughes, J. N. (2000). Secondary prevention as context for assessing change processes in aggressive children. *School Psychology, 38*(3), 199-235.

Dickson, D. J., & Adcox, S. (1984). Program evaluation of a school consultation program. *Psychology in the School, 21*, 336-342.

Faust, V. (1968). *History of elementary school counseling: Overview and critique, with a chronological bibliography from 1924*. Boston, MA: Houghton Mifflin.

Nichol, G. T. (1984). *Effects of a parent consultation intervention on self-control behavior of first and second grade students*. Unpublished doctoral dissertation, Memphis State University, Memphis, TN.

Rhoades, M. M. (1993). *Parent as mangers of homework intervention: An empirical analysis*. Unpublished doctoral dissertation, The University of Wisconsin-Madison, Madison, WI.

Rotto, P. C., & Kratochwill, T. R. (1994). Behavior consultation with parents: Using competency-based training to modify child noncompliance. *School Psychology Reviews, 23*(4), 669-694.

Schill, M. T., Kratochwill, T. R., & Elliott, S. N. (1998). Functional assessment in behavioral consultation: A treatment utility study. *School Psychology Quarterly, 13*(2), 116-140.

Taverne, A. F. (1992). *Evaluating behavioral consultation as a means of promoting reading in at-risk families*. Unpublished doctoral dissertation, The University of Utah, Salt Lake City, UT.

第三節　2001～2010 年的研究焦點

壹、正向心理學

曾文志[15]

一、正向心理學研究的緣起

　　正向心理學一詞起源於 Abraham Maslow 在 1954 年出版的《動機與人格》（*Motivation and Personality*）一書。然而，Maslow 所推動的人本取向不盡然以研究為根基。正向心理學正式成為心理學的研究領域，可追溯到 Martin Seligman 在 1998 年就任美國心理學會主席時，呼籲心理學界應轉向研究人類優勢與促進正向功能。當時，Seligman 體認到二次世界大戰之後，心理學界在理解與治療心理疾病方面獲得重大進展，卻忽略了兩項應承擔的重任：使人們的生活更加圓滿，以及鑑定與培育天賦才能。為了翻轉失衡的心理學，隔年有一群當代傑出的心理學者共同擬定人類最佳功能的基礎架構與研究議題，接著在 2000 年的 *American Psychologist* 期刊發行特輯，專題介紹正向心理學，後續再出版專書、開設課程及創辦期刊，全面推展正向心理學。

二、正向心理學的研究層面與發展

　　正向心理學的研究範疇涵蓋人類優勢與復原力、正向情緒與幸福感，以及正向認知與利社會行為等主題。在 1999 至 2013 年間，幸福感

---

15 國立清華大學教育心理與諮商學系教授

是最廣受探討的主題，其次是優勢、希望及感恩。在正向介入研究方面，最受青睞的則是運用正念、優勢發展、正向情緒及感恩等介入方案。這些主題大多是心理學早已觸及的層面，過去的諮商心理學期刊即有為數不少關於價值、自我效能、自尊、同理心等正向主題的研究，反映正向心理學與人本主義心理學頗有淵源。但正向心理學研究促使有關幸福感的不同主題匯總起來，此創新領域的薈萃發展，有助於理解美好人生與正向心理學構念之間的關聯機制，也對輔導與諮商實務意義重大。

三、正向心理學在臺灣本土的研究

作為一門關注人類優勢與幸福感提升的科學，正向心理學在新千禧年後生活品質日益提升的臺灣社會獲得積極的迴響與發展。國內學者開始探討幸福感、正向情緒、優勢、心流、復原力及創傷後成長等構念與理論，並發展適合國人使用的量表來研究幸福感議題。相關研究成果除了對存在的構念進行共通之理解外，亦從華人觀點或本土視角，來看待臺灣民眾的生活行為。檢視國內的期刊論文，探討幸福感相關因素的研究數量豐富；此外，應用正向心理學在臺灣本土的研究發展也相當蓬勃；從家庭與學校教育到職場，許多研究發現：培養正向情緒、行為或認知的正向心理學介入方案具有成效，帶動正向教育與正向領導的風潮。在輔導諮商領域，最明顯的改變是探討發展與調適問題的研究不再獨領風騷，而轉向採取正負向平衡的個案概念化與評量方式，以及旨在幫助當事人重現個人優勢與潛能的正向心理治療。這些諮商實務歷程的探討，均是應用正向心理學在臺灣本土研究的體現或實踐，反映臺灣的輔導諮商已從問題修復與症狀療癒，質變為涵蓋促進正向發展的積極取向。

四、正向心理學的爭議與未來趨勢

正向心理學的成功發展令人驚豔，但急進手段與過程卻引發不少批判與質疑。預設正向情緒與負向情緒的分野對立值得商榷，漠視人生黑暗面的重要性也是一大爭議。當專家告訴人們快樂是什麼，以及如何追求幸福時，許多人反而對快樂備感壓力而更加不安。無論如何，外界批判導致正向心理學的界線不斷受到考驗而有所擴展，轉而強調須兼容人們的優勢與弱點，以平衡的取向來研究正向心理學。臺灣對這段掙扎的成長歷程相關資訊較不充足，直到西方學者提倡第二波正向心理學，臺灣學者（如黃光國等人）也積極尋求正向心理學本土化的突破。第二波正向心理學採取人生的正向面與負向面之間具有辯證本質的觀點，強調負面帶來的能量可能存在強大的正面意義與價值；為了維持長期的幸福感，善用人生黑暗面的光明面，才能優雅轉身，發揮全面完整的優勢。由於這種辯證思維正是華人文化的重要底蘊，臺灣在第二波正向心理學的研究發展上具有得天獨厚的優勢。展望未來，尋根我們祖先的文化智慧，將有助於正向心理學研究的中西會通；善用「拔苦」和「予樂」兩大助人能量的內涵，還能幫助個案從人生的黑暗面中獲得更有意義的認識與淬鍊。

貳、家庭與婚姻諮商研究

黃宗堅 [16]、吳東彥 [17]

一、家庭與婚姻諮商研究的源起

自從 Ackerman、Bateson、Minuchin 等學者在 1960 年代起,將「系統思維觀點」(Systemic perspective)引入家族治療的領域之後,許多來自心理學、精神醫學、社會學及人類學等不同訓練背景的學者,便開始運用此種嶄新的角度來理解家庭動力與個體適應行為的關係,並以後實證經驗主義的視框,展現在如何解決家庭、伴侶及婚姻等方面之議題。相較於傳統的精神醫療模式,系統思維觀點強調開放、動態、整合、歷程及非線性循環的角度,而非封閉、靜態或單一取向的因應模式。在此脈絡建構的影響下,採取系統論的家庭與婚姻治療學派,如雨後春筍般提出多項不同理念的症狀觀點,來說明家庭成員究竟以何種方式在家庭關係中呈現與運作,才能展現適應或功能良好的家庭系統。

而隨著後現代思維的興起,也影響另一波家庭與婚姻治療的哲學觀,亦即個體症狀的產生除了家庭內部的系統之外,也可能是文化或社會建構的交互影響。因此,在地社會文化如何影響家庭及婚姻的適應歷程,也是不容忽視的關鍵所在。

---

16 國立彰化師範大學輔導與諮商學系教授
17 國立彰化師範大學輔導與諮商學系博士生

二、臺灣目前有關家庭與婚姻諮商研究的概況

　　回顧 1991 至 2000 年間，約有相關文獻 75 篇左右，其中在理論選擇上多偏重「結構取向」或「薩提爾模式」，而關注焦點多為治療師技巧介入的描述，對於家庭動力與關係經驗的捕捉則較少著墨，且對於社會文化議題也未受到普遍的覺醒與重視。不過，自 2001 至 2018 年間，約有相關期刊論文 55 篇，博碩士論文 15 篇，其中理論取向已逐漸朝向多元開展，例如：Bowen 多世代取向、後現代家族治療，以及靈性議題等，已漸融入諮商脈絡之中。

　　而呼應在地文化脈絡的覺醒方面，相關文獻已從「關係中的自我」、「權力」、「性別」、「緣」、「命」，以及「報」等視框來理解，但較淪為單一面向而非統整的理論基礎來貫穿。整體而言，其研究趨勢較偏向實務效能的分析及應用，且研究樣本數較少的質性研究為主，其中以量化進行之實驗設計則相較缺乏，更遑論結合質化與量化之縱貫性及長期性的歷程研究。

三、未來家庭與婚姻諮商研究的建議

　　展望未來的研究，除了借鏡西方的家族與婚姻治療理論與技術之外，研究者如何保持相當程度的「理論敏感」，也是刻不容緩之重要議題。換句話說，當研究者透過西方文化構念所設計的家族治療理論或技術來進行評估或處遇時，不同文化脈絡是否對家庭常態、病癥、行為模式及壓力表達的不同，而有相異路徑的影響？例如：分離個體化歷程一直被西方家族治療學者認為是家庭系統發展的必要歷程，然而相較於重視關係主義、社會取向的華人社會，東西方文化對於所謂「自主」的意涵與方式，可能就會有所差異。因此，除了因應不同文化背景，並經過在地化的修正與調整之外，如何回到案家的生活世

界，特別是從在地文化中反思，創建立基於在地文化的理論與技術，仍需持續關注與探討，例如：近年來已有學者從「儒家心學」以及「易經辯證哲學」的認識論基礎，開展與西方家族治療理論及實務的對話，提醒在地文化中早已兼備的圓融智慧可以如何運用來因應家庭與婚姻諮商的困境。當然，有鑑於華人較不擅長以口語的方式表達情感，如何將遊戲、藝術媒介等表達性藝術治療的形式整合並融入家族治療之中，或許也是未來發展的趨勢之一。

　　此外，如何連結不同家庭的生命發展週期（如新婚、小孩出生、家有青少年或空巢期等），形成橫向及縱向研究設計之長期歷程研究，而非點線式的片段或切割型研究，亦是刻不容緩的議題。再者，如何更細緻的觀察家庭動力中整體關係互動層次（family level）、對偶層次（dyadic level），以及個人關係層次（individual level）之間的知覺歷程有何不同（what）、為何不同（why），而這些異同之間又如何影響家庭成員的相互發展（how）等動態、歷程、多元複合等系統思維取徑，也是值得關切。最後，未來除應朝向多年期的系列型研究，將理論建構、概念測量、模式檢驗等相關議題一氣呵成之外，同時上述這些 evidence based 的實證研究結果又如何落實在臨床工作當中等挑戰，除應持續深化進行外，亦需與國際同步接軌，透過對話及反思，以期建立家庭研究相關議題的在地主體性與國際性。

參、遊戲治療

高淑貞 [18]

一、遊戲治療的歷史發展

　　要談遊戲治療的緣起，就要結合兒童心理治療的發展來看，因為兒童認知能力的侷限性，使其對抽象文字、口語表達的深入與精熟不若成人，因此傳統心理治療偏重會談的模式，應用在兒童身上時，自然會有所限制。故二十世紀初，精神分析興盛的年代裡，兒童精神分析治療師便開始運用遊戲的象徵意義於治療工作中，最主要的兩位代表人物是 Melanie Klein 及 Anna Freud；前者後來發展出客體關係論，後者為心理治療之父 Sigmund Freud 之女，承接發揚精神分析理論應用於兒童。其後不同的應用原理而有發洩取向遊戲治療、關係取向遊戲治療與非指導性取向遊戲治療的逐漸興起。一直延續到二十世紀晚期，各大主流心理治療學派紛紛與遊戲治療工作模式做結合，以將其人格理論應用於未成年族群外，並找到可行之遊戲實務方法。因之發展至今，遊戲治療師已經有更貼近自己信念與風格的多元理論選擇。

二、遊戲治療實務的應用層面

　　隨著兒童與青少年精神醫學的專業成長，兒童心理健康工作已經被視為是一個具有獨特性的專長領域。遊戲治療應用在實務上，也針對不同場域與不同問題類型而有不同的關注，例如：學校或社區的不同工作場域，常常就有不同的關鍵因素需要考量與配合；又如：應用

---

18 國立彰化師範大學輔導與諮商學系教授

在外向型與內向型問題上，介入的有效因子也會有所差異。衝動控制的行為問題介入就是因應需求而來的受歡迎主題，而受虐兒童的創傷治療又是內涵很不同的主題。此外，親子關係也是兒童心理治療工作不可或缺的一環，親子遊戲治療、系統合作成為兩大備受關注的次領域。

遊戲治療實務應用的涵蓋面，也因為使用多元的玩具材料，而在與相關領域的交流中有許多交集，例如：遊戲治療中常見的藝術材料、沙盤物件、樂器與身體活動遊戲等，使得遊戲治療在表達性治療的大範疇中也扮演重要的角色，延伸而來的是有許多遊戲治療方法的發想與創意。

三、臺灣遊戲治療研究的概況

遊戲治療研究以偏向結合實務工作為主，所進行的研究也多偏向實務效能的應用分析與論述，而以實驗設計方法進行者較少。回顧遊戲治療研究在臺灣的發表，從民國七十年代博碩士論文只有3篇，到八十年代後逐漸增加，更在九十年代至今累積有一百多篇的博碩士論文。期刊論文發表的篇數也和博碩士論文有同樣的增長趨勢，由此可見，遊戲治療研究在臺灣愈來愈多元與精進。一般主題以個別遊戲治療歷程與改變成效最多數，其次為團體遊戲治療，再其次是親子遊戲治療的成效研究。遊戲治療研究所使用的理論取向也漸趨多元，但是以兒童中心取向為最多數。除了理論取向之外，也有愈來愈多的研究者以結合各種表達性媒材進行遊戲治療，例如：沙盤、手偶、繪畫及圖卡輔助等方式。

四、展望遊戲治療的發展

遊戲治療組織的成立是對遊戲治療專業發展之重要里程碑，1982

年在美國成立的 Association for Play Therapy 是全球第一個遊戲治療專業組織，也促使遊戲治療快速蓬勃的發展。在臺灣，2005 年臺灣遊戲治療學會正式成立，為亞洲地區第一個遊戲治療專業組織，引領亞洲地區遊戲治療的交流與發展。之後，也因為教育部於 2011 年在全國各縣市成立學生輔導諮商中心，主要負責國中小學生的心理健康業務，遊戲治療的運用更因此得以落實。在普遍性的應用下，未來要更審慎思考的，或許是遊戲治療專業能力的認可機制，以及如何透過遊戲治療督導來提升專業能力與服務品質。

　　目前，亞洲地區各國已陸續將遊戲治療應用於兒童的心理健康與療育工作中，其中香港、印度、韓國、日本等地也成立專業組織。如何分享臺灣的遊戲治療經驗，從西方到東方文化的實務調適考量，是臺灣作為心理諮商專業領先的一個可證表徵。以中國大陸為例，借用臺灣遊戲治療的專業人才進行人員培訓是現況，但如何在本土既有經驗之下，持續發展華人文化的有效遊戲治療工作策略與模式，或許是更具深遠意義的努力方向。

肆、自殺防治

蕭富聰[19]

一、自殺學的起源與發展

自殺防治得以進入科學範疇，首要歸功於 Edwin S. Schneidman。Schneidman 在 1957 年的遺書分析研究中創造了「自殺學」（Suicidology）一詞（Schneidman & Farberow, 1957），並於 1968 年建立美國自殺學會，1971 年發行第一本自殺學期刊 *Suicide and Life-Threatening Behavior*，1981 年發表心理解剖研究法（Schneidman, 1981），且在累積多年實務與研究經驗後於 1993 年提出心理痛苦理論（psychache theory）（Schneidman, 1993）。因為種種傑出貢獻，Schneidman 被尊稱為現代自殺學之父。

為了更有效介入和預防自殺，迄今已辨識出許多生理、心理、社會、經濟、文化等層面的危險與保護因子。自我傷害或自殺未遂紀錄一直是預測自殺行為的顯著因子，精神疾患也是重要關鍵，而 Aaron T. Beck 在 1970 和 1980 年代發現，無望感與自殺的關聯性比憂鬱來得更顯著，亦持續獲得證實。此外，隨著腦造影技術進步，前額葉皮質以及連結邊緣系統的白質功能異常與自殺行為之關聯已逐漸為人所知。精神醫學領域也有重大發現，整合分析研究結果促使美國食品藥物管理局（FDA）發布警告，選擇性血清素回收抑制劑抗憂鬱藥物可能微幅增加 24 歲以下年輕人的自殺意念與自我傷害行為風險。同時，也有愈來愈多實徵資料支持，限制自殺方法的可得性（例如：木炭下架、設

---

19 國立暨南國際大學諮商心理與人力資源發展學系助理教授

置安全門）和致命性（例如：禁用巴拉刈）能有效降低自殺率，而辯
證行為治療有助於減少自我傷害和自殺行為。2009 年，Thomas E. Joiner
結合心理痛苦、無望感和其他實徵證據，提出最新的自殺學理論——
人際理論（interpersonal theory of suicide）（Joiner, van Orden, Witte, &
Rudd, 2009）。

二、臺灣的自殺防治研究

我國的自殺粗死亡率，從 1990 年平均每 10 萬人有 6.7 人自殺身
亡，逐年攀升到 2006 年的歷史高點 19.3 人，然後微幅下降至 2010 年的
16.8 人。這 20 年間指數翻倍成長，讓自殺防治成為公共衛生以及心理
衛生工作的重要課題，於是行政院衛生署在 2005 年成立國家級自殺防
治中心，再於該年底開辦自殺防治熱線——「安心專線」。在此同
時，自殺防治中心主任李明濱醫師與他的同僚發表了數篇概念性論
文，倡議自殺防治的重要性；諮商輔導學界也開始針對校園自殺防治
和危機介入策略進行理論性與概念性地討論。

在實徵研究方面，危險與保護因子之探究仍是大宗。鄭泰安醫師
在 2000 年發表國內第一篇、也是唯一一篇自殺者心理解剖研究，而發
現憂鬱症發作和失落事件的關鍵角色（Cheng, Chen, Chen, & Jenkins,
2000）。其他個人層面因子與自殺行為的關聯性，包括：性別、年
齡、自殺原因、思覺失調症、自我傷害或自殺未遂紀錄、無望感，也
持續得到流行病學資料的支持；而九二一大地震後，嚴重受災區自殺
率暫時性飆升、社會經濟結構導致區域間自殺率不等、失業率對男性
自殺率的影響、名人自殺後的傳染與模仿效應等，則顯示社會、社區
與個人心理衛生的相互關係。此外，地理空間分析研究發現，都會地
區燒炭自殺率較高、鄉村地區則傾向使用農藥，而燒炭自殺方法的流
傳與深耕更被認為是自殺率上升的主因之一。諮商輔導和護理學界有
少數幾篇相關質性研究，主題包括刻板印象、未遂者復原歷程、遺族

的困境與復原歷程等。整體來說，我國的自殺防治相關研究多出自精神醫學和公共衛生領域，其中絕大多數是流行病學研究，諮商輔導學界著墨並不深。

三、自殺防治研究的挑戰與展望

在全球的主要死因中，自殺是最不被了解、也是最需要被研究的（Joiner, Brown, & Wingate, 2005）。自殺死亡的基數太低，樣本取得困難，意念、計畫、企圖、自殺死亡也不一定呈現階段順序，加上非自殺性自我傷害與自殺之間的錯綜複雜，在在考驗研究者的智慧和毅力，更讓研究結論的類推與應用受到極大限制。哈佛大學教授 Franklin 和同僚（2017）指出，憂鬱性疾患與自殺行為的關聯性未達統計顯著，其他危險因子即便達統計顯著卻稱不上臨床顯著，這樣的研究結論不啻是一記警鐘。有陰影的地方就必然有光明，例如：近年已確認嚴重失眠是自殺死亡的關鍵警訊。另外，陳映燁醫師及葉兆輝教授於 2008 年發表在頂尖醫學期刊 *Lancet* 的文章指出，有別於歐美自殺行為與精神疾患的高度關聯性，急性生活壓力在亞洲的自殺現象中扮演更重要角色，彰顯自殺學本土化和自殺防治在地化的價值（Chen & Yip, 2008）。

參考文獻

Chen, Y., & Yip, P. (2008). Rethinking suicide prevention in Asian countries. *Lancet, 372*, 1629-1630.

Cheng, A. T. A., Chen, T. H. H., Chen, C., & Jenkins, R. (2000). Psychosocial and psychiatric risk factors for suicide: Case-control psychological autopsy study. *British Journal of Psychiatry, 177*, 360-365.

Franklin, J. C., Ribeiro, J. D., Fox, K. R., Bentley, K. H., Kleiman, E. M., Huang, X., Musacchio, K. M., Jaroszewski, A. C., Chang, B. P., & Nock, M. K. (2017). Risk factors for suicidal thoughts and behaviors: A meta-analysis of 50 years of research. *Psychological Bulletin, 143*, 187-232.

Joiner, T. E. Jr., Brown, J. S., & Wingate, L. R. (2005). The psychology and neuro-biology of suicidal behavior. *Annual Review of Psychology, 56*, 287-314.

Joiner, T. E. Jr., van Orden, K. A., Witte, T. K., & Rudd, M. D. (2009). *The interpersonal theory of suicide: Guidance for working with suicidal clients.* Washington, DC: American Psychological Association.

Schneidman, E. S. (1981). The psychological autopsy. *Suicide and Life-Threatening Behavior, 11*, 325-340.

Schneidman, E. S. (1993). *Suicide as psychache: A clinical approach to self-destructive behavior.* Lanham, MD: Jason Aronson.

Schneidman, E. S., & Farberow, N. (1957). Some comparisons between genuine and simulated suicide notes. *Journal of General Psychology, 56*, 251-256.

伍、憂鬱症研究

張曉佩 [20]

一、臺灣憂鬱症研究的緣起

　　筆者透過華藝資料庫與臺灣博碩士論文知識加值系統，以「憂鬱症」為關鍵字進行搜尋後發現，在臺灣心理諮商領域最早一篇關於憂鬱症的研究，應是 1980 年黃慧貞在黃光國教授與柯永河教授指導下完成的碩士論文《生活壓力歸因型及社會支援與大學生的憂鬱症》，從此開啟了臺灣心理諮商領域對憂鬱症的關注。但 1980 至 2000 年之間的憂鬱症研究仍非顯學，篇數並不多，且在研究方法上以量化研究為主流，主要是在探討憂鬱症與其他變項之間的相關或因果關係。

二、臺灣憂鬱症研究的層面

　　自 2001 年起，憂鬱症的研究開始蓬勃發展。直至今日，不僅在研究數量上大為增加，研究主題也更加多元化，研究焦點與特徵如下。

1. 以人口學變項為焦點

　　人口學變項與憂鬱症的關聯性開始受到關注，例如：從性別探討憂鬱症症狀的發展歷程、對人際關係的影響、自我調適以及復原歷程；探討憂鬱症在不同年齡層群體與其他因素之間的關係或相互影響後的展現，例如：完美主義、偏差行為、家庭支持、網路成癮等。值得一提的是，以高齡者為對象所進行的憂鬱症研究，相較於其他年齡層的研究數量，所占比例相當低，在 2010 年之後才慢慢受到關注，此

20 國立臺中教育大學諮商與應用心理學系助理教授

與臺灣逐漸邁入高齡化社會或有相關。

2. 以自我傷害或自殺為焦點

　　憂鬱症與自我傷害或自殺的關聯性開始在實務界與學界受到關注，許多研究從危險因子的角度來檢視憂鬱症，並探討憂鬱症對自我傷害或自殺行為的預測，以及以憂鬱症為焦點進行自殺防治。

3. 以憂鬱症個案的家屬為焦點

　　除了憂鬱症個案，此時期的研究也關注憂鬱症對個案家屬的影響，因此開始探討家屬的自尊與生活適應、心理調適、親密關係、逆境經驗，以及親子關係。

4. 以諮商處遇為焦點

　　這段時期的許多研究者開始就不同諮商處遇的實務經驗與效果進行實證研究，例如：敘事治療、焦點解決、認知治療、正念取向，以及人際取向心理治療應用於憂鬱症個案的諮商經驗；藝術治療在兒童憂鬱症的應用；現實治療法與人際歷程取向在青少年憂鬱症的應用；存在—認知模式應用於罹患癌症的憂鬱症個案。上述這些研究結果，對於專業助人者進行以實證為基礎的實務工作，具有相當大的影響力與顯著的貢獻。

5. 以復原力為焦點

　　受到復原力研究的興起，此時期的研究也開始對憂鬱症個案或其重要他人的復原因子感到好奇而進一步加以探討，例如：檢視與分析個案的復原力保護因子以及憂鬱症兒童之父母親復原力的探討，開始以優勢觀點來了解憂鬱症個案與其家人的生活經驗。

6. 以文化為焦點

　　在 2005 年後，文化因素在憂鬱症的研究逐漸占有一席之地，陸續

有研究開始納入華人或本土文化的考量，例如：探討華人性格與憂鬱症的共病關係、禪坐對憂鬱的影響，以及華人文化的教養信念與行為對青少年憂鬱的影響。

三、臺灣憂鬱症研究的未來展望

上述這些憂鬱症研究的焦點轉移，反映了憂鬱症在臺灣的研究趨勢已經從單一走向多元、從塊狀走向脈絡，交織成一幅底蘊豐厚的圖像。未來如何以此圖像為基礎，持續納入生態系統的觀點，以臺灣的社會變遷與文化脈絡作為了解憂鬱症的視框，進而發展更貼近本土的諮商治療模式，並加以探討本土諮商治療模式的實用性與有效性，以提出實證基礎，或許是更具深遠意義的發展方向。

陸、敘事治療的現況與未來發展

黃素菲[21]

一、敘事治療的實務與研究範疇

Michael White 與 David Epston 並稱為敘事治療法的創始人。Michael White 身上有一種拓荒的冒險家精神，David Epston 說：「他是素人哲學家……他是技巧高超的衝浪者，航行在未知之海，帶著我們許多人和他一起享受『解構』世界的樂趣」（黃孟嬌譯，2008/2007，頁256）。Michael White 定義自己為實踐學者（Practitioner-scholar），他讓專業實踐與理論概念緊密結合。

敘事治療根植於後現代、後結構主義的世界觀。後結構主義強調地方知識的價值，每一個人都可以是自己生命的專家，其強調多元觀點與多重故事所形成的豐厚故事。敘事治療採取社會建構論觀點，認為現實是社會建構出來的，也是經由語言構成的。敘事治療認為，來訪者的問題是在文化脈絡中被建構的，自我認同也是社會建構出來的，敘事治療植基於產生地方性的個人或群體之故事，並且以此發展治療方法。

敘事治療開創出治療的新觀點，強調打開會談的空間、創造可能性，其重視治療師與來訪者的對話和共同參與，強調治療的改變就是透過交談互動「生產」新的敘事。就目前為止，Michael White 與 David Epston（黃孟嬌譯，2008/2007）發現：敘事治療可以應用在創傷治療、家庭治療、親密關係、有暴力行為者、上癮者、厭食症、塗糞

---

21 國立陽明大學人文與社會教育中心教授

症、強迫症、焦慮症、恐慌症、失眠症等來訪者身上，且都極具療
效。

　　自 1960 年代開始，「敘事」（narrative）概念開始出現在不同的學
科領域，包括：人類學、歷史學、心理學、傳播學、社會學等，都出
現了「敘事轉向」（narrative turn）之現象（Riessman & Speedy, 2007）。
醫學、教育、治療、護理、法律等專業領域的研究，也開始融入敘事
的概念。在心理學領域中的敘事研究，敘事被視為一種認識論典範，
有人視敘事為文本素材，另有人視敘事為人的生命整體，也有人視敘
事是晤談過程的片段。儘管如此，「敘事」是人建構生命經驗成為有
意義的基本形式，則是廣為被接受的定義。

二、敘事治療在臺灣本土的發展

　　敘事治療是提「問話」而不是給「答案」的學派，也是一種追求
完整而非追求完美的學派，這種重視在地知識的治療取向，適用於臺
灣多元族群的社會。在心理治療領域，敘事概念被視為有助於探討經
驗、意義、社會結構與文化之間的連結（Polkinghorne, 1988; Sarbin,
1986），敘事的觀點更開啟了自我認同研究的不同面向（McAdams,
1993, 2006）。採用 Labov 敘事分析是跨界與語言學做結合，敘事研究
會應用到文學、語言學、人類學、文化學、歷史等領域的概念，故事
敘說產生的文化歷史處境亦需從人類學或歷史學的角度多些理解。因
此，敘事研究可以發揮跨學科領域之特質。

　　臺灣近二十年來關於敘事的研究累積近 1,000 篇學位論文，尤其是
教育、心理、社工等領域的論文數逐年上升。其中，有九成出現在
2005～2014 年之間，將近一半出現在 2010～2014 年之間；期刊論文從
1999～2014 年之間總共累積 71 篇，其中 1999～2004 年計 10 篇，
2005～2014 年計 61 篇，近半數論文在最後五年，共有 32 篇（葉安華、
李佩怡、陳秉華，2017）。

三、敘事治療的未來展望

　　敘事治療的哲學基礎是現象學心理學，現象學心理學以現象學哲學為基礎，重視意向性觀點，影響了後現代的治療觀，也挹注了質性研究的方法論。McAdams（1993）建議，由「故事」去了解鑲嵌於社會文化脈絡下的人類心理與行為，是一個很好的著力點。他認為要了解一個人的人格，最完整的作法就是以這個人的生命故事為題材。文化心理學者倡議的「第二次認知革命」（Harré, 1992）強調：人類存在的本質是意義追求，心理學應該做為研究意義的學問，並從理解日常生活實踐的行動入手，關注行動者或文化主體，建議融入人文研究的敘說（narrative）和論述分析（discourse analysis）做為探究方法。究此，敘事治療在未來研究領域中，將挹注心理學的方法論。

　　敘事研究探討的議題相當多元，多數研究主旨也在試圖掙脫既定的研究框架，自我敘事的論文更是把敘說的主體性彰顯出來。這個現象正好連結到臺灣目前所處的社會處境——從單一到多元發展的社會。未來臺灣社會大眾需要聽到多元的聲音，學術研究也需要不一樣的研究風貌，而敘事研究，剛好貼近了這樣的發展脈動。

　　臺灣目前的敘事研究著重在描繪案主的來訪困擾及其生命故事主題，對於心理諮商介入的互動脈絡，乃至於範圍更大的治療互動所處的社會、文化、機構之敘事脈絡，則較缺乏關注。從認識典範的角度來看，前者是社會構設主義（social constructivism）位置，後者是後現代社會建構論（social constructionism）的位置（宋文里譯註，2017/1991）。未來的敘事研究應該凸顯諮商或心理治療的故事如何被助人者以及案主共同建構的過程，以及案主敘事的改變如何隨著此共構的過程產生轉變。

參考文獻

中文部分

宋文里（譯註）（2017）。**翻轉與重建：心理治療與社會建構**（原作者：K. J. Gergan）。臺北市：心靈工坊。（原著出版年：1991）

黃孟嬌（譯）（2008）。**敘事治療的工作地圖**（原作者：M. White）。臺北市：張老師文化。（原著出版年：2007）

葉安華、李佩怡、陳秉華（2017）。自我敘說研究取向在臺灣的發展趨勢及研究面向：1994～2014 年文獻回顧分析。**臺灣諮商心理學報，5**（1），65-91

西文部分

Harré, R. (1992). What is real in psychology: A plea for persons. *Theory & Psychology, 2*(2), 153-158.

McAdams, D. P. (1993). *The stories we live by*. New York, NY: William Morrow and Co.

McAdams, D. P. (2006). The problem of narrative coherence. *Journal of Constructivist Psychology, 19*, 109-125.

Polkinghorne, D. (1988). *Narrative knowing and the human science*. Albany, NY: State University of New York.

Riessman, C. K., & Speedy, J. (2007). Narrative inquiry in the psychotherapy professions: A critical review. In D. J. Clandining (Ed.), *Handbook of narrative inquiry: Mapping a methodology* (pp. 426-456). Thousand Oaks, CA: Sage.

Sarbin, T. (Ed.) (1986). *Narrative psychology: The storied nature of human conduct*. New York, NY: Praeger.

柒、同志諮商

郭麗安 [22]

一、同志諮商研究：視框的挪移

　　過去 40 年來，在美國及歐洲有關女同志、男同志、雙性戀者、跨性別者，以及酷兒（queer）的研究與心理諮商取向，已產生革命性的改變（Croteau, Bieschke, Fassinger, & Manning, 2008）。時至今日，歐美地區的心理治療及諮商實務界，針對 LGBTQ[23] 族群之治療與研究，更往人權方向邁進了巨大的一步；而在臺灣，雖然對同志諮商的觀念與訓練不及歐美，近日更因為同志婚姻議題引發社會爭議，但同志的研究與心理治療取向已然從病理學之角度，挪移到了較為正向及身分肯認（affirmation）之角度。衛生福利部甚至於 2018 年以函釋之方式，明文禁止臺灣醫療界實施「性傾向扭轉治療」，違者最重可判刑三年。

二、同志諮商的研究歷史脈絡

　　傳統上，由於對同志身分之否認，其研究多集中在同志何以成為同性戀者，例如：佛洛伊德（S. Freud）以戀母情結之失敗來解釋男性何以不循正軌愛女性，以戀父情結之受挫來解釋女性何以「轉向」愛女性。影響所及，諮商界也多以依附關係受損的角度解釋及輔導同志的身分認同與情愛關係。1980 年代以降，由於愛滋病席捲全球，許多的研究均將愛滋病與同志社群貼黏，不僅對同志的身心健康影響甚

---

22 國立彰化師範大學輔導與諮商學系教授

23 LGBTQ 是女同志（Lesbian）、男同志（Gay）、雙性戀者（Bisexual）、跨性別者（Transgender）、酷兒（Queer）的英文首字母縮略字。

鉅，也讓社會加深恐同（Homophobia）的傾向（鍾道詮，1998；Takács, Kelly, Tóth, Mocsonaki, & Amirkhanian, 2013）。

21 世紀以來，由於多元文化在諮商界成為顯學，外加諮商界對人權議題的重視，社會正義諮商成為諮商界的第五大勢力（Ratt, 2009）；爾後，同志肯認（Gay Affirmative Therapy）諮商模式逐漸成為西方同志諮商之主流典範（Langdridge, 2007）。

三、臺灣在地的同志諮商研究

如同國外同志心理諮商之發展脈絡，臺灣早年輔導與諮商領域的論文多偏重在同志成因之理解、出櫃之歷程，以及同志學生在臺灣教育環境中的處境，鮮少有論文提及或反省諮商界對同志提供諮商的訓練、技術與品質（郭麗安，1994，2004）。劉安真與趙淑珠在 2006 年指出：臺灣曾論及同志諮商之訓練議題的文章只有郭麗安、蕭珺予（2002）以及劉安真（2002）兩篇（劉安真、趙淑珠，2006）。十多年之後的臺灣，上述現象是否已得到改善？從研究發表來看，確實以同志本身或同志的伴侶關係為主題者日漸增多（謝文宜、蕭英玲、曾秀雲，2009），然有關同志及其伴侶在諮商環境中所得到的服務品質來看，仍然有待諮商實務界的努力（莊瑞君，2016）。目前，臺灣各大學諮商相關系所訓練之課程，除了筆者在研究所開設同志伴侶諮商研究外，也確實鮮少有同志諮商的專業課程（Kuo & Lee, 2016）。

四、同志諮商的研究趨勢

2017 年，司法院公布釋字第 748 號解釋文，宣布現行《民法》未保障同性婚姻自由及平等權已屬違憲，要求行政和立法機關兩年內完成相關法律之修正或制定，以保障同性婚姻的權利。目前，臺灣有關同志研究的議題受到上述政治及社會運動之影響，以同志肯認作為同

志諮商研究的分析視框及實務工作可望成為主流；另一方面，也由於同婚議題所引發的社會爭議及對同志身心之影響，將會是未來另一個研究的主題（張倖陵，2017；Lee & Kuo, 2018）。

參考文獻

中文部分

張倖陵（2017）。同志在網路上接觸婚姻平權相關言論之經驗與因應策略（未出版之碩士論文）。國立彰化師範大學，彰化市。

莊瑞君（2016）。以社會正義實踐之觀點探討學校同志諮商輔導之專業知能（未出版之博士論文）。國立高雄師範大學，高雄市。

郭麗安（1994）。同性戀者的諮商。輔導季刊，30（2），50-57。

郭麗安（2004，9月25日至9月26日）。同志與異性戀婚姻關係中的性別角色：諮商實務上的反思與實踐。發表於臺灣心理學會年會，國立政治大學，臺北市。

郭麗安、蕭珺予（2002）。同志族群的伴侶諮商：婚姻諮商師臨床訓練的反省與思考。中華心理衛生學刊，15（3），101-124。

劉安真（2002）。從多元文化觀點談同志肯定諮商。輔導季刊，38（4），6-15。

劉安真、趙淑珠（2006）。看見！？校園同志輔導工作推展之現況與輔導教師對同志諮商之訓練需求調查。中華輔導學報，21，201-228。

謝文宜、蕭英玲、曾秀雲（2009）。臺灣同志伴侶與夫妻關係品質之比較研究。輔導與諮商學報，31（2），1-21。

鍾道詮（1998）。男同志在面對愛滋烙印與防治政策時的壓力及其因應策略（未出版之碩士論文）。東吳大學，臺北市。

西文部分

Croteau, J. M., Bieschke, K. J., Fassinger, R. E., & Manning, J. L. (2008). Counseling psychology and sexual orientation: History, selective trends, and future directions. In S. D. Brown & R. W. Lent (Eds.), *Handbook of counseling psychology* (pp. 194-211). Hoboken, NJ: John Wiley & Sons.

Kuo, L. A., & Lee, H. C. (2016). *From center to periphery: The Taiwanese family counseling Scenario*. 2016 International Congress of Psychology, Yokohama, Japan.

Langdridge, D. (2007). The Open University Gay affirmative therapy: A theoretical framework and defence. *Journal of Gay & Lesbian Psychotherapy, 11*(1-2), 27-43.

Lee, S., & Kuo, L. A. (2018). *De-centered subject? A critique of anti-same-sex marriage discourses in Taiwan*. The Asian Conference on Arts & Humanities, Kobe, Japan.

Ratt, M. J. (2009). Social justice counseling: Toward the development of a fifth force among counseling paradigms. *Journal of Humanistic Counseling, Education, and Development, 48*, 160-174.

Takács, J., Kelly, J. A., Tóth, T. P., Mocsonaki, L., & Amirkhanian, Y. A. (2012). *Effects of stigmatization on gay men living with HIV/AIDS in a central-eastern European context: A qualitative analysis from Hungary*. doi:10.1007/s13178-012-0102-5

捌、員工協助方案的發展與專業定位

許皓宜[24]

一、員工協助方案的起源

員工協助方案（Employee Assistance Programs，簡稱EAPs）在西方國家已行之多年，最早可溯及1930年代，美國匹茲堡Heinz公司為因應各種罷工、怠工與員工裝病等問題，聘用福利秘書來推動各項員工福利方案；西方電力公司則聘了20位諮商人員來進行非精神病的員工輔導方案（徐西森，2010）。1960年代，坎波集團（Kemper Group）以職業戒酒者方案來協助員工解決因物質成癮所引發的困擾，直至今日，美國員工數1,000人以上的公司已有超過82.3%設置EAPs。英國對於EAPs之概念和美國有不同觀點，主要起源於對員工生活品質及幸福感之重視，而以員工促進方案（Employee enhancement program，簡稱EEP）的概念，來提供員工在工作及生活上的福利（楊育儀，2010）。

二、員工協助方案在臺灣的發展

EAPs在臺灣的發展，早期相關者包括臺灣松下電器於1972年推動資深女性員工成立「大姊姊（BS，Big Sister）組織」，來協助業務員和主管溝通。1980年代以後，包括：中華汽車、臺灣積體電路公司、統一企業、臺灣電力公司、漢翔航空公司等企業，也陸續實施EAPs。以臺積電為例，員工接觸服務的途徑包括專線電話，服務範圍有健康、心理諮商、休閒、急難救助、群組討論、公關活動及提供社會與

---

24 國立臺北藝術大學通識教育中心副教授

經濟性服務等。在實施作法上，包括製造部門及化工生產部門的急難訓練人才的培養，提供員工年度健康檢查；另外，也設立員工諮商室，聘請專業心理師為員工解決工作及生活上的困難，以個別諮商、團體諮商等方式提升員工的工作效率及組織士氣；最後更提供員工網上群組討論，交流食、衣、住、行、育、樂及與工作相關的活動訊息。

除了臺積電以外，許多科技產業諸如廣達電腦、宏碁電腦等均提供類似的方案與服務；新竹生命線也在2010年受勞委會委託成立Happy Call——員工協助方案諮詢輔導專線，協助企業建置員工協助方案。行政院則在2013年核定了「所屬及地方機關學校員工協助方案」，積極推動 EAPs，促進員工解決可能影響工作效能的相關問題，以提升員工身心健康。然而，EAPs 在臺灣雖然已歷經多年推動，在發展上仍有極大的努力空間。

三、員工協助方案的進行方式

EAPs 的進行方式主要分成「內置式」與「委外式」兩種：前者延聘專業人員為組織內的專任員工，直接協助員工問題，或作為連結外部資源的窗口，統籌 EAPs 內容之進行，例如：漢翔航空、統一企業、臺灣電力公司等，皆為內置式的 EAPs 模式；後者則委託提供 EAPs 專業服務的顧問公司，在組織或員工有需要時提供相關服務，簽約可採件數、人數、時數或專案方式計費，例如：新竹生命線、鉅微管理顧問公司、天力亞太等，皆為常見於臺灣企業的服務提供者。近來，也逐漸出現由數間企業共同成立 EAPs 聯合服務中心的「聯合模式」，以及數間公司（通常是中小企業）共同委託外部的「共同委辦模式」等（林栢章、王精文，2009）。由此可知，EAPs 是一門跨專業合作的學問，對諮商輔導人員而言，如何在系統中與其他專業建立合作關係、進行自我定位，此乃提供EAPs服務時應事先思索的問題。此外，EAPs

不同於一般的諮商輔導，其成果深受服務內容是否滿足員工需求、是否被組織認同所影響（林育正，2007），因此諮商輔導人員除了預防與協助的立場外，更要增進對於員工心態以及職場發展的了解（楊育儀，2010），並且在「對員工談話內容守密」與「對組織負責」間有清楚的界線與拿捏。

四、員工協助方案的專業內涵

一個有效的 EAPs 該具有什麼樣的內涵？劉焜輝（2014）提出下列幾點：(1)提供企業組織的一線管理者面對 EAPs 時該有的態度、知識與技巧；(2)與員工充分溝通，利用各種管道讓員工與家屬理解 EAPs 所提供的服務內容；(3)當員工請求 EAPs 的諮商輔導時，主要評估員工執行目前職務的功能，以及生活和工作上有沒有重要問題存在，並能有效連結相關資源；(4)能對面臨危機的個人或團體提供迅速有效的處遇；(5)透過講座、研習、電影與文宣，進行早期的教育與預防。劉焜輝更建議，在 EAPs 的發展上：強化管理階層的訓練、落實諮商功能與專業協助、正確有效地使用心理衡鑑工具等，將是落實 EAPs 的重要基石。

參考文獻

林育正（2007）。**員工協助方案對員工幸福感與相關因素之研究：以某電器集團為例**（未出版之碩士論文）。靜宜大學，臺中市。
林栢章、王精文（2009）。從委外式員工協助方案探討企業員工諮商內容之研究。**中華輔導與諮商學報**，**26**，47-83。
徐西森（2010）。員工協助方案運作模式相關因素之分析研究。**高應科大人文社會科學學報**，**7**（1），111-132。

楊育儀（2010）。組織如何協助員工發現自己的價值：「員工協助方案」
　　的推動與發展。2018 年 7 月 5 日，取自 http://www.nacs.gov.tw/NcsiW-
　　ebFileDocuments/0b1c764e7f72fdc0db6b900d74b784c6.pdf

劉焜輝（2014）。EAP：「員工協助方案」的本質。諮商與輔導，**338**，
　　1-1。

玖、靈性（宗教）諮商

釋宗白 [25]

一、靈性（宗教）諮商的緣起與倫理議題

　　Jung 讚揚宗教的功能意義，認為宗教能凸顯心靈價值，靈魂受苦若無法找到意義，常導因於靈性匱乏（引自 Zinnbauer & Pargament, 2000）。Miller、Korinek 與 Ivey（2006）區分「靈性」與「宗教」，認為「靈性」是個人連結更大超感力量，有更廣的包容，是存在的方式、跨文化的信念經驗，能發展慈悲、希望、愛、超越；「宗教」被當成正式、有組織、被個體或群體認同的價值系統，具獨特意義。Walsh（1999）認為，治療關係、有意義的改變能提升個體轉化圓滿，常在靈性宗教議題中。

　　諮商歷程是否能「價值中立」（value-free）的可能性與適當性愈來愈被探究，諮商員在思考如何進行介入時，常無法保證價值中立。Falender 與 Shafranske（2007）主張，需關注靈性宗教議題，且把它當成是多元能力的重要因素。諮商員的主要責任，是尊重個案且不造成個案傷害，此包括對靈性與宗教價值的考量。APA 與 ACA 在相關倫理準則中，也強調需要提供關於處理靈性、宗教議題的課程與訓練，若諮商員忽視與案主探討有影響的信仰與靈性，則是不合倫理的。

二、靈性（宗教）諮商研究結果的實務應用

　　Brawer、Handal、Fabricatore、Roberts 與 Wajda-Johnston（2002），

---

25 國立暨南國際大學師資培育中心兼任助理教授

以及 Schulte、Skinner 與 Claiborn（2002）均認為，靈性（宗教）議題整合很少在諮商員訓練過程中被強調，即使那是個體生命中重要的一塊。Prest、Russel 與 D'Souza（1999）提及生命中的靈性價值，能幫助臨床工作，在評估階段、個案概念化時納入靈性宗教因子，可連結到與個案晤談的靈性隱喻。Lee、Eppler、Kendal 與 Latty（2001）要求心理諮商研究所學生為成長留下紀錄，發現許多與靈性議題或自我反思的重要主題，其中包括面對不同背景案主工作時內心的不確定感，以及快被經驗擊垮的當下感受。Brawer 等人（2002）指出，雖然有些證據顯示靈性是督導的重要焦點，但許多人並不清楚它的角色與重要性，特別是並未有證據說明靈性宗教議題探討的頻率需要有多高、要以什麼方式探究等。凡此種種，Hull、Suarez 與 Hartman（2016）建議可用電影、文件、歌曲、短片等方式，來增加諮商員對靈性／宗教議題的認識。Jr、Polonyi、Bornsheuer-Boswell、Greger 與 Watts（2015）主張，若能藉由工作坊、研討會、經驗學習、參訪相關機構、線上討論等，融入靈性宗教議題，將對諮商員的專業成長與實務工作有實質幫助。

三、臺灣靈性（宗教）諮商的研究概況與發展

國內相關研究論文，多數探究基督徒或天主教諮商員的信仰、靈性經驗對其諮商專業的影響、觀點與實踐（李佩璇，2011；姜雨杉，2009；胡丹毓，2011；范馨云，2013；溫民宇，2015；黃郁絹，2011）；佛教部分的相關研究則偏少，僅有謝筱梅（2009）及楊雯君（2013）以佛教背景諮商心理師為例，探究融入宗教信仰在諮商工作的實踐。上述研究仍較著重諮商員的宗教經驗對諮商實務的影響，而較少提及在與當事人的晤談脈絡中，靈性宗教議題的意義，此可能由於倫理限制，讓「去宗教化」的思維無限上綱，忽略宗教底蘊是單純對生命受苦意義的重視與啟發。此外，能針對實務操作應用納入探究

的研究則有數篇（李正源、紗娃、吉娃司，2010；陳秉華、何紀瑩，1998；陳秉華、程玲玲、范嵐欣、莊雅婷，2013；陳秉華、蔡秀玲、鄭玉英，2011），其中最具代表性的，當屬陳秉華、詹杏如、范嵐欣、Mullahy（2015）探討基督徒諮商師融入靈性的諮商實務經驗，認為晤談中對靈性正向開放的態度，能因信仰與諮商整合，促進諮商關係發展，靈性宗教與個體所受苦難有關，能從中尋找生命終極歸屬；陳秉華、范嵐欣、詹杏如、范馨云（2016）除探討諮商員的個人經驗，更針對個案的靈性評估、靈性介入與方法、諮商員如何從不同宗教教義關照個案痛苦的意義及回應召喚、諮商員如何詮釋諮商關係界定及在倫理規範下實踐做出討論。

展望未來，應有更多不同宗教實務工作者嘗試理解如何將靈性（宗教）議題納入，更開放地探究如何應用在個案概念化的視域，增廣心理學的詮釋，讓埋藏在表層問題下隱含的靈性宗教面向，得以有開展空間，而不只解決現實生活問題，更能連結至更深遠的生命議題。

參考文獻

中文部分

李正源、紗娃、吉娃司（2010）。心理治療中的靈性召喚經驗：一位案主的觀點。**諮商輔導學報**，**22**，31-67。

李佩璇（2011）。**基督徒諮商員在同志諮商信仰與專業之觀點與實踐**（未出版之碩士論文）。國立臺灣師範大學，臺北市。

姜雨杉（2009）。**基督徒諮商師的靈性經驗對其諮商專業的影響**（未出版之碩士論文）。國立彰化師範大學，彰化市。

胡丹毓（2011）。**基督徒心理師之信仰對諮商工作的影響**（未出版之碩士

論文）。國立臺灣師範大學，臺北市。

范馨云（2013）。基督徒諮商員靈性諮商概念形成及其在不同督導團體階
　　段之變化（未出版之碩士論文）。國立臺灣師範大學，臺北市。

陳秉華、何紀瑩（1998）。信仰與心理的整合歷程：一個默觀祈禱的經
　　驗。發表於中華心理衛生協會與中國輔導學會主辦「世界心理衛生與
　　輔導研討會」，臺北市。

陳秉華、范嵐欣、詹杏如、范馨云（2016）。當靈性與心理諮商相遇：諮
　　商師的觀點。中華輔導與諮商學報，48，5-36。

陳秉華、程玲玲、范嵐欣、莊雅婷（2013）。融入雞獨信仰的靈性諮商課
　　程暨成果評估。教育心理學報，44（4），853-874。

陳秉華、詹杏如、范嵐欣、Mullahy（2015）。基督徒諮商師融入靈性的諮
　　商實務經驗。教育心理學報，46（4），565-587。

陳秉華、蔡秀玲、鄭玉英（2011）。心理諮商中上帝意象的使用。中華輔
　　導與諮商學報，31，127-157。

溫民宇（2015）。天主教諮商心理師宗教信仰對諮商工作之影響（未出版
　　之碩士論文）。玄奘大學，新竹市。

黃郁絹（2011）。基督徒諮商師信仰與諮商專業整合經驗研究（未出版之
　　碩士論文）。臺北市立教育大學，臺北市。

楊雯君（2013）。諮商師學習與應用佛法於處理哀傷議題的經驗（未出版
　　之碩士論文）。國立彰化師範大學，彰化市。

謝筱梅（2009）。個人宗教信仰在諮商工作中的呈現與實踐：以佛教背景
　　諮商心理師為例（未出版之博士論文）。國立臺灣師範大學，臺北
　　市。

西文部分

Brawer, P. A., Handal, P. J., Fabricatore, A. N., Roberts, R., & Wajda-Johnston, V.
　　A. (2002). Training and education in religion/spirituality within APA-accred-
　　ited clinical psychology programs. *Professional Psychology: Research and
　　Practice, 33*, 203-206.

Falender, C. A., & Shafranske, E. P. (2007). Competence in competency-based supervision practice: Construct and application. *Professional Psychology: Research and Practice, 38*, 232-240.

Hull, C. E., Suarez, E. C., & Hartman, D. (2016). Developing spiritual competencies in counseling: A guide for supervisors. *Counseling and Values, 61*, 111-126.

Jr, R. C. H., Polonyi, M. A., Bornsheuer-Boswell, J. N., Greger, R. G., & Watts, R. E. (2015). Counseling students' perceptions of religious/spiritual counseling training: A qualitative study. *Journal of Counseling & Development, 93*, 59-69.

Lee, R. E., Eppler, C., Kendal, N., & Latty, C. (2001). Critical incidents in the professional lives of first year MFT students. *Contemporary Family Therapy, 25* (1), 71-81.

Miller, M. M., Korinek, A. W., & Ivey, D. C. (2006). Integrating spirituality into training: The spiritual issues in supervision scale. *The American Journal of Family Therapy, 34*, 355-372.

Prest, L. A., Russel, R., & D'Souza, H. (1999). Spirituality and religion in training, practice, and personal development. *Journal of Family Therapy, 21*, 60-77.

Schulte, D. L., Skinner, T. A., & Claiborn, C. D. (2002). Religious and spiritual issues in counseling psychology training. *The Counseling Psychologist, 30*, 118-134.

Walsh, F. (1999). *Spiritual resources in family therapy*. New York, NY: The Guilford Press.

Zinnbauer, B. J., & Pargament, K. I. (2000). Working with the sacred, four approaches to religious and spiritual issues in counseling. *Journal of Counseling & Development, 78*, 162-171.

第四節　2011～2018 年的研究焦點

壹、諮商督導研究

施香如[26]

一、諮商督導研究的興起

《諮商員教育與督導》（*Counselor Education and Supervision*）創刊號指出，諮商督導是為協助具備勝任力的諮商心理師之教育訓練而設置（Riccio, 1961），由諮商員訓練的教學需求出發，希望藉由不同的督導理念、角色、媒材及方法，以促進受訓諮商心理師的專業能力（Hansen, Pound, & Petro, 1976）。然而，早期的焦點僅在於如何協助諮商心理師在諮商過程中有較佳的學習，以強化其晤談能力之訓練為主（Peters & Hansen, 1963），但在督導實務中發現，資深的諮商心理師仍需系統化之訓練，才能成為勝任的諮商督導者。此時，除植基於各諮商理論所發展的督導理念外，由各種依督導歷程與特性發展而來的諮商督導模式因應而生，例如：區辨督導模式（Bernard, 1979）、發展督導模式（Stoltenberg, 1981），以及系統取向督導模式（Holloway, 1995）等。同時，研究的焦點開始區分諮商與督導的關係、歷程與目標之差異，也強調諮商督導員需要特定的有系統化之訓練，諮商督導研究才有了新的定位。

---

26 國立清華大學教育心理與諮商學系教授

二、我國諮商督導研究的起始

　　反觀國內，2001 年《心理師法》頒布之前，並無法規對諮商心理師的實習及專業督導進行規範。我國早期諮商督導的訓練與實踐，多在設有博士班課程的專業訓練計畫中，較少成為研究的焦點。早期也有研究嘗試性地將諮商歷程研究方法放入督導歷程中（施香如，1994），也開始探討發展性諮商督導模式的適用性（王文秀，1995）。其後，數篇博士論文也著手進行諮商督導模式的實證研究，例如：施香如（1996）將蕭文教授提出之循環發展督導模式進行實證分析；梁翠梅（1996）探討區辨督導模式應用於半專業輔導員的訓練成效。

　　自 1989 年起，國內學者們紛紛提出諮商督導模式及概念之介紹與論述，也進行諮商督導關係及督導倫理之探討，本土化的諮商督導模式論述也首次被提出（蕭文、施香如，1995）。1998 年開始，有一篇以準諮商員接受督導意願為題進行探討的實證研究發表，至 2000 年諮商督導研究焦點逐漸拓展，除了運用不同督導模式進行實證研究外，也由督導者與被督導者的經驗出發，探討督導歷程的各元素，並發展出相關的評量工具。2003 年，《應用心理研究》第 18 期更以「督導理論與實務」為專題。至此，諮商督導研究已逐步受到重視。

　　在研究主題部分，諮商督導研究大多以個別諮商之督導經驗為焦點，但近年陸續出現數篇強調團體諮商督導的研究（吳秀碧，2010；許育光，2009；謝麗紅、翁毓秀、張歆祐，2007）。另外，國內張老師及生命線等社區機構為強化半專業輔導員的能力，相當重視督導制度及督導員訓練。因此，我國諮商督導研究與社區輔導機構也有關聯，例如：梁翠梅（1996）、施香如（2003），以及王文秀、徐西森、連廷嘉（2006）分別探討社區輔導機構進行督導訓練及運用督導制度的經驗與成效。

三、我國諮商督導研究的現況與趨勢

我國近年來的諮商督導研究有幾個重要特色：其一是本土化諮商督導理論模式的建立與實證，首先是由蕭文教授提出的循環督導模式，自 1995 年提出模式建構之議議（蕭文、施香如，1995），經數篇博士論文實證支持，目前已提出了具體理念與實踐策略（蕭文，1999），並持續經實務運用與實證探討中；其二是由陳金燕教授發展的自我覺察督導模式（陳金燕，2003），也經由實證支持並發展出訓練手冊（蘇盈儀、姜兆眉、陳金燕，2016）；其三則是將諮商理論的督導模式運用於國內的場域，如焦點解決督導（許維素，2007）。

另一特色是，重視不同場域及階段諮商輔導人員的督導需求之區別。目前的諮商督導研究仍以受訓中的諮商心理師為主要對象，但關注的焦點可分為課程學習中及實習中的受訓諮商心理師（施香如，2015；陳思帆、徐西森，2016）。此外，不同層級學校的輔導教師之督導需求也被分別看重（許育光，2011；許維素、游于萱，2017）。

還有個特色是以多元面向思考諮商督導效能，分別從接受督導前的準備（許韶玲、蕭文，2014）、督導關係的內涵、權力或評量（吳秀碧，2012；程婉若，2015）等，探討如何多元面向地提升諮商督導之效能。

未來，我國諮商督導研究除朝向上述三大特色持續發展外，也應整合各模式及多元面向的研究發現，以期找到本土化督導歷程中的共通有效因子，據以建構諮商督導的系統化訓練架構，以整體提升諮商督導的效能。

參考文獻

中文部分

王文秀（1995）。**發展性諮商督導模式在我國諮商員訓練之適用性研究**。行政院國家科學委員會專題研究計畫成果報告（NSC84-2413-H-134-005）。

王文秀、徐西森、連廷嘉（2006）。我國大學校院與社會輔導機構諮商督導工作實施現況及其人員專業知覺之探討研究。**中華輔導學報**，**19**，1-40。

吳秀碧（2010）。系統化訓練模式對諮商團體領導者進階訓練效果之研究。**中華輔導與諮商學報**，**28**，99-142。doi:10.7082/cjgc.201009.0099

吳秀碧（2012）。受督者知覺有益學習的督導關係內涵之探究。**中華輔導與諮商學報**，**33**，87-118。doi:10.7082/cjgc.201208.0087

施香如（1994）。督導者對諮商員反應的知覺與諮商員對督導策略的知覺之差異研究：在諮商督導訓練上的應用。載於國立彰化師範大學諮商**歷程研究學術研討會論文集**（頁 174-191）。彰化市：國立彰化師範大學輔導學系。

施香如（1996）。**諮商督導過程的建構：循環發展督導模式之分析研究**（未出版之博士論文）。國立彰化師範大學，彰化市。

施香如（2003）。社區輔導機構義務諮商員的被督導經驗。**應用心理研究**，**18**，145-177。

施香如（2015）。諮商實務課程團體督導之學習經驗初探：循環發展督導模式及反饋小組的應用。**中華輔導與諮商學報**，**43**，127-157。

梁翠梅（1996）。**諮商督導員訓練效果之研究：以台灣區家庭教育服務中心義務督導員為例**（未出版之博士論文）。國立彰化師範大學，彰化市。

許育光（2009）。碩士層級受訓團體諮商師參與「螺旋式領導取向」培訓之成效與介入能力學習經驗分析。**教育心理學報**，**41**（S），321-344。doi:10.6251/bep.20090424

許育光（2011）。國小輔導教師之實務培訓與督導需求初探。**教育實踐與研究**，**24**（2），99-127。doi:10.6776/jepr.201112.0102

許維素（2007）。焦點解決督導成效之研究。**教育心理學報**，**38**（3），331-354。

許維素、游于萱（2017）輔導教師之焦點解決督導員訓練成效研究。**中華輔導與諮商學報**，**49**，147-182。doi:10.3966/172851862017080049006

許韶玲、蕭文（2014）。更有效地利用督導：初探督導前的準備訓練對受督導者進入諮商督導過程的影響內涵。**輔導與諮商學報**，**36**（2），43-64。

陳金燕（2003）。自我覺察在諮商專業中之意涵：兼論自我覺察督導模式。**應用心理研究**，**18**，59-87。

陳思帆、徐西森（2016）。督導評量對實習諮商心理師受督歷程之分析研究。**諮商心理與復健諮商學報**，**29**，7-32。

程婉若（2015）。從督導與受督導者的觀點探討督導關係中督導權力的使用。**輔導與諮商學報**，**37**（1），1-19。

蕭文（1999）。循環督導模式的理念建構。**輔導季刊**，**35**（2），1-7。

蕭文、施香如（1995）。循環發展的諮商督導模式建立之芻議。**輔導季刊**，**31**（2），34-40。

謝麗紅、翁毓秀、張歆祐（2007）。團體督導對碩士層級準諮商師團體領導能力督導效果之分析研究。**輔導與諮商學報**，**29**（2），99-116。doi:10.7040/jgc.200711.0099

蘇盈儀、姜兆眉、陳金燕（2016）。**自我覺察督導模式訓練手冊**。臺北市：雙葉。

西文部分

Bernard, J. M. (1979). Supervisor training: A discrimination model. *Counselor Education and Supervision, 19*(1), 60-68.

Hansen, J. C., Pound, R., & Petro, C. (1976). *Review of research on practicum supervision. Counselor Education and Supervision, 16*(2), 107-116.

Holloway, E. L. (1995). *Clinical supervision: A systematic approach*. Thousand Oaks, CA: Sage.

Peters, H. J., & Hansen, J. C. (1963). Counseling practicum: Bases for supervision. *Counselor Education and Supervision, 2*(2), 82-85.

Riccio, A. C. (1961). The counselor educator and guidance supervisor: Graduate training and occupational mobility. *Counselor Education and Supervision, 1*(1), 10-17.

Stoltenberg, C. (1981). Approaching supervision from a developmental perspective: The counselor complexity model. *Journal of Counseling Psychology, 28*(1), 59-65. doi:10.1037/0022-0167.28.1.59

貳、諮商倫理

洪莉竹 [27]

一、諮商倫理的研究

　　與諮商倫理有關的研究，其研究主題包括針對倫理議題進行探究（例如：價值觀與多元文化、保密與隱私權、關係界線、知情同意、案主福祉等），探討倫理判斷與倫理決定的經驗，以及倫理守則的內涵等。Welfel（2013）對諮商倫理研究亦做過概覽描述，研究主題包括：實務工作者的倫理信念、容易觸犯的倫理議題、容易被提出倫理申訴或法律訴訟的倫理議題、有哪些特質的實務工作者容易被申訴、哪些情況讓當事人想要訴諸法律或真的採取行動、實務工作者自陳做過哪些違反倫理的行為、違反倫理行為所造成的負面影響等。

二、臺灣的諮商倫理研究

　　〈學校輔導教師諮商倫理判斷之調查研究〉（林慶仁，1986）為臺灣第一篇與諮商倫理有關的實徵性研究。1986～2017 年的臺灣諮商倫理研究合計 51 篇，包括：博碩士論文 33 篇和期刊論文 18 篇，其研究對象包括：在不同場域工作的心理諮商工作者，以及在學校從事心理輔導的工作者。臺灣諮商倫理研究以碩士論文最多（58.8%），期刊論文次之（35.3%），博士論文最少（5.9%）；以心理諮商工作者為研究對象的論文較多（64.7%），以學校輔導工作者為研究對象的論文較少（35.3%）。

---

27 國立臺北教育大學心理與諮商學系教授

　　在研究方法方面，臺灣諮商倫理研究使用的研究方法，以質化研究的比例最高（60.8%），量化研究次之（33.3%），混合設計的研究最少（5.9%）。質化研究的成長趨勢明顯，1986～2000 年只有 1 篇，2001 年之後明顯增加，論文數量多於量化研究，2011～2017 年採用質性研究的論文更占了該年代論文數量的 73.3%。質性研究的成長篇幅大，與心理諮商領域研究派典的轉移可能有關。

　　在研究主題方面，筆者彙整臺灣諮商倫理研究的研究主題，歸納為：倫理認知和倫理行為、倫理困境與因應、倫理思考與決策、倫理實務問題處理經驗、倫理實踐經驗及倫理教育。探討「倫理認知與倫理行為」的研究最多（27.5%），主要是透過量化研究探討應然層面的思考。探討「倫理困境與因應」和「倫理實務問題處理經驗」的研究，分別占 23.5%；探討「倫理思考與決策」的研究，占 13.7%，這三類主題的研究主要是透過質化研究探討實然層面的經驗。2001 年，《心理師法》頒布後，實務工作者對於個人行為是否符合專業倫理的敏感度提高，只依據專業倫理守則做為行為指引，並無法面對實務情境的複雜性，因此探討「在實務情境面對與處理倫理問題經驗」的研究明顯增加。探討「倫理實踐經驗」和「倫理教育」的研究各占 5.9%，與倫理教育有關的研究數量很少。

三、臺灣諮商倫理研究的未來發展

　　筆者針對臺灣諮商倫理研究現況進行進一步分析，並彙整洪莉竹（2016）的觀點，提出臺灣諮商倫理研究的未來發展方向：

1. 論文數量：博碩士論文來源與期刊論文作者，筆者發現有較為集中的現象，可見目前投入諮商倫理研究的學者較為有限，未來需要更多研究者投入。

2. 研究方法：目前的研究以質化研究為多數，研究結果分析，實務工作者面對倫理困境時，會考量與權衡多元脈絡後再做出決

定；但面對不同情境時權衡的因素是否有差異、優先順序是否變動、各因素的考量比重是否變動等議題，值得進一步探討。質化研究與量化研究有各自的優點與限制，未來研究宜結合兩者的優勢，平衡發展。

3. 專業倫理課程與倫理支持方案亟需發展，並針對課程與方案成效進行探究：未來研究還需進一步了解進行倫理決策的動態歷程，描繪臺灣實務工作者的經驗，建構符合本土經驗的「倫理決定模式」。筆者認為，可以持續探討的主題有：(1)探討情境引發的壓力程度、危機程度、個人價值觀衝突程度等因素對倫理思考的影響；(2)探討倫理原則對實務工作者進行思考與決策的影響；(3)探討情緒因素在倫理思考與決策過程扮演的角色；(4)是否進行諮詢或與他人討論的考量等。這個部分的研究最好與實務工作者合作，進行情境研究。

參考文獻

中文部分

林慶仁（1986）。**學校輔導教師諮商倫理判斷之調查研究**（未出版之碩士論文）。國立彰化師範大學，彰化市。

洪莉竹（2016）。遇到專業倫理挑戰時，諮商輔導實務工作者的考量與經驗：臺灣諮商輔導倫理議題研究之探討。**臺灣諮商心理學報，4**（1），1-16。

西文部分

Welfel, E. R. (2013). *Ethics in counseling and psychotherapy: Standards, research, and emerging issues* (5th ed.). Belmont, CA: Brooks/Cole.

參、全年諮商實習相關研究

喬虹 [28]

一、全年駐地實習緣起

　　自 2011 年公布與實施《心理師法》以來，除經特考取得心理師證照者外，其餘欲取得此專業證照以從事心理諮商服務者，均須經過全年全職駐地實習的訓練才能取得報考資格，也因為培育系所需開設駐地實習課程，促使相關研究之開展。

二、臺灣諮商實習的相關研究

　　諮商實習的相關研究發表於國內期刊論文為數有限，主要包含實徵性研究及評論／分享性文章兩種。實徵性研究主題包含：駐地實習經驗、實習現況、諮商關係與督導關係經驗與覺察、實習課程經驗等，另有心理師與助人工作者能力指標量表編製的研究，也納入全職實習心理師為研究參與者範圍；評論性文章的主題多與《心理師法》、實習制度與合約、職場倫理、職場困境與迷思、督導關係相關，實習經驗反思與整理類的分享性文章之主題與數量豐富，多刊載在《諮商與輔導季刊》。

　　雖然期刊刊載的數量有限，但筆者搜尋臺灣博碩士論文知識加值系統後，卻發現相關文獻數量不少。在資料庫中鍵入「諮商實習」、「實習諮商師」等關鍵字，共發現 67 篇（發表時間自 1998 年至 2018 年 5 月份）諮商實習相關研究。若近一步分析發表數量與速度，則可發現

第一個十年與第二個十年的數量，呈近三倍成長。若以主題細分，則涵蓋以下幾種類型：

1. 整體實習經驗探討的研究：此類型研究多以質性研究方法進行，針對諮商實習整體歷程進行經驗性探討，主題包含：關鍵事件與適應歷程、實習困境與因應策略等。

2. 實習中遇到特定挑戰：如實習心理師與呈現憂鬱、自我傷害或自殺危機案主工作，研究中也大量涵蓋實習心理師的內在整理。

3. 實習心理師的自我覺察：研究焦點為諮商關係、諮商歷程，以及在過程中所引發之個人議題、情緒反應的自我覺察。

4. 實習心理師的自我照顧：探討為因應諮商實習過程中的焦慮與壓力所產生之各類自我照顧方法與效果，此類相關研究不少，特別是運用心理位移書寫方式進行自我照顧的論文開始出現。

5. 實習接受督導的相關研究：此類研究包含實習心理師接受不同類型之督導，以協助其在個別、團體諮商專業與專業自我效能之成長，以及在督導過程中隱而未說及自我反思整理的經驗。

6. 實習課程經驗的研究：此類型研究較少，主要是針對實習課程對諮商能力及專業成長發展之研究。

7. 實習心理師各類影響諮商效能之因素研究：此類型研究多旨在討論實習心理師個人因素如何影響諮商效能，多採量化研究方式進行，其中的因素包含：人格特質、完美主義、正念、幽默風格、幸福感、社會支持、生涯承諾、工作價值觀、心理資本、原生家庭經驗，以及愛情經驗等。

8. 實習心理師專業能力發展：此項目之研究主題包含：專業能力或個案概念化能力分析、發展或使用特定諮商學派做個別、團體或家庭諮商實務訓練工作、多元文化能力等。

9. 實習心理師專業認同：此類研究雖數量不多，但研究者們採質

性研究方式，深入探討與理解實習心理師經駐地實習後形成專業認同的歷程。

三、未來臺灣諮商實習主題的研究建議

由於駐地諮商實習為每位諮商心理師訓練的必經之路，又駐地實習的經驗攸關諮商心理師之專業成長、專業認同與職涯發展，因此建議未來有志於從事相關主題研究之研究者，可以根據以上已發展之主題開展研究，例如：系統訓練實習心理師的方法（如實習課程、督導、實習場域中訓練架構等）、實習心理師專業能力之軟實力內涵（如個案概念化、自我覺察與檢討修正、多元文化能力、自我照顧等）、專業認同與專業能力發展等。另外，關於實習心理師無法通過駐地實習考驗的經驗時有所聞，但卻未見相關研究，因此也可以嘗試探討不同實習階段的專業能力評鑑指標、實習機構評鑑、實習糾紛、實習倫理等相關議題。

肆、多元文化諮商之研究

林淑君[29]

一、多元文化諮商研究的緣起

在心理學專業上，美國心理學會首度於 1973 年在 Vail 所舉辦的研討會上，提出文化應為臨床實務上的一個重要變項；在該會議中所獲致的一項結論，便是於博士班課程與繼續教育納入文化多樣性的訓練（American Psychological Association [APA], 2003）。Sue、Arredondo 與 McDavis（1992）說明了在諮商工作中具備多元文化觀點的重要性與理由，並提出多元文化諮商能力的三個重要向度：態度覺察、知識與技巧，此成為日後多元文化諮商能力的重要理論基礎。而 Hays（2001）則是提出培養多元文化諮商的三大基本知能，包括：了解諮商者自己的文化認同、認識來談者的世界觀，以及培養多元文化諮商的能力。美國心理學會並於 2003 年發表了〈心理學家多元文化教育、訓練、研究和組織改變的指導守則〉一文（APA, 2003）。

二、多元文化諮商的研究層面

對於多元文化諮商的研究層面，在美國早期主要是以跨種族議題為主（APA, 2003; Sue & Sue, 1999），當時稱之為跨文化諮商（Atkinson, 1985），之後更名為多元文化諮商。所研究的議題包括多元文化諮商能力（Tao, Owen, Pace, & Imel, 2015），以及心理諮商資源對弱勢族群的心理適應成效（Griner & Smith, 2006）等。

---

29 國立彰化師範大學輔導與諮商學系助理教授

三、多元文化諮商在臺灣本土的研究

　　臺灣社會存在多種族群，主要包括原住民、閩南、客家、外省等四大族群（王甫昌，2003），再加上近十多年來因開放政策，而有愈來愈多的外籍配偶與其子女（林明傑，2012）。但筆者以「臺灣期刊論文索引系統」查詢關鍵字「多元文化諮商」，僅得 30 篇，其中最早的一篇在 1994 年由蔡碧璉發表之〈助人專業多元文化諮商的倫理關注〉，然而這僅是論述性文章。在這些文章中，研究性論文並不多，僅有 4 篇，最早的一篇為簡文英、陳增穎、連廷嘉（2007）所發表的〈原住民高中生參與「敘事取向生涯探索支持性團體」之團體效果研究〉，該研究以多元文化諮商觀點進行生涯探索團體，並探究其團體成效。若將關鍵字範圍擴大為「多元文化」，與諮商相關的研究性論文僅得 6 篇，其中 2 篇探究遊戲治療與家長教養之多元文化議題（邱獻輝，2012；邱獻輝、陳秉華、利美萱，2013），而親密暴力（邱獻輝、葉光輝，2013）、男同志（高智龍、賴念華，2016）、原住民學生（簡文英等人，2007）各 1 篇，以及 1 篇探討諮商專業人員參與多元文化能力訓練之需求與助益性評估（莊雅婷、陳秉華、林淑君，2012）。

　　以「多元文化諮商」為關鍵字的博碩士論文也僅得 16 篇。最早的一篇出現在 1997 年，由梁榮仁探討輔導教師的多元文化諮商能力及其相關因素，在 2001 年之後才出現第二篇。從 2001 至 2010 年共有 11 篇博碩士論文，2011 年迄今僅有 4 篇。研究主題方面，探討諮商輔導人員的多元文化諮商能力為最多，共有 5 篇；探討諮商輔導專業人員的文化議題有 2 篇；其他 9 篇則以各種不同族群案主為對象，例如：境外生、偷竊行為之兒童、新移民女性、老人、原住民中輟青少年、聾人等。

四、多元文化諮商研究的趨勢

　　臺灣關於多元文化諮商的關注比美國晚了近三十年，近十多年才開始關注此一領域，這與臺灣的社會變遷、成為多元社會有關，包括：新住民與新住民之子、老人、性傾向等議題，也因此多元文化諮商開始受到重視（陳秉華，2017）。目前以「多元文化諮商」為關鍵字的研究論文雖不多，然而多元文化諮商議題在臺灣，已經成為諮商專業的一個次領域（陳秉華，2017）。未來對於臺灣不同族群的諮商研究，應聚焦在多元文化諮商之相關議題，例如：新住民、同志、原住民、老人、身心障礙者等；此外，發展本土心理諮商之研究都是值得繼續耕耘的領域。

參考文獻

中文部分

王甫昌（2003）。**當代臺灣社會的族群想像**。臺北市：學群。

林明傑（2012）。家庭暴力者認知教育輔導的多元文化諮商之本土技術：好想法鼓勵自尋法。**亞洲家庭暴力與性侵害期刊**，**8**（2），91-101。

邱獻輝（2012）。從「家長本位」到「子女本位」：遊戲治療案主家長教養概念之建構歷程探究。**教育研究學報**，**46**（2），1-21。

邱獻輝、陳秉華、利美萱（2013）。從「權威觀注」到「自我觀注」：從多元文化諮商觀點看臺灣遊戲治療師教養概念的轉化。**中華輔導與諮商學報**，**36**，117-153。

邱獻輝、葉光輝（2013）。失根的大樹：從文化觀點探究親密暴力殺人者的生命敘說。**中華輔導與諮商學報**，**37**，89-123。

高智龍、賴念華（2016）。從多元文化諮商觀點探討男同志諮商實務。**中華輔導與諮商學報**，**46**，31-62。

梁榮仁（1997）。**輔導教師的多元文化諮商能力及其相關因素之研究**（未出版之碩士論文）。國立高雄師範大學，高雄市。

莊雅婷、陳秉華、林淑君（2012）。國小教師與諮商專業人員參與多元文化能力訓練之需求與助益性評估。**教育理論與實踐學刊**，**25**，1-28。

陳秉華（主編）（2017）。**多元文化諮商在臺灣**。新北市：心理。

蔡碧璉（1994）。助人專業多元文化諮商的倫理關注。**輔導季刊**，**30**（3），60-62。

簡文英、陳增穎、連廷嘉（2007）。原住民高中生參與「敘事取向生涯探索支持性團體」之團體效果研究。**諮商輔導學報**，**16**，69-94。

西文部分

American Psychological Association. [APA] (2003). Guidelines on multicultural education, training, research, practice, and organizational change for psychologists. *American Psychologist, 58*, 377-402.

Atkinson, D. R. (1985). A meta-review of research on cross-cultural counseling and psychotherapy. *Journal of Multicultural Counseling and Development, 13*(4), 138-153.

Griner, D., & Smith, T. B. (2006). Culturally adapted mental health intervention: A meta-analytic review. *Psychotherapy: Theory, Research, Practice, Training, 43*(4), 531-548.

Hays, P. A. (2001). *Addressing cultural complexities in practice*. Washington, DC: American Psychological Association.

Sue, D. W., & Sue, D. (1999). *Counseling the culturally different: Theory and practice* (3rd ed.). New York, NY: John Wiley & Sons.

Sue, D. W., Arredondo, P., & McDavis, R. J. (1992). Multicultural counseling competencies and standards: A call to the profession. *Journal of Counseling and Development, 70*, 477-486.

Tao, K., Owen, J., Pace, B., & Imel, Z. (2015). A meta-analysis of multicultural competencies and psychotherapy process and outcome. *Journal of Counseling Psychology, 62*, 337-350. doi:10.1037/cou0000086

伍、表達性媒材在諮商上的應用

朱惠瓊[30]

一、表達性媒材在諮商上應用的緣起

　　首先就定義而言，表達性媒材與諮商的結合，普遍稱為表達性治療（Expressive Therapy）或表達性藝術治療（Expressive Therapy），意旨透過不同特性的媒材，或者是藝術活動在諮商歷程中的運用做為溝通之媒介，例如：戲劇、藝術、音樂、舞蹈、遊戲、沙遊、園藝、心理劇、夢等；因其除了口語之外，使用作品的方式來做為個案內在世界的表達方式，例如：戲劇的演出、身體律動、玩具物件、植物栽植、聲音創作、視覺藝術展出等，這些都是目前在諮商中常被使用的表達性媒材。

二、表達性媒材在臺灣的應用研究

　　隨著各種表達性藝術治療師從國外學成返國，開始帶入新的視野，並紛紛在臺灣成立相關學會，以推動相關學術、實務或者是相關交流活動，目前有台灣遊戲治療學會、台灣藝術治療學會、台灣沙遊治療學會、台灣舞蹈治療研究協會、中華民國應用音樂推廣協會、臺灣園藝輔助治療協會等。各學會也紛紛推出專業治療師的認證，大力推廣各項媒材在諮商上的實務應用與結合。

　　國外對於表達性治療或者是表達性媒材在諮商上的運用，普遍仍是聚焦在質性研究，例如：臨床個案研究、自我敘說、訪談、衡鑑測

---

30 國立清華大學教育心理與諮商學系助理教授

驗、行為觀察，或者是對於媒材的探索。而臺灣對於表達性媒材運用在諮商中的相關研究，則以遊戲物件與藝術媒材為主要的兩大主流，研究主題著重在兒童行為，研究方法採以質化研究為主。遊戲物件在諮商上的使用，始自 1980 年代應用在兒童社會關係議題為主，於 2000年代有大量的研究聚焦在遊戲治療對於兒童行為改變的效益，而 2013年開始，更有桌上遊戲在諮商上的應用研究，主要是運用桌上遊戲的人際互動與社交技巧之特性，探究成員參與桌上遊戲的人際改變效果，屬於新興的研究主題；藝術治療在諮商輔導上的應用，則是首推侯禎塘分別於 1987、1997 年，針對特殊學校肢體殘障國中學生之人格適應，運用藝術治療團體的方式進行介入探討的研究，以及使用行為導向藝術治療法對國小多重殘障兒童行為問題及圖畫概念之輔導效果的 2 篇研究為先驅。爾後直到 2000 年藝術媒材在諮商上的應用，才逐步增加，迄今約有 130 篇博碩士論文、245 篇的期刊論文進行相關探究，研究對象以兒童居多，以個案諮商歷程分析或者是團體參與效果為主，近年開始慢慢轉以藝術媒材特性作為研究主題，並帶入不同的美術媒材，例如：黏土、禪繞畫、拼貼、諧和粉彩等進行深入研究。沙遊治療亦稱沙箱治療，雖早在 1985 年已開始運用在兒童適應問題上的探究，但迄今卻僅有 8 篇博碩士論文，大約有 22 篇的期刊文章，未有大量的相關研究琢磨。然需要結合跨領域專業的音樂與舞蹈兩個媒材，因其需要不同專業領域的結合，雖有不同系所的相關研究，然主要聚焦運用在諮商的研究，音樂與舞蹈的諮商研究大約都是 10 篇左右，且主要是在 2000 年後才陸續受到重視，對象則以成人為主。最後，園藝媒材在諮商上的運用，也是大約只有 10 篇的博碩士論文，且更是遲至 2010 年後才開始有相關的諮商研究。

三、媒材在諮商的研究趨勢

　　就過去的研究可發現，媒材在諮商的運用多以個案分析或者是歷

程方式了解成效或者是改變機制，較多是質性研究為主，缺乏量化的研究，以及較為科學性的驗證。除了單一媒材的運用，也開始逐漸有許多的研究將遊戲、藝術、音樂、戲劇，或者是園藝等不同媒材加以結合，做多元媒材的個別或團體諮商之跨領域探究。而不同媒材的使用，除了諮商輔導的專業，尚需要其他專業的投入，例如：遊戲物件的設計、藝術創作的技巧、園藝生物的熟識、舞蹈或音樂的肢體等，不同專業知識的特性，在未來皆需要再多加學習，才能夠將表達性媒材在諮商中的研究，能夠有深入的跨領域結合。

參考文獻

侯禎塘（1987）。藝術治療團體對特殊學校肢體殘障國中學生人格適應之影響（未出版之碩士論文）。國立彰化師範大學，彰化市。

侯禎塘（1997）。行為導向藝術治療法對國小多重殘障兒童行為問題及圖畫概念之輔導效果研究（未出版之博士論文）。國立臺灣師範大學，臺北市。

陸、諮商本土化研究

劉淑慧 [31]

一、歷史脈絡

　　儘管華人文化中蘊含豐富的人心探究，但不論是在中國大陸還是臺灣，心理學成為一門獨立學科，卻始於二十世紀初的西方心理學之引入，當時以全盤西化為宗，不但獨尊實證主義，還從西方觀點抨擊國人的心理素質。

　　本土文化意識覺醒在 1980 年代逐漸成形，包括：出版《社會及行為科學研究的中國化》一書、組成本土心理學研究群、創辦《本土心理學研究》期刊等；之後並漸漸與國際接軌，包括：與東南亞各國進行經驗交流、推動海峽兩岸學術交流、在歐美學術圈爭取發言權等。

二、路線之爭

　　根據楊國樞的本土心理學（Indigenous Psychology）定義：「一套發展中的心理學知識，奠基於科學研究，能夠充分契合被探究的現象，及其生態、經濟、社會、文化、歷史脈絡。」只有根據西方科學傳統、梳理歐美文化傳承所得者，堪稱歐美的本土心理學。至於中國大陸和臺灣早期的心理學，只能算是西化心理學（Westernized Psychology），乃藉由西方科學方法，移植西方心理學到非西方國家。非西方國家即便展開本土化運動，探究具有文化獨特性的思考和行為，頂多也只能形成本土化心理學（Indigenized Psychology）；因為非西方國家

---

31 國立彰化師範大學輔導與諮商學系教授

所謂的本土化心理學，往往是由接受西方心理學洗禮的研究者，重新紮根於在地文化，並無法與從一開始就萌發於自身文化土壤的歐美本土心理學相提並論。據此，楊國樞主張：與其把本土化心理學看成學門領域，還不如看成方法學，視之為手段、歷程，其終極目標不在於促成非西方國家各自發展出我族獨屬的本土心理學，百家爭鳴，而在於形成平衡的全人類心理學，共築榮景。

根據李維倫的歸類，臺灣心理學界三十年來的本土化運動有四條路徑。楊國樞以本土契合性判準及平衡的全人類心理學為目標，建構了「以本土化心理學為最高位階的主體策略」；黃光國以理論競爭性判準與含攝文化的普世心理學為目標，建構了「以科學哲學進行理論建構來挑戰西方學術霸權的主體策略」。這兩條路徑都指向由西方回歸東方的水平式運動，提出解決不同文化中的複數心理學之道。

宋文里則以他者論、負顯化、大巫之道進行現代漢語的溯源，建構了「漢語文化心理學的主體策略」，鼓勵學者讓自己成為說話主體，描述自己的心理現象；而余德慧以破裂法、雙差異折射理論等現象學方法，建構了「從語言到存在的主體策略」，提醒學者臨近語言破碎之處，在既有心理學概念尚未給出之處，重新提出具有本土社會感的心理學概念。這兩條路徑都指向由學術世界回到生活世界的垂直式運動，提出解決學術世界中的心理學失根之道。

三、理論與實務的研發

礙於篇幅，此處僅由最具代表性的兩大方向來談：(1)人類經驗本質：有關自我的有自我四元論與雙文化自我論、自我曼陀羅模型、脈絡我、心學與自我修練、覺解我、無我論等；有關我他關聯的有人情與面子、孝道雙元模型、人際和諧與衝突理論、家長式領導等；(2)療癒機制與運作：從華人文化中的獨特脫困或療癒現象著手的有臺灣社會的宗教療癒；從本土文化汲取素材的有倫理療癒與人文臨床、柔適

照顧、理心術、心理位移書寫、華人人我關係協調、德行存在生涯模式、一次單元諮商模式、儒家心學家族治療、兩儀心理療法等。

四、寄望中道發展

回顧過去的發展，最大的成就在於彰顯主體性。楊國樞和黃光國的路線挑戰了西方文化霸權，從而實踐了含攝文化的理論主體性；宋文里和余德慧的路徑翻轉了科學知識霸權，從而實踐了紮根於生活世界的生活主體性。

而未來持續生生不息的希望，正在於繼續「路徑分歧」。在不同視域的相互開放、持續對話之中，多元路徑才能相生相成，活潑開展探究心理療癒之中道。此際，楊國樞聽似平凡的建議，其實是最佳法則：在面臨理論或研究上的抉擇時，要像土生土長的文化人一樣思考，並極盡可能地涵容一時的模糊、模稜兩可。別急著拿主意，好東西才有機會迸出；慢慢走，會更快。

柒、跨領域研究

連廷嘉[32]

一、跨領域研究的緣起

　　跨領域是近年來熱門的名詞，經常會被以「跨域」、「跨界」、「多領域」稱之，而跨領域的人才則被譽為二十一世紀最搶手的人才。所謂的跨領域人才，即是指具備兩個（含）以上的專業知識和能力的人才，不僅可有效解構專業的界線，更可以重新建構、發展出符合彼此需求的適性專業服務。因此，跨領域不是一種目的，而是一種過程，不僅指自身專業角色的多元性（如同時具備諮商心理師與社會工作師），也包括工作場域的差異性（如學校與社區、醫療與矯正單位），更重要的是由諮商心理師從被動轉主動的自發性（如非滿足單與某一單位合作，願意開發更多合作的機會）。

二、跨領域的實務應用層面

　　在 2010 年以前，跨領域的概念乃隱約存在，卻甚少被具體提出討論，直至臺灣諮商心理學會於 2009、2010 年，連續兩年以「諮商心理師的藍海策略」為主題，正式喚起並擴展國內諮商人員跨領域的思維。2017 年，台灣輔導與諮商學會年會更是以「開展輔導諮商專業工作：跨領域合作與對話」，進行跨領域研究的整合與實務之反思，更加落實該議題的應用性。

　　跨領域在心理諮商／輔導上的應用廣泛，不同專業場域、不同服

---

32 國立臺南大學諮商與輔導學系教授

務族群、不同發展階段，其關注的焦點亦有所差異，有的專注深究諮商心理師自我的跨領域專業與學習衝突，有的聚焦在諮商心理師與其他專業領域的合作經驗，或是進一步以諮商心理治療理論運用在其他族群（如投資人、護理人員等）中，但不難發現，諮商心理師開始化被動為主動，從被動學習者轉化為主動研究者。近年來，隨著科技的普及，結合網路社群媒體來行銷自我，塑造心理師的專業品牌，有效推廣心理諮商專業，亦是新興的實務應用趨勢。

三、跨領域在臺灣本土的研究

自 2000～2018 年期間，若是以「跨領域」、「諮商」作為論文篇名進行博碩士論文搜尋，發現篇數甚少，僅有2篇，但若以「跨專業」進行搜尋，則可搜尋到約7篇的博碩士論文，主題多聚焦在諮商心理師與其他專業領域的合作經驗，進而探究其專業認同情況。合作的領域以學校為主，其他如社區、醫療或是企業亦有研究者探討；合作族群主要為企業、社會工作師、輔導教師與護理人員為主，其他專業領域較少著墨。研究方法多屬質性方法，經由訪談方式來探討不同專業的合作經驗。可見，臺灣目前對於跨領域的研究尚未成熟，期刊論文篇數甚少，多屬於試探性研究，偏重於結合實務應用經驗，多屬於行動研究，對於實驗研究法的設計、評量工具的編製則較少著墨。

四、跨領域研究的趨勢

國內在心理諮商／輔導的跨領域主題，目前多探討心理師與其他領域的接觸經驗，雖已試圖了解彼此合作的需求與困境，然而多停留在單方面的互動與了解，缺乏多向度的共同性對話，無形中淪為各自堅守自我專業的專才角色，背離跨領域專業合作的通才角色精神。培育優質的跨領域人才，其中之「職前訓練」（pre-training）是相當重要

的一環，重點在於了解進入不同專業時所需的知識、能力與態度（Okech & Geroski, 2015）。因此，未來在心理諮商／輔導的跨領域研究上，除了持續進行基礎研究以了解彼此的合作需求外，焦點更可放在協助心理師如何將專業角色化被動為主動，嘗試從「我提供對方什麼能力？」轉化為「對方需要我什麼能力？」，進而建構具體可行的本土化跨領域合作模式，從養成教育訓練、實務工作手冊、在職專業進修進行系列的深化研究，提供教、考、訓、用四大面向的完整性規劃，讓心理師與合作端可以有遵循的方向，減少彼此專業的藩籬，以發展正向期待與合作經驗。

參考文獻

Okech, J. E. A., & Geroski, A. M. (2015). Interdisciplinary training: Preparing counselors for collaborative practice. *The Professional Counselor, 5*, 458-472.

捌、霸凌議題

杜淑芬 [33]

一、霸凌議題

　　霸凌行為並非新的行為問題，它已長期隱身於行為偏差、對立反抗、攻擊與暴力等外顯性行為問題的大傘之下。挪威學者 Olweus（1993）率先用「霸凌」一詞加以定義，指的是當一方以直接或間接的方式造成或意圖造成他人的痛苦、害怕或傷害；而被霸凌則是指這個行為重複加諸於被害者一段時間。其後，間接攻擊的現象開始受到注意（Björkqvist, 2001），相關詞包括：indirect aggression、relational aggression 和 social aggression，均探究這種非直接攻擊，而是運用他人或操弄社交網絡作為攻擊的手段，以將某個人際目標排除在朋友團體之外的現象。晚近，由於電子傳訊和社交網站的興起，利用網路形式進行人際間的霸凌也引起廣泛的研究。

二、霸凌的研究層面

　　最早，霸凌的研究多關心霸凌的普遍率，以及誰是霸凌事件當事人的議題。Modecki、Minchin、Harbaugh、Guerra 與 Runions（2014）針對 80 項研究的後設分析顯示，校園霸凌的盛行率約為 30%，其中有 15% 是網路霸凌。霸凌從國小開始，國中階段最為嚴重，而在高中之後逐漸降低。涉入霸凌無性別差異，惟男生在肢體霸凌較高，女生則在關係霸凌較高。

---

33 中原大學教育研究所副教授

　　霸凌事件涉及霸凌者、被霸凌者（受害者）與旁觀者。了解這些相關當事人的身心特質、動力關係與身心影響，皆有助於了解霸凌事件的樣貌，也有助於防治霸凌事件的發生。研究發現：年齡、性別、族群特性、不同性取向與肥胖等相關，都是被霸凌的危險因子（Hong & Espelage, 2012）。

　　其次，影響霸凌的系統因素，包括：父母身心特性、婚姻品質、親子關係、依附品質、家庭衝突、手足關係、家庭結構改變等，也是霸凌研究關注的議題。此外，學校是人際互動最為頻繁的場所，同儕、教師、師生關係、學校與學校關係在霸凌與防治霸凌中所扮演的角色，均得到研究者的青睞。其他有關媒體、社區、文化、宗教信仰，也在探究之列。Hong與Espelage（2012）以Bronfenbrenner（1994）的生態理論為架構，將校園霸凌的研究做一完整回顧，讀者可以得知梗概。

　　多數的研究發現，霸凌對當事人造成短期或長期的身心、學校適應與職場適應的影響，包括：情緒、身心症狀、學業退步，甚或拒學等；而霸凌者較可能罹患憂鬱等身心疾病，成為身體虐待、暴力事件的受害者，或涉入犯罪行為。

　　最後，關注的焦點來到霸凌的預防與處遇。許多國家均提出許多反霸凌的政策與預防性方案，特別是校園的預防性方案，並發現這些方案多具有正向的效果。有些方案重在課程導向，聚焦在協助學生了解霸凌行為、教導霸凌因應策略，並發展學生的同理心與增加學生凝聚力等。有些方案，例如：美國PBIS（Positive Behavior Intervention and Supports）與芬蘭的KiVa（芬蘭語，意思是Nice）方案，則重視透過全校性的正向行為支持來減少霸凌的發生。Ttofi、Farrington、Lösel 與其同僚針對數項霸凌影響與處遇主題進行後設分析，讀者可優先參考。

三、我國的霸凌研究

我國對校園霸凌議題的重視始於 2010 年之八德國中霸凌事件，在此之前僅有少數以「欺凌」為主題進行的研究。筆者於華藝線上圖書館以「霸凌」和「欺凌」為題進行搜尋，總共得到博碩士論文 255 篇，而 2010 年之後者約占 90%；實徵性研究論文約有 49 篇，其中 47 篇為 2010 年之後的論文。

筆者再針對檢索的 49 篇論文（33 篇量化研究，16 篇質性研究）進行研究主題與類型分析。就研究主題而言，其中 7 篇屬於職場霸凌，42 篇為校園霸凌。在校園霸凌主題中，26 篇針對校園霸凌現象、危險因子、因應策略或受害經驗進行探究，7 篇關心學校和教師面臨霸凌行為的辨識、處遇輔導或困境，4 篇反霸凌課程教材，2 篇政策分析，僅有 3 篇屬於諮商介入探究。就諮商輔導專業而言，相關實徵研究的發表仍待持續努力。

四、霸凌研究的趨勢

從國外的文獻可以發現，近十年來有關霸凌研究的後設分析成為趨勢，顯示霸凌研究的數量已經具有相當規模。因此，我們需要更多的霸凌研究嗎？八德國中事件後，校園反霸凌政策入法，並催生《學生輔導法》與增置輔導人力。然而，學校輔導機制有發揮作用嗎？輔導人力在校園霸凌事件中所扮演的角色為何？介入有效嗎？有效的霸凌防治或輔導模式為何？在我國學校輔導體制和文化的脈絡下，校園霸凌輔導與諮商工作的獨特性為何？因此，我們需要更多充實霸凌輔導知識基礎的在地化研究，也需要更多可以反饋到我國校園輔導實務工作的實證性研究。

參考文獻

Bronfenbrenner, U. (1994). Ecological models of human development. In T. Husen & T. N. Postlethwaite (Eds.), *International encyclopedia of education* (2nd ed.) (Vol. 3) (pp. 3-44). Oxford, UK: Elsevier.

Björkqvist, K. (2001). Different names, same issues. *Social Development, 10*(2), 272-273.

Hong, J. S., & Espelage, D. L. (2012). A review of research on bullying and peer victimization in school: An ecological system analysis. *Aggression and Violent Behavior, 17*, 311-322. doi:10.1016/j.avb.2012.03.003

Modecki, K., Minchin, J., Harbaugh, A. G., Guerra, N. G., & Runions, K. C. (2014). Bullying prevalence across contexts: A meta-analysis measuring cyber and traditional bullying. *Journal of Adolescent Health, 55*, 602-611. http://doi.org/10.1016/j.jadohealth.2014.06.007

Olweus, D. (1993). *Bullying at school: What we know and what we can do*. Malden, MA: Blackwell.

玖、心理劇

賴念華[34]

一、心理劇發展簡史

　　心理劇（psychodrama）是莫雷諾（Jacob Levy Moreno, 1889-1974）開創的心理治療方法，係透過戲劇與行動方式演出過去、現在、未來的情境，讓人們在當下體驗，達到心理宣洩並學習新因應技巧；心理劇舞臺是個想像與現實並呈的空間，在處理個人內在、人際、人境之間的互動。

　　筆者（Lai, 2013）將臺灣心理劇發展史分為四期：(1)萌芽期（1974～1987）：1974 年 11 月 22 日莫雷諾辭世當日，臺大醫院陳珠璋醫師偕精神科團隊成立全臺第一支自助學習團體，心理劇破土於醫院場域；(2)拓展期（1988～1993）：擴展到校園、社區；(3)百花齊放期（1994～2004）：西方訓練師來臺長期培訓，心理劇在臺落地生根、日漸蓬勃；(4)延展國外期（2005 迄今）：本土工作者獲美、德系統認證，成為導演、訓練師。2010 年，台灣心理劇學會正式成立，積極與美、加、阿根廷、紐、澳、瑞士、中國大陸、馬來西亞、澳門、新加坡、日本、韓國、香港等心理劇社群連結。2014 年，美國心理劇、社會計量與團體治療考核委員會（ABE）舉世首創，同意在臺境外考試。2017 年，臺灣本土考核制度上路。2018 年，台灣心理劇學會與 ABE 簽訂平等互惠條款，正式雙向承認（formally recognizes）考核結果，意義非凡。

---

34 國立臺北教育大學心理與諮商學系教授

二、心理劇在臺灣的實踐概況

莫雷諾遺孀 Zerka 強調：「把心理劇化約為一種心理治療，實在是天大的迷思，它可用在各個領域，乃至落實於日常生活之中，時刻角色交換，幫助我們減少遺憾。」心理劇在臺從醫療系統延伸到校園、社區、監獄、警政、法務、企業等場域，工作對象也從精神疾患者擴及一般病患與家屬、醫療人員與志工、家暴與性侵受害人、相對人與受刑人、目睹者、障礙者家庭、一般民眾等。除此之外，心理劇工作者更在校園、企業、政府單位等場域，大量使用社會劇、社會計量、角色交換、角色訓練等方式，來理解組織中的動力、工作夥伴與對象的感受、想法與需求。近來訓練師們更結合個人風格，整合其他學派，帶出更豐富、多元的樣貌。

三、心理劇研究的概況

筆者（賴念華，2013）回顧 1968～2011 年之間的相關文獻，發現臺灣心理劇文獻可分為三大範疇與八項次類別。範疇一「理論說明」，從基礎理論介紹到理論詮釋，再結合多元取向，以翻譯書籍為主。範疇二「實務應用」，偏重個人經驗分享、概念運用及特定技巧探索。範疇三「學術研究」，包含期刊與學位論文，前者以治療效能與療癒因子為主軸，對象涉及心理疾患者、家屬、約會強暴倖存者、醫療人員等；後者因多位本土訓練師任教於大學，故指導學位論文數量日增，主題包括：導劇歷程、特定技巧操作、針對不同族群（如企業員工、社福團體案主等）的治療歷程與效果等。整體看來，文獻發軔於理論介紹，後有經驗分享，晚近才有實徵研究，例如：依賴自編量表的量化研究或廣納多元分析取向的質性研究，但缺少嚴謹的實驗設計、難以呼應心理劇核心概念，且實務性文章篇數遠高於理論與學

術研究。近幾年，少數反映華人工作模式與策略的研究於國際上發表，2018 年《台灣心理劇學刊》創刊號誕生，為社群注入活血；更有訓練師鄒繼礎跨領域在經濟學系首開先河，嘗試融入劇場工作，創新教學。

四、展望臺灣心理劇的未來發展

目前，臺灣已有 12 位 ABE 認證訓練師、23 位準訓練師、37 位導演；德國認證導演 1 位。另有龔鉥、鄒繼礎、賴念華先後獲美國心理劇學會頒發貢獻獎。願吾人持續培養本土心理劇人才、耕耘學術研究、引領亞洲區域交流與發展，讓二十一世紀心理劇如 Zerka 期許，在亞洲發揚光大。

參考文獻

中文部分

賴念華（2013）。臺灣心理劇文獻回顧 1968～2011：看心理劇的發展與轉變。中華輔導與諮商學報，**36**，33-66。

西文部分

Lai, N. H. (2013). Psychodrama in Taiwan: Recent development and history. *The Journal of Psychodrama, Sociometry, and Group Psychotherapy, 61*(1), 51-59.

拾、臺灣安寧療護靈性關懷

陳秉華[35]

一、臺灣安寧療護靈性關懷的發展

　　現代安寧療護運動的先驅 Dame Cicely Saunders，最為人所知的理念是她對全人苦痛的關懷——安寧病人所忍受在身體、情緒、心理、靈性各層面的苦痛。Saunders 非常強調靈性的痛苦，對安寧療護病人靈性苦痛的重視功不可沒（Faull, 2012）。臺灣安寧療護已實施二十餘年，對病人的靈性關懷也逐漸重視，過去的安寧靈性關懷主要是宗教師的工作，近年來開始有心理師跨入這一個新興領域。臺灣的安寧靈性關懷在民間及宗教團體（例如：安寧照顧基金會、基督教史懷哲宣道會、佛教蓮花基金會等）的耕耘及政府的支持下，靈性關懷的教育訓練、臨床實務、靈性關懷工作模式、實徵研究，以及專業期刊發表等都逐漸在全面開展，使得臺灣在已獲得國際口碑的安寧療護醫療領域，因靈性關懷的加入而發展得更完整。

二、安寧療護靈性關懷的工作本質與任務

　　筆者曾經以安寧療護靈性關懷者身分，進入醫院關懷臨終病人與家屬，展開了一段深刻的關懷及生命功課的學習，將以自身經驗，於本文介紹安寧療護靈性關懷的工作本質與任務。筆者回顧在安寧病房與臨終病人及家屬一起走過生命在世最後階段的時日，帶給筆者的是一段段激盪出深刻生命相遇火花的感人故事。以前總以為安寧病房很

---

35 國立臺灣師範大學教育心理與輔導學系兼任教授

可怕，空氣中瀰漫著哀傷、痛苦與死亡的氣息，但在真實地出入安寧病房一段時間之後，筆者愈來愈體會到在病房死亡的氛圍中，其實也交織著一種生機，體會到人在嚥下最後一口氣之前，其實隨時都還有改變的可能，這對於筆者長期以心理師身分協助案主改變，無疑是對生命產生一種更積極與正面的信念與力量。

臨終病人的改變隨時都可以見到：他／她可能從原本糾結的夫妻或親子恩怨中釋懷了、放下了、原諒了；他／她可能從原來汲汲營營忙碌的過著在世生活、為工作或經濟操煩，到臨終才開始正面迎向生命的有限及死亡，而對生命的關注改變了，從愁煩外在生活與人情世故，轉向了祈求身心無痛苦，更關鍵的是轉向了在乎生命與靈魂的歸處。在沒有踏入安寧病房之前，筆者面對的案主從來沒有與死亡這麼靠近，也從來沒有案主會這麼在乎離世前需要對自己生命的意義與價值之肯定，需要與重要他人之間有愛與被愛的陪伴及珍惜。面對臨終病人，筆者愈加意識到靈性關懷的重要，甚至有時候只有宗教／靈性可以帶給臨終病人內在的平靜，帶給病人及家屬在生離死別的哀痛中還能有盼望。

三、心理師進入安寧療護靈性關懷需要有的專業訓練

心理師在醫院從事臨終關懷，筆者體會到除了原有的心理師專業養成，加上對安寧病人的身、心、靈、社會各層面需要及照護的認識外，對於一般心理師而言，相當陌生但又非常重要的，是全人／全程／全家／全團隊／全社區的照護，以及對多元文化／宗教／靈性照護的認識。安寧病人的照護是全人／全程／全家／全團隊／全社區的照顧，病人需要身、心、靈、社會各層面全人的照護，且在醫療團隊中每個專業都有特定的工作角色，但是又需要彼此有緊密的關聯，共同合作照護病人與家屬的需要，所以全團隊的照顧是必須的。照顧末期與臨終病人，從他們進入醫療系統後就會按病程的發展進入不同階

段，跨越生死，甚至到死後的宗教禮儀與喪葬儀式的安排，都有可能是照顧過程中需要提供服務的，因此這是全程的照顧。末期與臨終病人幾乎都會有家人全程陪伴或照顧，因此除了病人，家屬（甚至有時是看護）的心理與情緒壓力，也都是需要關照的，這樣全家照顧的理念也是從事臨終關懷所需要的。也有些安寧病人會選擇居家或在養護機構接受照護，因此安寧療護就勢必從醫院進入了社區。提供跨文化、跨宗教／靈性或多元文化及宗教／靈性的關懷，是心理師在照顧安寧病人與家屬的服務範圍，雖然說討論死亡與靈魂歸處是宗教師的專長，但是安寧心理師若能具備與不同文化脈絡下有不同宗教／靈性背景的病人及家屬進行宗教／靈性議題之會談能力，將可大大提升心理師在臨終關懷的工作能力。

參考文獻

Faull, C. (2012). The context and principles of palliative care. In C. Faull, S. de Ca-estecker, A. Nicholson, & F. Black (Eds.), *Handbook of palliative care* (3rd ed.) (pp. 1-14). Hoboken, NJ: John Wiley & Sons, Inc.

第五節　未來諮商研究之趨勢

壹、老人諮商

陳莉榛 [36]

一、老人諮商的緣起

有關老人諮商（elderly counseling）議題，Ganikos 於 1979 年出版《老人諮商需求工作坊指導手冊》（*A Handbook for Conducting Workshops on the Counseling Needs of the Elderly*），Schwarts 與 Peerson 於 1979 年提出研究老人的學科稱之為高齡學（Gerontology），又稱老人學。1981 年，Mardoyan 與 Weis 指出，老人的心理問題受到個體適應不同層面的影響。其後許多研究從生理學、心理學、社會學等觀點，研究老人的生理功能減退、慢性疾病發生、對自我統整的失望、人際關係疏離、生命喪失等。之後則延伸至情緒變化、認知偏差、社會層面等所導致之心理困擾，此後老人心理諮商受到矚目且有廣泛的討論與研究。

二、老人諮商的研究層面

老人諮商的早期研究，從如何協助老人活躍老化（Active ageing）的過程，延伸至提升生活品質、生命意義，約至 1990 年逐漸將心理健康納入老人的心理問題，包括：因生理功能退化所產生的敏感而引發對死亡的恐懼，以及衰老孤獨感、退休綜合症、老人失智症、老人抑

---

36 東南科技大學學生諮商中心主任

鬱症,以及自殺問題等。由於每個老人擁有的生命故事與心理歷史資料有著個別差異,也碰撞出許多精彩的研究與發現。有些研究評估老人諮商之需求,試圖建構出老人諮商的需求內涵。然而,老人諮商是否可透過量表來評估?還是仍回歸個體身上豐富的生命經驗和豐厚的生命故事上?這些均使得老人諮商研究更精采可期。

三、老人諮商在臺灣本土的研究

　　回顧 1970 年代起,關於老人的研究偏重老人醫療和公共衛生。大約從 2000 年開始至今,以老人心理為主題的研究相當蓬勃,顯示國內對老人心理研究已逐步展開。就相關文獻而言,臺灣最早的老人心理適應的研究,可能是 1980 年國立臺灣師範大學輔導研究所郭麗安所撰寫〈老人心理適應之調查研究〉,由毛連塭教授和吳鐵雄教授共同指導。此研究結果發現,社交、經濟能力、健康情形對老人心理適應最具影響力。1988 年,國立臺灣大學心理研究所柯永河教授指導之研究生林彥妤所撰寫〈生活事件、因應方式及社會支援對老人心理適應之影響〉論文,結果發現,老人遇到的生活事件為面對死亡、家庭中的人際關係,以及與退休有關的適應問題;良好之心理適應與主動因應方式、社會支援的多寡,成顯著的正相關。臺灣對老人心理適應研究逐漸擴展到與老人有關的生活脈絡。

　　牛格正教授於 1996 年提出老人諮商的倫理問題,將老人諮商視為諮商實務的挑戰。隨著老人人口增加,2009 年行政院衛生署國民健康局提出「加強老人心理健康」列為主要工作之一,顯示政府重視老人的心理健康。由於老人有較多的閒暇與豐富的生命故事,牛格正教授認為以團體諮商形式進行老人諮商是不錯的選擇。蕭文教授指出,社區諮商模式亦是提供老人諮商直接服務和間接服務的一種良好介入方式,故社區諮商模式近年如春筍般湧現。此外,臺灣對老人諮商的團體輔導,多數藉由表達性藝術治療、懷舊治療、園藝治療、正念情緒

等進行實務諮商，顯示老人諮商已成為熱門議題之一。

四、老人諮商研究的趨勢

　　Myers 與 Loesch（1981）認為，諮商就是「與人談論其關心的話題或困擾」，而諮商需求就是「表達出想與人談及所關心議題的想法」。老人的心理需求層面廣泛，健康與家人是每個老人最希望擁有，因此如何賦能老人有更多正向心理功能，讓老人感覺自己有用、有能力、有價值、有功能，似乎是研究老人諮商必須重視的議題。近年來，隨著思維模式多元的改變，後現代主義的思考興起，心理諮商朝向多元模式發展亦成為一項潮流；老人諮商最終在使得老人能夠享受有意義的生命歷程，故需提升老人對自我生命的掌握與控制，使其發掘自己生命更深一層的意義，以挹注其心理健康之能量。

參考文獻

中文部分

林彥妤（1988）。生活事件、因應方式及社會支援對老人心理適應之影響（未出版之碩士論文）。國立臺灣大學，臺北市。

郭麗安（1980）。老人心理適應之調查研究（未出版之碩士論文）。國立臺灣師範大學，臺北市。

西文部分

Ganikos, M. L. (1979). *A handbook for conducting workshops on the counseling needs of the elderly.* (ERIC Document Reproduction Service No. ED250597)

Mardoyan, J. E., & Weis, D. M. (1981). The efficacy of group counseling with older adults. *Personnel and Guidance Journal, 60*(3), 161-163.

Myers, J. E., & Loesch, L. C. (1981). The counseling needs of older persons. *Humanist Education, 20*(1), 21-35.

貳、中年職涯轉銜

張德聰[37]

一、中年職涯轉銜的研究源起

　　成人中期（40～64 歲）的發展任務為獲得創造力、養育與輔導，其正面後果為成功的個人事業和悉心關懷與培養下一代；發展障礙為自我關注、不關心後代福祉。自我品質：關懷。重要關係：工作場所—社區與家庭。

　　臺灣 40～59 歲的人口數為 7,314,636 人，其中男性 3,601,359 人，占 49.23%；女性 3,713,277 人，占 50.77%，中年人約占臺灣總人口 23,571,227 人的 31.03%（內政部，2018）。這些人在經濟上承擔臺灣經濟生產之重要責任，在家庭擔任夫妻、父母親或祖父母，對於子女承擔養育重責，因此其壓力可能比其他年齡層更加重大，且其人數約占臺灣總人口的三分之一，為最具關鍵影響力的年齡層。不論是消極的治療或積極的預防，應該被加以妥善關照。

　　由「張老師」在 2015～2016 年針對 40～59 歲的個案統計，中年人口之個案量 40～49 歲約占全年輔導個案量的 20%，為各年齡層的第二名，僅次於 31～39 歲；若加上 50～59 歲，則 40～59 歲的個案量躍居第一名，占全年個案量的 32%～34%，此與 40～59 歲人口占總人口之 31.03%十分接近（張老師基金會主編，2016，2017）。

　　因此，建議未來在輔導諮商之訓練上，宜加強中年之相關議題，包含：婚姻、親子溝通、中年轉銜、人生意義自我追尋，以及人際溝

---

37 中華民國群我倫理促進會理事長、大華科技大學董事

通等。

二、中年職涯轉銜的研究層面

　　近年來，學者開始關切成年人有關生涯輔導之主題。成人因社會型態之急遽變遷，成人所面對之轉業、失業因而產生之自我失落感、工作疏離感與工作之適應等方面的影響、成人教育與成人生涯規劃、成人第二專長培養、中年危機處理等，更因國人平均壽命之延長、人口結構老化，引發退休人員及老年族群之生涯輔導等相關課題；至於女性及雙生涯婦女之生涯輔導，更由於社會重視兩性平等及女性投入勞動力之增加，一般女性及雙生涯婦女的生涯發展、中年婦女再就業等，亦為學者所重視（張小鳳等人，1993；張德聰、張小鳳，1995）。

　　張德聰（1999，2006）為最早以焦點解決短期心理治療對於成人生涯轉換以個別及團體諮商方案加以探討，其研究之受試者大都為中年人，除了發展「成人生涯轉換量表」外，並建構以焦點解決短期心理治療之個別及團體輔導模式，其實徵研究顯著有效。韓楷檉（1996）亦曾以國立空中大學學生之生涯需求及其輔導方案之建構，研究國外有關文獻對中年生涯有關主題加以探討（Zandy & Lea, 1985）。對於中年生涯轉換，除了少數幾篇研究如羅寶鳳（1993）外，較少有關成人生涯轉換之相關實徵研究。張德聰（1999）對國內有關成年人生涯輔導研究探討僅有 14 篇，若由 2000～2016 年國家圖書館臺灣博碩士論文探討中年轉銜研究為 0 篇，與成人生涯有關亦僅有 29 篇，而與生涯輔導諮商有關者僅有 3 篇，亦代表成人生涯研究主題亟需加以重視。

三、中年職涯轉銜的未來趨勢

　　中年轉銜不僅是人一生中，生命角色、工作角色、家庭角色、公

民角色，以及社會功能角色的轉銜，也是生涯轉換，更帶來發展之任務及危機。

臺灣社會面對後資訊化以及未來人工智慧（Artifical Intelligence, AI）社會的轉變與趨勢，但經濟成長背後的社會代價包括離婚率愈來愈高，臺灣 2016 年的離婚率為每千人口中 2.29 對夫妻離婚，離婚率為亞洲第二名，全世界離婚率第四高。值得有配偶者警戒的是，國內每年逾 5 萬多對勞燕分飛的怨偶中，竟有近四成是婚齡依序為結婚 10～14 年、15～19 年、20～24 年，其中以結婚 10～20 年的中年夫妻最高（黃天如，2017）。

經濟成長亦帶來壓力增加，如自殺率的提高，雖然臺灣的自殺率曾名列第 10 大死因，現已降至第 12 名，但以年齡層 45～64 歲組為第二高。因此，中年自殺率比率代表中年人之心理健康值得關注（自殺防治中心，2016）。

經濟成長亦可能帶來失業率之提高。臺灣近幾年的失業率均接近 4%，主計總處於 2018 年 1 月 22 日公布，2017 年的失業率 3.76%，以過去相關國家研究失業率與大學生一生的生涯轉換率相關，但近年來 AI 時代趨勢，工作人力精簡化、工作階層扁平化、工作轉換率已有增加趨勢，加上中國大陸 31 種惠台政策，引發年輕人有意到對岸工作意願增加，未來臺灣青年到中國大陸亦可能受其影響，因此未來中年之生涯轉換亦必增加。

基於前述三大現象，未來心理輔導諮商之發展趨勢，建議如下：

1. 跨專業合作，如與律師以及家事法庭增加合作婚姻諮商，並可與宗教團體增加婚前輔導課程，對於中年家庭問題提供適切協助，以其預防勝於治療。

2. 加強企業員工協助方案（Employee Assistance Program, EAP），與企業人力資源部門合作，加強員工協助方案以及壓力管理課程對於中年員工之生涯轉換輔導課程。

3. 加強學校生涯規劃教育以及教師生涯輔導知能，對於因家長失業影響學生失學的狀況，與勞動部合作加強對學生家長生涯輔導之協助。

4. 加強與勞動部、衛生福利部合作對於職場中年心理衛生工作之推廣。

5. 加強中年生涯轉銜之相關研究，發展適切之諮商輔導模式，並對心理師加強有關中年轉銜相關專業訓練，以能提供適切之諮商輔導服務。

參考文獻

中文部分

內政部（2018）。**內政部統計年報**，取自 https://www.moi.gov.tw/stat/node.aspx?sn=6463

自殺防治中心（2016）。**民國 83 年至 106 年全國自殺死亡趨勢**。取自 http://tspc.tw/tspc/portal/know/index.jsp?type=2

張小鳳等人（1993）。**走過女性一生**。臺北市：遠流。

張老師基金會（主編）（2016）。**2016 年「張老師」年報**。臺北市：張老師基金會。

張老師基金會（主編）（2017）。**2017 年「張老師」年報**。臺北市：張老師基金會。

張德聰（1999）。**運用焦點解決法於成人生涯轉換諮商效果之研究**（未出版之博士論文）。國立臺灣師範大學，臺北市。

張德聰（2006）。SFBT 運用在生涯諮商。載於陳秉華、許維素（總校閱），**焦點解決諮商的多元應用**（頁 61-130）。臺北市：張老師文化。

張德聰、張小鳳（1995）。成人生涯諮商。載於行政院青輔會（編），**大**

專學生論文集（頁 100-137）。臺北市：行政院青年輔導委員會會。

黃天如（2017）。「七年之癢」延長賽！台灣離婚率亞洲第二高　結婚 **10～14 年最危險**。取自 http://www.storm.mg/article/373162

韓楷檉（1996）。**我國空中大學學生生涯輔導需求及其輔導方案建構之研 究**（未出版之博士論文）。國立彰化師範大學，彰化市。

羅寶鳳（1993）。**成年婦女生涯轉變及其相關因素之研究**（未出版之碩士 論文）。國立臺灣師範大學，臺北市。

西文部分

Zandy, B., & Lea, H. D. (1985). *Adult career development: Concepts, Issues, and practice*. Broken Arrow, OK: National Career Development Association.

參、伴侶諮商

江文賢 [38]

一、伴侶諮商研究的緣起

早在二十世紀初，伴侶輔導已經被運用在於教會、家庭教育工作或是臨床社工等特定領域。1960 年代，隨著家庭治療興起，導入以家庭系統理論為基礎的伴侶諮商模式，奠定了伴侶諮商在心理諮商的地位（Bowen, 1978）。如今，伴侶諮商已邁入新領域，除了原先家庭系統理論的再淬鍊，例如：包文家庭系統理論、結構取向、短期策略取向，也加入非傳統系統觀點的理論，例如：認知行為取向、客體關係、依附關係／人本經驗的情緒取向婚姻治療，又或者結合更多伴侶關係研究的成果在伴侶諮商上，例如：Gottman 的伴侶諮商模式，以及涵蓋女性主義、多元文化或後現代思維等多元思維的樣貌（Gurman, 2015）。

因著伴侶諮商的歷史脈絡，伴侶諮商研究也經歷不同階段的演變（Gurman, 2008）。1974 年之前，少數幾位治療師發表自己處理一對夫妻的效果，其他多數則為描述性文章。1975 年之後，開始出現大量研究伴侶諮商成效的實證研究，賦予伴侶諮商科學性的支持。如今，伴侶諮商研究不再只是證實其療效與否，而是更嚴謹地探究伴侶諮商的廣度與深度，例如：伴侶諮商的效果有多大、效果能夠持續多久、效果的機制如何發生、哪些特定的伴侶諮商方式對特定議題更有效果、伴侶諮商是否也適合在個人問題上等（Sprenkle, 2002）。

---

38 心理學博士

二、伴侶諮商的研究層面

首先，為了檢驗伴侶諮商的效果，視隨機控制實驗為研究方法的圭臬，採取實驗組和控制組（有時無控制組）的前後測設計，研究結果證實伴侶諮商的確比起沒有伴侶諮商更能改善關係；第二，比較伴侶諮商和其他心理諮商方式或醫療模式的效果，研究顯示伴侶諮商可以得到相同或優於其他方式的效果；第三，研究證實伴侶諮商能夠有效的處理特定問題，包括：藥酒癮、精神疾病、生理疾病、性關係、關係暴力、外遇、離婚、重組家庭、孩童偏差行為問題等；第四，不同伴侶諮商取向的效果比較，試圖探究哪些取向在整體上或特定問題上有更佳的效果，截至目前為止，只能說不同取向的伴侶諮商都可以達到相同的結果（Gurman, 2008, 2015; Pinsof & Wynne, 1995; Shadish & Baldwin, 2002）。

三、伴侶諮商在臺灣本土的研究

如同國外伴侶諮商的演進，臺灣婚姻與家庭治療的正式紀錄，始於臺大醫院精神科陳珠璋醫師和吳就君教授（陳珠璋、吳就君，1969）。自 1978 年《張老師月刊》首次發表伴侶諮商的概論之後（藍采風，1978），臺灣約略出現近百篇關於伴侶諮商的期刊文獻和博碩士論文，這些文章多以描述性為主，少數則為研究性文獻。在這為數不多的研究文獻中，以質性訪談研究為大宗，主要針對個案或諮商師在伴侶諮商歷程中的經驗進行訪談分析（如徐西森、連廷嘉，2004；陳秉華、林美珣、李素芬，2009），而以隨機控制實驗來探討伴侶諮商成效之研究則相當缺乏，如楊連謙醫師與其同仁針對伴侶諮商在婚姻暴力的效果研究（Yang, Tung, & Lung, 2013），在臺灣實屬罕見。

四、伴侶諮商研究的趨勢

根據一份針對資深心理治療師的調查（Norcross, Pfund, & Procha-ska, 2013），推測伴侶諮商將是未來十年中最為蓬勃發展的諮商架構。面對如此趨勢，缺乏實證成效研究的臺灣，則有賴更多人投入此領域。

再者，Pinsof 與 Wynne（2000）整理多數研究後顯示，伴侶諮商平均只有 0.5 效果量（effect size）的改善，這半個效果量的意義，或許只是從相當不開心到勉強過得去的關係滿意度，尤其在臨床實務上，協談夫妻多數處在極度壓力下，如此半個效果量的提升，可能只是讓他們變成中度壓力的狀況而已。在這樣的前提下，當代治療師／研究者更著重於強化伴侶諮商的改變機制，以提升夫妻更大的滿意度（或是研究的效果量），例如：John Gottman 借助生理回饋的研究成果發現，在互動中，當伴侶心跳超過每分鐘100次，往往難以聽得清楚對方的訊息，無法同理對方，失去幽默，更失去連結對方的能力；藉由改善這類情緒淹沒的生理機制，創造夫妻更為平靜與彈性的互動，讓 Gottman 的伴侶諮商達到 1 至 4 個效果量（Gottman & Gottman, 2015, 2017）。這類聚焦於伴侶諮商歷程的改變機制，賦予實證研究的支持，也值得臺灣伴侶諮商研究的參考。

參考文獻

中文部分

徐西森、連廷嘉（2004）。諮商師性別、性別偏見及其婚姻狀況對婚姻諮商歷程影響之分析研究。高應科大人文社會科學學報，1，251-268。

陳秉華、林美珣、李素芬（2009）。人我關係協調之伴侶諮商研究。教育

心理學報，**40**（3），463-487。

陳珠璋、吳就君（1969）。家庭治療之臨床經驗。心理衛生通訊，**14**，25-28。

藍采風（1978）。婚姻諮商與家庭治療的基本概念。張老師月刊，**2**（1），24-31。

西文部分

Bowen, M. (1978). *Family therapy in clinical practice.* Lanham, MD: Jason Aronson.

Gottman, J. M., & Gottman, J. S. (2015). Gottman couple therapy. In A. S. Gurman, J. L. Lebow, & D. K. Snyder (Eds.), *Clinical handbook of couple therapy* (pp. 129-157). New York, NY: The Guilford Press.

Gottman, J., & Gottman, J. (2017). The science of togetherness: Making couples therapy more effective. *Psychotherapy Networker, Sept./Oct.*, 43-59.

Gurman, A. S. (2008). A framework for the comparative study of couple therapy: History, models, and applications. In A. S. Gurman (Ed.), *Clinical handbook of couple therapy* (pp. 1-26). New York, NY: The Guilford Press.

Gurman, A. S. (2015). The theory and practice of couple therapy: History, contemporary models, and a framework for the comparative study. In A. S. Gurman, J. L. Lebow, & D. K. Snyder (Eds.), *Clinical handbook of couple therapy* (pp. 1-18). New York, NY: The Guilford Press.

Norcross, J. C., Pfund, R. A., & Prochaska, J. O. (2013). Psychotherapy in 2022: A Delphi poll on its future. *Professional Psychology: Research and Practice, 44*, 363-370.

Pinsof, W. M., & Wynne, L. C. (1995). The efficacy of marital and family therapy: An empirical overview, conclusions, and recommendations. *Journal of Marital and Family Therapy, 21*, 585-613.

Pinsof, W. M., & Wynne, L. C. (2000). Toward progress research: Closing the gap between family therapy practice and research. *Journal of Marital and Family*

Therapy, 26, 1-8.

Shadish, W. R., & Baldwin, S. A. (2002). Meta-analysis of MFT intervention. In D. H. Sprenkle (Ed.), *Effectiveness research in marriage and family therapy* (pp. 339-370). Washington, DC: American Association for Marriage and Family Therapy.

Sprenkle, D. H. (2002). Editor's introduction. In D. H. Sprenkle (Ed.), *Effectiveness research in marriage and family therapy* (pp. 9-25). Washington, DC: American Association for Marriage and Family Therapy.

Yang, L., Tung, H., & Lung, F. (2013). Adhere analysis of couples with violence completing marital therapy. *Taiwanese Journal of Psychiatry, 27*(4), 295-305.

肆、社區諮商

林妙容 [39]

一、社區諮商研究的緣起

論及社區諮商之興起，則必須回溯美國在 1960 年代的社會脈絡，因其社會、經濟及政治環境之快速變化，人們面臨多元、複雜之生活挑戰與壓力，種種與心理衛生相關之問題層出不窮。因此，面對日漸增加需要提供心理衛生服務之人群，傳統一對一、聚焦於心理內在狀況之個別諮商助人模式，其效率開始受到質疑，而其耗時、耗費人力之服務模式，亦難以符合實際之需求。

1963 年，美國《社區心理衛生中心法案》通過，聯邦政府在全國廣設社區心理衛生中心。1965 年代社區心理學之興起，其核心價值強調預防、尊重多元、賦權、社會正義，以及環境脈絡對人心理健康之影響，進而引發思考如何調整提供給廣大民眾之心理專業服務（陳嘉鳳、周才忠，2011）。於是，心理專業服務即由傳統個別諮商典範移轉至社區諮商典範。

不可諱言，臺灣諮商專業之發展往往跟隨著美國的腳步。相同地，因著臺灣社會之日趨複雜，社區諮商在臺灣也隨之應運而生。首先，中華民國社區諮商學會在 1999 年正式成立；2000 年，國立暨南國際大學設立國內第一個以培育「社區諮商」專業人才之輔導與諮商研究所；接著，國內其他輔導諮商系所也陸續開設社區諮商相關課程。再者，2005 年國立高雄師範大學率先舉辦以社區諮商為主題之學術研

---

39 國立暨南國際大學諮商心理與人力資源發展學系副教授

討會。因其專業學會、培育系所設立及學術研討會之舉辦，進而帶動社區諮商相關主題之研究如雨後春筍般地產出。

二、社區諮商的研究層面

有關社區諮商研究層面之探討，必先了解社區諮商的主要概念與內涵。諮商典範之移轉，其重點並不在於服務對象及場域之轉移，需要特別要強調的是，社區諮商乃基於對人心理健康問題之理解有別於傳統諮商之基本假設，因而衍生出的多元服務策略與模式。社區諮商是一個綜合性之助人架構（Lewis, Lewis, Daniels, & D'Andrea, 2011），其主要假設乃根基於生態系統、多元文化等相關理論觀點，以發展出多面向之心理專業服務，並進而以能有效促進個人、群體之幸福感為終極目標。

承上，舉凡探討心理健康促進、三級預防、諮詢、倡導、公共政策、危機處理、網絡合作，以及社區諮商模式在不同議題上之應用等向度，皆可含括在社區諮商研究之範疇中。再者，因應心理服務需求及諮商典範之移轉，也直接衝擊到傳統諮商師教育課程之設計與訓練。因此，有關社區諮商師之教育訓練、課程設計，乃至於專業認同，亦皆是社區諮商研究之重要層面。

三、社區諮商在臺灣本土的研究

相較於其他諮商相關主題之研究，社區諮商在臺灣本土之研究仍尚在萌芽當中。自 2000 年以來，臺灣本土有關社區諮商之探討仍以論述性文章居多，其主題大體上聚焦在以社區諮商模式探討不同特殊議題之處遇，例如：受虐兒童、目睹兒童外展服務、老人服務、受暴婦女、外籍配偶等。再者，則是自社區心理學之觀點探討特殊議題之預防方案及輔導模式，例如：街友服務、未婚懷孕、自殺預防、防災心

理健康促進等議題。

迄今，「跨專業合作」乃是臺灣本土性社區諮商研究著墨較多的主題，例如：王麗斐、杜淑芬（2009）針對國小場域輔導人員及諮商心理師合作之探討；陳佩宜（2013）以少年虞犯處遇探討網絡合作之成效；游淑華、姜兆眉（2011）以及張淑芬（2015）則以深度訪談之方式，加以探討諮商心理師與社會工作師在家庭暴力及性侵害議題上之合作經驗等。上述之研究結果皆提出社區諮商在不同議題上「跨專業合作」之重要論述，並進一步提供社區諮商師能力培育之反思。

再者，近 20 年來，臺灣陸續經歷九二一地震、莫拉克風災、高雄氣爆、八仙塵爆等大規模的天然及人為之災難事件，而有關災難後之危機處置，以及從災難心理學之預防觀點談心理健康促進之主題，也陸續皆有相關之論述與研究，值得重視。

四、社區諮商未來研究的趨勢

臺灣在社區諮商之本土研究仍方興未艾，實有極大之發展空間。在社區諮商實務探討上，社區特殊議題之預防方案設計、實施及成效檢核，災難危機應變與處置、諮詢、倡導，社區諮商模式之運用，以及群體幸福感促進等相關議題，都仍有待進一步探討。在研究方法上，在地實踐之行動研究，不同對象或議題之縱貫性研究，亦是建立本土社區諮商研究之重要途徑。最後，值得一提的是，面對少子化、高齡化及人工智慧開發等社會發展趨勢，其對人們心理健康之衝擊，亦是未來研究不容忽視之處。

中文部分

王麗斐、杜淑芬（2009）。臺北市國小輔導人員與諮商心理師之有效跨專業合作研究。**教育心理學報**，**41** 諮商實務與訓練專刊，295-320。

張淑芬（2015）。心理師從事家庭暴力暨性侵害類社區諮商之跨專業系統合作能力初探研究。**教育心理學報**，**47**（1），23-43。

陳佩宜（2013）。網絡合作之成效分析：以南投縣少年虞犯預防評估小組為例（未出版之碩士論文）。國立暨南國際大學，南投縣。

陳嘉鳳、周才忠（2011）。社區諮商典範在臺灣的轉移與失落。**輔導季刊**，**47**（4），40-49。

游淑華、姜兆眉（2011）。諮商心理與社會工作在「家庭暴力暨性侵害防治中心」的跨專業合作經驗：從社工觀點反思諮商心理專業。**中華輔導與諮商學報**，**30**，24-53。

西文部分

Lewis, J. A., Lewis, M. D., Daniels, J. A., & D'Andrea, M. J. (2011). *Community counseling: A multicultural-social justice perspective* (4th ed.). Pacific Grove, CA: Brooks/Cole.

伍、復健諮商鑑往知來

鳳華[40]

一、復健諮商發展的歷史淵源

美國聯邦政府的復建方案，始於 1920 年的《史密斯—費斯法案》，至 1973 年《復健法案》以反歧視精神開啟保障身心障礙者的公民權益。聯合國身障者權利公約（2007）則明定各國應促進身心障礙者充分享有人權，並促進社會、經濟及文化的全面參與，強調其自主權外，並營造無障礙環境，以促進全面參與的基本權益。

復健諮商服務即呼應上述精神，其目的是促進身心障礙者在社會的全面參與。復健諮商師著重發現身心障礙者的潛能與優勢，結合各項資源克服障礙，達到職業、心理及社會的獨立自主，以提升其生活品質（Maki & Tarvydas, 2011; Parker & Szymanski, 1998）。

二、復健諮商的研究層面

在實證本位的聲浪下，復健諮商研究亦蓬勃發展，以確保服務品質並展現績效責任。陳方（2016）指出，職業復健中的行為技能訓練（含人際訓練）是被認定具有最大程度實證證據的服務策略，諮商輔導與工作同盟則緊追在後。1986 年的《復健法案》將身心障礙者的就業服務從先訓練再安置，改為先安置再訓練；美國 2014 年的《勞動力創新與機會法案》（WIOA），強調擴展進入職場前的實務學習機會，增進對真實世界的體驗。對在職場者，提倡彈性的支持性就業服務，

同時強調對雇主端提供支持，「客製化」的職業重建服務因應而生。科技輔具與職務再設計的整合運用，亦是職業重建服務的重要特色，結合科技輔具之跨專業合作，建構更具成效的就業服務。

　　諮商輔導是復健諮商專業的服務基石，然運用於非障礙人士的諮商模式，並不全然適用於障礙人士。特別是身心障礙者在成長中常面臨各種挑戰，例如：早期生涯探索或自我決定的經驗有限、較少成功經驗或環境負面態度，而發展出較低的自我概念等（Conte, 1983; Curnow, 1989）。因此，在建構個案概念化及提供輔導的過程，歐美已建立對特定障別的生、心理需求具高敏感度，並依其特性選擇適當諮商學派的實證成果。此外，職業復健中之生涯理論是不可或缺的一環，而生涯理論與諮商的結合，則顯示整合式服務模式的必然趨勢。

三、復健諮商在臺灣本土的發展

　　國內復健諮商的發展以提供身心障礙者勞動參與為基礎，從 1994 年的社區化就業、2003 年的職業輔導評量，到 2009 年全面設立職業重建服務窗口，完成職業重建整體服務體系。其服務模式從現場支持與訓練，到強化諮商於服務歷程，協助個體生理、心理、認知或情緒方面的調適，達成個人生涯與獨立生活的目標。

　　國內的職業重建服務最早由陳靜江等學者推動社區化就業服務，開啟復健諮商本土服務的先驅；爾後因應職業評量工具的大量需求，陸續開發如本土化工作樣本、育成工作樣本、圖片化或照片式的職業興趣及實用認知測驗等工具。

　　國內的服務模式受到世界趨勢對身心障礙者服務理念的更迭，從「保護」轉換成「保障權益」，逐步強調身心障礙者的自覺、自主與權益，強調服務提供者與使用者之平等關係；此外，正向、優勢觀點的趨勢，以及著重服務使用者工作動機之引發——從夢想出發，並善用正向特質，為個體開創獨立自主高品質的生活。

　　林幸台教授於 2007 年的著作《身心障礙者生涯輔導與轉銜服務》，定調生涯發展與輔導是復健諮商服務的主軸。勞動部勞動力發展署於 2014 年，定位職業重建個案管理員的角色為諮商者、管理者、資源協調整合者，以職涯觀點提供職業重建服務，強調與身心障礙者建立同盟，促進其賦權與自我決定，對後續服務亦開啟新的里程。

四、復健諮商的未來

　　國外的復健諮商已近百年，國內從 2003 年正式成立復健諮商研究所後，系統化的研究逐漸開展，各種職業重建服務的方案評估、客製化服務、跨專業合作及入職場前的職前準備及生涯探索輔導團體等，蓬勃發展。如何結合生涯輔導理論、善用體驗式活動，增進自我效能，發展適用於不同障別的生涯諮商模式（Fabian & Liesener, 2005），並研發評量工具，是國內需持續發展的重點。

　　目前，心理諮商領域亟待研發適用於不同障別的諮商理論，以建立本土化實證資料；如何結合近年來的新趨勢，例如：正向心理學、行為學理的正向支持與自我效能、辯證行為、接受與承諾治療（ACT），以及情緒管理等，皆是未來可探究的方向。身心障礙者婚姻與家庭諮商議題亦是重要的研究範疇；督導專業化與政策制定等，亦是確保專業品質與未來服務的重要議題。

參考文獻

中文部分

林幸台（2007）。身心障礙者生涯輔導與轉銜服務。臺北市：心理。

陳方（2016）。Evidence-based service of supported employment。發表於 **2016 有實證的支持性就業服務國際研討會**。高雄市：國立高雄師範大學。

西文部分

Conte, L. E. (1983). Vocational development theories and the disabled person: Oversight or deliberate omission? *Rehabilitation Counseling Bulletin, 26*, 316-328.

Curnow, T. C. (1989). Vocational development of persons with disability. *The Career Development Quarterly, 37*, 269-278.

Fabian, E. S., & Liesener, J. J. (2005). Promoting the career potential of youth with disabilities. In S. D. Brown & R. W. Lent (Eds.), *Career development and counseling: Putting theory and research to work* (pp. 551-572). Hoboken, NJ: John Wiley & Sons.

Maki, D. R., & Tarvydas, V. M. (2011). Rehabilitation counseling: A specialty practice of the counseling profession. In D. R. Maki & V. M. Tarvydas (Eds.), *The professional practice of rehabilitation counseling* (pp. 3-16). New York, NY: Springer.

Parker, R., & Szymanski, E. (1998). *Rehabilitation counseling: Basic and beyond* (2nd ed.). Austin, TX: Pro-ed.

第二篇

諮商教育與訓練

第三章

諮商心理師培訓制度的
回顧與省思

林家興[1]、林烝增[2]

　　本章主要在回顧諮商心理師培訓制度於過去二十年的發展,並對諮商心理師的培訓現況進行描述和檢討,探討的主要內容是諮商心理師的課程訓練和臨床實習。本章分為四節呈現,分別是:諮商心理師的課程訓練與省思、諮商心理師的實習制度與省思、提升諮商心理師培訓成效的相關因素,以及優化諮商心理師培訓制度的建議。

第一節　諮商心理師的課程訓練與省思

　　本節首先回顧《心理師法》實施之前的碩士班課程訓練,接著描述諮商心理學程四領域七學科和七領域七學科的課程內容,以及諮商心理師培育系所的概況,最後針對諮商心理師課程訓練的特點和問題提出省思。

1　國立臺灣師範大學教育心理與輔導學系兼任教授
2　「張老師」基金會臺北分事務所兼任心理師、中華民國諮商心理師公會全國聯合會秘書長

壹、《心理師法》實施之前的課程訓練

《心理師法》於 2001 年 11 月 21 日總統公布實施之前，臺灣法規並沒有「諮商心理師」這樣的職稱，大學心理或輔導系所裡也沒有所謂的諮商心理學程，當時的諮商輔導系所主要在培養學校輔導教師和一般諮商輔導人員。《心理師法》實施之前，諮商輔導系所碩士班沒有臨床實習的課程，多數課程都是 2 學分，研究生通常修業兩年就可以畢業。

《心理師法》實施之前，輔導研究所或心理研究所碩士班研究生，通常修畢至少 24 學分，通過論文口試後即可畢業。碩士班的課程訓練包括兩、三門必修科目，兩、三門統計與研究法科目，以及五、六門專業科目，多數科目是 2 學分。研究生通常花一年半的時間修課，半年的時間完成碩士論文。研究生可以根據自己的興趣選修專業科目，教師也可以開設自己專長的課程。這樣的課程訓練屬於傳統學術研究的取向，通常可以配合系所特色和師生需求來規劃，不會受到專技人員考試的影響，因此不同輔導或心理研究所碩士班的課程內容，會有很大的出入。

在推動《心理師法》的過程中，心理和輔導相關系所開始思考諮商心理師培訓的內容和方式。一般認為，諮商心理師的培訓包括五個部分：大學部心理學基礎課程、研究所諮商輔導專業課程、研究方法課程、諮商實習課程，以及論文研究等。在《心理師法》實施之後，心理和輔導相關系所便開始將碩士班輔導組更名為諮商組、諮商心理學組或類似名稱、增設兼職或課程實習（practicum）和全職或駐地實習（internship）課程，並配合諮商心理學程認證的需要，調整或增設部分基礎和專業課程。

《心理師法》第 2 條只簡單的規定諮商心理師的考試資格：在教育

部認可的國內外大學諮商心理所、系、組或相關心理研究所主修諮商心理，並經實習至少一年成績及格，得有碩士以上學位者（衛生福利部，2016a）。《心理師法》通過的當時，臺灣的大學心理和輔導相關系所都還沒有所謂的諮商心理所、系、組，勉強而言，只有相關心理研究所主修諮商心理的研究生。考選部是負責諮商心理師考試的機關，為了明確考生的報考資格，於是召集心理與輔導相關系所和台灣輔導與諮商學會的代表，開會研商和訂定諮商心理學程的課程內容。

根據考選部的建議，為便於學程的採認，建議臨床和諮商心理學程最好各有七學科 21 學分，然後用幾個課程領域來區分。中國心理學會（臺灣心理學會前身）臨床心理學組草擬的臨床心理學程，便包括三個領域：心理病理領域 9 學分、心理衡鑑領域 6 學分，以及心理治療領域 6 學分。中國輔導學會（台灣輔導與諮商學會前身）教考用小組草擬的諮商心理學程，則包括四個領域：心理評量、測驗與衡鑑領域 3 學分、諮商與心理治療（含理論、技術與專業倫理）領域 12 學分、心理衛生與變態心理學領域 3 學分，以及人格、社會與發展心理學領域 3 學分。當時在規劃諮商心理學程的課程內容，是以全科心理師的思維在設計，認為諮商心理師的課程訓練應該包括：基礎心理學、心理測驗與衡鑑、心理衛生與變態心理學，以及諮商與心理治療理論與技術。

貳、四領域七學科的諮商心理學程

因此，在考選部邀集學界代表開會討論之後，於 2002 年 8 月 13 日發布《專門職業及技術人員高等考試心理師考試規則》（以下簡稱《心理師考試規則》），其中第 7 條明定：《心理師法》所稱主修諮商心理，係指修習心理評量、測驗與衡鑑領域相關課程至少一學科、諮商與心理治療（包括理論、技術與專業倫理）領域相關課程至少四學科、心理衛生與變態心理學領域相關課程至少一學科，以及人格、社

會與發展心理學領域相關課程至少一學科，合計七學科、21 學分以上，
每學科至多採計 3 學分（考選部，2002）。諮商心理學程的課程內容包
含四領域七學科，考選部並設計諮商心理學程證明書表格，提供大學
心理相關系所開立修課證明給考生作為報考資格證明之用。為了真實
呈現四領域七學科的學程修課內容，筆者蒐集了四所學校畢業的四位考
生之諮商心理學程證明書，將他們的修課內容作為範例呈現，如表 3-1
所示。

參、七領域七學科的諮商心理學程

由於大學自主的關係，各大學心理與輔導相關系所為了配合系所
特色，對於同一個學科的課程名稱往往有各自的命名。採用四領域七
學科的課程規劃用來操作定義相關心理研究所主修諮商心理，可以說
是為了配合考選部判斷考生是否具有應考資格的一種方式。這樣一
來，決定考生能否報考的關鍵並非考生畢業的「所、系、組」，而是
考生是否修習了四領域的七門「課程」。在這樣的狀況下，雖然給予
各相關心理研究所發展特色課程的空間，以及學程認定上的彈性，但
卻不容易兼顧諮商心理學程的品質和標準化（林家興、許皓宜，
2008）。

由於諮商心理學程認定的鬆散，多數的諮商心理師培育機構不循
正途正名為「諮商心理學所、系、組」，反而依循相關心理研究所主
修諮商心理的學程方式迅速擴充，從 2001 年的 8 所擴充到 2008 年的 28
所（林家興，2008a）。由於缺乏統一的核心課程，導致諮商心理學程
的訓練缺少標準化。由表 3-1 可知，在四領域七學科的學程規定下，考
生們修課的內容有很大的分歧，缺乏共同的核心課程。另外，從表 3-3
亦可知，培育諮商心理師的系所名稱非常多，由於相關心理研究所的
諮商心理專長教師屬於少數，要修改系所名稱，實際上是高難度的，

表 3-1　四領域七學科的諮商心理學程範例

考生學校 領域 名稱	畢業於國立臺灣師範大學的考生 A	畢業於國立暨南國際大學的考生 B	畢業於國立政治大學的考生 C	畢業於輔仁大學的考生 D
心理評量、測驗與衡鑑（3 學分）	心理衡鑑專題研究(3)	心理衡鑑專題研究(3)	心理病理學(3)	心理衡鑑專題(3)
諮商與心理治療（包括理論、技術與專業倫理）（12 學分）	諮商的理論基礎(3) 諮商技術專題研究(3) 諮商專業倫理(3) 進階人際歷程心理治療(3) 短期心理治療專題研究(3) 生涯發展理論研究(3) 結構性團體諮商專題研究(3) 婚姻與家族治療研究(3) 碩士層級諮商實習(一)(二)	諮商理論專題研究(3) 諮商實務(2) 遊戲治療(2) 團體諮商專題(3) 多元文化諮商專題研究(2) 生涯諮商專題(2) 社區輔導理論與實務(1)	諮商專題(3) 諮商與心理治療(3) 團體諮商專題(3) 人生壓力與調適(3) 個別諮商實習(4)	性別與心理治療(3) 同理心(3) 團體諮商與心理治療理論(3) 諮商與心理治療理論(3) 批判心理學與社會治療(3)
心理衛生與變態心理學（3 學分）	變態心理學研究(3)	變態心理學研究(3)	健康心理學(3)	健康心理學專題研究(3)
人格、社會與發展心理學（3 學分）	社會與情緒發展研究(3)	人格心理學專題研究(3)	社會心理學專題(3)	高等社會心理學(3) 人格心理學專題(3) 社會心理學專題(3)

資料來源：筆者自行彙整

但若要各系所調整課程名稱，則是相對很容易的事情，於是各系所便在可能範圍內盡量調整課程名稱，以便可以採計為諮商心理學程的課程。

諮商心理學程採用課程領域方式實施前的十年期間，心理師審議委員會和考選部承辦人員在審查考生諮商心理學程的課程內容時，經常發生學科名稱認定困難的問題。再加上有些系所為了協助研究生取得考試資格，在採認諮商心理學程的課程時過於寬鬆。有些非諮商心理學組的碩士班考生，會以到外系或外校補學分的方式湊足諮商心理學程的七學科 21 學分。考選部有鑑於此，故委託中國輔導學會諮商心理學組研擬諮商心理學程的核心課程草案。隨後，考選部再度召集心理與輔導相關系所和學會的代表，開會研商修訂諮商心理學程的課程內容。

因此，考選部於 2011 年 12 月 19 日發布《心理師考試規則》修訂版（考選部，2011），將四領域七學科的諮商心理學程修改為七領域七學科，實際調整的內容有三個部分：

1. 將「心理評量、測驗與衡鑑領域」的名稱改為「個案評估與心理衡鑑領域」。修改的原因是，「心理評量」過於理論，「個案評估」比較符合實務取向。

2. 將「諮商與心理治療（含理論、技術與專業倫理）領域」的名稱拆開成四個領域：「諮商與心理治療理論領域」、「諮商與心理治療實務領域」、「諮商倫理與法規領域」，以及「團體諮商與心理治療領域」。修改的原因是，在原來的一個領域包括四學科 12 學分的情況下，很容易讓考生以為所有修過的諮商專業課程都可以採計為此領域的課程；拆開成四個領域之後，每個領域只採計一學科，可以使核心課程的內容更加明確。

3. 將「人格、社會與發展心理學領域」的名稱改為「諮商兼職（課程）實習領域」。修改的原因是認為，屬於心理學基礎的

課程可以從學程中拿掉，但是諮商心理師考試的筆試科目仍維持心理學基礎，然後把諮商兼職實習或諮商課程實習當作一個領域，透過學程的設計要求考生在從事全職實習之前，一定須先修習兼職或課程實習。

考選部比照中等學校教師資格審查的教育專業課程科目之採認方式，明定每個領域的學科數和學科名稱，每個領域列了三至五個學科名稱，事實上都是同一學科的類似名稱，而且每個領域只採計一學科。從四領域七學科調整為七領域七學科，使諮商心理學的核心課程更為明確，考生都能接受相同的課程訓練，但同時也限制了考生選課的自由度和個別化。標準化的核心課程使多數系所在開課時，會優先開出諮商心理師考試要採認的課程，導致部分考生抱怨在就學期間修不到想要修的課程（蘇清，2015）。

為了提供各大學修改學科名稱的時間，以及維護在學考生的權益，《心理師考試規則》給予四年的緩衝期，新的諮商心理學程於2011 年底公告，從 2016 年 1 月 1 日以後才適用於參加諮商心理師考試的考生。根據現行的《心理師考試規則》，考生必須就讀諮商心理所、系、組或相關心理研究所主修諮商心理，並且在就讀碩士班或博士班期間，修習諮商心理學程的所有課程，而無法再像 2015 年底以前畢業的考生，可以透過畢業後補修學分的方式取得諮商心理學程證明書。

《心理師考試規則》第 7 條明定：自 2016 年 1 月 1 日起，相關心理研究所主修諮商心理的考生須在就讀碩士以上學位期間，修習七領域的課程，每一領域至少修習一學科，每一學科至多採計 3 學分，合計至少七學科 21 學分（考選部，2017），如表 3-2 所示。

表 3-2　七領域七學科的諮商心理學程課程內容

領域	學科名稱
諮商與心理治療理論領域課程	諮商與心理治療理論
	諮商理論
	心理治療理論
	諮商理論與技術
諮商與心理治療實務領域課程	諮商與心理治療實務
	諮商與心理治療技術
	諮商技術
	諮商實務
諮商倫理與法規領域課程	諮商（專業）倫理與法規
	諮商（專業）倫理
	諮商與心理治療（專業）倫理
	心理與諮商專業倫理
	諮商倫理與專業發展
心理健康與變態心理學領域課程	心理衛生
	變態心理學
	心理病理學
	心理健康學
	社區心理衛生
個案評估與心理衡鑑領域課程	心理測驗（評估、衡鑑、評量或診斷）
	心理測驗與衡鑑
	心理評量測驗
	心理測驗與評量實務
	心理測驗理論與技術
團體諮商與心理治療領域課程	團體諮商理論與實務（技術）
	團體諮商
	團體心理治療
諮商兼職實習領域課程	就讀碩士以上學位在學期間（非全職實習）之諮商兼職實習等相關課程科目

註：考生修習的課程名稱必須與表列的學科名稱一樣，或者課程名稱後加上研究或
　　專題研究，才會被採認。

資料來源：考選部（2017）

肆、諮商心理師培育系所的概況

目前，諮商心理師的養成教育屬於碩士層級，主要是由諮商輔導和心理相關系所的碩士班諮商心理學組或諮商組在負責培育。根據 107 學年度 24 校各系所招生簡章統計，招收碩士班諮商心理相關學組研究生共 416 人，相較於台灣輔導與諮商學會統計 96 學年度諮商心理學碩一研究生為 247 人（林家興，2009），十年來的培訓人數增加了許多。107 學年度各大學招收諮商心理相關碩士班的系所名稱和招生人數，如表 3-3 所示。

表 3-3　107 學年度各大學招收諮商心理相關碩士班的系所名稱和招生人數

編號	系所名稱（學組名稱）	考試入學人數	推薦甄選人數	合計
1	中國文化大學心理輔導學系（未分組）	13	13	26
2	玄奘大學應用心理學系（諮商心理學組）	5	9	14
3	亞洲大學心理學系（諮商心理學組）	6	7	13
4	東吳大學心理學系暨研究所（諮商組）	4	4	8
5	南華大學生死學研究所（生死教育與諮商組）	5	7	12
6	國立交通大學教育研究所（諮商組）	0	0	0
7	國立東華大學諮商與臨床心理學系（諮商心理學組）	6	7	13
8	國立屏東大學教育心理與輔導學系（諮商與輔導組）	12	10	22
9	國立政治大學輔導與諮商碩士學位學程（未分組）	6	3	9
10	國立高雄師範大學諮商心理與復健諮商研究所（諮商心理組）	9	9	18

表3-3 107學年度各大學招收諮商心理相關碩士班的系所名稱和招生人數（續）

編號	系所名稱（學組名稱）	考試入學 人數	推薦甄選 人數	合計
11	國防大學政治作戰學院心理及社會工作學系（心理組）	17	0	17
12	國立清華大學教育心理與諮商學系（諮商心理組）	11	9	20
13	國立嘉義大學輔導與諮商學系碩士班（諮商心理組）	15	12	27
14	國立彰化師範大學輔導與諮商學系（婚姻與家庭治療組）、（諮商組）	27	10	37
15	國立暨南國際大學諮商心理與人力資源發展學系（諮商心理組）	16	6	22
16	國立臺中教育大學諮商與應用心理學系（未分組）	9	9	18
17	國立臺北教育大學心理與諮商學系（未分組）	15	10	25
18	國立臺北護理健康大學生死與健康心理諮商系（諮商心理組）	7	3	10
19	國立臺南大學諮商與輔導學系（未分組）	10	7	17
20	國立臺灣師範大學教育心理與輔導學系（諮商心理學組）	9	11	20
21	淡江大學教育心理與諮商研究所（未分組）	15	12	27
22	實踐大學家庭研究與兒童發展學系（家庭諮商與輔導組）	5	7	12
23	臺北市立大學心理與諮商學系（諮商組）	7	5	12
24	銘傳大學諮商與工商心理學系（諮商組）	10	7	17
	總計	239	177	416

資料來源：筆者彙整自各校招生網頁

從表 3-3 可知，諮商心理師培育系所有幾個特點：

1. 系所名稱相當多元。主要的系所名稱（系所數目）有：心理輔導學系（1）、應用心理學系（1）、心理學系（2）、心理及社會工作學系（1）、生死學研究所（1）、教育研究所（1）、諮商與臨床心理學系（1）、教育心理與輔導學系（2）、輔導與諮商碩士學位學程（1）、諮商心理與復健諮商研究所（1）、教育心理與諮商學系所（2）、輔導與諮商學系（2）、諮商心理與人力資源發展學系（1）、諮商與應用心理學系（1）、生死與健康心理諮商學系（1）、諮商與輔導學系（1）、諮商與工商心理學系（1）、心理與諮商學系（2）、家庭研究與兒童發展學系（1）。

2. 各系所採用招生和教學分組，不採用學籍分組，分組名稱相當多元，此是為了方便招生時的招生名額可以各組流用，避免不足額錄取。分組的名稱（分組數目）有：未分組（6）、諮商心理學組（4）、諮商心理組（5）、心理組（1）、諮商組（5）、生死教育與諮商組（1）、諮商與輔導組（1）、婚姻與家庭治療組（1）、家庭諮商與輔導組（1）。

3. 各系所的招生人數分歧很大，諮商輔導系所招收較多的諮商心理研究生，綜合大學心理學系招收較少的諮商心理研究生，此可能和諮商心理專長的教師人力較少，以及同時要招收臨床心理學組研究生有關。

4. 各系所諮商心理學組的畢業學分數普遍超過 35 學分，例如：國立臺灣師範大學 36 學分、國立彰化師範大學 38 學分、中國文化大學 35 學分，遠超過一般碩士班 24 學分的畢業門檻。因此，諮商心理研究生要修的課程，通常遠高於同系所其他學組的研究生，顯示有較高的課業壓力和延長修業年限的需要。

伍、諮商心理師課程訓練的省思

筆者認為，諮商心理師的訓練課程或學程具有下列幾項特點和問題。

一、諮商心理師的專業定位在心理專業和諮商專業之間維持一種模糊狀態

在臺灣，培育諮商心理師的大學系所涵蓋了心理相關系所和諮商輔導相關系所的碩士班，這些系所通常也會同時聘任臨床、諮商心理學專長和心理輔導、諮商師教育專長的師資。在《心理師法》實施之前，認同心理專業的系所（如國立臺灣師範大學）在課程設計時，會採用或參考美國心理學會（American Psychological Association, APA）的課程標準，而認同諮商專業的系所（如國立高雄師範大學）在課程設計時，則會採用或參考 CACREP[3] 的課程標準。在《心理師法》實施之後，多數系所在原有的課程設計中為配合諮商心理師考試的必選科目，納入了七領域七學科的課程，形成一種具有臺灣特色的訓練課程。

筆者經過多年觀察諮商心理研究生的專業認同，發現他們的專業認同比較模糊或分岐，其對象從心理師、諮商師到輔導教師都有。蘇清（2015）以諮商心理師證照意義的探討為題，質性訪談一位諮商心理研究生和三位諮商心理師，研究結果發現：對於受訪的諮商工作者而言，這是一張無法與諮商專業認同與專業生涯連結的證照。在證照與專業之間出現了斷裂，讓受訪的諮商工作者無法因為拿到證照，而更加確立自己的專業認同與專業性。

---

3 諮商及相關教育課程認證委員會（Council for Accreditation of Counseling and Related Educational Programs, CACREP）

　　由於現行《心理師法》的關係，諮商心理師在認同心理師和諮商師之間保持一種模糊狀態，是一個值得關注的現象。諮商心理師在專業社會化的過程中，在專業認同上，有的人會繼續維持模糊狀態，有的人會逐漸認同心理師、諮商師或輔導教師，而成為個人專業風格的一部分。對於專業認同感到困難或斷裂的夥伴，也是培育機構教師和實習機構督導所需要關心的一個議題。

二、諮商心理師的訓練取向普遍採用科學與實務取向

　　臺灣的諮商心理師除了要修習諮商心理專業課程，還要完成一年的全職實習和碩士論文的研究，故完成諮商心理學碩士學位，平均需要三年半至四年半的時間。雖然歐美國家的專業碩士學位不需要撰寫碩士論文，但我國卻規定取得碩士學位必須完成碩士論文。由於專業訓練和學術論文研究的雙重要求，諮商心理師的訓練取向是屬於科學家與實務工作者取向的模式（scientist-practitioner model）；也因為這樣的嚴格訓練，筆者認為臺灣培育的諮商心理師具有良好的學術研究和專門執業的能力，在全球華人的市場上具有很好的競爭力。

　　由於採用科學家與實務工作者的訓練模式，無形中對諮商心理學碩士班研究生造成很大的壓力，包括：課業學習、臨床實習、論文研究，以及籌措生活經費等。在歐美國家的諮商心理學碩士班，通常在兩年內修畢一定學分的課程之後即可畢業，不需要撰寫論文，也不需要在畢業之前完成全職實習。歐美國家的諮商心理學碩士班畢業者，可以在畢業之後從事至少兩年在督導下的臨床工作，即可取得應考諮商師或心理師的資格。和歐美國家的諮商心理學碩士班相比，臺灣的諮商心理學碩士班無疑需要至少三年半至四年半，才能夠完成課程學習、臨床實習，以及論文研究。

　　為了減輕諮商心理研究生的培訓壓力，並且縮短畢業年限，在教育部鬆綁大學的《學位授予法》之後，將其訓練模式改為實務工作者

取向，並取消碩士論文的要求，或許是未來培育機構可以思考的一個議題。筆者非常認同喬虹（2018）的觀點，她認為諮商心理碩士層級的訓練焦點，並非放在培育從事諮商心理學研究的人才，而是培育具有科學家研究精神的助人實務工作者。

三、諮商心理學程的品質與把關

臺灣雖然有大學評鑑，但是大學評鑑並非針對諮商心理學程，而是針對整個系所的課程和教師進行評鑑。在臺灣，臨床心理學程是透過台灣臨床心理學會進行把關，只有經過學會審查通過的臨床心理學組畢業生，才具有報考臨床心理師考試的資格。在美國，諮商心理學程則是透過美國心理學會（APA）的審查，通過 APA 審查認可（accreditation）的諮商心理學組即代表優良的品質。

有鑑於培育機構的品質影響諮商心理師的培育極大，筆者建議可針對培育諮商心理師的系所課程和師資進行評鑑。臺灣各大學的心理與輔導系所碩士班諮商心理學組是否需要透過學會進行審查和把關，則有待學界的評估和共識。而針對開設諮商心理學程的系所評鑑標準，林家興（2009）建議如下：(1)系所名稱包括心理或諮商；(2)系所的諮商心理學專任教師至少 4 位；(3)諮商心理學程的內容符合標準化核心課程；(4)諮商心理學程的專任師生比高於 1：8；(5)諮商心理學教學空間與設備；(6)心理測驗與衡鑑工具超過 10 種：(7)兼職諮商實習時數至少 240 小時；(8)全職諮商實習時數至少 1,500 小時；(9)諮商心理學程畢業生的心理師考試及格率超過 30%。

四、基於課程本位的諮商心理學程之訓練成效有待檢討

屬於課程本位思維的諮商心理學程，是否足以培訓具備專業能力的諮商心理師？現行的《心理師考試規則》只規定考生修畢七學科 21

學分的諮商心理學程，加上一年的全職實習，再通過紙筆測驗，即可取得諮商心理師資格。現行的學程規定和考試方式是否足以確保通過考試的考生都具備執行心理師業務的專業能力，是一個值得持續評估的議題。

　　筆者認為，培育系所可以將能力本位的思維融入諮商心理學程，課程教師可以在教學和評量的過程中增加能力本位的內容和方法。在現行的課程教學中，納入某種形式的技能訓練和個案研討，將可提高研究生的接案能力和臨床判斷。筆者建議，諮商專業課程的教師應盡可能在教學和成績考核的過程中，採用個案研究、角色扮演、諮商演練、機構見習、測驗實作，以及諮商技巧觀摩等方法，以幫助研究生做好臨床實習前的技能準備。

第二節　諮商心理師的實習制度與省思

　　本節首先描述諮商心理實習制度的發展過程，接著說明諮商心理實習機構的審查機制、碩二兼職實習和碩三全職實習的概況，最後針對諮商心理實習制度的特點和問題提出省思。

壹、諮商心理實習制度的發展歷程

　　在 2001 年《心理師法》公布實施之前，職場上並沒有「諮商心理師」這個職稱，只在各級學校有「輔導教師」的職稱，部分學校會提供實習機會給就讀諮商輔導系所的學生，其主要目的在於培養學校輔導教師或社會輔導人員。2001 年《心理師法》公布實施之後，該法第 2 條規定，諮商心理師的考試資格之一是經實習至少一年成績及格，這個規定開啟了諮商心理實習制度的發展。

　　《心理師法》實施之後，諮商心理師培育系所開始增設碩二兼職實習課程和碩三全職實習課程，實習課程教師開始協助研究生安排實習機構。但是，《心理師法》對於實習至少一年的規定是非常模糊的，對於實習機構、實習項目、實習時數、督導時數，以及督導資格等完全付之闕如。考選部在訂定《心理師考試規則》之前，曾經召集心理師主管機關、心理與輔導相關系所主管，以及學會代表等，開會研商有關實習經驗的認定方式。

　　中國輔導學會教考用小組在草擬諮商實習相關規定時，便有幾個共識：一是定位在全科心理師，因此實習場域不限定在醫院、學校或社區；二是實習心理師一定要在督導下進行實習接案。由於諮商心理學和臨床心理學教授的不同訓練思維，導致諮商心理師與臨床心理師在實習方面的規定有兩點不同：第一，臨床心理師的實習機構以醫療機構為限，諮商心理師的實習機構則包括學校、醫院與社區機構；第二，諮商心理師的實習明確要求「個別督導時數至少五十小時」，而臨床心理師的實習並無此規範。

　　研商會議之後，考選部於 2002 年發布《心理師考試規則》，該規則第 7 條明定《心理師法》「所稱實習，係指在醫療機構、心理諮商所、大專院校諮商（輔導）中心、社區性心理衛生中心及其他經行政院衛生署指定之機構實習；且應包括個別督導時數，至少 50 小時，成績及格，有證明文件者」（考選部，2002）。考選部並設計諮商心理實習證明書表格，提供實習機構開立證明書給考生使用。

　　中國輔導學會為提升諮商心理師的實習訓練品質、強化實習機構功能，以及建立完善實習制度，於 2002 年 7 月 16 日公告《諮商心理實習及實習機構審查辦法》，並開始受理合格實習機構審查。臺灣諮商心理學會於 2008 年底成立之後，開始與台灣輔導與諮商學會共同審查實習機構。合格實習機構的審查採用自願申請制，經審查通過的實習機構會被公布在兩個學會的合格實習機構名單網頁上，這項屬於專業

自律的審查制度目前仍在運作，對於提升實習機構的品質具有很大貢獻。

　　由於學會的實習機構審查屬於自願方式，並不是所有的實習機構都會送審，有些實習機構沒有送審仍然招收實習心理師。有鑑於學會的審查沒有強制性，為了明確規範實習機構和實習經驗，行政院衛生署（衛生福利部前身）召集了心理與諮商輔導相關學會代表研商諮商心理實習的具體規範內容。行政院衛生署於 2011 年 6 月 28 日增訂發布《心理師法施行細則》第 1-1 至 1-7 條條文，具體規範實習機構、實習項目、實習時數，以及督導資格等。

　　《心理師法施行細則》第 1-4 條規定，臨床心理實習時數合計至少1,920 小時，第 1-5 條規定諮商心理實習時數合計至少 1,500 小時，其中個別、婚姻或家庭諮商及心理治療、團體諮商及心理治療，以及個案評估與心理衡鑑合計至少 360 小時（衛生福利部，2011）。由於諮商心理學和臨床心理學教授的訓練思維不同，對於全職實習的規定也就不一樣，例如：諮商心理學教授希望研究生在實習期間，每週應有一天讓研究生返校上課和從事論文研究，因此才會規定全職實習每週上班四天，而臨床心理研究生則是每週上班五天。又如：諮商心理學教授為協助研究生在實習機構有足夠的時間從事直接服務之訓練，因此規定諮商心理研究生全職實習期間，從事直接服務的時數至少要有 360 小時，而臨床心理研究生則無此規定。

　　國內多數的心理與輔導相關系所諮商心理學組，會將全職實習課程列為選修課程，但國外諮商碩士課程畢業者則多數沒有修習全職實習，這些考生可以透過畢業後補實習的方式，取得參加諮商心理師考試的資格。後來，有考生行文詢問考選部，是否可以畢業後補實習，考選部為求慎重，函詢衛生福利部，衛生福利部於 2015 年 12 月 9 日函釋：一年全職實習應於在學期間完成。從此以後，諮商心理師考試資格規定：全職實習應於碩士班或博士班在學期間完成。

貳、諮商心理實習機構的審查機制

在《心理師法》公布之前，並沒有全職諮商實習，各相關系所為了因應《心理師法》與《心理師考試規則》的「主修諮商心理，並經實習至少一年成績及格」之規定，開始增設「碩三全職實習」課程。這段期間實習機構之安排，主要由實習心理師自行尋找，其實習內容則視實習機構開放予實習心理師的實作項目而定。實習時間以週間白天上班時間為主，但也有實習機構因服務時段因素、辦理活動之需要、實習心理師接案量之需求，而形成部分實習心理師在夜間或週末實習的情況。

由於《心理師法》與《心理師考試規則》對於實習機構、項目、實施方式並無詳細規範，為協助培育系所開設全職實習課程，以及實習機構指導實習心理師，中國輔導學會於 2002 年 7 月 16 日公布了《諮商心理實習課程辦法》，對於實習生資格、實習內容、實習機構條件、實習課程教師與實習機構督導資格，以及考核方式等做了具體的規範。中國輔導學會為方便諮商心理相關系所研究生能了解當年度諮商心理實習機構招收實習心理師的相關資訊，特別製作「諮商心理學實習機構調查表」，並依據《諮商心理實習課程辦法》進行書面審查實習機構，審查通過後再將這些實習機構公布在學會網站。

2006 年 1 月，中國輔導學會諮商心理學組特別邀請各大學諮商心理實習課程的教師，舉辦北中南三場次的座談會，針對「諮商心理實習課程」及「諮商心理學實習機構調查表」的內容進行對話和討論，其主要目的在對於什麼是合格或具有專業品質的實習機構之認定標準，試圖尋求一個共識（林家興，2008b）。

行政院衛生署於 2006 年 5 月 16 日，邀請包括中國輔導學會在內的醫事人員學（公）會代表出席「醫事專業相關類科學生臨床實習相關

事項研商會議」，並於 2006 年 7 月 5 日核定經費，補助中國輔導學會辦理「諮商心理學程研究生臨床訓練規範計畫」。中國輔導學會諮商心理學組根據該計畫的研究結果（林家興、黃佩娟、陳淑雲，2006），於 2008 年 1 月 12 日修訂《諮商心理實習課程辦法》的內容，並更名為《諮商心理實習辦法》，行政院衛生署於 2008 年 4 月 3 日函覆同意備查。臺灣諮商心理學會於 2008 年底成立之後，於 2009 年 9 月 19 日公布《諮商心理實習及實習機構審查辦法》，並與台灣輔導與諮商學會共同審查實習機構。隨著實習機構審查辦法的訂定實施，碩三全職實習的制度也就愈來愈清楚、明確。

目前，全職實習的申請方式是由專業學會審查並公布實習機構名單於其網頁上，研究生各自向實習機構提出書面申請、通過面試，再由實習機構自行公布或通知研究生。由學會審查實習機構，可以幫助實習課程教師和研究生判斷何者是合格的實習機構，進而維護實習諮商心理師的權益。

從台灣輔導與諮商學會審查通過的實習機構歷年資料（如表 3-4 所

表 3-4　2010 至 2017 年度通過學會審查的諮商心理師實習機構（家數）統計表

場域　年度	學校場域	社區場域	醫院場域	合計
2010	91	14	13	118
2011	72	16	20	108
2012	64	15	14	93
2013	72	21	16	109
2014	86	20	13	119
2015	68	18	8	94
2016	78	19	10	107
2017	74	23	12	109
年度平均	75.6	18.3	13.3	107.1
百分比	70.5%	17.1%	12.4%	100%

資料來源：筆者於 2018 年 11 月 26 日取自台灣輔導與諮商學會網頁自行統計

示），可以了解 2010 至 2017 年度每年實習機構申請並通過審查的數量。從表 3-4 可以看出，實習場域以學校為多數，社區與醫院相對較少。根據表 3-4 和黃素菲（2017）的推估，目前提供全職實習的機構，包括送審和未送審的機構大約有150所，每年需要全職實習的諮商心理研究生人數和實習機構提供的訓練容量大致相符。

從申請審查的實習機構來看，訓練實習諮商心理師的場域以學校為多數。申請實習機構審查，學校場域每年度平均有 75.6 所，社區場域每年度平均有 18.3 所，醫院場域每年度平均有 13.3 所，每年度平均有 107.1 所機構向學會申請審查，其中的學校機構占 70.5%，社區機構占 17.1%，醫院機構占 12.4%。此比例與諮商心理師執業場域分布進行比較，根據中華民國諮商心理師公會全國聯合會（2018）於 2018 年 1 月的統計，諮商心理師會員人數有 2,514 人，執業於學校占 63.3%、醫院占 6.6%、社區占 30.1%，可見實習諮商心理師於學校實習的比例接近諮商心理師在學校執業的比例，實習諮商心理師在醫院實習的比例高於諮商心理師在醫院執業的比例，實習諮商心理師在社區實習的比例低於諮商心理師在社區執業的比例。

雖然多數機構每年都會申請審查，但也有許多實際上有招收實習諮商心理師的機構並未向學會申請審查，其可能的原因有二：一是實習機構每年都要重新送審，增加行政作業負擔，降低送審意願；二是合格實習機構認定方式的改變，根據行政院衛生署的函釋，和諮商心理師培育系所簽訂諮商實習合約的機構，即屬於合格的實習機構。

參、碩二兼職實習的概況

諮商心理師的實習有兩個階段：一是碩二兼職實習或稱課程實習（practicum）；二是碩三全職實習或稱駐地實習（internship）。多數系所在碩二開設兩學期各 3 學分的兼職實習課程，少數系所則會開設一學

期 3 學分的兼職實習課程，皆屬於必修課程，修畢兼職實習課程成績及格者，才可以進入碩三全職實習。多數系所將碩三全職實習課程列為選修課程，開給想要參加諮商心理師考試的研究生選修。

　　《心理師法》對兼職實習並無規範，目前的兼職實習多半在研究所碩二期間，相關實習時數與內容，全賴開課教師或系所的規定。大學心理與輔導相關系所開設兼職實習課程的名稱、內容和規定，各校皆有不同，故筆者彙整國立臺灣師範大學、國立彰化師範大學、中國文化大學和亞洲大學四校為例，說明各校對於兼職實習的相關規定，如表 3-5 所示。從表 3-5 可以看出，各校對兼職實習學分數、內容與時

表 3-5　國立臺灣師範大學等四校的諮商心理相關系所對碩二兼職實習之規範

學校系所名稱	國立臺灣師範大學教育心理與輔導學系（2013）	國立彰化師範大學輔導與諮商學系（2016）	中國文化大學心理輔導學系（2012）	亞洲大學心理學系（2017）
課程名稱（學分數）	諮商心理實習（一）（3 學分）、諮商心理實習（二）（3 學分）	諮商實習 A（3 學分）諮商實習 B（3 學分）二擇一	諮商心理實習（4 學分）	諮商實習一（2 學分）諮商實習二（1 學分）
實習總時數	200 小時／年	210 小時／半年	180 小時／30 週	110 小時／36 週
直接服務時數／年	80 小時	70 小時	60 小時	個別 30 小時團體 20 小時
間接服務時數／年	60 小時	依照機構情況*	依照機構情況*	推廣 20 小時行政 40 小時
實習時數／週	6～8 小時	約兩天*	6～8 小時	8～12 小時
督導時數／週	1 小時	1 小時	50 分鐘	1 小時

註：*詢問實習學生。

資料來源：筆者根據四校實習手冊、實習辦法自行整理

數規範的差異，學期數在 1～2 學期之間，學分數在 3～6 學分之間，實習總時數在 110～210 小時之間，直接服務時數在 50～80 小時之間，每週實習時數介於 6 小時～2 天之間，接受督導的時數較為一致，每週督導時數約為 1 小時。

肆、碩三全職實習的概況

有關碩三全職實習的規範和制度的建立，是經過一段漫長的時間，藉由學術團體、衛生福利部、考選部、培育機構、實習機構等單位共同參與逐步改善的，也可以說是一邊實施一邊改進的。《心理師法》一開始並沒有對全職實習的內容進行規範，而是配合實際需要，透過專業學會的規範、《心理師考試規則》、《心理師法施行細則》的修訂，以及主管機構的函釋而愈來愈具體明確，影響諮商心理師全職實習實施的相關法規和規範彙整，如表 3-6 所示。

一、實習年限與完成時限

根據《心理師法》第 2 條，全職實習的年限至少一年，也就是要實習至少 12 個月。早期在考生資格的認定上，曾經發生實習時間不足一年的情況，特別是如何換算國外實習時數為月數的問題。後來，行政院衛生署在修訂《心理師法施行細則》時，明定全職實習時數至少要 1,500 小時，這是為了方便審查國外學歷考生的權宜方式，而國內考生主要是以全職實習至少 12 個月為認定標準。在 2015 年 12 月 9 日衛生福利部以函釋規定全職實習應於在學期間完成之前，全職實習時數不足 12 個月或實習時數不足 1,500 小時的考生，都可以透過補實習的方式完成全職實習至少一年的規定，並取得報考資格。從 2015 年底開始，衛生福利部規定全職實習應於研究生在學期間完成。

表 3-6　諮商心理師全職實習相關規定的依據與規範內容

頒布時間	法規依據	規範內容
2001/11/21	《心理師法》第 2 條	實習年限
日期不詳	行政院衛生署關於《諮商心理師實習機構指定原則》的函釋	實習機構
2002/7/16	中國輔導學會公告《諮商心理實習課程辦法》	實習生資格 實習內容 實習機構條件 實習課程教師與實習機構督導資格 考核方式
2002/8/13	考試院發布《心理師考試規則》第 7 條	實習機構 個別督導時數
2008/1/12	中國輔導學會諮商心理學組修訂《諮商心理實習辦法》	內容同下
2009/9/19	臺灣諮商心理學會公告《諮商心理實習及實習機構審查辦法》，並與台灣輔導與諮商學會共同審查	實習生資格 實習內容 實習機構條件 實習課程教師與實習機構督導資格 考核方式
2011/6/28	行政院衛生署增訂發布《心理師法施行細則》，第 1-1～1-7 條	實習機構 實習項目 實習時數 督導資格
2011/6/30	考選部修訂諮商心理實習證明書表格	實習證明書由實習機構和培育機構聯合開立
2015/12/9	衛生福利部函釋	全職實習須於在學期間完成

二、實習機構

　　諮商心理研究生可以到哪些機構實習，《心理師法》並沒有規

範，而是由行政院衛生署發布函釋補充規範。在函釋裡說明，實習機構係指醫療機構、心理諮商所、大專院校諮商（輔導）中心、社區性心理衛生中心及其他經行政院衛生署指定之機構。事實上，這些行政院衛生署公告的機構都是諮商心理師的執業場所，但並不是每個機構都可以承擔實習訓練的工作。因此，台灣輔導與諮商學會和臺灣諮商心理學會才會透過實習機構的審查來把關；只有通過審查標準的機構，例如：有足夠的諮商設施、有足夠的案量、有足夠的督導人力等，培育機構的實習課程教師才會同意研究生去實習。根據《諮商心理實習及實習機構審查辦法》第 10 條，合格的實習機構應符合下列條件（台灣輔導與諮商學會，2017）：

1. 機構內至少應聘有一位專任且具證照之心理師。

2. 應提供每位全職實習諮商心理師符合第六條之實習項目與實習時數。

3. 應提供專業督導及行政督導。專業督導每人每週最多可以督導二位實習諮商心理師。

4. 機構內的專任心理師與全職實習諮商心理師的師生比至多為一比二。

5. 應提供實習諮商心理師全年至少 50 小時之個別督導；個別督導以每週至少一小時為原則。

6. 應提供全職實習諮商心理師每週平均至少 2 小時的團體督導或研習，含團體督導、在職訓練、實習機構會議、個案研討及經實習機構核可的在外研習課程等。

7. 應訂定實習辦法或編印實習手冊。

8. 機構的必要設備至少為個別諮商室、團體諮商室。並必須提供實習諮商心理師個人之辦公桌椅及辦公設備。

9. 機構全體人員應遵守台灣輔導與諮商學會諮商專業倫理守則。

（一）實習資格

參加全職實習的資格，基本上是由各系所自行規定，一般的要求是諮商心理研究生如修畢 18 學分與兼職實習，即可參加全職實習。林家興（2009）認為，研究生從事全職實習之前，應該具備下列條件：(1)修習諮商心理學程至少二年；(2)修畢諮商心理學程至少 18 學分；(3)從事兼職實習至少 240 小時；(4)接受個別督導至少 30 小時；(5)從事心理諮商直接服務至少 60 小時。另外，有部分系所會辦理資格審查，也就是說，碩二研究生除了修畢兼職實習，還需要通過系所的資格審查，才能參加全職實習。

（二）實習內容與時數

根據中國輔導學會在 2002 年公布的《諮商心理實習課程辦法》，全職實習之實習項目包括：個別諮商與心理治療、團體諮商與心理治療、心理衡鑑（含心理測驗的施測與解釋）、心理諮詢、心理衛生教育與預防推廣工作，以及實習機構的專業行政工作。全職實習心理師從事前三項之實習時數，一年至少需 350 小時或平均每週至少 7 小時（中國輔導學會，2002）。

到了 2011 年，行政院衛生署修訂《心理師法施行細則》時，在第 1-5 條規定的實習項目包括：個別、婚姻或家庭諮商及心理治療；團體諮商及心理治療；個案評估及心理衡鑑；心理諮詢、心理衛生教育及預防推廣工作；諮商心理機構或單位之專業行政；其他諮商心理有關之自選項目，包括精神官能症之心理諮商與心理治療、危機處理或個案管理等。全職實習諮商心理師從事前三項之實作時數應達九週或三百六十小時以上（衛生福利部，2011）。然細則中出現九週的直接服務時數很容易讓人誤解，正確的解讀是從事直接服務 40 小時折算為一週。

筆者認為，有關實習的內容與時數隨著實習制度的健全發展，可以回歸到專業規範，因為現行將實習內容和時數列為法規，容易導致實習心理師對於時數的斤斤計較，而忽視了實習的品質。

（三）督導資格與時數

根據《心理師考試規則》第7條，諮商心理師全職實習應包括個別督導時數，至少 50 小時。至於督導資格，根據前述《諮商心理實習課程辦法》，全職實習督導應受過諮商督導理論與實務訓練，並需為具諮商心理師或臨床心理師或精神科醫師執照後二年有臨床工作經驗者。臨床實務督導得由精神科醫師、臨床心理師擔任，但諮商心理師個別督導時數不得少於總個別督導時數的二分之一（中國輔導學會，2002）。

到了 2011 年，督導資格的規定變得狹隘而不符合專業。行政院衛生署修訂《心理師法施行細則》時，在細則第 1-5 條第二項規定，全職實習應於執業達二年以上之諮商心理師指導下為之。筆者認為：第一，將督導資格限定為諮商心理師時，導致醫療機構因缺少諮商心理師擔任督導，而成為不合格實習機構的奇怪現象；第二，只要執照後二年即可以擔任督導，可以說只是基本條件，督導應該接受相關訓練和累積督導經驗才符合專業倫理。

（四）考核方式與證明書

全職實習心理師的成績考核，基本上是由實習機構之督導和學校授課教師共同評定的，雙方的分數各占 50%，70 分為及格（中國輔導學會，2002）。考核方式基本上是尊重評分者，不過學會曾經建議考核內容得包括：個案報告、心理衡鑑報告、實習時數紀錄、實習心得報告等（中國輔導學會，2008）。

早期有部分考生在碩士班畢業之後，自行尋找機構進行全職實

習，並沒有修習實習課程。在 2011 年以前，不論是否修習實習課程，實習結束後均由實習機構開立實習證明書。但後來，為確保實習訓練的品質和保障實習心理師的權益，學界曾向考選部建議，參加全職實習者應該同時修習碩三全職實習課程，並且實習證明書應由實習機構及培育機構共同開立。這個建議一直到 2011 年才被考選部採納並實施。

　　諮商心理全職實習從《心理師法》通過之後，開始實施至今已經有許多年，實施的實際情況如何呢？黃佩娟、林家興、張吟慈（2010）曾以 157 名實習諮商心理師為研究對象，調查其全職實習工作項目、時間分配、服務對象、問題類型，以及臨床督導的實施現況，並比較他們在三類實習機構實習經驗的差異。在實習時數方面，實習諮商心理師平均每週實習時數為 33.76 小時，實習項目主要是以行政工作（12.06 小時／週）、接案（6.85 小時／週），以及填寫個案紀錄（4.55 小時／週）等為主。在帶領團體、研習及行政工作等項目的工作時間，因機構不同而有顯著差異。在實習接觸個案方面，於社區諮商機構和醫療機構者，接觸兒童、青少年與老人等不同年齡個案的機會較高，於學校與社區諮商機構，則是接觸發展性問題比例顯著高於醫療機構，而於社區諮商機構實習，接觸危機與創傷問題類型高於其他二類機構。可見，在不同實習機構所接觸的服務對象、問題類型與工作項目，會因機構屬性不同而呈現相當大的差異。此結果與許韶玲、劉淑瀅（2008）的研究結果相似。

　　有學者（黃佩娟等人，2010；劉盈宏，2007）指出，全職實習現況與課程訓練之間是有落差的，例如：危機處理、方案規劃與管理、諮詢工作、心理衛生預防推廣工作的規劃與執行等，都是實習心理師們進入實務現場後經常要接觸處理的部分，但卻是目前課程訓練中比較缺乏的。由於學校將課程訓練重點都放在諮商能力的養成，忽略對間接服務能力的關注與培養，實習心理師在進入實習場域後，面對學

校所學與實務現場所用的落差，容易有工作負荷與機構適應的問題。

　　臨床督導是影響實習品質的重要因素。黃佩娟等人（2010）發現，臨床督導的實施方式不因實習機構屬性不同而有差異，僅督導來源有差異；學校與社區諮商機構實習之臨床督導主要是由機構提供，醫療機構的實習心理師有42%接受機構外的督導。

　　從上述的描述和表3-6可知，主管機關和考試機關對於諮商心理全職實習的規範愈來愈嚴格而具體，例如：2011年之前就讀的研究生，其實習證明書只要實習機構開立即可，2011年之後就讀的研究生在全職實習的時候，同時要選修實習課程，實習結束後再由實習機構和畢業學校共同開立實習證明書；這是因為之前有部分考生在畢業後自行找機構實習，缺少學校教師的監督和協助，容易淪為實習機構的廉價勞工，影響實習訓練的品質。又如：全職實習在2015年之前可以在畢業之後完成，2015年之後只能在畢業之前完成。

伍、諮商心理實習制度的省思

　　筆者認為，諮商心理實習制度有下列的特點和問題，值得諮商心理師培育者的省思。

一、諮商心理學組是否應該將全職實習列為必修課程

　　在《心理師法》公布實施之前，心理與輔導相關系所並沒有開設全職實習課程；《心理師法》公布實施之後，為滿足研究生報考諮商心理師考試的資格要求，增設了全職實習的選修課程。由於衛生福利部和考選部都已經要求考生應於碩士班在學期間完成全職實習，心理與輔導相關系所似有必要進行將全職實習列為必修課程的檢討。

　　根據筆者的估計，超過九成的諮商心理研究生都會選修全職實習，這是因為就讀諮商心理學組的研究生之主要目的就是想要參加諮

商心理師考試，而且全職實習已經被公認是成為諮商心理師的重要訓練過程。全職實習之目的是在幫助實習心理師統整其修習過的諮商理論與技術，透過在執業場域的實務操作，可以熟悉諮商心理工作的內涵、職場環境與生態、相關的諮商議題、輔導行政、諮商倫理，以及專業角色定位等，能有效促進諮商實務能力的養成（林家興，2009；許韶玲、劉淑瑩，2008）。

如果將全職實習列為必修課程，受到影響的研究生可能是就讀日間部碩士班諮商心理學組的在職中小學教師，或修教育學程以輔導教師為生涯目標的研究生；不過這些研究生的人數只占少數。若全職實習改為必修課程，將來就不會再出現無論是否有接受一年全職實習的畢業生都拿到一樣的畢業證書之情況。

二、碩二兼職實習的規範有待加強

諮商心理師的實習制度包括碩二兼職實習和碩三全職實習，但碩三全職實習的規範明顯的比碩二兼職實習來得周延。不可諱言的，心理師主管機關、考試機構、培育機構、諮商相關學會，以及實習機構等比較關注全職實習的規範，對於碩二兼職實習的規範則較為鬆散模糊。碩二兼職實習的規範主要依賴各系所和實習課程教師的把關，因此不同學校、不同課程教師對於兼職實習課程的規範比較分歧，例如：多數學校規定兼職實習課程是一年的課程，少數學校則規定兼職實習是半年的課程。

目前大家對於兼職實習的相關細節，例如：實習機構、實習項目、實習時數，以及督導資格等，並沒有統一的規範。林家興（2009）建議，兼職實習時數約每週 6～9 小時，一年至少 240 小時，直接服務時數至少 60 小時，實習項目包括：個別諮商、團體諮商、初談、心理測驗或衡鑑。

截至目前為止，兼職實習的場所並沒有特別的審查或規範。一般

來說，實習課程教師會希望研究生前往通過學會審查的機構進行兼職實習，但是這些機構卻偏好招收全職實習心理師，導致部分兼職實習心理師在尋找合格的實習機構上會有困難。筆者認為，兼職實習的相關規範應該由學會、培育機構和實習機構共同訂定，不要透過主管機關用法規的方式來做統一但缺乏彈性的要求。

三、實習心理師與實習機構的媒合是否有更好的方式

目前，實習心理師與實習機構並沒有任何統一的媒合機制，諮商心理研究生通常須先到台灣輔導與諮商學會或臺灣諮商心理學會網頁上去查詢有哪些實習機構在招收實習諮商心理師，或者從系所公布欄或網路上去查看各實習機構刊登的實習諮商心理師招募啟事，然後選擇若干機構進行書面申請和面試。由於諮商心理研究生在尋找實習機構時，有如找正式工作一般到處投遞申請書和面試，相當辛苦。黃素菲（2017）根據問卷調查結果，建議教育部建置聯合招訓平臺，協助實習諮商心理師和實習機構進行媒合。教育部並於106學年度委託龍華科技大學設計「大專校院全職實習諮商心理師與實習機構媒合試辦平臺」，此一媒合平臺是否會順利實施則有待觀察。

部分系所會和實習機構簽訂諮商實習合約，每年由系所推薦研究生前往實習機構，例如：國立臺灣師範大學與國立臺北教育大學都和國立中央大學簽訂全職實習合約，每年1月初由系所先進行校內實習心理師面試，然後擇優推薦實習心理師給國立中央大學，如此可以節省實習機構和實習心理師雙方媒合的時間和工作量，這種方式值得加以推廣。

（一）實習機構的審查單位與方式

諮商心理實習機構的審查目前是由台灣輔導與諮商學會和臺灣諮商心理學會共同審查，由學會來審查實習機構的作法已經超過15年，

實在有重新檢討的必要。可以檢討的地方包括：由兩會審查改為由一個學會審查，審查通過的效期可以從一年延長為三年，審查的方式由書面審查改為實地審查等，以提高審查的品質。

目前由兩會共同審查的機制，雖然已經運作多年，但常會讓人很困惑，究竟要跟哪個學會提出申請？審查案件的派案和審查過程需要兩會的協調和溝通，難免增加作業的複雜度和時效。如果可以統一由一個學會負責審查，預計將可以事權統一和簡化工作流程。

部分實習機構並未向學會申請審查，可能的原因在於學會的審查沒有約束力，實習機構只要和培育機構簽署諮商實習合約，就可以被認定是合格實習機構，因此減少了機構向學會申請審查的誘因。另外，每年審查通過的效期只有一年，導致年年都要提出申請，可能會讓實習機構覺得很麻煩。很多實習機構的訓練品質和機構經營都很好，可以算是績優實習機構，但每年重新提出申請，有點過程繁複。筆者建議，對於這類績優實習機構可以給予一次三年的效期，對於機構規模很小、案量和督導人力不穩定的實習機構，則給予一次一年的效期，以維護實習心理師的權益。

實習機構審查向來採用書面審查，其缺點就是實習機構的資料可以填寫得很漂亮。但是審查通過之後，是否能確實依照實習計畫實施，則是沒有後續的追蹤確認。美國心理學會（APA）在審查實習機構時，都是採用實地訪視的方式，審查所需費用則由實習機構負擔。在臺灣，實習機構審查採用實地訪視是否可行，則有待進一步的評估。

（二）醫療機構督導實習諮商心理師的人力不足

諮商心理研究生必須在臨床督導之下進行諮商實習，但目前在醫療機構接受臨床訓練的實習諮商心理師，約有四成無法獲得醫療機構內專兼任心理師的督導，反而需要培育機構或實習諮商心理師自行安排臨床督導。如何協助醫療機構增聘專兼任的心理師來督導實習諮商

心理師,是有待解決的問題。

根據黃佩娟等人(2010)的調查研究,醫療機構的實習諮商心理師有42%接受機構外的督導,這是一個值得關注的問題。有些諮商心理研究生對於前往醫療機構全職實習非常有興趣,即使醫療機構未能提供諮商督導,他們也願意自己想辦法安排督導,包括:透過就讀系所的協助、請博士班學長姐擔任諮商督導,或者自費請資深諮商心理師來督導他們。

(三)諮商心理實習增加輪訓機會

諮商心理師的執業場域橫跨學校、社區和醫院,但多數諮商心理研究生在就學期間,只會在一個執業場域實習,只有少數研究生有機會在兩個執業場域實習。即使在同一類型的場域,如學校或醫院,實習心理師也很少有輪訓的機會:在學校實習的研究生很少可以橫跨各級學校,在醫院實習的研究生很少可以橫跨不同科別。如何增加實習心理師接觸不同年齡層、不同問題、不同場域的個案,也是值得培育機構和實習機構思考的問題。

黃政昌(2014)建議參考「精神科專科醫師的訓練模式」,增加實習心理師在不同領域或族群的訓練機會,以增加諮商心理師面對各種三級問題的處遇能力。為了協助研究生配合就業市場的需要,洪雅琴(2012)建議碩二研究生在兼職實習階段進行「雙軌實習」,即鼓勵研究生跨領域見習和兼職實習。

第三節 提升諮商心理師培訓成效的相關因素

諮商心理師的培訓是一個漫長的過程,培訓的每個階段都很重要,也都會影響諮商心理師的培訓成效。本節論述提升諮商心理師培

訓成效的幾個因素，分別是：要具備良好的心理學基礎能力、獲得良好臨床督導的指導和協助、執照考試要能夠評量考生的專業能力、執照後透過實務訓練和繼續教育精進專業能力等。

壹、大學部的心理學基礎能力

各大學在招考研究生的報考資格上，通常不會限定本科系畢業才能報考，因此有兩、三成的諮商心理研究生並非心理或輔導本科系畢業生。諮商心理授課教師有時候會抱怨，有些研究生欠缺足夠的心理學基礎知識，但卻又喜歡招收來自各領域的學生。如何招收到具有異質性且又有心理學先備知識的學生，便是當前面臨的一個挑戰。

對於如何保證研究生有足夠的先備知識，多數系所在招生考試時會採用筆試，認為凡是通過基礎心理學和測驗與統計筆試的研究生，即認定他們具備就讀諮商心理學組的先備知識。最近幾年，採用推薦甄試取代筆試招生的系所愈來愈多，因此可能會有非心理或輔導本科系的考生參加推薦甄試，如果要求他們下修大學部的課程，一定會排擠到研究所的課程，增加修課的壓力；如果不要求他們下修大學部的課程，便要擔心他們缺乏先備知識而影響專業課程的學習。

如何確保就讀諮商心理學組的研究生都具備足夠的心理學基礎呢？筆者認為，最好在招生考試的時候，明定考生必須是心理或輔導學系主修或輔系畢業才可以報考，對於不具備心理或輔導學系主修或輔系資格的考生，可以要求他們在大學時期選修心理學基礎課程至少20 學分，並有成績單可以佐證。透過在大學選課的方式充實心理學基礎能力，總比畢業後到補習班去補習，來得正式而有系統。這種方式類似美國醫科先修課程（premed program），各系所可以委託學會規劃一個心理學先修課程（prepsy program），內容包括心理學基礎課程至少 20 學分，然後在招生簡章中規定，欲報考諮商心理碩士班的大學

生，必須是心理或輔導本科系或輔系或完成心理學先修課程者。如此一來，肯定能顯著提升諮商心理研究生的先備心理學基礎能力。

貳、臨床督導的訓練與品質

根據《心理師法施行細則》第 1-5 條，只要具有執照後二年經驗的諮商心理師，就可以擔任實習諮商心理師的督導，這個規定可說是基本要求。根據「臺灣諮商心理學會諮商心理專業倫理守則」第 3 條：「本會會員應體認自身學養及能力之限制，僅於專業知能所及之範圍內提供服務，並主動增進與專業有關之新知」（臺灣諮商心理學會，2014），凡是擔任諮商督導的諮商心理師，都應該接受臨床督導的相關訓練，並且盡可能參加學會的認證成為合格的諮商督導。

督導的主要任務在於，增進實習心理師更有效能的協助他人、維護個案當事人的權益和福祉，以及實習心理師進入心理師專業的把關者。因此，督導不僅關係實習心理師的服務品質和專業發展，而且也關係到個案的權益和福祉，好的督導制度更是諮商機構服務品質的保障。

諮商心理學界的教師普遍認為，在督導下從事諮商實習是諮商心理師養成教育過程中非常必要的一環。諮商心理實習制度實施初期，部分實習心理師曾遭遇找不到督導以及督導不適任的困擾。有鑑於此，中國輔導學會諮商心理學組為健全諮商督導的訓練與認證，於2005 年訂定《諮商督導認證辦法》，學組於 2008 年轉型為臺灣諮商心理學會後，持續辦理諮商督導認證。台灣輔導與諮商學會於 2010 年另定《專業督導認證辦法》。兩個學會除了辦理督導認證，也會經常辦理督導培訓班和督導相關研習課程。

有品質的臨床督導會有能力和熱誠，以身作則的帶領實習心理師，幫助他們一步一步成為具有專業素養和臨床能力的諮商心理師。

好的督導不僅能協助實習心理師發展臨床專業技能，並且會指導實習心理師要以人文關懷和科學實踐的精神服務民眾。臨床督導往往成為實習心理師學習的楷模，故其本身一定要能夠自我充實有關督導的理論和能力，也可以多參加督導的繼續教育。

參、諮商心理師的培訓與執照考試

諮商心理師的培訓不能單純只看課程訓練和臨床實習，還要和諮商心理師考試、執照後實務訓練，以及執業場域連結起來一併考察。由於考試領導教學的緣故，便需要檢視考試科目、課程訓練、臨床實習和專業能力是否整合在一起。

考選部透過《心理師考試規則》的修訂，首先將四領域七學科的學程修改為七領域七學科的學程，這是一個進步。其次，將比較理論的考試科目，例如：「人類行為與發展」改為「諮商的心理學基礎」，將「心理評量、測驗與衡鑑」改為「個案評估與心理衡鑑」，修改的更為符合諮商心理師執業的內容和能力，這也是一個進步。

部分學者（沈煜棠，2015；蘇清，2015）認為，諮商心理師的考試方式採筆試辦理，難以測驗到考生的專業能力、人格特質和諮商態度，因此建議在筆試之外增加某種形式的臨床技能考試。筆者認為，辦理客觀結構式臨床技能考試（Objective Structured Clinical Examination, OSCE）的成本很高，考選部在短時間之內無法採行，但透過更好的命題技術與建立真正的題庫，則是可以努力的地方。透過命題研習會的協助，讓命題委員可以多出一些測量考生臨床判斷和專業能力的題目。

真正的題庫是不會在放榜之後公布試題的，考選部多年來卻堅持公布試題，導致好的試題只用一次就無法循環使用，為迅速補充題庫，偏重記憶的、容易命題的試題則被經常採用。考選部近期又因為

報考人數太少，計畫將心理師考試改為一年辦理一次。然而，取消試題的公布，才能累積具有信效度的試題，建立起真正的題庫，且將可以更有效的測量出心理師的專業能力。

事實上，諮商心理師培訓的每個階段都很重要，不能單獨依賴執照考試來把關，而是要透過培育機構教師、實習機構督導，以及執照考試命題與閱卷委員的共同把關。只要能做到每個階段都確實把關，相信所培育出來的諮商心理師，一定都具有足夠的專業素養和臨床技能來服務民眾。

肆、實務訓練與繼續教育

目前，諮商心理師取得執照之後，並無執照後兩年的實務訓練，使得執照前的兩年臨床實習必須承擔沉重的訓練責任。現行缺乏跨場域、跨科別的臨床實習，對於畢業後從事機構團體執業的諮商心理師或許還算足夠，但是對於畢業後想要從事私人開業或自由執業的行動諮商心理師來說，明顯還是不足的。想要從事私人開業或自由執業的諮商心理師，必須要在畢業後，透過在機構團體執業若干年，以及參加繼續教育課程，以充實更多臨床能力和經驗。

《心理師法》第7條雖然明定，心理師應先於中央主管機關指定之機構執業，接受二年以上的臨床實務訓練（衛生福利部，2016a），且已公布實行超過 15 年，但衛生福利部還是沒有落實這個條文。筆者建議，衛生福利部可以擇優補助教學醫院和大學來辦理諮商心理師的二年實務訓練，主要補助的項目是受訓心理師的薪資和訓練相關經費。二年實務訓練的落實將有效的提升諮商心理師的執業能力和專科心理師能力。

為提升諮商心理師具有全人照護的、團隊合作的、全科訓練的，以及獨立執業的精神與能力，並且熟悉醫院、社區與學校等不同場域

的專業合作與照會轉診的能力，財團法人醫院評鑑暨醫療品質策進會（簡稱醫策會）從 2011 年開始規劃「二年期諮商心理師訓練計畫」，由符合資格的教學醫院提出申請，但由於大多數的教學醫院並無諮商心理師職系和臨床教師，目前僅臺北馬偕醫院、新光醫院、亞東醫院，以及彰化基督教醫院等四家教學醫院，有在辦理二年期諮商心理師實務訓練。諮商心理師接受二年期實務訓練，肯定可以顯著提升專業素養和臨床能力。

　　諮商心理師透過繼續教育維持專業能力，保持高品質的服務水準，不僅是符合專業倫理，而且也符合醫事人員執業登記及繼續教育辦法。《醫事人員執業登記及繼續教育辦法》（衛生福利部，2016b）第 13 條規定，諮商心理師每六年更新執照時要提出 120 點的繼續教育課程，諮商心理師可以透過繼續教育與時俱進的更新諮商與心理治療的知識技術，也可以依照自己的興趣發展專科能力或督導能力。

第四節　優化諮商心理師培訓制度的建議

　　《心理師法》的通過奠定了諮商心理師職系的法律基礎，促成諮商心理師培訓制度的開展，十多年來諮商心理師的培訓在課程訓練和臨床實習的規範和實踐都有顯著的改善。本節針對優化諮商心理師培訓制度提出進一步的建議，包括：大學部心理學基礎能力的要求、諮商心理師的培訓增加能力本位的思維、諮商心理師的實習增加輪訓機會、醫院增加專兼任諮商心理師擔任臨床督導，以及法律規範與專業自律的動態平衡等。

壹、大學部心理學基礎能力的要求

　　諮商心理師是一個專業，歐美國家通常對諮商和心理專業人員的學歷要求至少為碩士學位，並且定位為實務取向的碩士班訓練。臺灣諮商心理師的培訓屬於科學家一實務工作者取向的碩士學位，培訓時間平均三年半到四年半，這是因為研究生除了修課和實習外，還要完成碩士論文研究。除了目前採用延長修業年限的方式完成培訓，另一個思考的方向是在招生考試的時候，要求考生必須是心理、諮商或輔導本科系或輔系畢業者，類似美國大學生申請就讀醫學院之前，必須先修過醫學預科一樣。如果就讀研究所碩士班諮商心理學組的研究生都是心理、輔導本科系或輔系畢業的話，相信可以顯著改善研究生素質參差不一的問題，有助於課程訓練、臨床實習和論文研究的順利完成。

　　如果諮商心理學組碩士班繼續招收非心理與輔導主修或輔系的畢業生，除了必須要求這些學生在碩一下修心理學基礎課程，以彌補先備知識的不足，亦可在招生簡章上要求考生一定得修習心理學基礎課程至少 20 學分。據筆者所知，很多非心理與輔導主修或輔系畢業生，會以一至兩年的時間準備報考諮商心理學組，包括參加補習。與其參加補習班，不如要求他們在大學畢業前或畢業後回學校修習心理學基礎課程 20 學分。

貳、諮商心理師的培訓增加臨床技能的訓練與評量

　　修完研究所碩士班的課程和完成實習後，是否必然具備心理師的專業能力？美國專業心理師的教育訓練，已經從核心課程或課程本位（curriculum-based）轉移為核心能力或能力本位（competency-based），

可是國內目前的諮商心理學程（組）的課程訓練，多數仍然停留在課程本位的思維。

朱美娟、范嵐欣（2017）分析諮商心理相關系所的實習辦法與實習手冊，發現各系所主要以完成規定的課程作為實習前須具備的資格，他們調查 12 個諮商心理相關系所，僅有 3 個系所訂有實習前的資格鑑定，包括：中國文化大學心理輔導學系、國立臺北教育大學心理與諮商學系，以及臺北市立大學心理與諮商學系。這三個系所以大項目方式明定出資格鑑定考試的審查標準，例如：「對個案的同理與了解」、「技巧選擇與展現適度與否」、「成為諮商心理師之潛在能力評估」等，其他 9 個系所則並未訂定出實習前所需具備的最低專業能力指標。

顯然，實習心理師訓練若要轉換課程本位為能力本位，首先需要建立和實施專業能力評量，提供教師與實習督導對專業能力之內涵與行為指標有明確的界定。雖然目前的諮商心理師考試，並不像醫師要先通過 OSCE 考試，但國內已有多位學者（沈煜棠，2015；周昕韻、林芝帆，2017；藍玉玲、劉彥君、高聖博，2011）提出採用 OSCE 模式進行心理師專業能力訓練與評量的建議，此可以看出心理師實務能力評量之重要。另外，也有幾所學校教師為了幫助研究生提升實務能力，且能應徵到實習機構，會在課程中增加類似 OSCE 的考試方式，設計標準化個案問題來提升學生的專業能力。

筆者認為，在建議考選部將 OSCE 列為諮商心理師考試的一環之前，培育機構和實習機構其實可以在研究生的訓練階段，納入臨床技能的訓練和評量。事實上，已經有部分系所採用諮商晤談錄音檔審查的方式，來考核碩二研究生是否可以進入碩三全職實習，也有部分實習機構（周昕韻、林芝帆，2017）在實習心理師的訓練階段納入 OSCE 的評量和訓練。

盧怡蒨、姚珮華、呂奕熹（2017）在馬偕醫院協談中心應用 OSCE

於諮商心理師的訓練評量，經過三年的試辦之後，認為OSCE可以補充傳統紙筆測驗的不足，讓諮商心理師的訓練和評量更加多元化。在過程中，考官可以直接透過單面鏡觀察考生的臨床能力學習狀況，並於測驗結束後針對當下觀察到的臨床表現給予具體的回饋，提供不同的介入策略給考生做為參考，有助於精進實務技能。他們認為，OSCE在執行上有許多挑戰，包括需要投入大量的人力與經費在測驗的編製、標準化病人訓練、施測場地，以及結果分析等，但整體而言，仍然是值得發展與推廣的評量方式。

筆者認為，培育機構和實習機構在訓練實習心理師時，可以增加某種形式的臨床技能訓練和評量，例如：國立臺灣師範大學的全職實習課程教師，已根據能力本位的思維修改實習成績評量表，將題目分為基礎能力和專業能力兩類，盡量使用可以操作和觀察的行為作為評量的對象；每一題的選項採用李克特五點量尺加上一項無機會觀察無法評量，一分表示需要大量改進，二分表示需要少許改進，三分表示符合平均期望，四分表示超過平均期望，五分表示大幅超出平均期望。只要培育機構和實習機構在訓練研究生的過程中，多多採用臨床技能訓練和評量，將可以顯著提升諮商心理師的培訓成效。

參、諮商心理實習增加跨場域或跨科別的輪訓安排

為增加實習心理師的訓練成效和專業能力，筆者建議諮商心理實習機構在可能的範圍內增加實習心理師輪訓的機會，包括：跨場域、跨年齡層，或跨科別的實習經驗。規模比較小的實習機構可以和鄰近的學校、醫院或社區機構建立聯合訓練的計畫，讓實習心理師可以用部分的時間前往接案或受訓。

培育機構教師也可以鼓勵研究生，在碩二兼職實習時選擇到一種場域，碩三全職實習時選擇到另一種場域，這樣的安排能使研究生至

少在畢業之前有機會到兩個不同的場域實習。至於未來想要從事私人開業或行動執業的研究生，最好有機會在社區機構和醫療機構能有歷練的機會，包括：臨床實習、實務訓練或工作經驗，這是因為從事私人開業需要有獨立執業的能力，能夠處理各式各樣的臨床問題和個案。好的輪訓制度和跨場域的實習或工作經驗，有助於培養具有專業而能獨立執業的諮商心理師。

肆、醫療院所增聘專兼任諮商心理師擔任實習心理師的督導

根據李玉嬋（2017）的研究報告發現，執業登記在醫療院所的諮商心理師約占總數的 12.8%。在醫療院所實習的諮商心理研究生約占總數的 15%（林家興、徐西森、王文秀，2010）。為落實在醫療院所實習心理師的臨床督導，筆者建議教學醫院以增聘專兼任諮商心理師的方式，來協助實習諮商心理師的臨床訓練，以提升他們的專業能力和臨床敏感度。

筆者也期待符合資格的教學醫院可以向醫策會申請「二年期諮商心理師訓練計畫」，除了訓練執照後的諮商心理師，也可以協助督導實習心理師，這對於提升實習心理師在教學醫院的臨床訓練，有很大的幫助。隨著醫療機構設置標準的修訂，更多醫院將會增加諮商心理師的人力，以從事員工協助方案和臨床服務，督導實習諮商心理師的人力亦希望可以逐年獲得改善。

伍、法律規範與專業自律的動態平衡

心理師的培訓同時受到法律規範和專業規範的制約，筆者認為現有的法律規定已經足以規範心理師的教考訓用，不需要再增訂更多的

法律規範，也不宜在心理師的培訓議題上請求衛生福利部或考選部的函釋，愈多的法律規範將會導致專業訓練的窒礙難行。要培訓有品質的心理師並非靠更多的法律規章，而是需要依賴更多的專業指引和專業自律。如果心理師培育機構和實習機構繼續將專業指引法制化，期待事業主管機關和考試機關可以為心理師的培訓訂定出更多的法律規章，筆者認為這無異是請外行的人來領導內行的人，終將壓縮諮商心理師的專業培訓上之彈性。

回顧諮商心理師培訓制度的發展歷程，可以看到制度建置的初期主要依賴中國輔導學會教考用小組和諮商心理學組提供專業規範，後期則由臺灣諮商心理學會代表諮商心理學界提供專業意見。隨著主管機關和考試機關對於心理師管理和考試的需要，部分專業規範逐漸被納入法規，使得諮商心理師的課程訓練、臨床實習、執照考試、繼續教育，以及執業管理愈來愈法制化，也愈來愈缺乏彈性，甚至發生符合專業倫理的執業行為卻是違反法律或函釋，例如：網路諮商。

諮商心理師的培訓制度仍會持續發展，隨著更多實踐經驗和學術研究的累積，將可以進行專業的微調和優化，而諮商心理相關學會將持續發揮專業引導的角色，協調培育系所和實習機構，共同對諮商心理師的培訓制度進行優化改善。

參考文獻

中國文化大學心理輔導學系（2012）。碩士班碩士層級諮商心理實習課程辦法。取自 http://cp.pccu.edu.tw/ezfiles/173/1173/img/1399/360956622.pdf

中國輔導學會（2002）。諮商心理實習課程辦法。臺北市：作者。

中國輔導學會（2008）。諮商心理實習辦法。臺北市：作者。

中華民國諮商心理師公會全國聯合會（2018）。**2018 年會員代表大會資料**。臺北市：作者。

台灣輔導與諮商學會（2017）。**諮商心理實習及實習機構審查辦法**。臺北市：作者。

朱美娟、范嵐欣（2017）。大學諮商心理系教師如何辨識與處理受訓學生的專業能力問題：以北部四所大學為例之初探性研究。**臺灣諮商心理學報，5**（1），121-149。

考選部（2002）。**專門職業及技術人員高等考試心理師考試規則**。臺北市：作者。

考選部（2011）。**專門職業及技術人員高等考試心理師考試規則**。臺北市：作者。

考選部（2017）。**專門職業及技術人員高等考試心理師考試規則**。臺北市：作者。

李玉嬋（2017）。**105 年度醫療機構人力合理配置基準研究報告**。

沈煜棠（2015）。客觀結構式臨床技能考試（OSCE）應用在諮商心理師訓練及評量之初探。**諮商與輔導，349**，51-54。

亞洲大學心理學系（2017）。**碩士班實習手冊**。取自 http://psy.asia.edu.tw/ezfiles/26/1026/img/504/140872396.pdf

周昕韻、林芝帆（2017）。客觀結構式臨床技能考試（OSCE）在醫院自殺防治中心諮商心理師訓練之應用。**諮商與輔導，374**，17-20。

林家興（2008a）。臺灣諮商心理專業的發展與挑戰。**輔導季刊，44**（3），99-102。

林家興（2008b）。諮商實習的法律與專業規範：「對目前諮商心理師實習

辦法與實習契約之省思」一文的回應。**輔導季刊，43**（2），73-76。

林家興（2009）。**心理師執業之路**（第二版）。臺北市：心理。

林家興、徐西森、王文秀（2010）。**99 年度醫事人力需求推估論壇各職類建議報告**。取自 https://www.mohw.gov.tw/dl-21290-961ffcea-bb35-4f2e-9833-df70d8f

林家興、許皓宜（2008）。心理師法的立法與影響。**輔導季刊，44**（3），24-33。

林家興、黃佩娟、陳淑雲（2006）。**諮商心理學程研究生臨床訓練規範訂定計畫**。行政院衛生署補助研究成果報告。

洪雅琴（2012）。實習諮商心理師的實務訓練。**諮商與輔導，317**，59-62。

國立彰化師範大學諮商與輔導學系（2016）。**碩博班學生實習辦法**。取自 http://gc.ncue.edu.tw/up_doc/gcica1050615.pdf

國立臺灣師範大學教育心理與輔導學系（2013）。**碩二兼職諮商心理實習課程實施要點**。取自 http://www.epc.ntnu.edu.tw/course4/super_pages.php?ID=course

許韶玲、劉淑瀅（2008）。實習諮商心理師駐地實習經驗之內涵。**教育心理學報，40**（1），63-84。

喬虹（2018）。**諮商新手知多少：第一次諮商實習就上手**。臺北市：雙葉。

黃佩娟、林家興、張吟慈（2010）。全職實習諮商心理師現況之調查研究。**教育心理學報，42**（1），123-142。

黃政昌（2014）。我們培養的是諮商心理師還是輔導教師？**諮商與輔導，348**，12-16。

黃素菲（2017）。**全職實習諮商心理師與實習機構聯合招訓方法與步驟**。取自 http://www.twcpa.org.tw/news_detail.php?nid=13444

臺灣諮商心理學會（2014）。**臺灣諮商心理學會諮商心理專業倫理守則**。臺北市：作者。

劉盈宏（2007）。**全職駐地實習諮商師的實習經驗與專業成長之相關研究**（未出版之碩士論文）。國立暨南國際大學，南投縣。

衛生福利部（2011）。**心理師法施行細則**。臺北市：作者。

衛生福利部（2016a）。**心理師法**。臺北市：作者。

衛生福利部（2016b）。**醫事人員執業登記及繼續教育辦法**。臺北市：作者。

盧怡蒨、姚佩華、呂奕熹（2017）。運用 OSCE 於諮商心理師訓練評量之實踐與挑戰。**醫療品質雜誌，11**（4），67-77。

藍玉玲、劉彥君、高聖博（2011）。另一種心理師專業能力的評量模式：客觀結構式臨床測驗模式在心理學的應用。**中華心理衛生學刊，24**（2），209-245。

蘇清（2015）。**諮商心理師證照之意義探究**（未出版之碩士論文）。國立臺北教育大學，臺北市。

第四章

諮商督導的美麗與哀愁

王文秀[1]

謹以本文紀念我國諮商督導的貢獻者：許韶玲老師

　　諮商督導（counseling supervision）或稱臨床督導（clinical supervision），是諮商心理師或專任輔導教師（以下簡稱專輔教師）專業成長的重要環節之一，甚至被認為是有效訓練諮商師唯一且最強而有力的貢獻因素（Gonsalvez & Milne, 2010; McMahan, 2014），或是稱之為臨床心理學的特色教學法（signature pedagogy）（Bernard & Goodyear, 2019, p. 2; Goodyear, 2007）。我國從《心理師法》（衛生福利部，2016）以及《學生輔導法》（教育部，2014）分別公布至今，諮商心理師或專輔教師的教考訓用在各培育機構、實習機構與專業學會公會之努力下逐漸成熟，這其中督導亦扮演重要的角色。本章旨在統整與論述我國諮商督導界的發展情形，全章分為三節，分別說明我國諮商督導的發展、現況與困境、諮商督導訓練與證照制度，以及未來展望。

第一節　臺灣諮商督導的發展、現狀與困境

　　我國近代輔導工作的發展大致分為幾個時期（宋湘玲、林幸台、

1　國立清華大學兼任教授

鄭熙彥、謝麗紅，2000；黃宜敏，2014；溫怡梅、陳德華，1998）：
(1)起源期（民初～1954 年）：從職業輔導、職業教育著手；(2)試驗
（或稱萌芽或開拓期）期（1954～1967 年）：在這十餘年間，教育部
僑民教育委員會協助僑生回國升學，輔導僑生升學；除了強調僑生輔
導，亦著重於培訓輔導人員、組成中等學校巡迴輔導團，實驗與傳遞
輔導理念。1958 年中國輔導學會（2008 年已更名為台灣輔導與諮商學
會）成立，發行輔導期刊、叢書，引進國外輔導新知與觀念、培訓輔
導人員、橫向結合其他專業學術團體，以專業組織引領專業發展；
1968 年推動九年國教，擬定國民中學「指導活動」課程標準；(3)制度
建立期（1968～）：就各級學校的發展而言，1975 年國小課程標準增
列《國民小學輔導活動實施要領》；1979 年《國民教育法》公布，明
訂國小應設輔導室人員；1984 年第一批甄試合格之國小輔導主任開始
負責推動學校輔導工作；1968 年開設國中指導活動科；1981 年《高級
中學學生輔導辦法》公布；1984 年修正頒布《職業學校規程》，明訂
高級職業學校輔導工作之範圍、員額編制等；1976 年教育部通令大專
院校設置學生輔導中心或心理衛生中心，以十多年的時間逐步完備從
小學到大學的輔導體制。除了建立這些制度，此時期的進展尚包含大
學開設輔導與諮商相關系所、有系統地培育輔導與諮商人才、培育各
級學校輔導人員、努力與國際輔導學術接軌，以及由政府或民間社會
輔導機構推動輔導工作，如 1969 年救國團成立「張老師」或設置各縣
市社區心理衛生中心，這些均逐步拓展輔導工作在學校與社區之影響
力；(4)專業效能提升時期：所努力的方向包括：訂定專業倫理守則、
強化中小學輔導教師之專業知能、重視社區諮商心理師之培育與推動
督導制度等。

在這整個從廣義的輔導，到兼具輔導與諮商的心理專業人員訓練
過程中，早期著重的是透過法規建立制度與穩定人才培養的管道，但
是一旦專業愈趨成熟，專業人員的養成與品管的重要性即更加凸顯，

其中督導更是扮演舉足輕重的角色。雖然督導的存在可以保障個案的福祉，以及增加社會大眾對輔導諮商專業的信任，但是在早期的專業發展中，臨床督導卻是最脆弱的一環（王智弘，1992），經過這二十多年來許多人的努力，督導才逐漸走出一片天地。

　　本節分別說明我國諮商督導的養成與培訓、督導實務運作與督導研究的發展、現狀與困境。為了文句順暢，「supervisor」一詞在本文中有時稱為「督導者」，有時稱為「督導」；本文之督導者涵蓋在學校、醫療或社區等場域針對實習生、諮商心理師或專（兼）輔教師的執行督導業務者。

壹、臺灣諮商督導養成與培訓的發展、現狀與困境

　　臺灣諮商督導的發展嚴格來說，一開始並非是非常體制化及系統化，而是參考國外制度與符應實際需求，逐步發展而至今日之境。以下分就學院體系、社區機構和專業學會之督導養成與培訓發展、現況與困境加以說明。

一、諮商督導養成與培訓的發展與現況

　　任何專業人員，包括諮商心理師督導者的養成，均非一朝一夕之事，以下就學院體系、社區機構和專業學會，分別簡介諮商督導者的養成。

（一）學院體系

　　我國諮商督導的培訓在學院系統，目前有四所大學系所（國立臺灣師範大學教育心理與輔導學系、國立彰化師範大學輔導與諮商學系、國立高雄師範大學諮商心理與復健諮商研究所，以及國立暨南國際大學諮商心理與人力資源發展學系）之博士班開設相關課程（如表

表 4-1　國內諮商系所督導課程開設一覽表

開課校系（依照博士班成立順序）	課程名稱	班別（年級與學期）	必／選修（學分數）	備註（網頁顯示之最新學年度）
1. 國立臺灣師範大學教育心理與輔導學系諮商心理學組（1987）	諮商督導研究與實習（一、二）	博士班（二上、下）	必（2+2）	105
2. 國立彰化師範大學輔導與諮商學系（1989）	• 諮商督導理論與實務專題研究	博士班（一下）	必（3）	107
	• 督導實習	博士班（二下）	必（3）	
	• 諮商督導	碩士班（二）	選（2）	
3. 國立高雄師範大學諮商心理與復健諮商研究所諮商心理組（1999）	• 諮商督導理論與實務	博士班（三上）	必（3）	102
	• 諮商督導實習	博士班（三下）	必（3）	
4. 國立暨南國際大學諮商心理與人力資源發展學系輔導與諮商博士班（2006）	• 諮商督導理論與實務專題研究	博士（二）	必（3）	105
	• 諮商督導實習	博士班（二、三）	必（2）	

4-1 所示）。從表 4-1 可以看出，這四所大學除了臺灣師大是理論與實務開在一起，其餘三所的課程都是二者分別開設，且四所均是必修課。學分數總計從 4 學分（臺灣師大）到 6 學分（彰化師大與高雄師大）。此外，彰化師大的碩士班亦有開設 2 學分的諮商督導課。

　　若以總時數來計算，理論課之時數為 18 週×（n）學分，實習課之時數為 18 週×（n）學分×2（倍），則四校之總時數分別為（36 ＋72，54 ＋ 108，54 ＋ 108，54 ＋ 72），亦即彰化師大與高雄師大均是約162 小時，臺灣師大約 108 小時、暨南國際大學約 126 小時。

（二）社區機構

　　在學院體系的博士班督導制度建立之前，國內的半專業助人機構，例如：「張老師」、生命線等，除了每年持續辦理志工培訓與在職教育訓練，從很早開始即致力於針對機構內的志工辦理督導培訓課程與在職訓練，期望提升機構內志工的接案品質與減少志工的流動率。

　　筆者曾經於近幾年協助某機構辦理志工督導培訓，該課程分成兩個階段：第一階段是「概念性課程＋實務演練」，共計 36 小時，課程主題包含：志工的督導經驗統整、督導概論、督導模式介紹、督導技巧、特殊諮商師與特殊案主之督導重點、督導關係、督導倫理與督導方法示範及實務演練；考核方式包含：筆試、講師評量和學習感想。第二階段是「見（實）習＋團體督導」，其中見（實）習 40 小時、團體督導 9 小時；考核內容則包括：出席率、角色扮演之口試、本階段見（實）習表現、督導見（實）習紀錄、實際督導錄音與逐字稿等。二階段之總時數 85 小時，整個訓練過程超過半年；考量符合資格的督導人選以及機構的經費，各縣市的此類機構通常約 2～4 年辦理一次督導培訓。

（三）專業學會與相關組織

　　此外，臺灣諮商心理學會（以下簡稱諮心學會）、台灣輔導與諮商學會（以下簡稱輔諮學會），以及各縣市諮商心理師公會、社區諮商中心或學生輔導諮商中心，於近幾年亦陸續辦理完整或部分的督導培訓。另外，某些專業領域之學會，例如：心理劇、遊戲治療、團體

心理治療或沙遊治療等，亦會為其專業有系統地辦理一系列的督導訓練課程。

　　諮心學會的督導認證第一階段之課程要求是 60 小時（含）以上，第二階段則是要求於 8 小時（含）以上個別專業督導訓練下完成 32 小時（含）以上的個別專業督導實習，其中至多僅能有二位受督者，實習期程應大於四個月。至於輔諮學會，則是將督導認證分為「諮商心理專業督導」與「學校輔導專業督導」等兩類認證，其所規範的第一階段概念課程均是 48 小時以上，且必須接受 10 小時以上於個別專業督導訓練下完成 30 小時以上的諮商督導實習。

　　綜合來看，前述三方面之督導培訓，均含理論與實務二階段。以二階段總時數而言，學院體系的時數遠高於另外二者，若時數與學習成效成正比，則可發現博士班的訓練比另外二者紮實，且博士生層級之專業度亦高於另外二者，此因授課教師均需博士學位，又有學期成績的考核機制，因此專業嚴謹度屬最高。半專業助人機構的督導培訓係提供機構內部之服務，學員的專業背景雖然較為參差不齊，但是若已先經過機構以年資或志工服務表現來篩選，且每個階段結束均有考核機制，甚至有角色扮演的口試階段與觀摩見習階段，再加上若其授課講師涵蓋機構內的資深督導者或機構外具督導理論與實務專業之講師，則將近 100 小時的訓練亦有其實效。至於專業學會或相關組織辦理的督導培訓，其學員背景多元，且通常可以選擇要修第一階段的全套概念課程，或依據自己所需與時間考量單獨選修某些主題的課程，再加上第二階段的實習不見得是由機構協助安排受督者，以及督導的督導者也完全無考核機制，只要花錢修完課程並完成所有時數要求即可，因此督導培訓的品質把關最為鬆散。

二、諮商督導養成與培訓的困境

雖然這幾年不論是大學系所博士班、社區機構或專業學會與相關組織，均持續開設或辦理督導培訓，但仍有以下的困境待突破。

（一）督導人力仍是不足

就諮商心理師而言，至 2018 年 5 月為止，領有諮商心理師證照的有 4,038 位，有執業登記的約有 2,581 位（中華民國諮商心理師公會全國聯合會提供之數據資料）；而輔諮學會認證諮商心理師督導者，至 2018 年 7 月為止有 133 位，認證學校輔導督導者有 4 位，諮心學會認證諮商心理師督導者，則有 144 位，由於部分督導者向兩個學會均有申請認證，因此兩學會之名單有重疊者。亦即，若以兩個學會目前認證通過的合格督導者數量來看，至多 250 位左右。而這裡面，許多人只是因為所處的機構有招收實習生，需要通過兩學會的《諮商心理實習及實習機構審查辦法》規定之機構內必須有符合督導資格之心理師，否則實習生須（自費）尋求機構外的督導，因此才申請督導認證，但平時並不接受其他受督者的督導工作。若以各碩士班及博士班全職實習生之人數而言，每年至少有五、六百人需要被督導，而博士班的實習督導者多半又要求要有博士資格，由此可推估，督導者人數與實習生人數之供需非常窘迫。

另就專輔教師而言，教育部（2017）統計，105 學年度各地方政府所屬國民小學專任輔導教師應編制數 726 人，實際聘用 727 人（含地方自聘人數）；各地方政府所屬國民中學專任輔導教師應編制數 1,254 人，實際聘用 1,233 人；國中小共計應聘 1,980 人，實際聘用 1,960 人。依據《學生輔導法》之規範，106 學年度起將接續《國民教育法》之進程，逐年充實輔導人力，規劃於 15 年內完成增置。若以教育部統計處 105 學年度班級數推估，國民小學將增加 2,875 名、國民中學將增加 603

名、國立高級中等學校將增加 74 名專任輔導教師，亦即如果全部聘足，未來的國小專輔教師應該有 3,601 人，國中應該有 1,857 人，合計 5,458 人。目前，對於專輔教師定時或不定時接受督導，雖然無任何硬性規定，但各縣市多半是以團體督導之方式進行，以這數千位的專輔教師所需之團體督導者數量而言，是相當可觀的。

再以已經完成心理師實習階段，正式擔任諮商心理師之實務工作者而言，其執業場所非常多元，雖然並無規定這些心理師一定要接受督導，但若這些在學校（尚包含各縣市學生輔導諮商中心）、社區、醫療機構或公民營單位工作之諮商心理師，因為實務工作而需要自費或機構付費尋求諮商督導，則督導者的需求量將更為龐大。

各半專業助人機構的督導數量與其志工人數之比例可能隨各機構而不同，以筆者近年來不定期協助的一些機構（「張老師」、生命線）為例，一位督導約需帶領 20 位左右的志工進行團體督導，以及擔任約 5～10 位的值班督導。

先不談各半專業助人機構所需的內部督導人數，若以目前每年四所大學博士班，以及各專業組織定期或不定期辦理的督導培訓，所培育出來且符合認證資格的督導人才，其人數遠遠不敷諮商心理師或專輔教師之所需。

（二）擔任督導者未曾受過督導訓練，或有接受訓練但無篩選淘汰機制

從上述數據可知，不論是全職實習生之實習機構個別督導需求，或是專輔教師之團體督導需求，其量均極強大；若再加上雖無明文規定，但實務工作者或各機構欲尋求個別或團體督導者之數量，則更可想見督導之需求多麼殷切。然而，從上述兩個學會通過督導認證者才一、兩百位來看，可想而知有多少督導者可能完全沒有受過任何督導訓練，或是僅受過極少時數的督導訓練，而全憑自己資深的諮商或輔

導經驗來從事督導工作，這樣的作法雖有其可貴之處或是不得已之處，但有鑑於督導工作的專業性，以及受督者專業發展階段或人格特質等的個別差異性，若督導者未能對督導的相關概念有更全面性的了解，如此的督導工作對受督者而言，可能不只沒有受益，有時反而會造成傷害，例如：兩個專業學會均規範即使有資深的工作經驗與督導時數，欲申請學會督導認證者，仍須至少上過 36 小時的督導課程，此即在保障受督者的權益，但是仍有許多督導者由於無須提出督導資格之說明，因此可能仍是以自己以往被督導的經驗，或是自己想當然耳的方式在進行督導。

　　前述各博士班的督導理論與實務課程，以及半專業助人機構之內部督導培訓，不論嚴格或寬鬆，至少都有考核實習督導者之機制；但是就專業學會與相關組織開設之訓練課程而言，雖然學會的督導認證辦法已努力規範督導者的認證資格。但綜觀整個辦法，除了輔諮學會有規範申請者必須「無重大違反心理師相關法律及專業倫理守則之記錄」（台灣輔導與諮商學會，2016），以及二者均有六年換證之規定，此外並無任何淘汰或篩選機制，因此對督導者的專業把關仍是個限制。

（三）督導培訓僅有初階課程

　　由於《心理師法》或《學生輔導法》均無規範諮商心理師或專輔教師必須接受什麼樣的督導，因此諮心學會的督導認證辦法於 2009 年通過後（臺灣諮商心理學會，2015），至今僅有少數幾位有達到滿六年要換證的需求；而輔諮學會雖然已於 2005 年通過認證辦法，但是實際運作則是近幾年的事，因此也乏人滿六年換證；再加上前述督導之需求如此強烈，學會或相關組織光是固定辦理初階訓練課程，就已是極大的業務量。在此情況下，學會或相關組織不管是基於市場需求或考量行政人力，均很難辦理督導進階課程，例如：筆者在各地擔任督

導培訓課程講師時，常有學員詢問，若六年換證時必須證明六年內有上過繼續教育數小時，這些時數的課程可否仍是上初階課程？因為四處搜尋很少看到各組織有開設督導進階課程者；又如今（2018 年）輔諮學會開辦進階督導訓練課程，結果因報名人數不足而未能開成。這些現象造成想對諮商督導更上一層樓的督導者，僅能靠自修增能，而對於國內要提升督導專業知能的期許而言，更是個限制。

（四）實習機構之督導資格無強制力

如上所述，目前為止除了《專門職業及技術人員高等考試心理師考試規則》（考選部，2017）有明文要求，全職實習諮商師一年需接受至少 50 小時的個別督導，其餘的公部門均未對實習機構、開課系所或實務場所的諮商督導者有任何規範，即使上述法規亦未規定督導者之資格，而全靠各培育系所自己把關，或是由專業學會訂定辦法加以規範，以保障實習生與實習機構之權益，例如：輔諮學會於 2002 年以及諮心學會於 2009 年訂定的《諮商心理實習及實習機構審查辦法》，但實施至今由於此審查辦法並無強制力，仍有諸多困難待克服。

貳、臺灣諮商督導實務運作的發展、現狀與困境

督導制度要能成熟發展與運作，除了要有系統性的哲學觀、知識體系，也必須結合理論、實務與研究。以下分別說明我國諮商督導在實習機構與各實務場域運作的發展、現狀與困境。

一、諮商督導的運作情形

（一）實習機構之督導運作

《心理師法》在 2001 年通過之前，輔導與諮商專業與諮商督導相

通者，充其量是修習中小學輔導類科教育學程的師資培育生在（師培生）大五實習時，接受過學校教授「教育實習課」的任課教師，以及實習學校的主任所督導，但是這些師培生之實習範圍包羅萬象，包含所有廣義的輔導工作，例如：從事輔導行政、教授班級輔導活動課、帶領小團體、進行個別諮商或推廣心理衛生活動等，因此難以實質發揮諮商督導之效果。

《心理師法》通過後明文規定「……並經實習至少一年成績及格……」（衛生福利部，2016），因此各培育系所開始開設全職實習課程；另外，依據《專門職業及技術人員高等考試心理師考試規則》（考選部，2017）明文要求，全職實習諮商師一年需接受至少 50 小時的個別督導，因此大家才逐漸更重視督導制度；再加上輔諮學會與諮心學會訂定的《諮商心理實習及實習機構審查辦法》對實習生的督導者資格原本從寬認定，規範：「全職實習督導應受過諮商督導理論與實務訓練，並須為具諮商心理師或臨床心理師或精神科醫師執照後二年有臨床實務工作經驗者。精神科之臨床實務專長需以心理治療為主。臨床實務督導得由精神科醫師、臨床心理師督導，但諮商心理師個別督導時數不得少於總個別督導時數之二分之一」（中國輔導學會，2008），但是為了強化諮商心理師實習生對諮商心理的專業認同，2013 年輔諮學會對督導資格的認定修訂為：「專業督導應符合下列資格：一、曾受過專業諮商督導理論與實務訓練。二、具有諮商心理師執照後諮商心理工作經驗至少滿二年。實習機構未聘有專任諮商心理師者，亦須提供符合上述條件之督導」。又，2016 年諮心學會修訂的辦法則規定：「專業督導應為執業達兩年以上之諮商心理師並符合下列資格之一：一、曾受過專業諮商督導理論與實務訓練達 36 小時（含）以上。二、六年期間教授諮商督導課程達 36 小時（含）以上，並從事諮商督導專業工作時數 180 小時（含）以上。實習機構未聘有專任諮商心理師者，亦須提供符合上述條件之督導」（臺灣諮商心理學

會，2018）。在這些辦法的規範之下，諮商督導的規範愈趨嚴謹，也因此對督導的需求更加殷切。

黃佩娟、林家興、張吟慈（2010）曾調查157名實習諮商心理師之全職實習工作項目、時間分配、服務對象、問題類型，以及臨床督導的實施現況，並比較在學校、社區諮商與醫療機構等三類實習機構實習經驗的差異。研究結果發現，實習心理師平均每週接受個別或團體督導時數為 1.82 小時（SD = 1.1），參加個案研討時數為 0.99 小時（SD = 1.48），合計約 2.81 小時，並不符合《諮商心理實習及實習機構審查辦法》所規範的每週至少 3 小時。

其次，黃佩娟等人（2010）有關督導的調查發現，只有臨床督導人選在不同實習機構有顯著差異，其中大學輔導中心與社區諮商機構的臨床督導者主要以機構提供為主，而醫療機構的臨床督導者人選則是 57.7%由機構提供，42.3%是同時由機構內外的督導者共同提供督導；由於醫療機構的多數督導者為精神科醫師，故在醫療機構實習的實習心理師有四成會自己另請個別督導，以因應《諮商心理實習及實習機構審查辦法》規定「個別督導時數的二分之一需由諮商心理師督導」的要求。臨床督導實施方式在三類實習機構並無顯著差異，顯示臨床督導的實施方式普遍相似，不因機構屬性不同而有差異。就臨床督導實施的滿意度整體來看，覺得滿意與非常滿意的比例合計八成以上；在三類型實習機構中不滿意臨床督導的比例，則以社區諮商機構的比例最高，占 15%。由此調查結果來看，醫療機構聘任諮商督導來督導實習生之情況最不樂觀，受督者對社區諮商督導者的滿意度則是比較低。

（二）各實務場域之督導運作

當實習生完成全職實習，正式進入職場之後，通常並無明文規定需要接受督導。以各級學校而言，從《學生輔導法》（教育部，

2014）通過，中小學各校陸續均已配置專輔教師，專責初級和次級預防的學生輔導工作，雖各縣市對專輔教師業務的要求容或不一致，但是每週均要求要進行約 8～12 個小時的個別諮商，一整個學期要帶約 2 個小團體，這些專業工作均需有專業或同儕督導提供專業上與精神上的支持。

各縣市中小學的專輔教師或兼輔教師多半是由輔導主任或輔導組長擔任其行政督導者的角色，但由於國中小的輔導主任不需具有輔導專業背景，多半只能協助行政督導以及提供接案，或是跟親師諮詢的經驗談，因此專輔教師通常是和鄰近各校的專輔教師形成支持性團體，或是每學期有 3 到 4 次的機會，請外聘督導或請該縣市學生輔導諮商中心的心理師來進行團體督導，也因此中小學輔導教師的專業督導資源非常單薄而需求殷切。另外，以各縣市學生輔導諮商中心的諮商心理師而言，接受督導的情況和各校專輔教師的情形頗為類似，亦即在中心內頂多接受中心主任或副主任或行政督導的行政督導，至於專業上的接案瓶頸或困頓，則需靠自我整理、同儕督導，或是中心每學期 3 至 4 次，每次約 3 小時的外聘團體督導協助處理。

至於各大學的學生輔導諮商中心諮商心理師，有的學校會提供專任心理師每學期幾個小時自行尋找督導的督導費用，以及在上班時間去接受督導的公假時數，其餘可能就是由心理師自費請假或利用非上班時間尋求督導，或是由中心安排團體督導，藉此提升心理師的專業知能；至於兼任的心理師，則可能靠中心提供的團體督導或自費尋求個別督導來滿足自己的專業需求。

諮商心理師若在社區諮商機構服務，除非該機構較上軌道，能固定或依照個案需要可不固定地提供督導資源，或是如各諮商機構向公部門申請承攬方案，申請的經費包含心理師一年或幾個月內可以有多少次、每次各多少小時、每小時多少元的個別督導費，由諮商心理師自行安排並接受督導後，以收據核銷，否則多半都是由諮商心理師依

照自己的需求自費尋求督導。

若諮商心理師是在醫療機構服務，除非是在教學醫院，必須接受畢業後一般醫學訓練〔簡稱PGY（post-graduated year）訓練〕，受補助期限及時間自擁有醫事人員證書四年內，依實際訓練情形至多補助二十四個月，接受具二年或三年以上專任諮商心理執業經驗之諮商心理師進行教學，否則通常是接受醫療機構的精神科醫師或臨床心理師督導，或是自費尋求外界的督導，或是純然無督導。

另外，就各半專業助人機構之督導運作情形，多半是志工經過內部二階段或三階段的儲備訓練、見習到實際接案，接案時依照該機構提供的服務（電話諮詢、網路諮商、信件服務或面談），由該機構受過督導訓練或資深志工之督導者進行隨班現場督導。

二、諮商督導的運作困境

無論是在各級學校、社區諮商機構或醫療機構的諮商督導運作，其面臨到的困境大抵包含以下數端。

（一）督導的應然與實然之差距

實務工作者除非本身很有督導概念，或是已經習慣固定尋求督導者，或是機構固定有邀請外聘督導者進行團體督導，否則當其到實務場所工作時，機構若無強制要求其接受督導，即使實務工作者很認可定期接受督導的需要，但是往往礙於時間、心力、理論取向、經費、交通或找不到適合的督導者等因素，而不尋求或尋求不到適合的督導者，久而久之便會習慣在無督導者的狀態下繼續進行實務工作，如此雖然可以強化自己的諮商實務經驗，但若有接案上的盲點，或是處理棘手或高風險或涉有倫理法律議題的個案時，在缺乏同儕或其他督導者的討論與提醒下，容易讓自己陷入困境，對個案的實質幫助有限，久而久之甚至造成專業枯竭而耗損專業人力。

（二）團體督導的人數、成員組合、督導者的邀請與進行方式均值得斟酌

從《國民教育法》第 10 條於 2011 年修正公布，以及《學生輔導法》2014 年公布至今，這幾年大量增置中小學專輔教師與專輔人員，每學期固定辦理 3 至 4 次的團體督導已經是頗固定的模式，也深受專輔教師或專輔人員的喜愛與肯定。此制度除了可以發揮同儕支持的效果，亦可透過團體督導強化專輔教師或心理師的專業知能，但是由於無前例可循，各縣市執行起來各有其特色與滯礙難行之處。

例如：一個團體至多或至少多少人為合宜？所有成員都要限定是專兼輔教師？或是同一團體的成員可以包含心理師和專兼輔教師？可否國中國小專輔教師同在一團？還是要分開？成員是自己組團之後自行邀請督導者？還是由縣市政府或輔諮中心確定該學年度所有督導者人選，由專輔教師自己依照時間或督導專長或地區加入不同團體？各團體督導的成員是開放式或封閉式的參與方式為宜？諮商心理師／臨床心理師／社會工作師是參加同一團？或是各自尋找不同專業的督導者？專輔教師適合由獲得學校輔導督導認證之督導者來督導？或是由諮商心理師督導？又如：團體督導以什麼樣的進行方式最適合？是每次要由受督者提案？還是以支持性團體為主？還是類似主題工作坊的帶領方式？督導者的續聘有無任何考核機制？以及督導者對於提案受督者的接案品質有無置喙的餘地？上述這些問題目前都實際遭遇到，都值得進行研究，或是徵詢受督者與督導者之意見後，再加以探究。

（三）內聘督導或外聘督導之角色差異

由於機構內的督導者了解機構的制度與生態，其所提供的督導較能契合機構與受督者之需求，且較能切中要害，但是也由於同樣身處機構內，有時督導者的角色無法超然客觀，甚至會因為機構內尚有其

他位階更高的主管，因而難以純然就個案的福祉或顧及受督者的立場來提供督導；相反的，外聘督導者雖然較能就事論事、就專業論專業，而不受機構內各種角色的牽絆，但也因為是機構外聘的督導者，所能發揮的影響力比較有限，有時是遠水救不了近火，甚至若專業意見與機構內的主管相違背時，受督者即面臨「該聽誰的話」的窘境。若要論及督導評量者或把關者的角色，則機構內或外的督導者也各有利弊，機構內的督導者可以看到受督者更全面的表現，但也因為如此，更容易受到其他主觀知覺的影響，較難持平看待受督者的專業表現；至於外聘督導者是可以就事論事地評量受督者的諮商專業表現，但因為缺乏整體觀，且有時只能相信受督者一人所言，容易在判斷上失之偏頗。

（四）行政督導與專業督導之角色分工不易釐清

一般而言，受督者在機構內執行專業服務時，行政督導者需從機構的政策、法令制度與相關規定，甚至從系統觀來考量受督者提供之直接或間接服務品質；專業督導者相對較為單純，係針對受督者提供直接服務之情形，站在教育者、情緒支持者、顧問或評量者等角色提供專業意見。有時這兩個角色會有重疊衝突或扞格之處，此即考驗二者各自之督導關係以及三方為個案福祉所達到的最大共識，否則極易形成「多輸」的局面。

（五）督導無強制性，亦無強制力或把關之權力

由於對實務工作者而言，督導無強制性，除非有些機構針對甫聘任之新人有幾個月的試用期，或是已經面臨要被解聘有所謂的「觀察期」，而需要督導者介入，否則實務工作者的工作表現只能由行政主管從整個廣義的方向來判斷，例如：出缺席、繳交各項紀錄的情形、各項工作的配合度與積極度等，而無法從其實際接案或帶領團體等直

接服務的表現來評量。亦即督導制度在許多機構均是可有可無,即使有,也是想協助實務工作者增進其專業效能,但是缺乏評量考核的權力,因此無法發揮督導評量、把關或當守門員之責任,如此對於實務工作者的專業表現極易形成漏洞。

（六）不同專業領域之折衝

雖然所有助人專業的著眼點均是為了協助個案減少困境、增加幸福感,但是各專業領域有時的切入點會有不同,如面對高風險的個案,社工師可能會從案家的整體資源或法律觀點著手,臨床心理師可能會先針對個案的生物—心理—社會功能加以檢視與評估其臨床症狀,而諮商心理師則可能先關注個案的家庭系統功能或是從個案的內在認知信念等層面考量;這些原本都可以殊途同歸,但是由於不同專業的切入點有所不同,因此實務工作者在面臨個案的問題時,若其督導者的專業或觀看個案的角度與受督者有所不同,甚至在召開個案研討會時不同的督導者有不同的論點,這都會挑戰受督者如何聽取眾議而做出自己最佳的專業判斷。若是涉及司法或倫理,或者不同督導者之間的權力位階差異,可能更增加受督者判斷的複雜度。

（七）難以檢視督導成效

雖然助人工作難以立竿見影,但是仍可從諸多方向檢視助人工作之成效,督導工作亦然,亦應有來自不同角度、不同方式的評量或研究,來檢視個別督導或團體督導的成效,尤其各縣市的專輔教師或心理師均有接受團體督導,究竟這些團體督導對受督者、其他未提案的團體成員,以及提案者服務的個案帶來之協助或成效或傷害為何,甚至對團體督導帶領者的帶領成效,都缺乏檢視的機制。通常是由團體成員在每次團體督導結束後填寫簡易的評量表,但是這些評量結果要由誰來檢視?後續要如何處理?亦均無定論,如此不易發揮績效考核

（accountability）之效果，對諮商輔導工作想彰顯的成效或待改善之處均無法得知，頗為可惜。

參、臺灣諮商督導研究的發展、現狀與困境

理論、實務與研究的結合皆是任何專業不斷發展不可或缺的三個環節。我國最早的諮商督導實證性研究大約是 1992 年（王智弘，1992；吳秀碧，1992），最早的學位論文作者是張幸良（1994），社工督導的研究則較早，例如：林啟鵬（1983）、黃倫芬（1983），隨後至今的 26 年，不論在諮商督導的理論與實務介紹或實證性的研究均有所成長。筆者從「臺灣博碩士論文知識加值系統」以「督導」關鍵字搜尋，至 2018 年 7 月 13 日為止，計有 327 篇論文；若縮小範圍，以「諮商督導」為範圍，計有 85 篇；再以華藝線上圖書館進行搜尋，以「督導」為關鍵字之期刊有 1,171 篇、會議論文 8 篇、博碩士論文則有 617 篇，而有「諮商督導」關鍵字之期刊則有 62 篇、博碩士論文 7 篇（引自王文秀，投稿中），亦即這二十多年間有愈來愈多針對諮商督導的研究。以下分別簡要說明迄今之研究主題與發現，以及未來研究可努力的方向，該整理主要係引自筆者在〈臺灣輔導與諮商督導發展之回顧與展望〉一文之內容（王文秀，投稿中）。

一、臺灣諮商督導研究的發展與現狀

筆者整理國內迄今的督導論述與研究，將主題分為十類，分別探討：諮商督導理論與模式、諮商新手之督導、從受督者的角度、從督導者的角度、從督導雙方的角度、督導者的介入、編製督導量表、訓練督導者、團體督導，以及學校輔導督導。從這些文獻中可發現：

1. 近年來對諮商督導理論的探討，以傳統諮商理論延伸的督導模式約 10 篇左右，陸續有針對後現代的督導理論，同時亦有學者

建立本土化的督導模式。

2. 諮商新手（包含實習生）對督導歷程是既期待又怕受傷害，受督者的依附關係或焦慮特質、隱而未說、督導過程中的重要事件、對督導權力的覺察等，均會影響對督導的期待。新手的專業發展特性很符合發展性督導模式之假設，不同的督導介入方式對新手受督者的專業協助也各有不同。

3. 對督導者的探討相對較少，甚至其中還包含從督導者的角色看受督者，而非純然探討督導者自身；至於從督導者觀點探討者，多半是探究督導者在進行督導介入時或運用某些技巧時的內在意圖。

4. 督導雙方認定的督導關係，或督導中的重要事件，二者看法雖有一致，但由於所看的角度不盡然相同，因此亦會有所差異。

5. 督導者針對受督者的發展階段之特色與需求所提供的介入，對受督者會有所助益，進一步也會影響受督者的後續投入和督導關係。

6. 有關督導的量表，不管是從督導雙方或督導歷程／效能，或是探討與督導相關的變項，均有待系統性的發展與編製。

7. 對督導者的訓練研究數量仍有待加強，此涉及如何培訓督導者，要培訓些什麼，以及如何檢視培訓的效能等，這些都需更成熟才能強化督導效能。

8. 雖然團體督導的歷程遠比個別督導複雜，但是團體督導可以發揮的功效和個別督導不可相提並論，因此許多研究以團體督導為主，包含探究新手諮商心理師在團體督導的歷程，或是探究不同的團體督導訓練模式之療效等。

9. 就各場域的督導而言，各有其應注意之處，從有關學校輔導工作的督導研究來看，專輔教師對督導的需求期盼很強，期待透過督導增進自己的專業知能、了解要如何跟系統合作才能事半

功倍。

二、臺灣諮商督導研究的困境

要進行一個嚴謹的研究，以及將研究結果整理後發表，從發想到規劃到執行，一直到發表，是非常耗時耗心力的過程；雖然研究者若能結合理論與實務而轉化成研究的素材，對學術領域的進展會有極大貢獻，但是鮮有實務工作者願意花龐大的時間和心力從事研究與發表論文，因此絕大多數的研究均是碩博士班研究生的研究論文再改寫投稿，或是學術領域的工作者因為自己的研究興趣、升等，或申請研究經費而撰寫。綜觀我國二十多年來有關諮商督導的論述與研究，目前有待突破或未來可以發展的研究方向如下所述。

（一）研究與論述文獻數量待提升

筆者以最廣義的關鍵字搜尋有關諮商或督導的論文發表數量，整理如表 4-2 所示。從表 4-2 之數據可看出，不論是學位論文或是研究期刊論文或論述文，督導（廣義）或諮商督導（狹義）之發表數量，都遠比諮商（廣義）或心理諮商（狹義）的少。這樣的數據雖然可以理解，但是以督導領域發展至今二十多年而言，無論是學位論文或是期

表 4-2　諮商與督導之論文發表數量一覽表

臺灣博碩士論文知識加值系統（2018/7/22 搜尋）			
以諮商為關鍵字	961 篇	以心理諮商為關鍵字	361 篇
以督導為關鍵字	329 篇	以諮商督導為關鍵字	85 篇
華藝線上圖書館（2018/7/22 搜尋）			
以諮商為關鍵字	期刊 6,942 篇	會議論文 12 篇	碩博士論文 1,308 篇
以心理諮商為關鍵字	期刊 881 篇	會議論文 3 篇	碩博士論文 127 篇
以督導為關鍵字	期刊 1,173 篇	會議論文 8 篇	碩博士論文 613 篇
以諮商督導為關鍵字	期刊 62 篇	會議論文 0 篇	碩博士論文 17 篇

刊論文的數量，應仍有持續成長之需求，故期待能有更多臨床督導的實證性研究，建立更厚實的理論基礎，以回歸到更成熟的督導實務（黃政昌，2000）。

（二）研究主題之廣度與深度待加強

歷年來，比較系統性的統整分析有關督導之文獻有林瑞吉（2000）、黃政昌（2000）以及李明峰（2015）等三篇。林瑞吉對未來研究的建議，包含：有系統的探索如何教導與學習諮商的重要因素、建立督導中如何透過標準化訓練受督者的專業能力。除此之外，未來宜多強化的研究主題，包含：建立本土化的督導模式、探討有效又可行的督導者訓練模式，以增加更多的督導人力（李明峰，2015；黃政昌，2000）、檢視學校團體督導可行的模式、編製督導相關變項之量表等，均是需要長期持續系統性的進行探究之研究主題。

若論及與督導相關之研究主題，從背景變項而言，可以探討督導者與受督者的人格特質、性別、年齡、多元文化、性取向、依附風格與受訓練背景等之適配性，亦可探討督導風格、督導理論取向、督導工作同盟、督導介入、督導倫理、督導權力、督導介入方式、督導形式、督導評量與督導介入意圖等，對受督者專業能力、個人成長、個案概念化、所知覺的督導關係、督導滿意度，以及對諮商的介入等依變項之影響與差異，再論及這些對諮商關係、諮商效能與個案對諮商的滿意度，以及困擾問題減緩程度等之影響。除了這三者變項之間的交互作用，亦可探討督導與諮商間的平行歷程、隱而未說等現象。若從督導者而言，則可探討不同的督導者訓練模式、督導者的專業發展階段、可進行的督導後之督導模式等。

亦即如 Watkins、Budge 與 Callahan（2015）以及 Watkins（2017）所整理的督導共通—特殊（common-specific）因素，其中 Watkins 整理出督導有 50 個共通因素會影響督導實務，並將其分為九類：督導者的特

色、督導品質、受督者的改變歷程、督導架構、督導關係、督導的一般性原則、督導者的任務、督導者的共通性角色，以及督導者的共通性實務，這些因素均值得有系統地檢視與考驗，尤其是從本土化的角度出發，所獲致的研究結果更有助於落實督導者的訓練、強化督導關係與督導效能，最終讓個案受益。

（三）研究方法與研究設計待深化

從文獻整理可發現，質化研究的數量多於量化研究，就量化研究而言多屬問卷調查，未來的研究在研究設計上須更嚴謹，而研究的內在效度、外在效度、構想效度與統計推論效度等研究效果也要加以考量，又如混合實驗設計之研究法等，均屬關鍵（林瑞吉，2000）。

第二節　諮商督導訓練與證照制度

諮商師或督導者的訓練均有其背後的哲學觀和理念，雖然助人專業無分地域，只要有人的地方，因來自內外在的壓力，個體往往身受其苦而需自我調適或求助於他人或宗教，只要有人類居住的地方即會慢慢有助人者，並逐漸形成助人體系，但每個地方或時代的助人體系皆有所不同。

我國的學校輔導工作或社區助人機構，如「張老師」，其發展雖然有本土的脈絡，但是誰可以成為輔導工作者，要接受什麼樣的訓練，以及要如何協助人，這些理念與制度則受到西方文化的影響極深，督導者的養成與訓練更不例外。本節分別探討我國目前的諮商督導訓練以及督導證照制度，並提出未來可以努力的方向，期望整個諮商督導者從養成到認證的過程均兼具理想性及可行性。

壹、諮商督導訓練

如本章第一節所介紹，我國諮商督導者的養成訓練大致涵蓋學院體系、社區機構和專業團體與其他相關組織，本節主要在探討這三大場域的督導訓練模式、督導訓練成效，以及諮商督導者的發展階段。

一、諮商督導訓練模式

以往對督導這個領域及督導者的養成較不重視，或是不知道要從何重視起，咸認為一個人的諮商經驗愈久愈豐富，自然而然就可以成為稱職的督導者；但是隨著專業分工愈精細，以及對督導蘊含的要素、複雜性與重要性愈清楚，就更加肯定督導是門獨立的專業（Bernard & Goodyear, 2004, 2019），所以也愈來愈重視對督導者的訓練。美國的全國證照諮商師委員會（National Board for Certified Counselors, NBCC）於 1977 年發展出臨床督導者證照（Approved Clinical Supervisor (ACS) Credential）之制度，要求身為督導者均需有證照；另外，2004年亦將督導視為健康照護心理學（Health Service Psychology, HSP）的核心能力之一（Kaslow et al., 2004）。

嚴格來說，由於督導者必須兼顧理論與實務，要能站在制高點鳥瞰（over-see）受督者的專業表現，又要有研究能力，應該是要在博士層級才開始訓練（Falender & Shafranske, 2012）。美國心理學會（American Psychological Association, APA）所頒布的健康照護心理學督導準則（Guidelines for Clinical Supervision in Health Service Psychology）（APA, 2015），係以能力本位的概念明定督導者必須具備七個範疇之能力：督導者的專業能力、多元文化、督導關係、專業精神、評估／評量／回饋、專業能力不足，以及倫理、法律和規範的考量等。其中，督導者的專業能力即強調，督導者必須透過正式的教育和訓練以

取得並維持執行督導時所需的能力，亦即在研究所階段需熟悉有關督導的理論與模式等概念，到實習階段則必須有直接或模擬督導實習的機會，這些環節缺一不可。

同樣的，加拿大心理學會（Canadian Psychological Association, CPA）亦規範，凡是要通過該組織認證的博士班課程，均需提供督導的訓練課程。Hadjistavropoulos、Kehler 與 Hadjistavropoulos（2010）曾調查經過CPA認證的28個博士班系所，共有20個系所主管填答問卷，半數以上有開設與督導相關之課程，但學分數與課程內容則非常分歧，只有 25%的系所有開設實習課，為必修課程，另外有 40%的系所也有開設，但是屬於選修。另外，Johnson 與 Stewart（2000）曾調查加拿大156 位在學術界或實務界擔任督導者，發現幾乎超過三分之二的填答者未曾接受過正式的督導訓練，其一開始時多半覺得自己的督導專業不足，靠著自我進修以及主管支持進修，較能增能。我國目前的現象和這些調查也頗類似，雖未經過正式統計，但應該有諸多正在或曾經從事督導工作者並無接受過完整的督導訓練。可喜的是，目前的四所大學博士班均有開設督導課程，都涵蓋理論與實習，且均是必修課。

考量國內輔導諮商相關系所有開設博士班者僅有四所，有的還有分組，每年畢業且願意擔任督導者的博士生數量和其專長領域遠不敷實際之所需，而碩士班課程，不論研究生的諮商經驗或諮商能力均適合擔任受督者而非督導者，因此僅靠學院體系培育的督導者人力實在供不應求。而民間半專業助人機構或專業組織為了機構內的志工服務品質或實習場所的督導品質，以及廣大的督導需求，勢必得發展出適合的督導訓練模式，以下分別說明不同場域的督導訓練模式。

（一）針對博士班之督導訓練模式

雖然就讀博士班的研究生（Supervisor-in-training, SIT）絕大多數均在就業，可能有多年的工作年資，或可能已經考上心理師執照甚至擔

任督導者多年；也有可能原本的專長領域是不同於諮商，不論如何，這些研究生在學院體系裡均屬新手，仍須依照就讀系所修課之規定，逐步完成諮商督導訓練。基本上，各系所博士班開設的督導課程差異只是在必／選修（以國內四所大學博士班而言均是必修）、學分數的要求（四所大學博士班理論與實習加起來從 4 至 6 學分，二者可能平均或比重有所不同），但是對於課程內容、實習的要求以及評量的標準，則往往視授課教師的教學理念而定。

由於完整的督導訓練最好要包含理論（講授概念）與實務（在被督導下學習當督導）（Falender et al., 2004），論及針對博士班研究生的督導訓練，常見的是後設督導模式（meta-supervision）（Newman, 2013），亦有稱之為「督導的督導」（supervision of supervision）（Mender, 1997）或「垂直督導」（vertical supervision）（Bufford, Campbell, & Liebscher, 1996），亦即由資深有督導資格之督導者來督導較資淺、尚未有督導資格者去督導臨床實務的受訓者。由於這位資淺者並非正式的督導者，因此這位資深的督導者等於對兩位受訓者（一位是督導的受訓者，一位是臨床實務的受訓者）均具有倫理與法律責任。

如同美國心理學會（APA, 2015）所訂定的督導專業能力準則，督導者必須具備：(1)督導對象所需具備的專業知識與技巧；(2)多元文化諮商和督導的能力；(3)建立與營造正向督導關係的能力；(4)以身作則，示範專業態度與表現；(5)適時提供有建設性的評量與回饋；(6)有能力辨識出以及挽救受督者專業能力不足或受限之處；(7)以身作則示範遵守倫理與法律及相關規範。Borders、Bernard、Dye、Fong、Henderson 與 Nance（1991）提出訓練督導者的課程架構，包含：(1)學習目標：自我覺察、理論與概念性的知識，以及技巧與技術；(2)內涵：督導模式、諮商師發展、督導技巧與技術、督導關係、評量、執行督導的技巧、倫理／法律／規範等議題。Bernard 與 Goodyear（2014）所提出之能力指標，即係以此為架構，再參考 Falender 等人（2004）之概

念，加上多元文化以及督導研究等內容，亦即每個內涵均可以針對三個學習目標的任一項加以規劃。除了上述這些概念性的課程內容，Bernard 與 Goodyear 另外建議反思與體驗性的訓練內容，如整理自己為何要成為督導，以及以往被督導的經驗。從上述這些督導應具備的能力或是可以採用的方式來看，督導本身即是一個完整獨立的專業領域。

　　Mann 與 Merced（2018）另外建議，兼職實習階段之實習督導者應先檢視自己成為督導者的動機及受督導時的經驗，慢慢開始練習使用督導技巧，並且觀摩真實的心理衡鑑、心理治療、督導過程與團體討論等影片，對即將要進入的場域能更有臨場感與準備度。在此時期，資深督導者的教導引領都要很具體化，實習督導者要學習採用哪些標準或檢核表，來檢視受督者是否有學習到該學習的技巧與態度，同時資深督導者也要確保實習督導者在此階段能決定每次督導的重點，態度要溫和而非評價式、尊重受督者和其個案、注意細節、能站在受督者的專業發展階段評估該提供什麼樣的督導環境、能處理督導雙方的權力位階差異，以及和受督者能形成有共同目標、任務與良好情感連結的工作同盟。至於到了全職實習階段，則更要確定實習督導者無論在知識或技巧的獲得，對新興議題或新發展的治療策略，或是督導者角色的拿捏，都要更精熟，同時也要有固定且大量的個別或配對或團體的督導經驗、能有機會處理臨床實務常見的議題，例如：差別性診斷、倫理議題、修復破裂的督導關係、評量並提供具體有建設性的回饋，以及補救受督者較弱的專業知能等。如此的結合理論與實務，再加上背後有資深督導陪伴、示範與討論，才能讓實習督導之路更加周延順暢。

　　也有的督導訓練是採用超越傳統口語互動的形式，例如：用家族治療的家系圖（genogram）概念來整理督導者之前接受督導的經驗，藉此讓其更有機會先自我探索，整理自己被督導的經驗（Aten, Madson, & Kruse, 2008），再將這些體驗與發現帶到自己與個案的工作上。

　　或是如 Kassan、Fellner、Jones、Palandra 與 Wilson（2015）探討 4 位博士班修習督導課程的新手督導研究生在統整性社會正義（Integrated Social Justice, ISJ）教學督導模式（Sinacore & Enns, 2005）中之四個向度的體驗：個體賦能與社會改變、知識與知者、壓迫與特權，以及反思和自我覺察，此亦為訓練督導者之新的嘗試。

　　Keenan-Miller 與 Corbett（2015）曾針對某大學臨床訓練中心所接案的 255 位個案進行研究，這些個案的諮商師分別由接受督導的實習生督導（n＝76），或是由資深有證照的專業人士督導（n＝179），結果發現：不管是由資深或資淺的實習督導者來督導，均無法預測個案困擾程度的減緩情形、中途退出、工作同盟、對治療的滿意度、對治療師技巧純熟度的知覺，或個案自陳的改變；從兩組治療師的觀點來看個案的滿意度或改變情形，亦無差異；唯一有差別的是，諮商師由實習督導者所督導的這些個案，在追蹤的時候比較不被認為「有治療好」或「有穩定的改善」。亦即由實習督導者或資深督導者來督導諮商師，事實上是有可能效果相似，但是以長期治療效果而言，資深督導者之督導仍可能優於實習督導者。

　　綜合上述，各系所針對博士班研究生（SIT）開設督導相關課程時，宜分兩階段進行，理論與概念課程加上實習課程。其中，理論與概念課程可參考 APA（2015）或 Bernard 與 Goodyear（2014）之能力指標，需涵蓋督導概念、理論模式、督導關係、個別與團體督導技巧、督導方式、多元文化、督導之倫理與法律，以及針對各種議題（如自殺、性侵、家暴、藥酒癮等）或各種型態（如表達性治療、沙遊、遊戲治療等）的督導。至於實習階段，是否要求兼職加上全職，或是僅要求全職實習，以及實習內容與時數要求等，則可視各系所之考量而定。若要採取後設督導模式，則授課教師與實習場所之資深督導者，更須考量對督導理論、實務與研究之駕馭程度，如此才能稱職扮演督導的督導角色。

（二）針對半專業助人機構或專業學會之督導訓練模式

迄今尚無針對兩個專業學會或其他相關組織辦理督導者培訓之實證研究資料，至於針對半專業助人機構之督導訓練，僅有早期幾篇論文有探究，例如：林啟鵬（1983）擬發展一套適合「臺中張老師」的督導取向、蘇美機（1991）調查全省271位義務「張老師」對其督導員之滿意情形；結果發現，八成以上的督導員普遍受過職前及在職訓練，以及義務「張老師」對督導的滿意度呈現正向反應居多，研究者建議督導的在職訓練內容之設計與安排需有所規劃。

至於生命線的督導培訓，洪素宜（2009）訪談7位志工督導員，探討其學習歷程，發現其學習管道有正規的學習及非正式的方式，包括：總會、組織、網路、學校、書籍、社福機構等，其中又以參與總會的學習最普遍。學習內容著重在專業知能，其次是督導員的角色，督導模式以焦點解決居多。

由於半專業助人機構或學會專業組織開設之督導訓練課程有其特殊之任務與對象，因此在設計規劃督導訓練架構時，更須針對其對象與需求加以斟酌。有鑑於此二者的學術嚴謹性均不似各系所的博士班培訓，比較強調的是實務能力之養成，因此在半專業助人機構的督導者培訓第一階段之理論模式課程，除了介紹一般督導的概念之外，更要針對該機構志工與提供服務管道（如電話、面談、網路或信件輔導等）及個案求助類型，來規劃理論與模式的課程內容，如多元文化、危機處理或各種議題的督導模式，均屬重要；及至第二階段之實習，由於這些實習督導者的專業能力比較不是學院派出身，實務經驗較難與理論概念或研究相呼應，因此可考慮更多的見習與實習經驗，讓實習督導者有機會觀摩學習，再與其所見習的督導者討論，之後的實習階段仍須有督導定期予以討論；除此之外，每一階段的評量也至關重要。

若論及專業學會與其他相關組織所開設的督導培訓課程，除了考

量上述博士班開設的課程內容之外，師資的邀請以及受訓學員的課程回饋，亦均要考量，同時因為有時開課的師資不同，有可能導致內容多所重疊，此亦需設法克服；至於第二階段的實習，則可考量開課單位之人力，若希望實習督導者自行尋覓，則需設定好受督者以及資深督導者之條件。

二、諮商督導訓練成效

正如諮商師或任何專業的養成，諮商督導者的養成也是循序漸進，會歷經期待、忐忑、焦慮、不安等情緒。隨著督導以及被（資深督導者）督導的經驗增加，逐漸站穩自己的專業腳步，終至能獨當一面，稱職地協助更多受督者，以及嘉惠更多個案。

王文秀、徐西森、連廷嘉（2002，2003）曾建構出學校與社會輔導機構可行之督導員訓練模式，針對學校與社會輔導機構各隨機抽取兩組實驗組（學校12人、社會輔導機構11人）與兩組控制組（學校11人、社會輔導機構11人），進行為期3個月3階段8週，每週6小時，計48小時的實驗組、控制組—前後測實驗設計的實驗處理，再比較督導員訓練模式之效果，以發展出適合於不同機構之諮商督導訓練模式。研究工具包括：諮商督導專業知覺量表、督導情境測驗、諮商督導人員訓練課程、督導訓練課程回饋單，以及人際歷程回憶法之訪談大綱。研究結果顯示，與控制組相較，訓練課程不論是對學校或是對社會機構諮商督導人員，均有助於提升其督導專業知能，尤其在「自我評量」與「督導技巧」的效果上，更見差異。

Majcher 與 Daniluk（2009）以質性縱貫研究的方式，運用詮釋現象學與主題分析等研究方法，統整6位諮商心理學博士生在8個月實習督導過程的前、中、後時期，體驗成為督導者的心路歷程。結果發現，「督導關係」是貫穿整個督導歷程的最核心要素；除此之外，在督導實習的前、中、後階段均可看出研究參與者共同的特點，例如：在督

導初期，這些實習督導者對於自己身為督導者（受訓者）與被（資深督導）督導者之角色分寸無法拿捏得宜、角色曖昧與不確定、對自己的督導能力缺乏自信，但是隨著時間推移，慢慢而有成就感；四個月之後的訪談整理出來，這些實習督導者慢慢體認到自己是在蛻變轉換的階段，允許自己成長、學習以及犯錯，對自身及專業判斷逐漸有自信、對督導的專業角色更能認同，也更能拿捏界線及負責任，但是對於督導的焦點要放在哪裡則仍在擺盪；直到八個月後的督導實習末期，研究參與者的諮商專業能力更增進，對督導角色以及有效的督導所蘊含的要素更加清楚，對自我、理論取向和督導角色更趨一致。

　　由於許多學者提出督導者的發展階段，或是探究督導訓練的效能時，並未能完全遵循嚴謹的研究設計，Gosselin、Barker、Kogan、Pomerleau 與 Pitre（2015）即採「最佳實證統合法」（best evidence synthesis, BES）搜尋 1994 至 2012 年間，符合其嚴謹納入或排除條件的有關督導訓練成效或督導者發展的實證性研究，而僅能分析 12 篇符合條件者。結果發現，督導訓練效果尚可，多數研究均是理論加上實務的訓練模式，且多數研究是由研究參與者自評督導能力，而非採觀察者或第三者評量。

　　另外一篇也是探究從 1994 至 2010 年之間所發表的督導者訓練模式之成效與發展的文獻分析（Barker & Hunsley, 2013），從幾個大型資料庫整理出僅有 25 篇符合研究者選取標準的研究，亦即平均一年發表 1.6 篇。結果發現，多半是採用 Watkins（1990, 1993, 1994）所發展的督導者複雜性模式（Supervisor Complexity Model, SCM），也有許多研究並未特別定義採用哪一種理論模式。整體而言，這些研究設計均非屬符合內部效度或外部效度的嚴謹之作。

　　Bernard 與 Goodyear（2014）將督導訓練的成效研究及其大致發現，分為三大領域：(1)督導者對督導訓練成效的自評：普遍有效，包括：認為對受督者有幫助、增加自我效能，以及自評的督導發展階段

也比較高；(2)什麼樣的訓練方案最有效：從很有限的研究發現似乎都肯定訓練方案有效，但是均無嚴謹且定義清楚的研究可以支持；(3)督導的督導是否有效：從有限的研究也似乎肯定有效，但證據力仍是不足，仍待後續更多、更有系統的嚴謹研究設計來說明。

三、諮商督導者的發展階段

雖然和探究諮商師發展階段的研究相比明顯不足（Barker & Hunsley, 2013），但是歷來仍有一些學者試圖整理出督導者的專業發展階段（Alonso, 1983; Rodenhauser, 1994; Stoltenberg & Delworth, 1987; Watkins, 1995a, 1995b, 2012），除了 Alonso 是以終其一生來說明，其餘學者多是分為 3～5 個階段，大致上都同意督導者在剛熟悉這個角色時，會非常焦慮不安，容易把焦點放到自己身上，一直到角色更清楚、更自在也更有自信。只是至今的諸多學者對於督導者專業發展階段的定義、應包含的內涵、測量方式與訴諸實證研究的嚴謹性，均持保留的態度（Bernard & Goodyear, 2014; Worthington, 1987），這些部分實際上仍有諸多待努力之處。

筆者統整有關督導者專業發展階段之文獻，如表 4-3 所示。從表 4-3 可看出不同學者的切入點各異，例如：Alonso（1983）是從整個督導者專業一生的發展來區隔；Heid（1997）是統整學者的階段論，萃取出重要的主題；Watkins（1990）的督導複雜性模式（SCM）則是參考 Hogan（1964）的受督者發展階段，以及自身身為督導者的經驗而發展出來；至於其他學者，則是針對督導者從事督導工作的專業生涯歷程，依據各時期的特色而區分階段；然國內迄今未能有任何研究有實證性的檢視督導者的專業發展階段。

大抵而言，就跟其他領域的發展階段理論一樣，在表 4-3 中，各學者的發展階段也是有起承轉合的歷程，從一開始的焦慮、忐忑、混亂，到逐步穩定，再到更穩定的專業認同與經驗傳承，亦即從「見山

表 4-3　不同學者整理之督導者專業發展階段

研究者	督導者專業發展階段
Alonso（1983）	1. 新手（自我與認同） 2. 中年期：督導者和治療師的關係 3. 晚年期：督導者與所處機構的行政架構之關係
Hess（1986）	1. 初期（開展期） 2. 探索期 3. 肯定期
Watkins（1990, 1993, 1994）（SCM）	1. 角色震驚期 2. 角色回復—過渡期 3. 角色鞏固期 4. 角色精熟期
Rodenhauser（1994, 1997）	1. 仿真期（emulation） 2. 概念化期 3. 融入期（incorporation） 4. 穩固期
Heid（1997）（Integrated Model of Supervisor Lifespan Development）	督導專業發展的 10 個主題，如對督導角色的認同感、有信心、依賴與自主、善用權力與權威等
Stoltenberg & McNeill（2010）（Integrated Development Model, IDM）	1. 階段一（焦慮、想把事情做對） 2. 階段二（困惑／衝突） 3. 階段三（有持續當督導的動機） 4. 階段三統整期（督導大師）

是山」，到「見山不是山」，再到「見山是山」的階段。

　　雖然發展階段有其迷人之處，概念也淺顯易懂，但是對於各階段之操作型定義、如何驗證、各階段與階段之間的灰色地帶如何檢視、各階段之間的可逆性如何、有無跳躍或加速階段發展之可能，以及要如何訓練才能從前一階段順利進展到下一階段等，均是難以精準定義之處，例如：Worthington（2006）統整有關諮商師與督導者發展階段的文獻，發現諮商師的專業發展的確如一般發展模式所預期，但有關

督導者的發展研究結果則較為分歧；即便如此，發展階段仍有助於督導者自身去檢視自己目前的專業處境，以及待精進之處。

貳、諮商督導證照制度

為了確保專業品質並保障消費者的權益，許多專業的發展最終都需要有由國家、地方政府或各專業自己發展而訂定出的專業證照制度。美國諮商學界比心理學界更認同臨床督導需要通過認證，而一般督導認證則是由專業學會主導（林家興，2012，頁 11）。以下針對美國與我國的督導認證制度加以介紹與評論。

一、美國的督導認證制度

美國的諮商督導認證主要由證照與教育中心（Center for Credentialing & Education, CCE）負責，此乃全國證照諮商師委員會（National Board for Certified Counselors, NBCC）的分會，於 1995 年成立，目前約有 25,000 位實務工作者認證，到 2017 年為止，全美有 17 州認可此認證標準。此認證機構規範之諮商督導名稱為「合格臨床督導」（approved clinical supervisor），其認證標準如下（CCE, 2017）：

1. 學歷：需至少心理健康領域之碩士學歷，學位必須是由發證單位或教育部認可。
2. 專業背景：持有合格諮商師（NCC）或心理健康提供者或臨床督導證書。
3. 專業訓練：修習研究所正式課程〔有 CACREP（2009）認證之系所，所修之臨床督導課程至少 3 學期〕，或是參與由 NBCC 認可之臨床督導訓練工作坊 45 小時，或是由其他單位所開設之臨床督導訓練課程 45 小時。課程需涵蓋以下內容：督導之角色與功能、督導模式、專業發展、督導技巧與方法、督導關係、多元文化、團體督導、督導倫理與法律議題、評量督導能力與督

導歷程。

4. 臨床督導經驗：

(1) 至少有督導 100 小時之經驗（包含團體與個別，團體至多 10 位成員，可督導實習生），在實習督導過程中提供的督導者必須是有效的 NCC 或合格的心理健康提供者，或受過臨床督導訓練。

(2) 至少需有 5 年、4,000 小時之研究所畢業後諮商直接服務經驗（博士後一年可以抵 300 小時，至多抵 900 小時）；若以博士班全職實習而言，一年的全職實習可抵一年 300 小時之實務經驗。

二、我國的督導認證制度

我國的諮商工作雖然很早就由輔導工作逐漸轉化成輔導與諮商並重，但是對督導的重視則是從 2001 年《心理師法》公布，透過開設博士班以及強化碩士班諮商全職實習課程對督導者的要求，才慢慢更成熟。督導認證制度最早是由中國輔導學會（現已更名為台灣輔導與諮商學會）諮商心理學組（諮心學會的前身）於 2005 年訂定《中國輔導學會諮商督導者認證標準》，將督導者分為碩士班與博士班兩個層級認證（林家興，2012，頁 11），督導者的資格為：(1)具有至少 3 年的諮商實務經驗；(2)需接受過完整的諮商督導訓練，或已有充分之諮商督導實務經驗（中國輔導學會，2005）。這個認證標準當時雖然通過，但或許是當時的時空背景，以及學界與實務界普遍尚未能體認到督導工作的重要性，因此一直未能實施。

輔諮學會從 2005 年訂定上述認證標準，迭經修訂，最新的修訂版是在 2016 年，名稱已經更改為《台灣輔導與諮商學會專業督導認證辦法》；而諮心學會則是在 2008 年由輔諮學會之諮商心理學組獨立成學會，於 2009 年通過《臺灣諮商心理學會心理諮商督導認證辦法》，並

於 2010 年開始受理督導認證申請。兩個學會為提升諮商督導之專業能力與落實督導專業證照制度之用心值得肯定，表 4-4 為兩個學會督導認證辦法之對照。

表 4-4　台灣輔導與諮商學會及臺灣諮商心理學會之督導認證辦法

台灣輔導與諮商學會 專業督導認證辦法	臺灣諮商心理學會 心理諮商督導認證辦法
中華民國 94 年 11 月 5 日經中國輔導學會諮商心理學組執委會通過 中華民國 105 年 6 月 11 日第 43 屆第 8 次理監事會議通過	中華民國 98 年 10 月 5 日第一屆考試認證委員會會議通過 中華民國 104 年 7 月 18 日第四屆第三次理監事會議修訂
第一條 台灣輔導與諮商學會（以下簡稱本會）為提升輔導與諮商專業人員的專業訓練與督導品質，特訂定本會專業督導認證辦法（以下簡稱本辦法）。	第一條 臺灣諮商心理學會（以下簡稱本會）為提升諮商心理師的專業訓練與督導品質，特制訂心理諮商督導認證辦法（以下簡稱本辦法）。
第二條 本辦法所稱「專業督導」，包括「諮商心理專業督導」和「學校輔導專業督導」兩類。 一、諮商心理專業督導：符合本辦法第三條之專業督導認證資格，能提供諮商心理師或實習心理師個別督導和團體督導者。 二、學校輔導專業督導：符合本辦法第四條之專業督導認證資格，能提供學校輔導教師或輔導科實習教師個別督導和團體督導者。	
第三條 一、欲申請「諮商心理專業督導」認證者須同時符合以下條件： 　（一）須為現職之專業諮商實務工作者，持有諮商心理師	第二條 本辦法係規範心理諮商督導者之專業條件與資格，欲申請督導認證者須為本會有效會員，從事心理諮商實務工作五年（含）以上，且符合以下條件

表 4-4　台灣輔導與諮商學會及臺灣諮商心理學會之督導認證辦法（續）

台灣輔導與諮商學會 專業督導認證辦法	臺灣諮商心理學會 心理諮商督導認證辦法
證書；或為公私立大學校院諮商師教育工作者，持有工作單位所出具之在職證明書。 （二）須具備<u>三年以上</u>之諮商實務工作經驗，持有資歷證明者。 （三）<u>無重大違反心理師相關法律及專業倫理守則之記錄</u>。 （四）須接受過「諮商心理專業督導課程」訓練或已有充分之諮商心理督導實務經驗者。 二、本項所稱「諮商心理專業督導課程」訓練，係指所接受的專業督導課程訓練須具備下列條件之一者： （一）曾在國內外諮商相關研究所博士班正式修習 3 學分以上之諮商督導理論與實務或實習課程，成績及格者。 （二）曾接受本會或諮商專業學術團體或諮商心理師訓練機構所開設系列諮商督導理論與實務課程時數<u>48</u>小時以上，且必須接受<u>10</u>小時以上個別專業督導訓練	之一： 一、具有助理教授（含）以上教師資格並曾從事三年以上諮商督導或諮商實習課程之教學經驗。 二、曾擔任諮商專業學術團體或諮商心理相關機構辦理之督導課程講師或訓練師，講授或訓練時數達 180 小時（含）以上。 三、具有充分之諮商督導實務經驗，須同時持有下列三項證明文件： （一）實際從事諮商督導（非行政督導）工作年資<u>五</u>年（含）以上。 （二）實際從事諮商督導工作時數<u>300</u>小時（含）以上。 （三）接受過諮商督導課程36小時（含）以上。 四、接受過國內外諮商相關研究所博士班正式修習諮商督導課程 3 學分（含）以上，成績及格且持有證明文件： （一）<u>於課程中／外接受 8 小時（含）以上個別專業督導訓練</u>。 （二）<u>於專業督導訓練下完成 32 小時（含）以上個別專業督導實習</u>。 五、曾接受諮商專業學術團體或諮商心理相關機構辦理之督導職前訓

表 4-4　台灣輔導與諮商學會及臺灣諮商心理學會之督導認證辦法（續）

台灣輔導與諮商學會 專業督導認證辦法	臺灣諮商心理學會 心理諮商督導認證辦法
下完成 30 小時以上諮商督導實習（其中個別督導實習時數不得少於 16 小時），持有本會或機構所發給結訓證明書者。 三、本項所稱「充分之諮商心理督導實務經驗」，係指在專業諮商心理相關機構擔任諮商心理專業督導工作 6 年以上，實際從事諮商督導工作時數達 150 小時以上，且參與專業督導相關研習課程至少 36 小時以上，取得機構所開立之證明文件者。	練，且持有證明文件者。職前訓練課程須同時符合下列條件： （一）諮商督導課程 60 小時（含）以上。 （二）於 8 小時（含）以上個別專業督導訓練下完成 32 小時（含）以上個別專業督導實習。其中至多僅能有二位受督者，實習期程應大於四個月。 （三）受督者必須是有證照的諮商心理師、輔導老師、全職或兼職實習諮商心理師。 （四）講師及督導訓練師均須具備心理諮商督導資格，且具有諮商督導經驗六年（含）以上。

第四條

一、欲申請「學校輔導專業督導」認證者須同時符合以下條件：

（一）須為具高級中等以下學校輔導教師資格之專兼任輔導教師，或具諮商心理師證照之專業輔導人員，持有相關證書及工作單位所出具之在職證明書；或為公私立大學校院諮商師教育工作者，持有工作單位所出具之在職證明書。

表 4-4　台灣輔導與諮商學會及臺灣諮商心理學會之督導認證辦法（續）

台灣輔導與諮商學會 專業督導認證辦法	臺灣諮商心理學會 心理諮商督導認證辦法
（二）須具備三年以上之學校輔導實務工作經驗，持有資歷證明者。 （三）無重大違反學校輔導相關法律及專業倫理守則之紀錄。 （四）須接受「學校輔導專業督導課程」訓練或已有充分之學校輔導督導實務經驗者。 二、本項所稱「學校輔導專業督導課程」訓練，係指所接受的專業督導課程訓練須具備下列條件之一者： （一）曾在國內外諮商相關研究所博士班正式修習 3 學分以上之學校輔導督導理論與實務或實習課程，成績及格者。 （二）曾接受本會或諮商專業學術團體或各級學生輔導諮商中心所開設系列學校輔導督導理論與實務課程時數 48 小時以上，且必須接受 10 小時以上個別專業督導訓練下完成 30 小時以上學校輔導督導實習（其中個別督導實習時數不得少於 16 小時），持有本會或機構所發給結訓證明書者。	

表 4-4　台灣輔導與諮商學會及臺灣諮商心理學會之督導認證辦法（續）

台灣輔導與諮商學會 專業督導認證辦法	臺灣諮商心理學會 心理諮商督導認證辦法
三、本項所稱「充分之學校輔導督導實務經驗」，係指在學校輔導相關機構擔任專業督導工作 6 年以上，實際從事學校輔導督導工作時數達 150 小時以上，且參與專業督導相關研習課程至少 36 小時以上，取得機構所開立之證明文件者。	
第五條 凡合乎上述資格者，得彙整個人身分證件及相關資歷證明文件，填具申請書向本會專業督導認證審查工作小組申請認證。 一、諮商心理專業督導 　（一）申請書 　（二）學歷證書 　（三）諮商心理師執業執照或諮商師教育工作者之在職證明 　（四）從事諮商心理實務工作三年以上年資證明 　（五）諮商心理專業督導訓練課程時數、學分或研習證明 　（六）諮商心理實務機構開立之實際從事諮商督導工作年資與時數證明 二、學校輔導專業督導 　（一）申請書 　（二）學歷證書	第三條 申請督導者認證，應依申請條件繳交下列文件影本： 一、申請書 二、諮商心理師執業執照 三、助理教授（含）以上教師資格證明 四、從事諮商心理實務工作或實習課程教學年資證明 五、接受諮商督導課程及實習訓練之學分或時數證明 六、心理諮商實務機構開立之實際從事諮商專業督導工作年資與時數證明

表 4-4 台灣輔導與諮商學會及臺灣諮商心理學會之督導認證辦法（續）

台灣輔導與諮商學會 專業督導認證辦法	臺灣諮商心理學會 心理諮商督導認證辦法
（三）高級中等以下學校輔導教師證書、或專業輔導人員資格證明、或諮商師教育工作者之在職證明 （四）從事學校輔導與諮商實務工作三年以上年資證明 （五）學校輔導專業督導訓練課程時數、學分或研習證明 （六）學校或學生輔導諮商中心開立之實際從事學校輔導督導工作年資與時數證明	
第六條 諮商心理專業督導或學校輔導專業督導資格認證作業由本會專業督導認證審查工作小組辦理，依本辦法完成審查程序通過者得認證為諮商心理專業督導或學校輔導專業督導，並公告於本會網頁。	第五條 督導認證作業由本會考試認證委員會進行審查，經理事會通過，完成認證後公告於本會網頁。
第七條 諮商心理專業督導或學校輔導專業督導證書有效期為 6 年。欲辦理換證者，須符合以下條件： 一、完成諮商心理專業督導或學校輔導專業督導繼續教育 18 小時以上。 二、擔任諮商心理專業督導或學校輔導專業督導或實習課程授課教師 36 小時以上。	第七條 本會認證之心理諮商督導每六年須換證一次，認證有效期限逾期前未申請換證者，須依本辦法重新申請認證。申請換證者，應於本會督導認證有效期限屆滿前三個月內提出申請並繳交下列文件之影本： 一、換證日之前六年期間教授或研習諮商督導課程 36 小時（含）以上。 二、從事諮商專業督導工作時數 180 小時（含）以上。 三、繳交換證費用新臺幣伍佰元。

表 4-4　台灣輔導與諮商學會及臺灣諮商心理學會之督導認證辦法（續）

台灣輔導與諮商學會 專業督導認證辦法	臺灣諮商心理學會 心理諮商督導認證辦法
第八條 本會為進行諮商心理專業督導或學校輔導專業督導之認證與換證工作得收取必要之費用。 一、認證費用，本會會員酌收工本費新臺幣<u>捌百元</u>，非會員新臺幣壹仟元。 二、換證費用，本會會員酌收工本費新臺幣<u>肆百元</u>，非會員新臺幣伍百元。 經本會受理審查之申請案件，不論通過與否均不予退費。	第四條 認證費用，酌收工本費新臺幣<u>壹仟元</u>。經本會受理審查之申請案件，不論通過與否均不予退費。
第九條 本會認證之諮商心理專業督導或學校輔導專業督導應遵守本會倫理守則。若有違反督導倫理情事，經本會專業倫理委員會審理調查決議成立時，諮商心理專業督導或學校輔導專業督導資格即予撤銷，並公告於本會網頁。	第六條 本會認證之心理諮商督導應遵守本會倫理守則。若有違反督導倫理情事，經本會專業倫理委員會審理調查決議成立時，即撤銷督導資格，並公告於本會網頁。
第十條 本辦法經理監事會議通過後，於 105 年 10 月 1 日起實施。	第八條 本辦法經理事會通過後，於 105 年 1 月 1 日起即依本辦法進行認證審查。

資料來源：台灣輔導與諮商學會（2016）；臺灣諮商心理學會（2015）

　　從兩個學會的督導認證辦法對照來看，差異如下：

　　1. 認證對象：最大的不同即是輔諮學會的督導認證除了諮商心理師之外，還包括學校輔導教師之督導認證，由此看出輔諮學會強調兩個專業（諮商心理師和學校輔導教師）所需要的督導資

格和能力雖有相同處,卻也仍有所不同。

2. 申請資格:諮心學會要求申請者需為學會之有效會員,諮商實務工作年資五年以上;輔諮學會則無規範必須是學會會員,年資僅需三年以上。其次,輔諮學會有強調欲申請督導認證者「無重大違反心理師相關法律及專業倫理守則之記錄」,諮心學會則無此規定。

3. 對「諮商心理專業督導課程」與「充分之諮商督導實務經驗」的定義:整體而言,諮心學會對專業課程或實務經驗所要求之時數或年資,均較輔諮學會所要求的來得嚴格,例如:在博士班修課方面,輔諮學會僅要求3學分,而諮心學會除了對學分數的要求,另外亦強調要有實際督導與被督導的時數。此外,對資深實務工作經驗,或是對學會或諮商專業學術團體或諮商心理師訓練機構所開設的系列諮商督導理論與實務課程之時數,與督導實習之要求等均是。

三、未來努力方向

從本節所探討之諮商督導訓練與證照制度,可看出我國這一甲子以來有關諮商督導的發展是在緩慢中成長,以下提出諮商督導訓練以及證照制度未來可努力的方向。

(一)博士班訓練結合理論、實務與研究

我國四所大學博士班督導訓練課程的運作模式已經逐漸成熟,多年來無論有關督導的學位論文、論文發表或實務工作,對於國內諮商專業的成長均有不可抹滅的貢獻。未來各博士班的訓練課程可考慮結合研究,一方面檢視課程之學習效果,另一方面檢視各種督導訓練方案或實習制度對實習督導者、其受督者和受督者服務的個案有何幫助;此外亦可拓展實習督導至不同實習場域去實習,如此可強化督導

的廣度與深度。

（二）碩士班之角色導入

雖然碩士班學生不宜修督導課，但碩士班課程不論是碩一的諮商技巧課，或是兼職、全職實習之授課教師，均宜在課程初期或適當時機教導碩士班（或大學部）之學生了解督導的意義、功能、督導者的角色、受督者的心路歷程，以及在接受行政督導與專業督導時，要如何扮演稱職的受督者、如何從督導中受益，或是避免受到傷害。這些概念對其之後的實習工作，及其與督導的磨合均會有所助益，待其日後成為督導者時，則更易轉換角色而嘉惠其受督者。

（三）半專業助人機構之訓練架構更要結合見習與實務

半專業助人機構之所以辦理督導訓練，是為了提升其內部志工之接案和服務品質，增加志工之成就感並減少流失；又由於其非研究導向，因此所開設之訓練理論課程要能深入淺出，實務課程要強化跟資深或效能較佳之志工見習，以及實習時需有資深且受過訓練之督導者協助。

（四）諮商專業學會與相關組織依據實務現場調整訓練內容

專業學會願意站在專業的立場訂定辦法、規劃並持續推動督導訓練課程，對於提高各界對諮商（督導）專業的認識有極大幫助。由於會來參加訓練課程者，多半是其所服務之實務現場需要有人提供督導，而各實務場域又非常多元，故訓練課程必須兼顧理想性與視現實環境之需求而有所調整。除此之外，學會要有專門的委員會或工作小組負責檢視與修訂相關辦法，亦要有充足人力安排聯繫講師、報名、換證等行政事項；一旦運作得宜，長久以往才能獲得實習機構、實習生與開課系所之肯定，因而更增其公信力與影響力。

（五）需要更多研究檢視與支持督導現象

不論是從督導訓練架構或督導專業發展，甚至證照制度之建立與落實，均需靠嚴謹而持續的研究，方能讓這條專業路程走得穩定而長遠；尤其逐步建立與驗證本土化的訓練模式更是刻不容緩，例如：筆者近幾年持續擔任許多中小學專輔教師，或各縣市學生輔導諮商中心之團體督導，看到了受督者藉由團體督導過程對其個人或專業的成長；筆者也數度擔任實習督導者之資深督導，在過程中亦看到實習督導者對自己扮演的角色非常戒慎恐懼、認真負責，有的甚至比其受督者還投入，也因為擔心破壞督導關係，有時無法恰如其分地扮演督導者評量者與把關者的角色，或是未能看清楚督導與諮商之間的平行歷程，而陷入僵局。亦有團體的受督者跟筆者反映，之前在別的團體督導時，覺得很不舒服，甚至受傷的經驗；或是筆者在督導過程中也更清楚的看見，跟心理師與跟專輔教師進行團體督導，雖然均是討論個案，但是切入的點與工作方向頗有差異等，這些均是非常值得後續探索的研究主題。

（六）需要更多本土化督導模式

雖然各國的學校輔導工作多半都是遵循三級預防模式，但各國國情不同，甚至以我國而言，城鄉差距、地域之別、學校規模大小，或是心理諮商所所處的社區特色不同，其所需要的督導模式也可能有所差異。「本土化」不只是個口號，而是要從了解在地文化做起，結合理論上的已知，根據實務現場之運作情況而有所調整，逐漸才能型塑出具有本土特色之模式，這些均需要更多學者、實務工作者和研究者持續參與。

（七）建立本土化專業／半專業助人機構督導發展階段

雖然督導者的專業發展階段或許有舉世皆然之特性，但隨著文化與實務場域之不同，督導者的專業發展階段或許會有所不同，例如：我國學院派培育出來的督導者，和半專業助人機構培育出來的督導者，以及身處學校體系或醫療體系的督導者，其專業發展的特色和困頓之處便或許有所差異，因此值得探索。

（八）更嚴謹與落實的證照制度

證照制度可以視為是雙面刃，雖然咸認為此有專業自律及保護消費者權益之意義，但對部分人士而言，卻會認為這是專業霸權或壟斷，而且由誰來決定誰有（或無）資格認證、對於發證之嚴謹程度或如何後續考核，均是不易解決之難題，故需要各界更多元而豐富的持續對話。尤其各專業學會之間要能摒除成見與本位主義，要能以專業發展與社會大眾的利益為最終考量，因此更需要集眾家之言而建立並落實證照制度，若能有公部門之支持，將更能事半功倍。

第三節　臺灣諮商督導的未來展望

壹、臺灣諮商督導的美麗與哀愁

筆者在 30 年前就讀國內大學部時，整整四年所接受的教育均在培養成為一位具有助人特質且稱職的國中指導活動科教師；到了碩士班的培訓，則係在強化專業知識領域的加深與加廣，對於各諮商理論開始從閱讀無數原文書涉獵浸淫與反芻，對於各種量化研究法也有更多

的接觸與理解，但是對於諮商實務以及透過實務而獲得的督導則相對匱乏；及至就讀國內博士班，對諮商督導領域仍非常陌生，但是開始上課即需扮演督導者的角色去督導碩士生，這對筆者當時的專業能力而言，是非常大的挑戰。

一直到赴美就讀博士學位，在修習督導課程與實習課程的過程中，透過閱讀大量期刊書籍、參與諮商實務與接受督導，才慢慢領略督導的意義與內涵。之後，回國開始大量投入督導的研究與實務工作，尤其是協助半專業助人機構落實督導制度，更讓筆者學習很多；再經歷到最近幾年《心理師法》與《學生輔導法》公布之後（尤其後者），對督導的需求更是不可同日而語。

以一甲子的歲月而言，最近的一、二十年無論在學院體系的博士班、半專業助人機構或是專業學會與相關組織，對督導的探究與落實均有所建樹，這其中包含成立四所大學博士班、發表近百篇之博碩士論文、數十篇之期刊論文，兩個專業學會亦分別訂定督導認證辦法、開設督導訓練課程、輔諮學會亦訂定學校輔導督導之認證辦法。除此之外，從《心理師法》和《學生輔導法》公布至今，有無數的實習生和各縣市國中小專兼輔教師和學生輔導諮商中心的心理師持續接受團體督導，這些進展均非一蹴可幾，對諮商與輔導專業之貢獻亦是不容抹滅。

但是，任何專業的發展均是永無止境，不進則退。以現狀而言，諮商督導的人力遠遠不足、培訓機構或是督導認證辦法均無強制力，督導研究的數量與探索方向的廣度，遠遠跟不上督導實務推動的速度，督導待研究的領域和方向幾乎不可勝數；更重要的，除了少數的本土化督導理論模式之外，不論是理論、實務或督導訓練架構等，均欠缺本土化之資料庫，這些均是未來學者與實務工作者永不止息的努力方向。

貳、臺灣諮商督導的未來展望

　　55 年前（1963 年），美國民權領袖金恩博士（Martin Luther King）在美國華盛頓林肯紀念堂的演講「我有一個夢想」（I have a dream）撼動人心，也改變人類與美國的歷史。臺灣諮商督導的未來展望，希望不只是夢想，而是能夠逐夢與築夢踏實，這包含有更多人投入諮商督導研究、更多針對諮商督導歷程與效能之質化、量化或混合設計研究、更多人接受完整的督導訓練、更多受督者理解並善用督導資源、更多督導者善用而非誤用、濫用或不敢運用督導權力、更多學者參與督導認證制度。I have a dream！

參考文獻

中文部分

中國輔導學會（2005）。**中國輔導學會諮商督導者認證標準**。臺北市：作者。

中國輔導學會（2008）。**諮商心理實習課程辦法**。臺北市：作者。

王文秀（投稿中）。**臺灣輔導與諮商督導發展之回顧與展望**。

王文秀、徐西森、連廷嘉（2002，2003）。**我國學校與社會輔導機構諮商督導員訓練模式之探討研究**。行政院國家科學委員會專題研究計畫（NSC92-2413-H-134-002）。

王智弘（1992）。中部地區「張老師」實施團體督導現況調查研究。**國立彰化師範大學輔導學報**，**15**，189-231。

台灣輔導與諮商學會（2016）。**台灣輔導與諮商學會專業督導認證辦法**。取自 http://www.guidance.org.tw/rule_014.html

台灣輔導與諮商學會（2017）。**諮商心理實習及實習機構審查辦法**。取自 http://internship.guidance.org.tw/internship_02.html

考選部（2017）。**專門職業及技術人員高等考試心理師考試規則**。臺北市：作者。

吳秀碧（1992）。「Stolteberg 的督導模式」在我國準諮商員諮商實習督導適用性之研究。**國立彰化師範大學輔導學報**，**15**，43-113。

宋湘玲、林幸台、鄭熙彥、謝麗紅（2000）。**學校輔導工作的理論與實施**（增訂版）。高雄市：品高。

李明峰（2015）。台灣諮商督導研究主題與方法之分析：以 2000～2015 年為例。**諮商心理與復健諮商學報**，**32**，97-119。

林家興（2012）。諮商督導緒論。載於林家興、趙舒禾、方格正、黎欣怡、李露芳、葉安華，**諮商督導實務**。臺北市：雙葉。

林啟鵬（1983）。**臺中張老師督導取向之研究**（未出版之碩士論文）。東海大學，臺中市。

林瑞吉（2000）。諮商督導研究之回顧與評析。**諮商與輔導**，**178**，2-9。

洪素宜（2009）。生命線志工督導員服務學習歷程之研究（未出版之碩士論文）。國立臺灣師範大學，臺北市。

張幸良（1994）。以自我檢核為基礎的自我督導模式（未出版之碩士論文）。國立彰化師範大學，彰化市。

教育部（2014）。學生輔導法。臺北市：作者。

教育部（2017）。逐年充實輔導人力，完善三級輔導體制。取自教育部學生事務及校園安全組，https://www.k12ea.gov.tw/ap/banner_view.aspx?sn=e079e88f-2b37-4fde-bfe4-3b6a0ecc867e

黃佩娟、林家興、張吟慈（2010）。諮商心理師全職實習現況之調查研究。教育心理學報，**42**（1），123-142。

黃宜敏（2014）。輔導工作之發展歷史。載於劉焜輝（主編），輔導原理與實務（頁41-47）。臺北市：三民。

黃政昌（2000）。國內諮商督導研究之現況分析。諮商與輔導，**178**，10-16。

黃倫芬（1983）。團體督導中督導員的領導任務研究：以某一社會福利機構進行個案分析作者（未出版之碩士論文）。東吳大學，臺北市。

溫怡梅、陳德華（1998）：輔導學的歷史與發展。載於吳武典（主編），輔導原理（頁60-70）。臺北市：心理。

臺灣諮商心理學會（2015）。臺灣諮商心理學會心理諮商督導認證辦法。取自 http://www.twcpa.org.tw/eweb/uploadfile/20150922145353198.pdf

臺灣諮商心理學會（2018）。諮商心理實習及實習機構審查辦法。取自 http://www.twcpa.org.tw/Internship/about.php? ac=2

衛生福利部（2016）。心理師法。臺北市：作者。

蘇美機（1991）。督導員特性、督導實施狀況對義務「張老師」督導滿足之影響（未出版之碩士論文）。東海大學，臺中市。

西文部分

Alonso, A. (1983). A developmental theory of psychodynamic supervision. *The Clinical Supervisor, 1*, 23-36.

American Psychological Association [APA] (2015). Guidelines for clinical supervision in health service psychology. *American Psychological Association, 70* (1), 33-46.

Aten, J. D., Madson, M. B., & Kruse, S. J. (2008). The supervision genogram: A tool for preparing supervisors-in-training. *Psychotherapy: Theory, Research, Practice, Training, 45*(1), 111-116.

Barker, K. K., & Hunsley, J. (2013). The use of theoretical models in psychology supervisor development research from 1994 to 2010: A systematic review. *Canadian Psychologye, 54*(3), 176-185. Retrieved from http://dx.doi.org/10.1037/a0029694

Bernard, J. M., & Goodyear, R. K. (2004). *Fundamentals of clinical supervision* (3rd ed.). Boston, MA: Pearson.

Bernard, J. M., & Goodyear, R. K. (2014). *Fundamentals of clinical supervision* (5th ed.). Upper Saddle River, NJ: Pearson.

Bernard, J. M., & Goodyear, R. K. (2019). *Fundamentals of clinical supervision* (6th ed). Upper Saddle River, NJ: Pearson.

Borders, L. D., Bernard, J. M., Dye, H. A., Fong, M. L., Henderson, P., & Nance, D. W. (1991). Curriculum guide for training counseling supervisors: Rationale, development, and implementation. *Counselor Education & Supervision, 31*, 58-82.

Bufford, R. K., Campbell, C. D., & Liebscher, B. (1996). A practical model for teaching supervision through vertically integrated teams. *Faculty Publications: Grad School of Clinical Psychology, 46*. Retrieved from http://digitalcommons.georgefox.edu/gscp_fac/46

Center for Credentialing and Education. [CCE] (2017). *ACS approved clinical supervisor*. Retrieved from https://www.cce-global.org/

Council for Accreditation of Counseling and Related Education Programs. [CACREP] (2009). *CACREP accreditation standards and procedures manual*. Alexandria, VA: Author.

Falender, C. A., & Shafranske, E. P. (2012). *Getting the most out of clinical training and supervision: A guide for practicum students and interns.* Washington, DC: American Psychological Association. doi:10.1037/13487-000

Falender, C. A., Cornish, J. A., Goodyear, R., Hatcher, R., Kaslow, N. J., Leventhal, G., & Grus, C. (2004). Defining competencies in psychology supervision: A consensus statement. *Journal of Clinical Psychology, 60*, 771-785. Retrieved from http://dx.doi.org/10.1002/jclp.20013

Gonsalvez, C. J., & Milne, D. L. (2010). Clinical supervisor training in Australia: A review of current problems and possible solutions. *Australian Psychologist, 45*, 233-242. Retrieved from http://dx.doi.org/10.1080/00050067.2010.512612

Goodyear, R. K. (2007). Toward an effective signature pedagogy for psychology: Comments supporting the case for competent supervisors. *Professional Psychology, Research and Practice, 38*, 273-274.

Gosselin, J., Barker, K. K., Kogan, C. S., Pomerleau, M., & Pitre, M. P. (2015). Setting the stage for an Evidence-Based Model of psychotherapy supervisor development in clinical psychology. *Canadian Psychology, 56*(4), 379-393.

Hadjistavropoulos, H., Kehler, M., & Hadjistavropoulos, T. (2010). Training graduate students to be clinical supervisors: A survey of Canadian professional psychology programmes. *Canadian Psychology, 51*(3), 206-212.

Heid, L. (1997). Supervisor development across the professional lifespan. *The Clinical Supervisor, 16*, 139-152.

Hess, A. K. (1986). Growth in supervision: Stages of supervisee and supervisor development. *The Clinical Supervisor, 4*, 51-67.

Hogan, R. A. (1964). Issues and approaches in supervision. *Psychotherapy: Theory, Research & Practice, 1*(3), 139-141.

Johnson, E. A., & Stewart, D. W. (2000). Clinical supervision in Canadian academic and service settings: The importance of education, training, and workplace support for supervisor development. *Canadian Psychology, 41*(2), 124-130.

Kaslow, N. J., Borden, K. A., Collins, F. L., Jr., Forrest, L., Illfelder-Kaye, J., Nelson, P. D., & Willmuth, M. E. (2004). Competencies conference: Future directions in education and credentialing in professional psychology. *Journal of Clinical*

Psychology, 60, 699-712. Retrieved from http://dx.doi.org/10.1002/jclp.20016

Kassan, A., Fellner, K. D., Jones, M. I., Palandra, A. L., & Wilson, L. J. (2015). (Re) Considering novice supervisor development through a social justice lens: An experiential account. *Training and Education in Professional Psychology, 9*(1), 52-60.

Keenan-Miller, D., & Corbett, H. L. (2015). Metasupervision: Can students be safe and effective supervisors? *Training and Education in Professional Psychology, 9*(4), 315-321.

Majcher, J., & Daniluk, J. C. (2009). The process of becoming a supervisor for students in a doctoral supervision training course. *Training and Education in Professional Psychology, 3*(2), 63-71.

Mann, S. T., & Merced, M. (2018). Preparing for entry-level practice in supervision. *Professional Psychology: Research and Practice, 49*(1), 98-106.

McMahan, E. H. (2014). Supervision, a nonelusive component of deliberate practice toward expertise. *American Psychologist, 69*, 712-713. Retrieved from http://dx.doi.org/10.1037/a0037832XXX

Mender, G. (1997). Supervision of supervision: Specialism or new profession? *Psychodynamic Counselling, 3*(3), 291-301.

Newman, C. F. (2013). Training cognitive behavioral therapy supervisors: Didactics, simulated practice, and "meta-supervision". *Journal of Cognitive Psychotherapy, 27*, 5-18. Retrieved from http://dx.doi.org/10.1891/0889-8391.27

Rodenhauser, P. (1994). Toward a multidimensional model for psychotherapy supervision based on developmental stages. *Journal of Psychotherapy Practice and Research, 3*, 1-15.

Rodenhauser, P. (1997). Psychotherapy supervision: Prerequisites and problems in the process. In C. E. Watkins (Ed.), *Handbook of psychotherapy supervision* (pp. 527-548). New York, NY: John Wiley & Sons.

Sinacore, A. L., & Enns, C. Z. (2005). Multicultural and feminist literatures: Themes, dimensions, and variations. In C. Z. Enns & A. L. Sinacore (Eds.), *Teaching and social justice: Integrating multicultural and feminist theories in the classroom* (pp. 99-107). Washington, DC: American Psychological Association. doi:10.1037/10929-006

Stoltenberg, C. D., & Delworth, U. (1987). *Supervising counselors and therapists: A developmental approach.* San Francisco, CA: Jossey-Bass.

Stoltenberg, C. D., & McNeill, B. W. (2010). *IDM supervision: An integrated developmental model for supervising counselors and therapists* (3rd ed.). New York, NY: Routledge.

Watkins, C. E., Jr. (1990). Development of psychotherapy supervisor. *Psychotherapy, 27*(4), 553-560.

Watkins, C. E., Jr. (1993). Development of the psychotherapy supervisor: Concepts, assumptions, and hypotheses of the supervisor complexity model. *American Journal of Psychotherapy, 47*(1), 58-74.

Watkins, C. E., Jr. (1994). The supervision of psychotherapy supervisor trainees. *American Journal of Psychotherapy, 48*(3), 417-431.

Watkins, C. E., Jr. (1995a). Psychotherapy supervisor and supervisee: Developmental models and research nine years later. *Clinical Psychology Review, 15,* 647-680.

Watkins, C. E., Jr. (1995b). Researching psychotherapy supervisor development: Four key considerations. *Clinical Supervisor, 13,* 111-119.

Watkins, C. E., Jr. (2012). Development of the psychotherapy supervisor: Review of and reflections on 30 years of theory and research. *American Journal of Psychotherapy, 66*(1), 45-83.

Watkins, C. E., Jr. (2017). Convergence in psychotherapy supervision: A common factors, common processes, common practices perspective. *Journal of Psychotherapy Integration, 27*(2), 140-152.

Watkins, C. E., Jr., Budge, S. L., & Callahan, J. L. (2015). Common and specific factors converging in psychotherapy supervision: A supervisory extrapolation of the Wampold/Budge psychotherapy relationship model. *Journal of Psychotherapy Integration, 25*(3), 214-235.

Worthington, E. L., Jr. (1987). Changes in supervision as counselors and supervisors gain experience. *Professional Psychology: Research and Practice, 18*, 189-208.

Worthington, E. L., Jr. (2006). Changes in supervision as counselors and supervisors gain experience: A review. *Training and Education in Professional Psychology, S*(2), 133-160.

第五章

諮商倫理議題的過去、現在與未來

王智弘[1]

　　自 1958 年華人第一個諮商專業學會——中國輔導學會（台灣輔導與諮商學會前身）成立至今已有一甲子，諮商專業倫理的發展伴隨諮商專業的發展，從早期的陌生與忽略到現今的熟悉與看重，走過了漫長而崎嶇的道路。為什麼需要諮商專業倫理？這可以從諮商專業助人的目的與人性的本質兩個層面來加以探討（牛格正、王智弘，2008）：(1)從助人的目的來看：助人工作的目的在助人而不欲害人，所以助人專業人員不可因工作疏忽、知識不足或一念之差而傷害他人，所以助人專業人員需要有專業倫理來自我規範；(2)從人性的本質來看：人性的光輝在尊重他人生命、尊重他人福祉與權益；人性的弱點在身而為人，會疏忽、會犯錯、會遭遇困難與瓶頸、面臨人生的關卡，所以倫理在發揮人性的光輝，也在面對人性的弱點。而從這兩個層面加以強調的重點有二：一是當事人的福祉應受到保障；二是助人者的責任實不可輕忽，既要有助人熱誠與助人能力，還要能時時反省與謹言慎行，以避免如玩笑話所提醒的：「專家、專家，專門害人

1　國立彰化師範大學輔導與諮商學系教授

家」，需要助人專業人員時時自我警惕，而助人專業倫理正是讓專家能好好發揮助人功能，而避免傷害當事人的關鍵因素。

助人專業倫理可說是助人專業人員在實務工作中，根據個人哲學理念與價值觀、助人專業倫理守則、服務機構規定、當事人福祉，以及社會規範，作出合理公正道德抉擇之系統性方式（Van Hoose & Kottler, 1977）。因此，除了倫理守則與社會相關法規的訂定是重要的關鍵之外，影響助人專業人員思維的倫理研究與倫理教育之推動，更是必要的耕耘。本章就諮商倫理規範、諮商倫理研究、諮商倫理教育，以及諮商倫理重要議題，進行回顧與展望。

第一節　諮商倫理規範的演進與展望

助人專業倫理的起源有其對助人工作的理想與期待，例如：西元前約四百年的希波克拉底誓言（Oath of Hippocrates）已揭櫫對醫療人員的倫理期待，或如 1893 年所訂定的南丁格爾（Florence Nightingale）誓言，即是宣示對護理人員的倫理期待。近代以來，助人專業倫理之重要性有不斷被強調的趨勢，除了是因當事人權益意識不斷升高的影響之外，助人專業人員本身所犯的錯誤與缺失也是重要的因素，由於不符合倫理的行為造成了對當事人與社會大眾的傷害，並引發法律的訴訟與社會大眾的關切，助人專業界痛定思痛，而致力於推動專業自律的行動，助人專業倫理守則的制定就是具體的行動成果（牛格正、王智弘，2008；王智弘，1999a）。特別是倫理守則能使整體助人專業人員敏覺其倫理行為，並能藉此提供一個結構的引導與警告的機制，以協助助人專業人員在面對各種倫理問題和兩難困境時（Kieth-Spiegel & Koocher, 1985），能作出合理的實務判斷，且避免不符合倫理行為的發生。

　　由於倫理守則的功能就像是交通規則一般，駕駛人依交通規則來行駛道路，交通規則指明路口交通燈號的意義是：綠燈行、紅燈停、黃燈是提醒；街邊交通標誌的意義是：藍色為指示標誌，告訴你單行道、遵行方向，而紅色為禁止標誌，告訴你禁止停車、禁止進入。而助人專業人員也要依倫理守則來從事專業助人工作，倫理守則條文告訴你在實務工作上什麼事該做、什麼事不該做。亦即，專業倫理守則確實能具體反映出專業倫理的四種重要功能（牛格正、王智弘，2008；王智弘，2005；陳文玲，1991；Mappes, Robb, & Engels, 1985）：(1)提供規範：規範助人專業人員應具備的專業資格、能力及行為；(2)提供指導：指導助人專業人員在從事實務工作時，能判斷何者為適切行為；(3)提供保護：保護的功能表現在四個方面，其優先次序分別為：首在保護當事人的權益，其次在保護社會大眾的權益，再其次是保護助人專業人員整體的權益，最後是保護助人專業人員個人的權益；(4)提供信任：當事人信任助人專業人員，社會大眾信任助人專業，助人專業人員專業服務的自主性得到尊重，整體助人專業的專業性得到認可。

　　專業倫理的出發點雖然主要是基於專業團體的自律，但其結果則是會得到社會大眾的信任；而社會大眾的信任正是助人專業人員安身立命的基礎（Blocher, 1987）。為推動專業的自律以及建立公共的信任，華人文化地區的專業助人團體大都會致力於倫理守則的建立，例如：台灣輔導與諮商學會（2001）的《台灣輔導與諮商學會諮商專業倫理守則》、台灣心理學會（2002）的《心理學專業人員倫理準則》、臺灣諮商心理學會（2014）的《臺灣諮商心理學會諮商心理專業倫理守則》、社團法人中華民國社會工作師公會全國聯合會（2006）的《社會工作倫理守則》、社團法人職業重建專業協會（2014）的《臺灣職業重建專業協會職業重建專業倫理》、台灣生涯發展與諮詢學會（2014）的《台灣生涯發展與諮詢學會生涯專業倫理守則》、中國心理學會（2018）的《臨床與諮詢心理學工作倫理守

則》，以及香港心理學會（2012）的《專業操守守則》等。

　　臺灣第一個諮商倫理規範就是中國輔導學會委由牛格正教授起草，並於 1989 年通過頒布的第一版倫理守則《中國輔導學會會員專業倫理守則》（中國輔導學會，1989）。此倫理守則的訂定對於華人文化地區助人專業倫理的推動，具有啟發性的作用，也開啟了後續諮商專業倫理機制建立的基礎，之後並於 2001 年修訂完成第二版的《中國輔導學會諮商專業倫理守則》（現已更名為《台灣輔導與諮商學會諮商專業倫理守則》，以下簡稱《諮商專業倫理守則》）。其間為推動倫理守則的落實，在 2000 年制定了《中國輔導學會專業倫理委員會設置要點》（現已更名為《台灣輔導與諮商學會專業倫理委員會設置要點》），成立了倫理委員會；在 2002 年制定了《中國輔導學會專業倫理委員會倫理申訴案件處理程序》（現已更名為《台灣輔導與諮商學會專業倫理委員會倫理申訴案件處理程序》），以受理倫理申訴案件；在 2003 年制定了《中國輔導學會會員申請諮商專業倫理守則釋疑案件處理程序》（現已更名為《台灣輔導與諮商學會會員申請諮商專業倫理守則釋疑案件處理程序》），以受理倫理釋疑案件。至此，倫理規範的制度設計方為完備。由於此一專業倫理規範的制度設計乃參照法律制度，倫理守則猶如法律，倫理委員會猶如法院，倫理委員猶如法官與陪審團，提起倫理申訴猶如打官司，倫理申訴案件處理程序猶如民（刑）事訴訟法，而倫理守則釋疑案件處理程序則有如提請大法官釋憲程序一般，可用以對會員解釋有關倫理守則的疑義，亦是助人專業倫理守則必要的配套措施（牛格正、王智弘，2008）。

　　在台灣輔導與諮商學會（2001）第二版的《諮商專業倫理守則》中，其具有專業倫理守則設計上的金字塔三層結構。所謂專業倫理守則設計上的金字塔三層結構，由上而下指的是：(1)宗旨層次：闡明倫理守則訂定的宗旨（或制定說明）；(2)總則（原則）層次：標舉倫理守則的總則（原則）條文；(3)分則（分項）層次：條列倫理守則的分

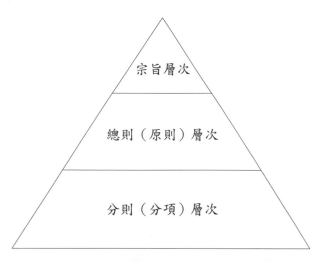

圖 5-1　專業倫理守則的金字塔三層結構

則（分項）條文（如圖 5-1 所示）。基本上，分則層次條文的內容不能
牴觸總則層次條文的精神，而總則層次條文的內容則應契合宗旨層次
的目標，這也就是專業倫理守則的金字塔三層結構之概念。當實務人
員在閱讀守則時，如發現條文內容衝突或有所疑義，可提供其逐級而
上加以辨明，並據以作為倫理判斷之參考。謹將此專業倫理守則的金
字塔三層結構進一步依序說明如下：(1)宗旨：台灣輔導與諮商學會
（2001）《諮商專業倫理守則》上之訂定宗旨就刊載在前言上，例如
其載明：「台灣輔導與諮商學會（以下簡稱本會）係一教育性、科學
性與專業性的組織，旨在聚合有志從事輔導、諮商與心理治療之專業
人員，促進諮商學術研究，推展社會及各級學校之諮商工作、幫助社
會大眾發展其潛能、創造健康幸福的生活、並促進國家社會及人類的
福祉。」這段文字所揭示的意思是，諮商師的行為表現應秉持教育
性、科學性與專業性的精神，以從事實務與研究工作，來增進全體民
眾的福祉，此即倫理守則的訂定宗旨；(2)總則：台灣輔導與諮商學會
（2001）《諮商專業倫理守則》的原則條文就在其第一章的總則上；

(3)分則：台灣輔導與諮商學會（2001）《諮商專業倫理守則》的分則
條文，是從第二章開始，共有七章，包括：諮商關係、諮商師的責
任、諮詢、測驗與評量、研究與出版、教學與督導、網路諮商。

　　而在這一版的「守則修訂說明」上也特別指明（台灣輔導與諮商
學會，2001）：改版主要是基於考慮社會環境的轉變，以及諮商證照
發展趨勢的實際需要而加以修訂。守則也重新命名為「諮商專業倫理
守則」，並將「會員」改為「諮商師」，以便使非會員的諮商師也可
加以參考，而「諮商師」一詞亦用以泛稱包含諮商心理師、輔導教師
及其他以諮商之專業技術從事助人工作之專業人員，因此所有以諮商
專業技術從事助人工作之助人專業，都可加以引用。亦即此一版本的
倫理守則可提供其他的助人專業人員，在從事諮商專業工作時之參考。

　　其次，第二版的《諮商專業倫理守則》採用法典（Code）形式之
分類編碼方式，並於各條文前加註小標題，使守則更為簡明、完整而
有系統，並為因應網路諮商的發展趨勢，而新增「網路諮商」一章，
以規範網路諮商服務的助人行為（牛格正、王智弘，2008）。

　　1999 年 9 月 21 日，南投縣的集集發生芮氏規模 7.3 的大地震，俗
稱「九二一大地震」，造成 2,415 人死亡，29 人失蹤，11,305 人受傷，
51,711 間房屋全倒，53,768 間房屋半倒。此重大災難衝擊了全國民眾的
心理健康，也彰顯心理諮商與心理治療專業人員的重要性，以及心理
師執照立法的必要性；因此，台灣輔導與諮商學會成立了《心理師
法》立法推動小組投入立法的推動工作，歷經一年多的協商與立法程
序，《心理師法》終於在 2001 年頒布。

　　《心理師法》的頒布宣告心理師執照制度的建立，也確認了心理
諮商與心理治療專業人員的資格要求。法條共分為六章：第一章為總
則；第二章為執業；第三章為開業；第四章為罰則；第五章為公會；
第六章為附則。《心理師法》第 2 條第 2 項敘明：「公立或立案之私立
大學、獨立學院或符合教育部採認規定之國外大學、獨立學院諮商心

理所、系、組或相關心理研究所主修諮商心理，並經實習至少一年成績及格，得有碩士以上學位者，得應諮商心理師考試」（衛生福利部，2001），亦即確認諮商心理師的基本專業條件為：須主修碩士層級的諮商心理學程且獲碩士學位，須駐地實習一年。《心理師法》第3條敘明：「本法所稱主管機關：在中央為行政院衛生署⋯⋯」（衛生福利部，2001），則將諮商心理師歸屬為醫事人員。

在《心理師法》頒布之後，中國輔導學會在 2003 年成立了諮商心理學組。台灣輔導與諮商學會諮商心理學組在 2008 年轉型為臺灣諮商心理學會，臺灣諮商心理學會在 2009 年通過了《臺灣諮商心理學會倫理法規委員會組織規程》，在 2013 年通過《臺灣諮商心理學會倫理申訴案件處理要點》，在 2014 年通過了《臺灣諮商心理學會諮商心理專業倫理守則》，臺灣諮商心理學會專業倫理的制度設計至此大體完備，而此一守則之內容是採取相對較為簡明的形式，共計有 23 條的條文。

隨著諮商心理師通過考試的人數增加，各縣市也陸續成立了諮商心理師的公會，並於 2010 年成立了社團法人中華民國諮商心理師公會全國聯合會，同年通過了《社團法人中華民國諮商心理師公會全國聯合會專業倫理委員會設置辦法》，並於 2011 年通過了《社團法人中華民國諮商心理師公會全國聯合會會員自律公約》，公約內容相當簡要，共計 10 條的條文，此一內容應視為亦屬專業倫理規範之範疇。2012 年進一步通過了《社團法人中華民國諮商心理師公會全國聯合會諮商心理師專業倫理守則》，此一守則內容也是採取較為簡明的形式，共計有 19 條的條文。2013 年則通過了《社團法人中華民國諮商心理師公會全國聯合會倫理申訴案件處理要點》，加上各縣市的諮商心理師公會陸續也都成立了地區性的倫理委員會，倫理的申訴制度建立了二級二審的制度，至此，社團法人中華民國諮商心理師公會全國聯合會專業倫理的制度設計亦大體完備了。

除《心理師法》之外，與倫理規範關係密切的法規，還有《學生輔導法》。《學生輔導法》第 3 條第 1 項第 2 與 3 款敘明：「……二、輔導教師：指符合高級中等以下學校輔導教師資格，依法令任用於高級中等以下學校從事學生輔導工作者。三、專業輔導人員：指具有臨床心理師、諮商心理師或社會工作師證書……」（教育部，2014），學校的輔導工作開始了多元專業服務的風貌。《學生輔導法》也確立了學校輔導人員的員額編制、專業背景與工作內涵，都是非常重要的專業進展。唯一在倫理議題上較值得注意的是，該法連帶也建構了高關懷學生的轉銜制度，此舉可能有助於危機個案學生的處理，但對維持諮商的專業性、保密性與信任感，可能帶來威脅，是一個需持續關注的倫理議題。

台灣輔導與諮商學會為因應《學生輔導法》的頒布，也成立了《學生輔導工作倫理守則》的制定工作小組，以洪莉竹教授先前的行政院國家科學委員會（科技部前身）專題研究計畫成果為基礎，進行守則的公聽與訂定程序，並於 2015 年通過了《學生輔導工作倫理守則》，內容包含十一個主題章節，依次為：(1)學生權利與學生輔導人員之責任；(2)學生隱私權維護；(3)關係與界限議題處理；(4)校園合作倫理議題；(5)學生輔導人員專業知能與成長之倫理議題；(6)學生輔導人員督導與諮詢角色之倫理議題；(7)進行研究之倫理議題；(8)運用科技設備進行輔導之倫理議題；(9)實施測驗之倫理議題；(10)進行評鑑之倫理議題；(11)倫理維護（台灣輔導與諮商學會，2015）。此一倫理守則的訂定對於《學生輔導法》的執行有其重要的指導功能，特別是在執行《學生輔導法》中頗具倫理爭議的轉銜制度時。

基於專業的不斷發展與社會的快速變遷，倫理守則與相關法規的修訂是一項需要持續進行的工作。一般而言，專業學會的倫理守則最好不超過十年就應進行一次修訂改版，而且在新版本通過、原修訂小組功成身退之時，即應同時成立新的倫理守則修訂小組，以持續進行

修訂工作；而未進行大改版之前也可視需要，進行部分的小修正。台灣輔導與諮商學會（2001）第二版的《諮商專業倫理守則》發布至今已逾 16 年，亟需進行修訂改版的工作，故應儘速成立修訂小組，進行守則修訂的任務。由於倫理議題深受文化因素所影響，過去的倫理守則之訂定深受國外專業學會倫理守則的影響，或有些許與本國國情出入之處，故未來的修訂方向更要從文化著眼，而能有更多本土化的考慮。比如，員工協助方案倫理守則本土化的嘗試，即是一個可行的參考方向（王智弘、施丁仁，2018）。

第二節　諮商倫理研究的回顧與前瞻

　　專業學術與研究的開展，與專業系所的成立關係密切。政府為因應 1968 年推動九年國民義務教育所需的師資培育工作，於 1971 年成立了臺灣省立教育學院（國立彰化師範大學前身）；而為了培育國民中學的學校輔導人員，臺灣省立教育學院設立了輔導學系，而成為我國第一個諮商教育專業科系。臺灣第一篇發表的諮商倫理學術論文，即是 1980 年刊登在《臺灣省立教育學院輔導學報》（《輔導與諮商學報》前身）第三期的〈諮商倫理〉一文（牛格正，1980）；第一篇發表的諮商倫理碩士學位論文，是在 1987 年完成的國立臺灣教育學院輔導研究所一篇名為《學校輔導教師諮商倫理判斷之調查研究》的碩士畢業論文（林慶仁，1987）；第一篇發表的諮商倫理博士學位論文，則是在 1999 年完成的國立彰化師範大學輔導與諮商學系博士班，一篇名為《諮商倫理量表編製、教學方案設計及教學效果比較研究》的博士畢業論文（王智弘，1999a）；第一本諮商倫理專書是由牛格正教授在 1991 年由五南圖書出版公司所出版的《諮商專業倫理》（牛格正，1991）。

　　隨著學校輔導工作的人才需要，輔導與諮商的相關系所也不斷增加，國立臺灣師範大學教育心理學系（教育心理與輔導學系前身）、國立高雄師範大學輔導研究所（諮商心理與復健諮商研究所前身）也陸續投入培養輔導與諮商專業人才的行列。特別是在 2001 年《心理師法》頒布之後，輔導與諮商相關系所增加的趨勢更為明顯，系所師生的投入研究，使得輔導與諮商的相關研究發表增加許多，諮商倫理的相關研究也隨之增多。從文章發表的數量上來看，學位論文是諮商倫理研究的大宗，以個別學校而言，國立彰化師範大學與國立臺北教育大學的產出較多；以個別刊物而言，則以《輔導與諮商學報》、《教育心理學報》與《臺灣諮商心理學報》刊登較多諮商倫理研究的長篇學術論文；而《輔導季刊》、《諮商與輔導月刊》與《本土諮商心理學學刊》則是刊登較多諮商倫理的短篇論述文章。

　　若就諮商倫理論文的研究方法與撰寫形式而言，早期的諮商倫理研究以文獻探討與論述為主（牛格正，1980，1984，1990；王智弘，1993，1994a，1994b，1995a，1995b，1996a，1996b，1997，1998a，1998b，1999a，1999b；林素妃，1992；陳文玲，1991；管秋雄，1990），但自 1986 年以後，諮商倫理研究開始出現量化調查研究形式（文美華、王智弘、陳慶福，2009；王柏軒，2016；王智弘、劉淑慧、張匀銘、楊淳斐、鄧志平，2014；何志平，2000；余穎柔，2018；吳嘉展，2013；李佳儒、張匀銘、楊淳斐、王智弘，2012；林美芳、張馥媛、王智弘，2009；林慶仁，1986；徐智威，2010；張馥媛、林美芳、王智弘，2012；陳文玲，1991；陳志信，1993；陳怡萍，2018；黃清煌，2011；楊淳斐，1997；楊雅超，2012；劉完利，2012；劉容孜，2000；盧怡任、王智弘，2012；盧麗瓊、王智弘、陳增堂、盧怡任，2016；蘇以青、董力華、黃瑛琪，2009），而自 1997年後，諮商倫理研究則開始出現質性訪談研究形式，並且漸次增加而有後來居上之勢（王韋琇、陳姝蓉、王智弘，2015；何振宇，1997；

吳亞嬙，2011；吳孟容，2016；李佩怡，2006；李佳儒、張勻銘、王智弘，2010；杜淑芬、王麗斐，2016；周雪璉，2011；林利群，2016；林宜霈，2015；邱競平，2010；施丁仁、陳源滄、王智弘，2017；洪莉竹，2008；康家華，2009；張勻銘、王智弘、楊淳斐、李佳儒，2012；張品斌，2014；張馥媛，2015；張馥媛等人，2012；許齡之，2014；陳厚伶，2012；陳增穎，2016；楊佳穎，2005；雒怡寧，2014；謝明瑾、王智弘，2016；謝欣霓，2011；羅逸婷，2014；蘇以青，2011）。自 2003 年之後，諮商倫理研究則開始出現為數不多的質量整合研究形式（王智弘等人，2014；林宜誼，2017；蕭宜綾，2003）：文獻探討與論述文章有助於傳播專業倫理思維，啟發專業倫理意識，對於引進西方的諮商倫理概念，具有其啟蒙與推廣的貢獻；設計問卷與編製量表以進行量化調查研究，能夠對諮商實務領域的倫理現狀有較全面性的了解，能作為後續倫理現狀改進、倫理守則編撰，以及倫理教學設計的參考，有其非常重要的價值（文美華等人，2009；王智弘等人，2014；何艾倫，2008；李佳儒等人，2012；張勻銘等人，2012；蕭宜綾，2003）；針對單一倫理主題或倫理判斷歷程，以質性訪談進行研究（王韋琇等人，2015；王義德，2017；吳亞嬙，2011；吳孟容，2016；李佩怡，2006；李佳儒等人，2010；施丁仁等人，2017；楊佳穎，2005；謝明瑾、王智弘，2016），則能夠對專門的倫理議題與專業人員面對倫理議題的心理歷程，有較為深入的探索，這對實務現場專業倫理的本土化經驗與複雜心理歷程，提供了非常珍貴的本土資料與深入理解，而有助於華人心理諮商本土化研究與專業化發展，且有其必要性與獨特性的貢獻。

若就諮商倫理論文的研究場域而言，早期的諮商倫理研究對象主要以學校場域的輔導人員為大宗（林慶仁，1986；陳文玲，1991；陳志信，1993；楊淳斐，1997），後續的諮商倫理研究除了學校輔導領域（余穎柔，2018；林宜霈，2015；邱競平，2010；洪莉竹，2008，

2011；徐智威，2010；康家華，2009；陳厚伶，2012；黃清煌，2011；楊雅超，2012；盧麗瓊等人，2016；謝欣霓，2011；羅逸婷，2014；蘇以青等人，2009）之外，也漸次擴展至社區與醫院領域，包括：諮商心理師（李佩怡，2006；許齡之，2014；盧怡任、王智弘，2012；蘇以青，2011）、臨床心理師（林美芳等人，2009；張馥媛，2015；張馥媛等人，2012）、義務張老師與生命線志工（陳增穎，2016；劉完利，2012；劉容孜，2000）等，以及企業與職場領域，包括：軍中心輔人員（何振宇，1997；林宇銘，2005；林曉玉，2007；林曉玉、洪莉竹，2006）、企業諮商與員工協助方案人員（王韋琇等人，2015；周雪璉，2011；施丁仁等人，2017），以及職涯與復健諮商人員（王柏軒，2016；陳怡萍，2018）等。此等諮商倫理研究場域的拓展，則某種程度反映出諮商專業服務場域的擴展，當實務領域的專業服務一旦開展，相關倫理議題的探討與倫理規範的研擬就宜及時跟上，否則就難以確保諮商專業的服務品質，並有易生倫理爭議與法律訴訟的危機。

　　若就諮商倫理研究的研究主題而言，洪莉竹（2018）就臺灣諮商輔導倫理研究進行回顧指出，研究主題可歸類為：倫理認知與倫理行為、倫理困境與因應、倫理思考與決策、倫理實務問題處理經驗、倫理實踐經驗，以及倫理教育。若是從時間的脈絡來看，早期較著眼於倫理信念（包括倫理辨識、倫理態度）、倫理判斷，以及倫理行為的調查與訪談研究，此等基礎研究是諮商倫理研究的重要基石，其研究所得的結果對諮商倫理的實務提升、學術發展與教學改進，都有參考價值與實質貢獻，也是諮商倫理研究能夠持續努力的基本功。而進階的諮商倫理研究，則包括：諮商倫理教育的效果研究（王智弘，1999a，2011；張品斌，2014；蕭宜綾，2003）、臺灣諮商倫理發展的反思（林家興，2014；洪莉竹，2013，2016），以及諮商倫理理論的建構研究（王智弘，2013a，2013b，2016a），其研究所得的結果對提

升諮商倫理的教學品質與諮商專業的整體發展則影響深遠，特別是對諮商倫理的本土化發展而言，尤為重要。諮商倫理研究主題的研究範疇也呼應了研究方法的變遷，從廣泛性的諮商倫理議題量化調查，到針對單一諮商倫理主題的質性與量化方法交互使用之深入探討。

　　回顧先前的諮商倫理研究，雖然研究數量有增加的趨勢，但是將諮商倫理的研究對比於整體諮商專業的研究，在數量上仍算是一個相對少數的研究領域。進行諮商倫理的研究實際上有助於釐清諮商專業的核心價值，與探討諮商實務的最佳策略，更重要的是有助於建立諮商專業的公共信任；因此，實有待更多的諮商專業人員對諮商倫理研究進行持續的耕耘諮商倫理基礎研究，以及熱情的投入諮商倫理進階研究。

第三節　諮商倫理教育的發展與探索

　　臺灣第一次開設的諮商倫理課程，是由牛格正教授在臺灣省立教育學院輔導研究所開設的碩士層級諮商倫理研究課程，隨著各校開設課程的增加，大學層級與博士層級也相繼開設了倫理的相關課程。《心理師法》立法之後，《專門職業及技術人員高等考試心理師考試規則》第7條規定：「……相關心理研究所主修諮商心理，須在就讀碩士以上學位期間，修習課程包括下列七領域各課程，每一領域至少修習一科，每一學科至多採計三學分，合計至少七學科，二十一學分以上，並由所畢業大學校院出具主修諮商心理學程證明書者，始得應諮商心理師考試」，其中第三門學科即是諮商倫理：「……三、諮商倫理與法規領域課程：（一）諮商（專業）倫理與法規（研究或專題研究）。（二）諮商（專業）倫理（研究或專題研究）。（三）諮商與心理治療（專業）倫理（研究或專題研究）。（四）心理與諮商專業

倫理（研究或專題研究）。（五）諮商倫理與專業發展（研究或專題研究）。……」（考選部，2017）至此，諮商倫理在各校因成為諮商心理學程的必備科目，而等同必修科目般都開設了此一科目。

對於倫理教育的重要性，不同學系或者同系的不同學者間其實都有著不同的意見，以國立彰化師範大學為例，筆者在國立臺灣教育學院輔導研究所就讀時，諮商倫理研究課程本為必修，但後來又一度改為選修，目前則又改為必修；而筆者在國立彰化師範大學輔導學系博士班就讀時，諮商倫理專題研究課程本為選修，但後來又一度改為必修，目前則又改為選修。讓筆者感慨的是，諮商專業的發展一如人類的文明進展，未必是直線前進，也會有倒退現象，只得不斷努力摸索，曲折前進。由於諮商專業倫理教育為倫理教育中的專門領域，對於諮商專業占有一定的重要性，因諮商專業人員在面對倫理相關情境時，需進行倫理辨識與倫理判斷，才能對所遭遇之倫理問題做出正確的判斷與決定。而由於社會環境之快速變遷與發展，專業助人工作者因服務內容與型態不斷地轉變與增多，其面臨的倫理問題情境亦不斷地更加複雜，專業倫理教育的引導是解決此一困境之重要策略，透過經良好設計之倫理課程教學，可增進諮商專業人員之倫理問題解決能力，進而避免不合宜倫理行為之發生（王智弘，1999a）。因此，諮商專業系所宜謹慎設計與執行專業倫理課程教學，以培育術德兼修的諮商專業人員。

要進行良好品質的諮商倫理教學，其主要涉及諮商倫理教育的教學目標、教材教法及教學成效等相關議題的考量，說明如下。

壹、諮商倫理教育的教學目標

有關倫理教育的目標，歷年來有不少學者提出許多寶貴建議，有的強調倫理守則之教導及其應用（Welfel & Lipsitz, 1983），有的則是

強調澄清感覺與價值觀（Abeles, 1980; Corey, Corey, & Callanan, 1993）。
曾任 Hasting Center（美國最著名的倫理教育研究中心）負責人的 Calla-
han，則曾提出倫理教育課程的五項倫理教育目標（Callahan, 1980）：
(1)吸引道德想像力；(2)認識倫理問題；(3)發展分析技巧；(4)引出道德
義務感；(5)忍受和抗拒爭論性與模糊性等。而在諮商倫理教育領域方
面，較受矚目的則是Rest（1984）主張「產生道德行為之四種成分」的
概念。Rest 早先曾主張道德行為之產生含有四種心理成分：(1)以合乎
道德的方式來解釋情境；(2)發展合乎道德之行動計畫；(3)決定行動；
(4)執行行動計畫等。後來，Rest 又將其修正為：(1)道德敏感度：指對
情境的解釋；(2)道德判斷：指判斷行動在道德上的對錯；(3)道德動
機：指排定道德價值與其他價值之間的優先次序；(4)道德特質：指有
關勇氣、堅持、克服困擾及其執行技巧等。以上 Rest 對於道德行為的
觀點，被 Kitchener（1986）加以發展並應用於倫理教育上，而主張倫
理教育必須有四個主要目標，分別為：(1)增加學習者對倫理問題的敏
感度；(2)增進學習者對倫理問題的思考推理能力；(3)發展道德責任感
與採取行動的自我強度；(4)發展對倫理決策過程的模糊情境之忍受力
等。Kitchener 所提出之倫理教育目標，實結合了 Rest 與 Callahan 觀點
之大成，而被倫理教育專業人員加以廣泛應用。王智弘（1999a，
2011）則根據其研究發現，Kitchener 所主張的第三項目標，其實包含
兩項相關但具區別性的倫理主題，而有必要加以區分成五項倫理教育
目標：(1)增加對倫理問題的敏感度；(2)增進對倫理問題的思考推理能
力；(3)發展對倫理問題的道德責任感；(4)提高對倫理決策過程中模糊
情境的忍受力；(5)增強採取倫理行動的自我強度；此五項倫理教育目
標是由倫理信念層面趨向於倫理行為層面，亦即倫理教育是一個由增
進倫理辨識能力，以至倫理判斷能力，再進而執行適切倫理行為的過
程。其中，有關倫理問題的敏感度與思考推理能力的培養，是倫理教
育目標達成之關鍵基礎，若無法對倫理問題有敏銳的覺察能力與周延

的思考推理能力，則無法導向倫理的適切決策與行動；因此，如何培養學習者對倫理問題的敏感度與思考推理能力，顯然是倫理教育之核心工作。

此外，由於在實務情境中所遭遇的倫理問題，不僅僅是要面對有答案簡明的倫理問題（question），更是經常深陷於答案複雜的倫理難題（problem）與倫理兩難困境（dilemma）之中，或者涉及尚無定論與猶有爭議的倫理議題（issue）。因此，倫理教育目標有必要再加上第六項：(6)增加對倫理問題的創意解決能力。而此等六項倫理教育目標應可適用於大學部的倫理訓練課程，如果是研究所以上的倫理訓練課程，則可考慮再加上：(7)增加對倫理問題的研究探討能力，以及(8)增加對倫理問題的教學與督導能力（特別是對博士層級的倫理訓練課程）二項。經由長期之倫理教學的研究探索與經驗累積，以上所提可能適用倫理教學之學士六項、碩士七項、博士八項倫理教育目標，或許可做為倫理教育實施的參考。

貳、諮商倫理教學之教材教法

一、諮商倫理教學使用之教材

一般而言，諮商倫理教學所使用的教材無非是教科書、學術文獻和相關文章等。國內出版的倫理教科書，包括：牛格正（1991）的《諮商專業倫理》、牛格正（1996）主編的《諮商實務的挑戰：處理特殊個案的倫理問題》、牛格正、王智弘（2008）的《助人專業倫理》、洪莉竹（2013）的《學生輔導工作倫理守則暨案例分析》、林家興（2014）的《諮商專業倫理：臨床應用與案例分析》、Corey、Corey 與 Callanan（2011）所撰寫，由修慧蘭、林蔚芳、洪莉竹（2013）所編譯的《專業助人工作倫理》（*Issues and Ethics in the Helping Professions*）、Welfel（2013）所撰寫，由王文秀、廖宗慈、陳俊

言、蔡欣憓、鍾榕芳、楊雅婷（2015）所翻譯的《諮商與心理治療倫理：準則、研究與新興議題》（*Ethics in Counseling & Psychotherapy: Standards, Research, and Emerging Issues*），以及由 Fisher（2003）所撰寫，由郎亞琴、張明松（2006）所翻譯的《解密倫理法：心理學家實務指導手冊》（*Decoding the Ethics Code: A Practical Guide for Psychologists*）。許多學者也強調倫理守則之重要性（Abeles, 1980; Tymchuk, Drapkin, Major-Kingsley, Ackerman, Coffman, & Baum, 1982; Welfel & Lipsitz, 1983），而相關倫理案例與手冊、錄影帶、錄音帶、倫理兩難困境、相關法規、法庭判決案例等，皆是經常被使用的教學材料（王智弘，1999a）。目前發達的網路資訊更是累積豐富的教學資源，例如：「諮商專業倫理研究室」網站（ethic.heart.net.tw），就提供了許多諮商倫理研究與教學的相關資訊。

二、諮商倫理教學使用之教法

關於倫理教學的實施方式，學者也提出了許多不同建議，例如：Callahan（1980）指出，倫理教育最常用的方式便是個案研究，不少學者也認為個案討論是極佳的教學方式（Eberlein, 1987; Griffith, 1988）。而 Paradise（1977）建議使用角色扮演；Lipsitz（1986）主張倫理教育有七種主要教學法，分別為：一般主題講述、法律案例、閱讀／討論倫理守則、個案研究、角色扮演、價值澄清練習等；Vanek（1991）則是將倫理教學的實施方法歸納為八種，包含：講述、討論、個案研究、模擬、學術研討會、工作坊、視聽媒體的呈現，以及團體活動等。綜合上述，諮商倫理教學的主要教法，包含：主題講述、法律案例探討、閱讀與討論倫理守則、個案研究、個案討論、角色模擬或扮演、價值澄清練習、視聽媒體呈現、團體活動、工作坊等，而其中的個案討論法是最常使用之諮商倫理教學方法。在個案討論法中，相當有名的是透過問題導向學習（Problem-based learning, PBL）來加以實

施，因為問題導向學習融合了討論、倫理問題情境等多種倫理教育的教學方式，再以系統性的科學步驟進行倫理情境的探討，因此相當適合倫理教育的教學活動（Allen, Coulson, & Purichia, 2001; Bebeau & Thoma, 1994; Kaufman, 2001; Maxwell, Bellisimo, & Mergendoller, 1999; Parker, 1995; Tysinger, Klonis, Sadler, & Wagner, 1997）。

筆者多年來以融合案例教學與角色扮演的八階段倫理教學設計，來進行倫理課室教學，其教學程序如下：(1)主題倫理案例呈現（由案例組扮演當事人與諮商師，並透過角色扮演，以呈現倫理案例）；(2)主題倫理課程教學（針對當次上課的倫理主題進行主題倫理課程講述與教學）；(3)分組討論（全班除案例組外之其他同學依人數分成若干組，並討論主題倫理案例該如何處理，並推選一名諮商師準備進行演練，同時推選一名解說員，以便在演練後說明該組之倫理考量與處理策略）；(4)案例演練（分組依序進行案例演練，各組先由諮商師演示，再由解說員解說）；(5)分組討論（分組討論並推派講評員，以對其他組之演示準備進行講評）；(6)案例演練講評（分組輪流對其他組之演示進行講評）；(7)當事人（角色扮演者）分享：針對各組的倫理處理與諮商師的表現進行個人體驗之分享；(8)教師總結與討論（教師針對角色扮演者所遭遇的倫理情境與諮商師的處理表現，進行統整討論與講評）。

由於網路科技的發展，網路教學與數位學習的趨勢沛然莫之能擋。筆者於 2002 年曾執行行政院國家科學委員會專題研究計畫「問題導向學習取向之諮商倫理網路教學研究」（王智弘、陳聰文、林清文、楊淳斐，2002），透過數位學習平臺並結合問題導向學習（PBL）教學法，以進行倫理教學研究。在規劃此網路實驗課程的過程中，曾遭遇了許多問題，包含學生對於新課程的疑慮、誤解及接受度，而要在課程當中克服如學生是否對於此課程有強烈的學習動機與恆心的問題，亦是具困難度的部分，這也是一般課室中常見的現象；但是由於

問題導向學習的學習方法，強調的是學習者自我主動與積極，因此更需特別關注此一層面。從過去與筆者的研究中都發現，此等教學法對學習者的問題解決與思考判斷能力的確具正面與積極的幫助，特別是表現在提升倫理辨識能力的認知學習效果上；但是，在筆者對學生學習過程的觀察，以及課程結束後針對學生的團體訪談中發現，學生個人的動機、情緒與情意方面也是可能影響是否自願學習的重要因素。因此，無論課室教學或數位教學都必須對學生的學習動機與情意層面，投入更多的了解與輔導，特別是數位學習減少了教師與學生當面互動的機會，這對強調人際互動的諮商專業而言，或許是在運用數位學習展現教學強項——認知學習的效果時，所同時要一併考慮的議題。

　　晚近數位學習的發展又邁向新的境界：一個就是 MOOC，另一個就是網路直播。MOOC 就是俗稱「磨課師」或稱「慕課」的大規模開放線上課堂（Massive Open Online Course）。在教育部的政策鼓勵下，筆者也透過國立彰化師範大學數位學習中心申請通過教育部磨課師獎助建置計畫，並在 ewant（育網開放教育平臺）建置「助人專業倫理 MOOC 課程」（http://www.ewant.org/admin/tool/mooccourse/mnetcourseinfo.php?hostid=7&id=315），該課程為六單元的六週課程，依序是(1)助人專業倫理概念；(2)知後同意的倫理考慮；(3)雙重關係的倫理議題；(4)保密、隱私權、溝通特權以及預警責任、舉發的倫理議題；(5)價值影響與多元文化的倫理議題；(6)結束或轉介的倫理問題。此一課程可做為一般民眾認識助人專業倫理特質的通識課程，也可做為諮商專業人員學習諮商倫理的輔助學習資源。在網路興起自媒體的潮流下，諮商專業的網路線上學習課程或直播已然形成新的趨勢，諮商專業倫理自然也不能免俗；不過，倫理教學需有人格陶冶之功，諮商教學者的身教與諮商教學機構的境教也相當重要，這恐怕是數位學習所不能全然取代課室學習之處。

第四節 諮商倫理重要議題的挑戰與因應

展望諮商倫理專業的發展，最重要的議題有三：通識化、法制化與本土化。通識化指的是，如何讓諮商倫理成為專業人員的共識與社會大眾的通識；法制化指的是，如何讓諮商倫理能夠落實於諮商專業的相關法規；本土化指的是，如何讓諮商倫理能夠融入華人文化，以完成其在地化與本土化。

諮商倫理通識化首要努力的工作是：要讓諮商倫理成為專業人員的共識，除了將專業倫理課程列為必修之外，所有的諮商實務機構應依其專業服務特性，強化其人員的專業倫理訓練，以設計其職前倫理訓練與在職倫理訓練；其次應強化機構的督導制度，機構的督導應接受進階的倫理訓練以具備倫理教學的能力，並利用督導的過程對專業人員實施倫理的臨床實務訓練，並檢測諮商服務的倫理狀況，以確保諮商專業的服務品質。諮商倫理通識化接著要努力的是：要讓諮商倫理成為社會大眾對專業人員建立公共信任的基礎，也就是當事人能信任助人專業人員，社會大眾能信任助人專業，助人專業服務的自主性能得到尊重，整體助人專業的專業性能得到認可。助人專業人員專業學會與公會宜持續對社會大眾進行專業的宣導與行銷，特別宜就助人專業的倫理特質加以倡導，以建立公共信任與專業發展的堅實根基。

諮商倫理法制化首要努力的工作是：倫理規範的建置工作要不斷的尋求完善，除了倫理守則的修訂工作要常規化的持續進行之外，其他的配套措施也要隨著社會變遷而修正，特別是特定服務領域的專業工作可能也有制定相關倫理規範的需求產生，例如：研究倫理、督導倫理、團體諮商倫理與網路諮商倫理等。諮商倫理法制化其次要努力的工作是：相關法規的修訂，例如：《心理師法》、《學生輔導法》

與其他相關法規的條文修訂；又如：《刑事訴訟法》（司法院，2017）第182條，應在條文中納入心理師的文字，使溝通特權的涵蓋範圍能包含心理師所服務的當事人，以使心理師對當事人提供專業服務的溝通特權之立法機制能夠完整。再如諮商心理師專業服務的部分範圍宜由健保給付，使不同經濟能力的當事人都能得到諮商心理師的專業服務。

　　諮商倫理本土化可能是諮商倫理專業發展最重要的議題，為什麼要含攝華人文化？因為過去的心理學研究是含攝西方的主流文化，調查研究（Arnett, 2008）顯示，在心理學六大領域主要期刊發表的研究中，其68%的研究受試者是來自於美國，96%是來自於人口比例占全球人口 12%的西方國家（歐洲、北美、澳洲或以色列），故心理學研究的取樣有文化偏差。也就是說，過去西方心理學理論的發展可能是建立在一個怪異的樣本（WEIRD sample）之上：WEIRD 也就是 Western（西方的）、Educated（教育普及的）、Industrialized（工業化的）、Rich（富有的）、Democratic（民主化的）的總合（Henrich, Heine, & Norenzayan, 2010a, 2010b; Hwang, 2012），因此這是需要加以深思的。從另一個角度來看，「心理學必須面對一個新的現實，那就是非西方心理學的覺醒，這是基於每一個文化，無論是東方或西方，都有其獨特的心理學適切性，並與其歷史與文化的根源具有一致性」（Marsella & Pickren, 2012, p. x），因此將在地文化納入心理學與諮商專業的考慮之中，是有所必要的。也就是說，諮商專業倫理的本土化是要考慮納入華人文化，所謂的「本土化」可進一步加以解析為：「本」是文化傳統，「土」是在地生活世界與生活經驗；將西方引入的心理諮商理論與技術，與文化傳統的「本」和在地生活經驗的「土」相結合，將本源自於西方文化的現代心理諮商理論，結合華人的文化傳統與在地生活經驗，使之能更適用於華人身上，以達到中西合璧的本土化效果（王智弘，2016b，2017；王智弘、劉淑慧、孫頌賢、夏允中，2017），

此等工作是值得諮商專業人員加以努力的。就諮商倫理本土化的研究而言，例如：結合西方倫理觀與儒家倫理觀的「助人專業倫理雙元模型」（the duality model of helping professional ethics）（王智弘，2013a，2016a），即在整合含攝西方文化的倫理觀點（強調當事人的五大權益：諮商自主權、公平待遇權、諮商受益權、免受傷害權、要求忠誠權，以及助人者的三大責任：專業責任、倫理責任、法律責任的外在客觀理性規範），以及華人儒家文化的倫理觀點（先求盡己、再求推己的內在主觀自我修養），如圖 5-2 所示。

「助人專業倫理雙元模型」將強調外在客觀理性規範的西方倫理觀，與強調內在主觀修養的儒家倫理觀同時考慮進來，既提供西方文化倫理觀的補充觀點，在實務應用上又更能契合華人的助人專業人員與當事人之文化背景（王智弘，2017）。此等諮商倫理本土化的嘗試是非常重要的，由於本土化的研究工作有三個研究層次（王智弘，2016b，2017）：(1)外學引入的在地化（localization）：將西方諮商倫理加以引入，並透過在地化的修正，以適用於在地民眾，也就是西學

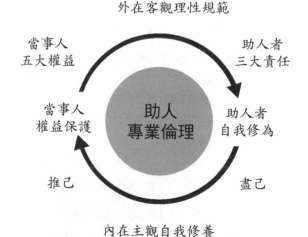

圖 5-2　助人專業倫理雙元模型

引入的本土化，例如：修慧蘭等人（2013）、王文秀等人（2015），以及郎亞琴、張明松（2006）的翻譯工作即屬之；(2)文化融合的本土化（acculturative indigenization）：將外學引入的諮商倫理觀點，進一步與在地文化相結合而晉升到本土化的層次，以達成中西合璧的本土化，例如：牛格正（1991）、牛格正主編（1996）、牛格正、王智弘（2008）、洪莉竹（2013）、林家興（2014）等的著述工作，以及「助人專業倫理雙元模型」即屬之；(3)文化繼承的本土化（enculturative indigenization）：在本土諮商心理學發展成熟的基礎下，本土助人專業人員能由繼承自文化傳統與植基於在地生活經驗的本土文化出發，以創建植基於本土文化的助人專業理論，此等本土化工作實意義深長，有賴臺灣的助人專業人員不斷加以努力。特別是臺灣輔導與諮商專業多年來在國際化與本土化的發展過程中，如何在臺灣進行本土化的發展與在亞洲與世界扮演積極貢獻的角色，文化的繼承與融合是必要與有利的發展方向（林幸台、王智弘，2018）。

　　諮商專業倫理旨在建立諮商專業的公共信任，是諮商專業的核心價值。本章謹將諮商倫理規範、倫理研究、倫理教育與倫理議題等主題，依序進行上述的回顧與展望。感謝本書主編蕭文教授所提對本文架構之寶貴建議，在歡慶台灣輔導與諮商學會創立一甲子的此時，但願本文的探討能就諮商倫理議題的過去、現在與未來，提供讀者後續探討的索引。

參考文獻

中文部分

中國心理學會（2018）。臨床與諮詢心理學工作倫理守則。**中國心理衛生雜誌，32**（3），177-184。

中國輔導學會（1989）。中國輔導學會會員專業倫理守則。**輔導月刊，25**（1、2），6-13。

文美華、王智弘、陳慶福（2009）。網路諮商機構實施電子郵件諮商服務之實務經驗與倫理行為探討。**教育心理學報，40**（3），419-438。

牛格正（1980）。諮商倫理。**輔導學報，3**，193-226。

牛格正（1984）。團體諮商中倫理問題之探討。**輔導學報，7**，1-20。

牛格正（1990）。測驗與研究的倫理問題。**輔導學報，13**，255-270。

牛格正（1991）。**諮商專業倫理**。臺北市：五南。

牛格正（主編）（1996）。**諮商實務的挑戰：處理特殊個案的倫理問題**。臺北市：張老師文化。

牛格正、王智弘（2008）。**助人專業倫理**。臺北市：心靈工坊。

王文秀、廖宗慈、陳俊言、蔡欣憓、鍾榕芳、楊雅婷（譯）（2015）。**諮商與心理治療倫理：準則、研究與新興議題**（原作者：E. R. Welfel）。臺北市：新加坡商聖智學習亞洲私人有限公司台灣分公司。（原著出版年：2013）

王柏軒（2016）。**職業輔導評量員之倫理衝突與倫理判斷傾向研究**（未出版之碩士論文）。國立高雄師範大學，高雄市。

王韋琇、陳姝蓉、王智弘（2015）。委外式員工協助方案心理師之專業倫理困境與其因應策略。**教育心理學報，47**（2），199-216。

王智弘（1993）。諮商督導中倫理問題之探討。**輔導學報，16**，213-243。

王智弘（1994a）。團體成員流失問題之探討。**輔導季刊，30**（4），27-36。

王智弘（1994b）。諮商與心理治療研究之倫理問題。**輔導學報，17**，95-121。

王智弘（1995a）。諮商中涉及法律的倫理問題。**輔導季刊**，**31**（2），53-59。

王智弘（1995b）。個別諮商過程中涉及的倫理問題。**輔導學報**，**18**，191-222。

王智弘（1996a）。諮商歷程研究所涉及當事人福祉的相關倫理問題。**輔導季刊**，**32**（2），41-51。

王智弘（1996b）。諮商未成年當事人的倫理問題。**輔導學報**，**19**，287-321。

王智弘（1997）。諮商專業倫理。**應用倫理研究通訊**，**4**，41-48。

王智弘（1998a）。網路上提供諮商服務所涉及的倫理考慮。**應用倫理研究通訊**，**7**，1-6。

王智弘（1998b）。網路諮商的倫理課題。**輔導季刊**，**34**（3），8-16。

王智弘（1999a）。**諮商倫理量表編製、教學方案設計及教學效果比較研究**（未出版之博士論文）。國立彰化師範大學，彰化市。

王智弘（1999b）。災後心理諮商與輔導的倫理考慮。**輔導季刊**，**35**（3），29-31。

王智弘（2005）。諮商專業倫理之理念與實踐。**教育研究月刊**，**132**，87-98。

王智弘（2011）。諮商倫理教學之探討：以問題解決導向學習與角色扮演案例教學為例。**輔導季刊**，**47**（2），7-18。

王智弘（2013a）。積極投入含攝文化理論建構：以助人專業倫理雙元模型為例。**台灣心理諮商季刊**，**5**（3），vi-xi。

王智弘（2013b）。從文化理解到含攝文化理論之建構：從助人專業倫理雙元模型到研究倫理雙元模型。**台灣心理諮商季刊**，**5**（4），vi-xii。

王智弘（2016a）。含攝儒家功夫論的本土專業倫理觀：從助人倫理雙元模型談儒家的倫理自我修為之道。**台灣心理諮商季刊**，**8**（2），vi-xii。

王智弘（2016b）。本土諮商心理學的目標。**台灣心理諮商季刊**，**8**（4），vii-x。

王智弘（2017）。探索本土諮商心理學的發展理路。**本土諮商心理學學刊**，**9**（1），vi-xvii。

王智弘、施丁仁（2018）。探討員工協助方案倫理的本土化：華人員工協助方案倫理守則芻議。**本土諮商心理學學刊，10**（1），vi-xxiv。

王智弘、陳聰文、林清文、楊淳斐（2002）。**問題導向學習取向之諮商倫理網路教學研究**。行政院國家科學委員會專題研究計畫（NSC 91-2413-H-018-016）。

王智弘、劉淑慧、孫頌賢、夏允中（2017）。文化脈絡中的危機、轉機與復原力：本土諮商心理學研究的方向、目標與策略。**中華輔導與諮商學報，50**，1-28。

王智弘、劉淑慧、張匀銘、楊淳斐、鄧志平（2014）。心理諮商研究倫理守則建置之意見調查研究。**教育心理學報，46**（1），51-71。

王義德（2017）。**諮商中非性雙重關係之倫理決策經驗探究**（未出版之碩士論文）。國立暨南國際大學，南投縣。

台灣心理學會（2002）。心理學專業人員倫理準則。**中國心理學會通訊，**38，3-11。

台灣生涯發展與諮詢學會（2014）。**台灣生涯發展與諮詢學會生涯專業倫理守則**。取自 http://www.tcdca.org/?page_id=1731

台灣輔導與諮商學會（2000）。**台灣輔導與諮商學會專業倫理委員會設置要點**。取自 http://www.guidance.org.tw/ethic/essentials%20of%20ehtic.doc

台灣輔導與諮商學會（2001）。**台灣輔導與諮商學會諮商專業倫理守則**。取自 http://www.guidance.org.tw/ethic_001.html

台灣輔導與諮商學會（2002）。**台灣輔導與諮商學會專業倫理委員會倫理申訴案件處理程序**。取自 http://www.guidance.org.tw/ethic/ethic%20processing%20program.doc

台灣輔導與諮商學會（2003）。**台灣輔導與諮商學會會員申請諮商專業倫理守則釋疑案件處理程序**。取自 http://www.guidance.org.tw/ethic_002.html

台灣輔導與諮商學會（2015）。**學生輔導工作倫理守則**。取自 http://www.guidance.org.tw/school_rules/content.html

司法院（2017）。**刑事訴訟法**。臺北市：作者。

考選部（2017）。**專門職業及技術人員高等考試心理師考試規則**。臺北

市：作者。

何艾倫（2008）。**心理諮商人員專業倫理思考導向與相關影響因素之探究**（未出版之碩士論文）。國立臺北教育大學，臺北市。

何志平（2000）。**國民小學輔導人員專業倫理行為與倫理判斷傾向之研究**（未出版之碩士論文）。國立臺中師範學院，臺中市。

何振宇（1997）。青少年福利服務義務工作人員對專業倫理的認知、困擾、及其因應之研究：以「幼獅育樂營」義務張老師為例（未出版之碩士論文）。東海大學，臺中市。

余穎柔（2018）。**國民中學輔導教師輔導倫理困境之研究**（未出版之碩士論文）。國立政治大學，臺北市。

吳亞嬋（2011）。**諮商人員在自傷青少年諮商中對保密原則的省思**（未出版之碩士論文）。國立屏東教育大學，屏東縣。

吳孟容（2016）。**雙重關係對高中輔導老師個案諮商之影響研究**（未出版之碩士論文）。東海大學，臺中市。

吳嘉展（2013）。**人格特質、學校組織氣氛對國小輔導教師專業倫理行為之影響**。國立政治大學，臺北市。

李佩怡（2006）。臨終諮商倫理初探：照護癌末病人個我經驗之反思與建構。**哲學與文化，33**（4），33-56。

李佳儒、張匀銘、王智弘（2010）。未成年人團體諮商之倫理困境與因應策略。**中華心理衛生學刊，23**（4），613-637。

李佳儒、張匀銘、楊淳斐、王智弘（2012）。諮商心理師團體諮商倫理信念與行為之探究。**中華輔導與諮商學報，34**，53-82。

杜淑芬、王麗斐（2016）。諮商心理師與國小學校輔導行政人員跨專業合作面臨的諮商倫理議題與因應策略：以臺北市駐區心理師方案為例。**臺灣諮商心理學報，4**（1），63-86。

周雪璉（2011）。**企業諮商人員專業倫理衝突經驗探究**（未出版之碩士論文）。國立臺北教育大學，臺北市。

林宇銘（2005）。**國軍心理輔導人員專業工作推行與專業倫理決策過程**（未出版之碩士論文）。輔仁大學，臺北縣。

林利群（2016）。**伴侶諮商的倫理議題之探究**（未出版之碩士論文）。國

立嘉義大學,嘉義縣。

林幸台、王智弘(2018)。臺灣輔導與諮商專業的繼承與開展:本土輔導與諮商專業發展的回顧與探索。**中華輔導與諮商學報,53**,1-22。

林宜霈(2015)。**高中職輔導教師面對通報之專業倫理決策歷程研究**(未出版之碩士論文)。臺北市立大學,臺北市。

林宜誼(2017)。**國小專任輔導教師倫理困境探討之混合研究**(未出版之碩士論文)。中原大學,桃園縣。

林美芳、張馥媛、王智弘(2009)。臨床心理師非性雙重關係倫理行為與態度之調查研究。**台灣公共衛生雜誌,28**(6),530-540。

林素妃(1992)。諮商員的預警責任與應對之策。**輔導月刊,28**(3, 4),31-35。

林家興(2014)。**諮商專業倫理:臨床應用與案例分析**。臺北市:心理。

林慶仁(1987)。**學校輔導教師諮商倫理判斷之調查研究**(未出版之碩士論文)。國立臺灣教育學院,彰化市。

林曉玉(2007)。**軍中諮商心理師面對自殺個案倫理衝突經驗之敘說研究**(未出版之碩士論文)。國立臺北教育大學,臺北市。

林曉玉、洪莉竹(2006)。處理自殺個案的倫理衝突:以一位軍中諮商心理師的經驗為例。**醫護科技學刊,8**(4),318-328。

社團法人中華民國社會工作師公會全國聯合會(2006)。**社會工作倫理守則**。取自 https://nusw.org.tw/wp-content/uploads/2017/11/社會工作倫理守則2008年公布實施.pdf

社團法人中華民國諮商心理師公會全國聯合會(2010)。**社團法人中華民國諮商心理師公會全國聯合會專業倫理委員會設置辦法**。取自 http://www.tcpu.org.tw/front/bin/ptdetail.phtml?Part=lawsub003&Category=384047

社團法人中華民國諮商心理師公會全國聯合會(2011)。**社團法人中華民國諮商心理師公會全國聯合會會員自律公約**。取自 http://www.tcpu.org.tw/front/bin/ptdetail.phtml?Part=law005&Category=411913

社團法人中華民國諮商心理師公會全國聯合會(2012)。**社團法人中華民國諮商心理師公會全國聯合會諮商心理師專業倫理守則**。取自 http://

www.tcpu.org.tw/front/bin/ptdetail.phtml?Part=law006&Category=411913

社團法人中華民國諮商心理師公會全國聯合會（2013）。**社團法人中華民國諮商心理師公會全國聯合會倫理申訴案件處理要點**。取自 http://www.tcpu.org.tw/front/bin/ptdetail.phtml?Part=law008&Category=411913

社團法人台灣職業重建專業協會（2013）。**台灣職業重建專業協會職業重建專業倫理**。取自 http://www.tvra.artcom.tw/ap/cust_view.aspx?bid=18&sn=b06e902d-be31-468c-8f83-f0af2c2ca696

邱競平（2010）。**臺北縣國小輔導教師專業倫理行為之研究**（未出版之碩士論文）。臺北市立教育大學，臺北市。

施丁仁、陳源滄、王智弘（2017）。員工協助方案提供企業諮商服務過程中涉及雙重關係倫理議題之探討。**輔導與諮商學報**，**39**（2），55-78。

洪莉竹（2008）。中學輔導人員專業倫理困境與因應策略研究。**教育心理學報**，**39**（3），451-472。

洪莉竹（2011）。中小學學校輔導人員倫理決定經驗研究。**輔導與諮商學報**，**33**（2），87-107。

洪莉竹（2013）。**學生輔導工作倫理守則暨案例分析**。臺北市：張老師文化。

洪莉竹（2016）。實務工作者面對倫理挑戰的考量與經驗：台灣諮商輔導倫理議題研究之探討。**臺灣諮商心理學報**，**4**（1），1-16。

洪莉竹（2018）。臺灣諮商輔導倫理研究之回顧與展望。**中華輔導與諮商學報**，**53**，151-189。

郎亞琴、張明松（譯）（2006）。**解密倫理法：心理學家實務指導手冊**（原作者：C. B. Fisher）。臺北市：五南。

香港心理學會（2012）。**專業操守守則**。取自 http://www.hkps.org.hk/index.php?fi=code

修慧蘭、林蔚芳、洪莉竹（編譯）（2013）。**專業助人工作倫理**（原作者：G. Corey, M. S. Corey, & P. Callanan）。臺北市：雙葉書廊。（原著出版年：2011）

徐智威（2010）。**高中職輔導教師諮商倫理之辨識能力和判斷傾向與其諮商自我效能之研究**（未出版之碩士論文）。國立新竹教育大學，新竹

市。

康家華（2009）。中等學校輔導教師對師生諮商雙重關係的經驗探究（未出版之碩士論文）。國立政治大學，臺北市。

張勻銘、王智弘、楊淳斐、李佳儒（2012）。當事人和諮商師發展友誼關係之經驗：當事人觀點。中華心理衛生學刊，**25**（4），633-658。

張品斌（2014）。諮商專業倫理課程中的學習與思考：學習者的經驗（未出版之碩士論文）。國立臺北教育大學，臺北市。

張馥媛（2015）。臨床心理師心理治療中非性雙重關係倫理決策歷程之研究（未出版之博士論文）。國立彰化師範大學，彰化市。

張馥媛、林美芳、王智弘（2012）。臨床心理師對心理治療知後同意倫理態度與行為之調查研究。中華心理衛生學刊，**25**（1），105-134。

教育部（2014）。學生輔導法。臺北市：作者。

許齡之（2014）。諮商心理師對個案福祉的思考與行動之研究（未出版之碩士論文）。國立臺北教育大學，臺北市。

陳文玲（1991）。倫理守則在諮商實務中所扮演的角色。測驗與輔導，**105**，2105-2107。

陳志信（1993）。輔導教師專業倫理行為及其倫理判斷傾向之調查研究（未出版之碩士論文）。國立彰化師範大學，彰化市。

陳怡萍（2018）。在生涯諮商輔導關係中的知後同意與保密倫理議題（未出版之碩士論文）。國立高雄師範大學，高雄市。

陳厚伶（2012）。國小輔導教師面對多重關係的覺察與因應行動之研究（未出版之碩士論文）。國立臺北教育大學，臺北市。

陳增穎（2016）。悲傷諮商助人工作者的專業倫理實踐之初探性研究。輔導季刊，**52**（3），26-35。

黃清煌（2011）。高中職教師輔導專業倫理信念調查研究（未出版之碩士論文）。國立臺南大學，臺南市。

楊佳穎（2005）。師生諮商雙重關係之經驗探究（未出版之碩士論文）。國立高雄大學，高雄市。

楊淳斐（1997）。大專院校輔導教師諮商倫理信念與行為之調查研究（未出版之碩士論文）。國立彰化師範大學，彰化市。

楊雅超（2012）。台灣地區大專院校諮商心理師人格特質與諮商專業倫理判斷傾向之相關研究（未出版之碩士論文）。國立高雄師範大學，高雄市。

臺灣諮商心理學會（2009）。**臺灣諮商心理學會倫理法規委員會組織規程**。取自 http://www.twcpa.org.tw/about_1_3_detail.php?nid=2

臺灣諮商心理學會（2013）。**臺灣諮商心理學會倫理申訴案件處理要點**。取自 http://www.twcpa.org.tw/about_1_1_detail.php?nid=11

臺灣諮商心理學會（2014）。**臺灣諮商心理學會諮商心理專業倫理守則**。取自 http://www.twcpa.org.tw/about_1_1_detail.php?nid=14

雒怡寧（2014）。**人與專業的對話：諮商倫理衝突經驗之質性研究**（未出版之碩士論文）。國立臺灣師範大學，臺北市。

管秋雄（1990）。諮商過程中諮商員價值影響的倫理問題。**測驗與輔導，95**，1876-1878。

劉完利（2012）。**社區心理輔導志工倫理判斷與倫理行為之調查研究：以「張老師」基金會為例**（未出版之碩士論文）。國立彰化師範大學，彰化市。

劉容孜（2000）。**青少年輔導工作志願工作者專業倫理行為及其倫理判斷傾向之研究：以臺北市為例**（未出版之碩士論文）。中國文化大學，臺北市。

衛生福利部（2001）。**心理師法**。臺北市：作者。

盧怡任、王智弘（2012）。諮商心理師倫理判斷與倫理行為之調查研究。**教育心理學報，43**（4），783-804。

盧麗瓊、王智弘、陳增堂、盧怡任（2016）。上海地區高校心理諮詢師倫理判斷與倫理行為調查研究。**臺灣諮商心理學報，4**（1），45-62。

蕭宜綾（2003）。**問題導向學習取向之諮商倫理網路教學研究**（未出版之碩士論文）。國立彰化師範大學，彰化市。

謝明瑾、王智弘（2016）。國民小學諮商心理師面臨保密議題倫理判斷歷程之敘說研究。**臺灣諮商心理學報，4**（1），17-43。

謝欣霓（2011）。**國中輔導教師透露晤談內容行動對晤談關係的影響與因應研究**（未出版之碩士論文）。國立臺北教育大學，臺北市。

羅逸婷（2014）。國中輔導教師處理通報事件中透露晤談訊息的兩難與因應方式（未出版之碩士論文）。國立臺北教育大學，臺北市。

蘇以青（2011）。諮商心理師行使告知後同意之倫理經驗分析（未出版之博士論文）。國立高雄師範大學，高雄市。

蘇以青、董力華、黃瑛琪（2009）。大專院校輔導人員之倫理判斷及對倫理問題的因應。醫護科技期刊，**11**（4），248-257。

英文部分

Abeles, N. (1980). Teaching ethical principles by means of value confrontations. *Psychotherapy: Theory, Research and Practice, 17*(4), 384-389.

Allen, J. S., Coulson, R. L., & Purichia, H. R. (2001). *Problem based learning for integrated undergraduate curricula: A practical template*. Retrieved January 1, 2002, from http://www.siu.edu/~corecurr/ExcellencePBL.html

Arnett, J. J. (2008). The neglected 95%: Why American psychology needs to become less American. *American Psychologist, 63*(7), 602-614.

Bebeau, M. J., & Thoma, S. J. (1994). The impact of a dental ethics curriculum on moral reasoning. *Journal of Dental Education, 58*(9), 684-696.

Blocher, D. H. (1987). *The professional counselor.* New York, NY: Macmillan.

Callahan, D. (1980). Goals in the teaching of ethics. In D. Callahan & S. Bok (Eds.), *Ethics teaching in higher education* (pp. 61-74). Hastings-on-Hudson, NY: The Hastings Center.

Corey, G., Corey, M. S., & Callanan, P. (1993). *Issues and ethics in the helping professions* (4th ed.). Pacific Grove, CA: Brooks/Cole.

Corey, G., Corey, M. S., & Callanan, P. (2011). *Issues and ethics in the helping professions* (8th ed.). Pacific Groves, CA: Brooks/Cole.

Eberlein, L. (1987). Introducing ethics to begin psychologists: A problem-solving approach. *Professional Psychology: Research and practice, 18*(4), 353-359.

Fisher, C. B. (2003). *Decoding the ethics code: A practical guide for psychologists.* Los Angeles, CA: Sage.

Griffith, R. S. (1988). The effects of experiential training in ethical training in ethical decision-making on ability to resolve ethical dilemmas. *Dissertation Abstracts International, 49*(06), 2367B. (University Microfilms No. AAC88-14338)

Henrich, J., Heine, S. J., & Norenzayan, A. (2010a). Most people are not WEIRD. *Nature, xi 466*(1), 29.

Henrich, J., Heine, S. J., & Norenzayan, A. (2010b). Beyond WEIRD: Towards a broad-based behavioral science. *Behavioral and Brain Sciences, 33*(2-3), 61-83.

Hwang, K. K. (2012). *Foundations of Chinese psychology: Confucian social relations*. New York, NY: Springer.

Kaufman, D. M. (2001). *Problem-based learning: Using cases to teach about how to deal with ethical problems*. Retrieved January 1, 2002, from http://www.pharmacy.ualberta.ca/Syllabus/SYL-INTD.HTM

Keith-Spiegel, P., & Koocher, G. P. (1985). *Ethics in psychology: Professional standards and cases*. New York, NY: McGraw-Hill.

Kitchener, K. S. (1986). Teaching applied ethics in counselor education: An integration of psychological process and philosophical analysis. *Journal of Counseling and Development, 64*, 306-310.

Lipsitz, N. E. (1986). The relationship between ethics training and the ethical discrimination ability of counseling psychologists in training: An empirical analysis. *Dissertation Abstracts International, 47*(03), 839A. (University Microfilms No. AAC86-04108)

Mappes, D. C., Robb, G. P., & Engels, D. W. (1985). Conflicts between ethics and law in counseling and psychotherapy. *Journal of Counseling and Development, 64*, 246-252.

Marsella, A. J., & Pickren, W. E. (2012). Foreword. In K. K. Hwang, *Foundations of Chinese psychology: Confucian social relations* (pp. vii-x). New York, NY: Springer

Maxwell, N. L., Bellisimo, Y., & Mergendoller, J. (1999). *Problem-based learning: Modifying the medical school model for teaching high school economics*. Retrieved January 1, 2002, from http://www.bie.org/pdf/ssjpbl.pdf1999

Paradise, L. V. (1977). Toward a theory on the ethical behavior of counselors. *Dissertation Abstracts International, 37*(07), 4140A. (University Microfilms No. AAC77-00204)

Parker, M. (1995). Autonomy, problem-based learning, and the teaching of medical ethics. *Journal of Medical Ethics, 21*(5), 305-310.

Rest, J. R. (1984). Research on moral development: Implication for training counseling psychologist. *The Counseling Psychologist, 12*(3), 19-29.

Tymchuk, A. J., Drapkin, R., Major-Kingsley, S., Ackerman, A. B., Coffman, E. W., & Baum, M. S. (1982). Ethical decision making and psychologists' attitudes toward training in ethics. *Professional Psychology, 13*(3), 412-421. http://dx.doi.org/10.1037/0735-7028.13.3.412

Tysinger, J. W., Klonis, L. K., Sadler, J. Z., & Wagner, J. M. (1997). Teaching ethics using small-group, problem-based learning. *Journal of Medical Ethics, 23*(5), 315-318.

Van Hoose, W. H., & Kottler, J. A. (1977). *Ethical and legal issues in counseling and psychotherapy*. San Francisco, CA: Jossey-Bass.

Vanek, C. A. (1991). Survey of ethics education in clinical and counseling psychology programs. *Dissertation Abstracts International, 51*(12), 5797B. (University Microfilms No. AAC91-14449)

Welfel, E. R. (2013). *Ethics in counseling and psychotherapy: Standards, research, and emerging issues* (5th ed.). Pacific Groves, CA: Brooks/Cole.

Welfel, E. R., & Lipsitz, N. E. (1983). Ethical orientation of counselors: Its relationship to moral reasoning and level of training. *Counselor Education and Supervision, 9*, 35-45.

第三篇

轉型中的臺灣諮商與
輔導專業

第六章

社會流動中的臺灣諮商專業

蕭文[1]

第一節 臺灣六十年的社會流動

《聯合報》自 2011 年開始,即以願景工程為主題,報導臺灣社會在不同面向的社會流動;2018 年 7 月 8 日更以「世代共榮」為主題,從四代不同的職場觀提出世代共榮的新觀念。

在世代共榮願景的報導裡,將臺灣過去六十年來在時間軸上的人口與社會變化,分別化約為四個不同的族群,包括:嬰兒潮世代的三、四年級(約 1946~1964 年)、X 世代的五、六年級(約 1960~1980 年)、Y 世代的七、八年級(約 1980~2000 年),以及 Z 世代的九年級(2001 年迄今)。從這四個世代粗略來看,期間的軌跡似乎也是臺灣社會流動的四個階段,以下即試圖從這四個年代的段落,簡要地回顧臺灣六十年來的社會流動。

---

1 國立暨南國際大學諮商心理與人力資源發展學系榮譽教授

壹、1946～1964 年的社會流動

這個橫跨將近二十年的時間被稱之為戰後嬰兒潮，在經過二次世界大戰後，全世界獲得暫時的和平，在人口的成長上出現 Booming 的現象，這也就是嬰兒潮世代的由來。在這波嬰兒潮的歲月裡，臺灣外有中國大陸的威脅，內則承受基礎建設歸零、經濟衰退，可謂是百廢待舉，此時的臺灣正是篳路藍縷、克勤克儉，一切從頭做起。

這個年代的最大特徵就是貧窮與社會的不安定，政府的作為即是改善租佃關係，推動農田三七五減租條例，穩定臺灣的農地生產，以逐步提升農民的生活水準。同時，推動輕工業、制定相關法令，以促進社會的經濟流動。值得一提的是，健全國民基本義務教育以提升國民的知識水準。這個世代的特徵是普遍受過基礎教育，能吃苦、勤儉成性，工作是生活的重心，相信努力就能出頭天。社會的流動雖然緩慢但卻是穩健的，為臺灣後續的發展奠定良好的基礎。

貳、1960～1980 年的社會流動

1960～1980 年代橫跨了民國五十和六十年代，這個年代出生的人，現在被稱之為五年級和六年級生，臺灣今日社會在各行各業的成就與發展幾乎都與他們脫離不了關係。這個年代的人之所以能成為臺灣日後發展的基石，當時的政府作為以及民間對知識追求的渴望都有極大的影響；當然，所引發的社會流動也是十分的深遠。

這個年代的國內政治軍事情勢與兩岸關係，仍處於緊張與不安的狀態，然而歷經了八二三炮戰（1958 年）之後，卻也阻擋了中共犯臺企圖，政府乃有餘力關注島內的建設和經濟發展。1959 年，臺灣中南部發生了有史以來最大的八七水災，重創臺灣的農業與經濟，然而

「最壞的時代也就是最好的時代」，為了復甦臺灣農業，政府從基礎建設開始作起，連帶的也帶動了基礎工業和商業活動的發展。

　　民國五十年代初，政府為了經濟轉型並加強國際貿易，因而推動了「加工出口區」的設置，此一措施不僅加速了臺灣的經濟發展，連帶的國民就業率提升、年所得收入普遍增加，相對的也促進了社會的穩定。民國六十年代中期，為了提升臺灣經濟發展的層次，政府推動了一個十分前瞻性的「十大建設」，其中影響臺灣最深遠的，莫過於修築南北高速公路、設立科學園區，這些建設帶動了臺灣日後的經濟繁榮。此時政府對中小企業的發展也制定相關獎勵條例，同時也向國外招商獎勵投資，臺灣在 1980 年後的經濟奇蹟幾乎都與這個時期的政府作為有密切的關係。值得一提的是，政府在教育上的投資也加深加廣的推動，1960 年以前政府奠定了國民基礎教育，1968 年又延續義務教育為九年，這個決策對臺灣國民的知識水準也有相當深刻的影響；同時，為了配合經濟建設所需的技術人力，也廣設高級職業學校，並獎勵私人興學，設置技職專科校院；臺灣今日許多有名的科技／技職大學幾乎都源自於這個時期的成就，為臺灣培養了無數的技職人才，提升了臺灣的世界競爭力。臺灣國民對知識的追求在這個階段達到了巔峰，出國進修的留學生，以美國為例，在 1981 年前後一度高達每年三萬人的維持率，為當時在美國外籍留學生的第二位，這些留學生有許多人學成歸國，帶回各行各業各領域的最新知識，為臺灣日後發展累積了一股相當龐大的資產。

　　美國在 1960 年代曾出現過一段相當混亂的社會流動，究其因主要是與當時美國的社會經濟成長、社會結構轉變有關，出現了所謂雙生涯婦女就業問題、青少年幫派與吸毒問題、人權議題、離婚率攀升（*Journal of Divorce Counseling* 即是於 1960 年代出刊發行）、勞工問題、泛文化議題（1980 年後才出現多元文化之名稱）、休閒議題等，美國在 1960 年代的這些社會問題，臺灣在其後的 1980 年代才陸續出

現，然臺灣在此階段只能算是一個醞釀期。臺灣在這個年代最顯著的社會流動，就是由於國民教育水準的提升以及經濟發展的需求，促使了婦女就業的人口數不斷增加，這個看似平常的問題，背後卻隱藏了夫妻婚姻關係的問題、兒童與青少年照顧的問題；而經濟的快速發展與需求，也引發了臺灣人口的流動問題，核心家庭開始出現，南北城鄉差距開始浮現，而教育水準的提升與國民經濟的富裕，除了逐漸形成中產階級的出現外，同時也引發國民對社會／政治的參與熱忱。

在 1960～1980 年這段期間，臺灣在各方面都呈現欣欣向榮的景象，然而上述的問題卻也為其後臺灣社會的流動，埋下了騷動的軌跡。

參、1980～2000 年的社會流動

這個世代的人在社會學上被稱之為 Y 世代，臺灣稱之為七年級和八年級生。這些七、八年級的人在當時仍是兒童或青少年，但這個年代的社會流動卻深刻影響他們今日的思維與行動模式，特別是對自我的重視（self-important），乃為其特徵。

在跨過 1980 年之際，臺灣很不幸的受到世界性的石油危機之影響，而面臨了經濟危機，兩次的石油危機除了對當時的社會治安有重大影響外，在政府的強力介入下，紡織業、鋼鐵業、民生日用工業乃至農業的發展，反而得以重整腳步大放光彩。這個時期特別是在 2001 年以前，臺灣社會開始出現生產績效提升的考量，強調各行業從業人員的潛能發揮，所謂「自我激勵與潛能開發」的理念與作法，充斥於臺灣當時的各行業之間，人人被要求「要以今日之我勝過昨日之我」。工作績效的考量雖促使臺灣的經濟發展規模更上一層樓，卻也同時引發了無窮的併發症，臺灣社會的流動因此進入一個前所未有的境界。1970 年代，心理學開始出現幸福感（wellness）的概念與研究，這個概念在 1990 年後被引進臺灣，追求個人化的幸福感成為當時的一

個口號與實踐，「你幸福嗎？我很美滿！」成為當時流行的對話。在較具規模的企業裡，個人化辦公室的隔間、彈性工時、強調個人的隱私，甚至政府也在勞工法規裡開始要求百人以上的公司得設心理輔導人員；再加上為初生嬰兒的女性員工設立哺乳室、大型企業也在 EAP 方案下設立各種照顧員工的福利措施等，無不說明了「幸福感」追求的可貴性。然而，追求幸福感的背後，其實隱藏了長時間以來人們在各層面生活與工作上的「壓力」。1987 年，臺灣解除了戒嚴令，戒嚴令的解除使得過去許多不可能出現的問題一下子出現了鬆綁效應，在 1990～2000 年之間的臺灣社會，出現了前所未有的流動或是騷動。

　　學生或年輕族群是首波出現鬆綁流動效應的族群。「只要我喜歡有什麼不可以」、「老師請你聽我說」、「愛拚才會贏」、「有夢最美……」，是當時 1989 年前後開始流行的用語，其背後所隱含的意義除了打破威權、挑戰制度外，強調個人的自主性與獨立性才是這些口號的真正精神。透過解除髮禁、學生制服改版、學習方式的多元與自主，而其後在課綱修訂中（約 1990 年中後期）強調性別平等、重視生涯發展的性向興趣等，皆多少與這一波青少年的自我意識覺醒有關。

　　與教育有關的最大事件是於 1995 年，在教育部的主導下成立的教育改革審議委員會，基於人本與多元的考量，這個被稱之為有史以來影響臺灣社會最深刻的教改，從小學到大學、入學到在學學習、教材與教法、升學方法的變革、課程的修訂、學校管教與輔導學生的方式等，都有相當大的改變，也為臺灣社會帶來深遠的衝擊。這個教改的理念陳義很高，然其成果仍有賴日後的評斷，但至少教改的結果在今日的青年和學生族群、乃至家長對孩子的學習模式之態度上，皆有相當大的影響。

　　所謂的幸福感追求，反面的意義即是對壓力反應的需求。1990 年代也就是民國八十年代，臺灣的社會流動只能用多元與熱鬧來形容。勞工爭取權益與抗議事件時有所聞；女性要求工作平等、反歧視，要

求兩性平權、性自主的呼聲不斷；對環保和工作環境、重視工安的要求也在社會形成共識；而各種政治運動與訴求也在校園、街頭和國會殿堂不斷上演；其它如消費者意識抬頭，也激發人們對自身權益的看重。

綜而言之，這個時代的社會流動看似亂流沒有主軸，有些人認為是過去社會太過壓抑又不公平正義的結果。然仔細分析每個社會事件的背後，其實隱藏了 Y 世代的追求自由、自主、平等與個人幸福感之解釋，只是人們所採取的表達方式各有不同。臺灣社會在 1980～2000 年之間，整個社會的感覺是動亂的、不安的，任何問題、任何族群都可能引起社會的騷動，這樣的社會現象自然引發了許多不可預知的心理和精神方面的困擾，身處其中的臺灣諮商專業自然也無可避免的，因配合這一波的社會流動而有不同之相應變化，這一部分在本章的第二節會加以討論。

肆、2001 年迄今的社會流動

在一片紛擾中，臺灣社會迎來了二十一世紀，這個世代又被稱之為 Z 世代。這個世代的人，有學者形容為每個人都有自己獨立的城堡，卻又在自己的城堡上不時掛出獨立宣言，提出看似合理卻又說不出哪裡正當的訴求。換言之，二十一世紀以來臺灣社會正式進入多元社會，後現代思維主宰了社會大眾的生活型態，每一個人都是自己的主體，此正是一個多元社會的樣貌。

科技的快速發展、網際網路的流通、臉書的出現，乃至今日的 AI 人工智慧（包含大數據的研究與應用），都深刻的改變人的樣貌。如果說上一個 20 年是「人」的因素造成了社會流動，那麼接下來的這一段近 20 年時間，可以說是「科技」造成了社會流動。網路所形成的虛擬世界，包括：社群活動、網路行銷、直播、資訊傳遞等，無不藉由

網路平臺流動，智慧手機的不斷升級就好像是每個人帶了一個微型電腦出門一樣，通話只是手機的基本功能而已，而 Line 的普及也使人們完全失去了自我孤立的可能性。人們所有的生活層面無不與電腦、網路或科技有關，這樣的一個社會流動看似靜悄悄的，實則底下如火山般的火熱無比。

　　許多社會問題在這一波的科技革命慢慢出現，例如：不婚、少子化、適婚年齡往後、年輕人工作不穩定、中年失業、親子關係的淡化、家庭與婚姻的解組、精神疾患人口數大量增加等，以上這些議題多少和電腦與科技的快速發展有關。此外，多元文化社會的問題也日漸形成社會關注的焦點，包括：外配／新住民、同志與多元家庭、人口老化或高齡化、毒品氾濫、青少年的網路沉溺等，再加上近年來的社會暴力事件不斷，在在都說明了這塊土地上的人之心理世界顯著與以往不同，情緒暴衝、缺乏人際耐性、追求自我的極端滿足，充斥在社會流動的脈絡裡，這樣的一個社會流動當然不是臺灣的專利而是世界性的，臺灣的諮商專業在這一波的變動裡也在不斷地修正方向，冀能提供「消費者」最佳服務。

第二節　回應社會流動的臺灣諮商專業

　　在過去半個多世紀以來，臺灣的輔導工作可以說具相當之規模，不僅教育部有專責輔導工作的推動單位，大學亦有相當數量的輔導與諮商相關系所培養專業人才。而民間亦有各種不同服務性質的輔導機構，構成了一個豐富的輔導網絡。基本而言，臺灣的輔導與諮商專業的發展，依序為學校輔導、機構／社區諮商與輔導、學術機構的設置與研究表現，以及行動諮商心理師的出現與挑戰，以下分別敘述之。

壹、學校輔導之工作發展

由於本書第二章已針對學校輔導有詳盡的敘說，以下僅以概括性的方式描述。就學校輔導工作之發展而言，1968 年（民國 57 年）政府因應九年國民義務教育的實施，乃於國民中學設置指（輔）導活動執行秘書，是為學校輔導工作有正式法令依據之始。其後，教育部相繼於 1972、1973、1976、1983 年，分別頒布並制定自小學以至大專校院有關學校輔導工作體制、人員任用、教師資格、實施要點。學校輔導工作之實施係從生活輔導、教育／學習輔導和生涯輔導三個層面實施，除國民中學安排有輔導活動課程外，其餘皆由各校的學生輔導（諮商心理）中心或輔導室來設計，透過班級輔導、個別諮商、團體輔導、成長團體、心理測驗的實施，以及不同性質的輔導週活動、專題演講與座談方式，協助學生建立完整的人格發展、情緒適應、學習與生涯規劃。為能落實輔導工作之推動，各校並定期舉辦教師輔導知能研習、主題工作坊、個案討論；此外，各縣市並由諮商輔導教師組成輔導工作團，協助各校並督導輔導工作之推動。而在 1980 年代期間，教育當局亦鼓勵一般教師至相關大學修習輔導碩士四十學分班，藉以充實教師的輔導知能並加強對學校輔導工作之體認，自 1990 年代起又改為輔導碩士在職專班，藉以提升輔導工作人員的專業水準。

值得一提的是，為提升學校輔導工作的能見度、品質，並兼顧因社會變遷而出現的各類青少年問題，教育部自民國七十年代至九十年代，橫跨將近二十五年的時間，先後推動了各種不同的學校輔導措施，以下舉其大者敘述之。

一、各級學校的輔導評鑑

約從 1984～1990 年間，教育部併同當時的教育廳委託國立彰化師

範大學輔導學系所，針對公私立高中高職暨大專校院的輔導室／輔導中心進行全面性的輔導評鑑，內容包括：輔導組織設置之法令完整性、組織工作計畫、人員聘用、活動安排、校內教師輔導知能進修、個諮與團諮的進行與個案研討、效果評估等；惟此階段之輔導評鑑，由於臺灣的學校輔導工作仍在草創形成中，故僅能稱之為輔導訪視，而且由於不具約束效力，其間的指導與教育的成分居多。

二、「輔導工作六年計畫」

　　由於社會變遷與青少年問題日益複雜，教育部乃於 1992 年以相當龐大的經費，邀集輔導與諮商學界多人推動了一個史無前例的「輔導工作六年計畫」，針對各級學校的輔導法規、制度、設備、人員、課程、實施方法，乃至輔導工作之行銷、家庭、社區與學校輔導工作之整合等，此舉確實為當時臺灣的輔導界帶來相當的活力與希望；其間並搭配推動「朝陽、璞玉、春暉」等方案，用以解決日益複雜的青少年問題。這個「輔導工作六年計畫」之實施成效雖有見仁見智之不同聲音，但至少讓學校與社會體認了學校輔導工作應有之規模、內涵與實施方向，功不可沒。

三、「青少年輔導計畫」

　　為延續「輔導工作六年計畫」的精神，教育部又於 1997 年和 1998 年起推動「青少年輔導計畫」，針對校園日益嚴重的各項問題，例如：中輟生輔導、校園暴力、性騷擾、不升學不就業的國中生，再以春暉（吸食安非他命）、朝陽（行為偏差）、璞玉（生涯）等輔導措施，輔以校園「認輔教師」制度的推動，以最貼近青少年的方式進行校園輔導。這個「青少年輔導計畫」的用意良好，只可惜缺乏校園的掌聲。

四、「教訓輔三合一方案」

1998 年 8 月，此方案原本只是一個兩年期的實驗，卻無意中推動了六年。這個名為「教訓輔三合一方案」，相較於過去的學校輔導計畫，值得稱讚的是它至少有其核心理念。教育部以「把每個學生都帶上來」的思維，整合全校的教務、訓導（學務）、輔導成為一個服務學生的平臺，以初級、二級、三級或預防、發展、診斷的概念，提供並滿足全校學生不同的需求。教訓輔三合一方案的最大成效是將學校輔導工作組織化與結構化，同時引進不同的社區資源，以彌補教師在輔導工作上的不足。

五、「友善校園計畫」

2004 年起，教育部推出「友善校園計畫」，這個計畫搭配後來於 2006 年通過的「校園零體罰條款」，除了強調正向管教外，對於推動校園性別平等教育和消弭校園霸凌事件外，似乎無其他作為。

2011 年之後，臺灣校園輔導工作值得書寫的，包括：臺灣各縣市政府教育局（處）先後成立「學校諮商中心」，以及在中小學設置專輔教師，大學則拜評鑑之賜於各校院設置專任心理師員額。這些專業人員之安排，對臺灣各級學校輔導工作之專業提升頗有助益。

貳、機構／社區諮商與輔導

機構或社區諮商與輔導的設立，是臺灣輔導過去六十年來最值得書寫的一塊，前述的學校輔導基本上是政府由上而下的行政措施，但民間的機構／社區諮商與輔導卻顯見了臺灣民間對這塊土地的人文關懷，特別是近十年來有不同基金會的社工人員推動與諮商心理師的合作，更加乘了社區諮商的豐厚度。

　　提到社區諮商與輔導，臺灣最早推出的有規模、有制度，並強調專業人員培訓的機構，首推 1960 年代成立的「張老師」電話輔導。多年來，張老師已成為青少年輔導的代名詞，近年來更因社會的變化而不斷地擴大服務對象，包括與各縣市家暴防治中心合作處理家暴相對人或被害人的議題，而引進社工的作法更提升了張老師在家暴處理上的行動力量。同時，張老師的輔導服務也擴及社區精神異常或情緒障礙的成人、針對不適應役男的諮商與輔導，以及與企業合作推動 EAP 諮商；而在學術研究與發展上，張老師也定期辦理主題工作坊，於學校諮商專業教育之外提供了進行與繼續教育的機會。此外，張老師亦定期舉辦兩岸四地學術研討會，對推動兩岸輔導與諮商的學術交流貢獻良多。

　　相較於張老師，各縣市的「生命線」和許多大型醫院設置的「協談中心」，則為自殺、感情困擾、家庭與婚姻危機的個案提供 24 小時全天候的電話輔導。而教育部於各縣市政府教育局（處）下設立「家庭教育服務中心」，除了以電話輔導和推廣教育的方式處理有關親子、婚姻等議題，特別是日益增多的外籍配偶家庭、親子管教和婚姻和諧的議題上，更提供了相當的穩定力量。近年來，家庭教育服務中心為回應臺灣老年化社會的來臨，更開辦了樂齡大學的輔導服務，算是目前臺灣有規模、有制度、有內容的一項輔導方案。

　　此外，在民間的社區諮商與輔導組織，從民國八十年代中期後即日益增多，若干較具規模的寺廟／宗教團體（如觀音線電話諮商）和不同性質基金會，即依服務對象性質的不同而紛紛成立各類服務團體，例如：伊甸園、勵馨、善牧、迎曦、陽光（婦女）、家扶等基金會，其他如針對兒童與青少年課輔的博幼基金會、燒燙傷個案心理輔導的切膚之愛基金會等，這說明了在臺灣民間的輔導力量是全面性的，對臺灣社會的安定力量是有目共睹的。

　　總括的來說，臺灣在過去六十年來，由於社會歷經轉型的過程，

許多特殊性質的族群及衍生的問題影響到臺灣社會結構的穩定,例如:家庭／婚姻暴力、兒童虐待、藥物濫用、性騷擾、中年失業與再就業、人口老化,少數族群／外配、網路成癮、臨終關懷、休閒娛樂等,已成為臺灣目前社會重大的隱憂,雖然上述的許多社區諮商與輔導機構多能在某個面向提供輔導與協助,然缺乏橫向的連結,未來社區諮商與輔導似可在此方面多有著墨。

參、學術機構的設置與研究表現

迄今(2018 年)為止,臺灣以輔導和諮商為名而設置之相關系所已達 27 所之多,這些系所的出現反映了臺灣社會對輔導與諮商的需求,也見證了臺灣社會的流動與發展。

臺灣社會對輔導的需求是從學校輔導開始,為了因應國民中學需要大量教師擔任指導活動課程,於是國立臺灣師範大學首先於 1968 年設置了教育心理學系,並在 1987 年更名為教育心理與輔導學系,其間彰化教育學院(後更名為國立彰化師範大學)亦在 1971 年設置了輔導學系,而各師範專科學校也在初教系內設置輔導組,以培育國小的輔導專業師資,其後在改制師範校院和教育大學的過程中,原來的輔導組分別成立獨立的系和研究所。為了提升輔導與諮商的學術研究,國立臺灣師範大學和國立彰化師範大學併同在七十年代加入的國立高雄師範大學也分別成立了碩士班和博士班,至 1991 年為止,臺灣的師範教育體系皆設立有以輔導和諮商為名的系所,完成了從大學部到博士層級的完整規劃,對學校輔導與諮商專業的學術研究發展有相當之貢獻。

對臺灣來說,民國八十年代是一個經濟富裕的年代,但也相對衍生了許多前所未有的社會問題,例如:勞工問題、女性議題、婦女雙生涯問題、親職教育、休閒、社區概念的萌芽等,其後進入九十年

代，多元社會的出現所引發的同志議題、外配議題、婚姻議題、臨終關懷與生死議題、家暴與兒虐議題、貧窮、人口老化等，以上這些議題的出現，深刻的影響到民國九十年後新設立的諮商與輔導系所之課程設計。截至 2018 年為止，系所之設立已呈現多元面貌，有的學校以生死／臨終關懷為課程重點，有的以社區諮商為主軸，有的以家庭與婚姻諮商為號召，也有的以性別諮商為研究重點，更有的學校以企業諮商作為發展重點，其他有些學校則以師資的因素而加強了如遊戲治療、認知治療、本土心理治療的課程。

　　綜觀從民國五十年代末期至今，輔導與諮商系所的設置不斷擴增，在其他專業領域系所報考人數日益減少之比較下，臺灣的諮商與輔導專業不僅在量上回應了社會流動的需求，而在系所課程上也充分反映了社會對輔導與諮商的期待。系所的廣泛設立意味著輔導與諮商專業在學術研究主題與研討會的面向上，更加多元與深入，從 1980 年迄今的學術研究主題在本書第二章已有詳盡的介紹，至於學術研討會的主題更是擲地有聲，從民國八十年代開始至今，重要且影響深遠的研討會主題簡述如下，包括：諮商歷程研究、災難諮商與心理治療、遊戲治療、自殺與憂鬱、敘事治療、家庭與婚姻、性別與同志議題、外配／新住民研究、媒材與多元治療、多元文化議題、正念心理療法、諮商督導、生涯諮商、團體諮商、生死與臨終關懷、諮商倫理議題、多元文化諮商、本土心理學等，這些研討會的主題除了顯現臺灣各輔導與諮商專業學會和系所對學術研究的重視外，更呈現了臺灣各學術機構對臺灣社會的人文關懷。近年來，諮商學術研究的焦點更配合臺灣社會的流動，而將視野置放於人口老化或高齡諮商、跨領域合作諮商、靈性諮商、單親家庭、科技諮商（如 AI 人工智慧與同理心）等。臺灣諮商與輔導的專業表現從過去六十年來的回顧中，不難發現這個專業一直充滿了朝氣與活動力，且活水源源不絕。

肆、行動諮商心理師的出現與挑戰

自《心理師法》通過後，通過國家考試且具有合格諮商心理師證照的人迄今（2018 年）已超過 4,000 人之譜，除少部分的諮商心理師進入學校系統擔任專任諮商師外，其餘多以兼任或流動方式與需要他們協助的機構合作，例如：醫院、EAP、監獄、社福機構、醫美行業、毒品勒戒所、兒童／老人照護機構、軍隊等，這些人有一個很有活力的名稱，叫做「行動諮商心理師」。

臺灣的社會流動進到二十一世紀後，整個社會的面貌呈現多元繽紛且複雜的樣貌，需要被諮商關注和協助的人，不僅人次超越上個世紀，其問題的複雜性也與以往有很大的不同，例如：網路沉溺、離婚與家暴和兒虐、精神疾患或憂鬱症、對生涯茫然與不確定、中年失業、新住民的文化與生活適應、性別或同志議題、自殺、對壓力反應而出現的焦慮族群、不想接受傳統諮商的寬鬆世代（2000 年前後出生的人），加上近期人口老化而大量出現的高齡人口等，上述的這些需要被關注與協助的族群如排山倒海而來，且出現在社會的不同角落和行業，他們多半是成年人，年齡散布於 25～70 歲前後，更麻煩的是他們多不在學校系統內，無法接受已有規模的學校諮商與輔導的協助，但幸運的是，行動諮商心理師的出現為這群廣大的人口族群提供了服務。

在面對這群新而廣大的個案族群時，行動諮商心理師顯然無法應用傳統諮商專業的形式與知識去處理他們的問題。行動諮商心理師打破了傳統諮商對空間的侷限性，也不過度遵循諮商進行的方式，而媒材的大量使用更貼近了個案的自我脈絡。臺灣的諮商專業除去原本的傳統／學院派的諮商外，至此又出現了所謂非典型諮商。

所謂非典型諮商（部分內容請參閱本書第八章第三節）與傳統諮

商最大的不同點，在於它強調諮商的包裝。諮商不再是一個嚴肅的過程，它可以依當事人不同的年齡、背景、需求、生活經驗、問題場域等，藉由媒材（如圖卡、繪本）、活動、命理、玩偶等方式，引發當事人對號入座投射自己內心的感覺。換個角度來看，傳統諮商所期待的關係建立、當事人能主動敘事，乃至在諮商中藉由Fun的出現而顯現諮商中的好時機（good moment）或重要事件（important events），當事人可以因此看見自己的看見、感覺自己的感覺，更重要的是它能引導出當事人覺察自己對自己的「潛意識正向期待」，諮商師因而能更進一步引導當事人去思考並建立問題解決行動策略。非典化諮商的出現，與其說是社會流動的必然性，倒不如說是行動諮商心理師在面對自己角色的轉變，而發展出的創新與對傳統諮商的挑戰。

　　儘管非典化諮商的作法受到許多爭議與批判，然而所謂諮商的實施已不像自 Freud 以來乃至上個世紀八、九十年代那般的制式化，包括：在固定的場所／空間進行、當事人要有主動性、當事人被要求表達感覺與自我敘事、建立良好諮商關係是晤談關鍵等，以上這些要求在以後現代多元治療概念的前提下，非典化下的行動諮商心理師以不墨守成規的方式，不僅做到了傳統諮商的要求，而且能為普羅大眾所接受，諮商的進行不再是神祕黑箱的象徵，任何與當事人生活息息相關的方式與媒材，皆成為促進諮商有效性的資源。依此而言，臺灣諮商專業的發展自進入二十一世紀以來，由於專業諮商師大量增加，在傳統諮商場域無法容納的情況下，加上人口變遷與問題的複雜多元，臺灣的行動諮商心理師們帶著後現代思維的考量，逐步發展出有別於傳統諮商專業外的非典型諮商模式。雖說這個非典化諮商仍有其效度的疑慮，但至少讓傳統諮商呈現了另外一個新的面貌，也不能不說是一個很大的貢獻了。

伍、百花爭鳴多元諮商模式的出現

臺灣諮商專業的發展雖然十分可觀,然嚴格地說來,1990 年以前的臺灣諮商專業仍在摸索階段,西方社會(特別是美國社會)已經成熟且有規模的輔導與諮商思維成為當時模仿與學習的階段;1990～2000 年的臺灣社會雖然出現相當的流動與變化,然仍難看出臺灣諮商專業的發展與社會的流動有直接關聯;一直到 2000 年,九二一大地震之後,似乎將醞釀已久的臺灣諮商專業在很短的時間內被驚爆出來,在此再次引用 1972 年美國 APA 主席在年會中的一句話:「輔導是反映社會的需求而逐步形成的。」臺灣社會於 2000 年後的流動正符合這句話的描述。因此,在以下的段落裡,將以 2000 年作為時間的分隔點,之前的臺灣諮商專業雖然十分活絡,但不難看出是受到西方在輔導與諮商學術研究與實務發現結果上的移植;2000 年以後,則明顯的受到臺灣社會流動的影響。

一、2000 年以前的臺灣諮商專業

這個階段的臺灣諮商專業表現多以學校輔導與諮商相關之議題有關,個別諮商、團體諮商、不同諮商理論的比較性研究,或在不同背景個案操作下的效果比較研究、與學校輔導有關的兒童與青少年問題研究等,均有相當可觀的表現。值得注意的是,在這一段不算短的歲月裡(約 1970～2000 年),臺灣的諮商專業有若干值得提出來之較大規模的學術研究或理論模式,被引入臺灣且成為一時之顯學:其一為 1980 年代末期出現的職業倦怠(Professional burn-out)研究,在其後的十年間以職業倦怠為名的博碩士論文和相關研究至少超過 100 篇以上;其二是 1990 年初並橫跨至 2000 年初所提出的諮商歷程研究(Counseling process research),在這段期間內,不論是國科會的研究

抑或是博碩士論文，有相當數量的研究內容都是以諮商歷程的各種變項題材為考量，在文獻的搜尋上也超過 100 篇以上；再來就是於 1990 年中期從國外引入的焦點解決短期諮商（SFBC），一方面臺灣社會在當時已明顯的受到後現代哲學思維與社會流動的影響，加上國外期刊文獻和相關書籍大量介紹 SFBC，臺灣的諮商專業學術研究與實務操作，在極短的時間內呈現了以 SFBC 為名的各種活動，其後在 2000 年正向心理學提出後，SFBC 更融入了正向心理學和復原力的概念，言必焦點幾乎是這段時間的一個寫照。其實，在這一個階段裡有一個很重要，但並不十分被學界所注意的活動正悄悄出現，且提供以上各類研究的輔助工具，那就是心理測驗的編製。在「中國行為科學社」的主導下，許多國外有名的測驗，例如：「比西量表」、「魏氏智力量表」、「孟氏行為困擾調查表」等，皆在這個時期完成，其他如「EPPI」的修訂、「職業倦怠量表」的編製、「16 TYPE 人格量表」的編定、各類興趣性向與生涯有關的量表修訂與編製，在國高中和大學新生入學篩檢高風險個案的情緒量表等，皆是中國行為科學社的貢獻。其他如為特定研究而編製的量表而後被大量使用的「工作同盟量表」、「諮商效果量表」等，皆影響極廣。至於其他在這段期間出現的諮商專業活動，包括 1980 年後的溝通分析研究（TA）和 NLP 神經語言治療的專業活動，也有其部分時段的影響力。綜觀 2000 年以前的臺灣諮商專業活動，雖不能完全排斥與社會流動的關係，但明顯的是受到西方學術研究之影響。

二、2000 年以後的臺灣諮商專業

從 2000 年九二一大地震迄今，將近二十年的時間，臺灣諮商專業的發展呈現多元且百花齊放的階段。吾人今日所熟悉的各類諮商專業活動皆與這段期間的臺灣社會流動或事件有關，雖然仍有西方學術殖民的影子，然臺灣諮商專業的主體性與本土性已日益茁壯。

　　九二一大地震是臺灣社會最深沉的一次傷痛，舉國上下傾全力彌補地震給人們帶來的創傷，臺灣過去雖也有類似的事件，然能從心理的角度介入救災活動應算是第一次。當時的網路（如蕃薯藤）即提供了大量的災後心理復健訊息，在受災的眾多人口中，國中小學或青少年與兒童的心理復健格外受到重視，諮商專業第一次結合了民間組織，提出了說故事治療、繪畫治療、音樂治療、舞蹈治療、戲劇治療等，雖然這些治療模式在國外早已有之，但如此大規模的應用在臺灣這塊土地上，還是第一次；且日後逐漸擴展至成人領域，例如：老人、精神疾患、菸毒勒戒、親職教育上，皆有不錯的表現。

　　在九二一大地震發生後，臺灣諮商心理學界為了協助災後創傷（如 PTSD）的人能走出陰影，採用了國外才剛起步研究的復原力（Resilience）概念，試圖藉由災民身上所具有的復原力因子之探究與建構而重新鼓舞他們，藉由自身的力量看到正向的願景，賦能（empowerment）的概念因此成為這一波臺灣諮商專業研究與實務操作的核心理念。在其後的十年間，復原力的概念又被廣泛地運用到不同個案問題的處遇上，影響層面十分廣大。之後，復原力又與正向心理學和SFBC 結合，許多不同的族群和相關議題皆試圖從這三個面向進行本土研究或諮商與輔導的處遇介入。臺灣自 2000 年以來，婚姻與家庭問題日益複雜，例如：離婚率的攀升、家庭暴力與兒童問題日益嚴重、親子管教問題層出不窮，還有自殺、性侵害／性騷擾的問題日益增多，這些問題明顯的反映了臺灣社會中之人與人關係的變化、家庭的失功能，乃至婚姻關係的不穩定性等；於是遊戲治療、婚姻諮商、親子諮商與教育、自殺服務專線、家庭治療等這些與臺灣本土直接相關的諮商專業活動，無論是在質與量的呈現上均有相當的表現，特別是家庭與婚姻諮商，從結構主義、冰山理論到情緒焦點治療（EFT），在臺灣這塊土地上，諮商專業有相當深刻的著墨。

　　其他如多元族群的問題，也是臺灣社會在 2000 年以後受到經濟與

文化的衝擊而日益明顯，其中多元文化諮商的概念一再出現在諮商教育訓練和相關研討會上；企業諮商的出現也與勞動規模的場域擴大有關，除了政府主動推動 EAP 外，民間機構也主動與企業合作（如新竹生命線、張老師系統），將諮商服務輸送至企業員工，以求員工工作的穩定並達成企業追求的生產績效；臺灣社區諮商的概念也在 2000 年之後開始萌芽，不同類型的社區機構或基金會的出現，在與諮商專業的合作下，對前述的各類個案族群提供了直接／間接的專業服務。

　　值得一書的是，儘管諮商是西方文化下的產物，臺灣社會近十多年已注意到諮商本土化的議題，先是有《本土心理學研究》的期刊出現，近年來且在國立臺灣大學黃光國教授的倡導下成立了本土心理學研究室和學會，舉辦多次研討會，企圖從本土或東方文化的精髓中為臺灣的諮商專業再一次定位。

第 **七** 章

諮商心理學在臺灣

田秀蘭[1]、金樹人[2]

前言

　　回顧《心理師法》的制定，實施至今已有十七年歷史，這些年來，諮商心理學界所培育的心理師，豐富了諮商專業的發展。人們除了接受心理諮商服務的機會增加之外，不論是一般公民或是服務大眾的政法商專業人士，對心理健康及諮商輔導的概念也普遍增加。努力至今，如此的成果值得繼續延續並提升之。本章首先討論多年來諮商心理師在不同場域的工作面向與內涵；其次探究心理師所據以進行諮商的理論研究派典流變，並就今日社會的多元文化議題進行討論；最後則展望諮商心理學的未來。

第一節　諮商心理師的工作面向與內涵

　　諮商心理師所指為何？依據 2001 年 11 月 21 日公布的《心理師

1　國立臺灣師範大學教育心理與輔導學系教授，撰寫前言、第一節、第二節
2　澳門大學教授退休，國立臺灣師範大學教育心理與輔導學系兼任教授，撰寫第三節

法》，諮商心理師係指通過諮商心理師考試並領有諮商心理師證書者，且應向執業所在地的主管機關申請執業登記，領有執業執照，始得執業。其執業內容，包括一般或偏差障礙與精神官能症之心理狀態與功能的心理衡鑑、心理諮商與心理治療。而其服務之院所機構，亦需經過所在地的主管機關核准登記後，發給開業執照。綜而言之，《心理師法》規範了諮商心理師從業人員的工作面向與內涵，而將近二十年來諮商心理領域的發展，也出現了種種的服務面向，而不同面向的工作內涵在焦點上也有所不同。

壹、就服務場域討論諮商心理師的工作內涵及相關問題

臺灣現階段的諮商心理發展，在場域方面，包括學校機構、醫療機構、社區機構，以及其他助人機構，亦包括個人開業或是行動諮商心理師等，其中仍以校園內的服務者為多。然而，在私人執業場所部分，全臺灣已有近 130 所執業登記之心理機構。

十年前，林家興、謝昀蓁、孫正大（2008）以 218 名諮商心理師為研究對象，探討諮商心理師的執業現況，研究發現：受訪者的主要執業場所為學校機構（78.90%），其次是社區機構（11.01%）、醫療機構與心理衛生中心（5.04%）、個人開業（3.21%），以及其他（1.83%）。三年後，依中華民國諮商心理師公會全國聯合會（2011）的統計，諮商心理師的執業場所依序如下：學校機構 677 人（60.28%）、行動諮商心理師 282 人（25.11%）、其他機構 66 人（5.88%）、政府機關 52 人（4.63%）、自行開業 22 人（1.96%）。

此一分布情形在六年後依舊不變，仍以學校機構居多，占 66.32%，其餘依次為心理諮商所（12.25%）、社區機構（10.20%）、醫療機構（5.10%）、心理衛生機構（4.08%）、不詳（2.05%）。其中，以兼職方式執業的行動諮商心理師，占 42.38%（林家興，2014）。可見得行

動諮商心理師依舊是心理師喜愛的執業模式，也因此執業登記在某個機構，並申請支援報備而前往其他機構執業之情形十分普遍。

一、醫療院所心理師及其服務內涵

衛生福利部公告 2016 年領有諮商心理師證書者，共 3,352 人，但進行執業登記者，共 2,062 人。2017 年全國諮商心理師領證人數有 3,502 人，但最新公告的 2015 年執業登記人數僅 1,513 人。領證與執業登記之間，仍有一道鴻溝，且並非進行執業登記者皆於醫事單位進行執業。

在 2015 年有執業登記人數的 1,513 人中，於醫療機構執業的諮商心理師有 193 人，占全體諮商心理師的 12.8%，非醫事機構人數有 1,062 人（70.2%）。顯示領有諮商心理師證照的工作者，多數並無執業登記在醫療院所（李玉嬋，2017）。

至於其服務面向，在醫院裡大致扮演四種角色，由這四種角色提供病人或院內員工相關之心理服務。首先，隨同門診團隊就門診當下情緒不穩的病人提供心理服務，多半是在精神科或是家醫科。其次，心理師可以是病房團隊的一員，尤其是在安寧病房及癌症病房，有時病人及家屬均需要即時的心理支持及長期照護，適當的關係建立，甚至有助於醫病關係的加強。第三，心理師在醫院系統中，可以提供院內員工必要之心理輔導，包括工作壓力、情緒困擾，或是醫病糾紛等。最後，有些心理師自行開業，在社區診所中與精神科醫師或臨床心理師共同合作，提供民眾諮商心理服務；截至目前為止，全臺灣已有近 130 所執業登記之心理機構。多數醫院及私人診所能提供的服務，主要項目包括深度心理治療、遊戲治療、伴侶諮商，有些機構甚至提供催眠治療。此外，也有不少團體輔導或教育訓練課程，一方面提供個案服務，另一方面也增進員工本身的專業成長，進行所謂的員工協助方案推廣服務。筆者在任職臺北市諮商心理師公會理事長時，醫院系統內與諮商心理師合作的業務，也包括毒品防治計畫，也曾參與部

分醫院勞工安全室心理師的甄選及業務範疇之討論,顯示在醫療院所當中,諮商心理師仍舊有相當的服務空間有待努力。

二、大學及高中以下各級學校之心理師及其服務內涵

在學校方面,目前各大學校院所聘用的輔導人員幾乎都具備諮商心理師證照,高中的輔導室亦然,而各地區學生諮商中心所聘用的專業輔導人員,更是以心理師為主。此工作結構的形成,與服務對象的心理需求有關。除了醫療院所之外,成長中的在校學生更需要心理輔導與諮商的服務。只是,具備心理師證照的輔導教師,一方面屬教育部管轄,另一方面也歸衛生福利部所管理。若有進行執業登記,辭職、轉業或請長假,除了要符合教育部的規定之外,也需注意《心理師法》所規定的停業、歇業等問題。

就服務內容而言,學校諮商心理師所提供的服務,大致不出《心理師法》所規範的幾大項,具體而言,包括:一般心理狀態及功能之心理衡鑑、偏差與障礙行為的諮商及心理治療、社會適應偏差障礙及精神官能症的諮商及心理治療。這些年來,大學生在校外所發生的危機事件也層出不窮,包括:跨校的戀情與傷害、捷運站隨機砍人行為、地震災害、娛樂場所的塵暴,或人際間的糾紛等。這些校外事件,除了社區關心之外,多半還是倚賴學校諮商中心的專業心理師在做後續的心理治療處理,甚或進行家庭諮商,協調個案與家人的關係。

在高中以下學校服務的心理師,其狀況又有所不同。高中以下學校輔導人員包括輔導教師及專業輔導人員,後者須具備心理師證照(或社會工作師證照),但輔導教師同時具備心理師證照者也不在少數,這時就得看負責的業務範圍以及個人對自己的專業認定。基本上,學生輔導諮商中心的心理師,在處理第三個層級的危機處理工作時,多半以危機或問題嚴重的學生為主,例如:家暴、中輟、性侵、

幫派、吸毒、憂鬱、自傷、精神障礙等。但回顧這些年來，學生輔導諮商中心的業務，也承擔了不少非危機性諮商治療的教育部行政任務，例如：適性輔導業務。這些學生輔導諮商中心的心理師，多半就是所謂的駐校心理師，每位均有應負責的學校區域。心理師的執業場所也較有彈性，有時須配合家庭訪問，或結合相關社區資源以提升服務品質。他們所遇到的問題，需要費心調適的，除了學生問題的複雜度之外，反而是來自與學校教師或輔導人員的協調問題。

三、社區心理衛生中心或私人諮商所心理師及其服務內涵

　　除了主動進入醫院以及關懷成長中的學生之外，社區心理衛生中心亦需要積極推廣其心理輔導服務。由於社會變遷快速、民眾就業壓力大，在情緒調適及壓力紓解方面，政府及民營單位都逐漸注意到民眾的需求，尤其在高齡化的時代來臨，社區諮商中心的服務就更加重要。然各地區衛生局所設置的社區心理衛生中心或是自殺防治中心，數量仍舊有限。在重視外展及初級預防工作的同時，能專心提供心理諮商服務者，多半以外聘的兼任諮商心理師為主，當務之急，是增加各地社區心理衛生中心的人員編制，以提升實質服務。同樣的，家庭教育中心更是應當擔負家長與子女共同成長的重要心理資源。

　　而在公營的社區心理衛生中心之外，某些具諮商專業系所的學校也設置社區諮商中心；部分公家醫院也附設有社區心理諮商門診，例如：臺北市聯合醫院的社區心理諮商門診，在協助民眾處理親子管教、夫妻婚姻、緊張焦慮、失眠困擾等問題。近年來，在社區開設私人諮商所的情形更是普遍，根據衛生福利部的統計，全臺灣目前已有近130所執業登記之心理機構，含臨床心理師或精神科醫師所設置的治療院所。

四、行動諮商心理師的現象日益普遍

在新興生涯理論當中，有所謂變形或無邊生涯（Protean Career）的概念。行動諮商心理師似乎就具備這一類職業特色，他們通常執業登記在某個合格的諮商心理機構，但也進一步申請支援報備，同時於其他諮商機構或單位進行執業，例如：週一、三在某校的諮商中心服務個案，週二、五又在另一諮商所接個案，有時也配合個案及諮商所營業時間，利用晚上接案，沒有固定的執業場所，但都是合格的機構。何以形成行動諮商心理師的現象？主要是因為多數心理師喜歡心理接觸性質的工作，認為能協助個案探索自我，得到洞察、頓悟，是十分有意義的事。相形之下，要經營一個諮商所，或是在學校的諮商中心服務，則需要主責或分擔行政事務工作，有時也有外展性的初級預防業務，這些業務相較之下就比較繁瑣。因此，行動諮商心理師在近年來形成頗受歡迎的工作型態。

上述諮商心理師在不同場域進行諮商專業服務的情形，是臺灣這些年來較常見的服務模式。然而，除了以上執業場域之外，在歐美國家，不少諮商心理師是在法務部所轄實務單位、行為矯治機構、菸酒藥物戒治所，或是家庭暴力防治中心工作，這些現象在臺灣應該極力推展，諮商心理師可以循相關法條規定，思考並定位諮商心理師的服務性質。

貳、就服務對象需求層面檢討諮商心理師提供的服務

曾經，在某校輔導中心針對身心障礙兒童家長辦理支持團體，參加人數雖然不多，但互動深入而真誠，家長們紛紛表達希望能持續類似團體的進行。由此可知，針對家長的服務是社區諮商中心或醫療診

所可以加強的。除了特殊兒童家長之外，一般家長團體也是亟需照顧的一群。今日社會的親師溝通，較以往更為重要。班級經營的過程也發現，若教師與學生家長有良好溝通，則學生的心理成長也較為順暢，尤其是在中小學。駐校心理師若能提供適當團體，提供家長親職教育知識，或是提供家長本身的身心靈成長，均能直接或間接促進學生的成長。

同樣的，團體式的互動對大學生而言也十分適合，尤其是一般成長性的活動。若團體的主題再配合這群初顯成人學生的需求，例如：伴侶溝通團體、壓力免疫訓練、人際互動團體等，則更受歡迎；心理師在帶領過程及結束後，也能感受到相當大的成就。至於在老人方面，則較少機構提供諮商服務，面臨日趨老化的高齡社會，相信這方面的心靈成長團體會逐漸增加，尤其是面臨失落哀傷或生命意義探討的靈性團體。

當然，面臨失落議題的弱勢族群更需要心靈上的照顧，例如：長照病人及其照顧者、受到家暴或性侵害的婦女、意外事件中失去親人的子女或長輩家人、新移民的適應及其適應問題等。有些議題須立即性的扶助，但就長遠觀點而言，適當的諮商心理及靈性成長對其適應會有終生的影響。本書各章節對這些族群的諮商處遇另有討論，在此不再贅述。

參、諮商心理師對執業過程各實務層面的意見調查結果

林家興（2014）曾經就 782 名心理師為對象進行執業現況及意見調查，但回收後有效問卷僅 325 份。以下僅簡單摘錄其中的重要結果，說明心理師對執業實務各個面向的意見概況。

一、工作時數與工作性質

在學校機構中，諮商心理師的行政工作比實務工作還要多。每週工作時數，專任為 40.72 小時，兼任則為 12.41 小時。專任心理師的工作性質，除個別諮商外，也包括行政、教學、研究，其中的行政工作可占去 24.32 小時。然而，在學校機構及其他機構差異方面，心理師所偏愛的實務工作，學校機構心理師每週大約占 10 小時，其他機構則約占 20 小時。薪資方面，專職者每月平均收入是 44,809.39 元，兼職者每月平均收入是 54,133.06 元（林家興，2014）。

二、工作內容及時數分配

在林家興（2014）所進行調查研究的 325 位研究對象當中，有 96.04%從事個別諮商，每週平均 9.27 小時；有 57.76%從事上課演講與工作坊，每週平均 4.32 小時；有 56.77%從事心理測驗與衡鑑，每週平均 2.09 小時；有 51.16%從事團體輔導，每週平均 2.53 小時；大約半數的研究對象提供個別督導給別人，以及接受別人的個別督導，但是每週平均時數不到 2 小時。

三、個案來源及收費標準

心理師的個案來源問題，該研究指出有 74.3% 係由機構進行，在同業轉介、教育宣傳、刊登廣告、他人或個案介紹而前來的，都只占個位數百分比。

在收費方面，心理師通常向個案或提補助的機構／學校／政府收取費用。一般而言，向個案收費情形，平均費用大概在 1,268.3 元，中位數為 1,200 元，標準差為 434.5 元。向機構或政府平均收費為 1,063.2 元，中位數為 1,000 元，標準差為 347.7 元（林家興，2014）。在此項調查之外，打開網頁平臺，不難發現各家私人診所提出的收費標準，

有些甚至配合健保提供部分給付，自費部分除掛號費之外，每小時仍須負擔 1,000 元以上。有些則提供精簡心理評估或心理健診，但所需費用也不便宜，自付額均在 1,500 元左右。甚至，有些資深心理師的收費更高。對於業界收費不一的情形，目前法令或相關規則並無明文公告收費標準，有些心理師認為各縣市心理師公會可以自訂標準，有些人認為衛生局應提出標準，但多數心理師認為應當由諮商心理師公會全國聯合會訂定。

四、心理師的專長領域與服務場所

就該項研究所提出的幾個專長領域項目中，325 位心理師的專長領域分布情形如下：一般發展性問題（86.1%）、生涯與職業問題（56.8%），以及婚姻與家庭問題（43.2%），具有精神疾病問題專長的諮商心理師只有 27.7%，具有菸酒藥物濫用問題專長的僅有 3.6%。諮商心理師在工作場域的專長主要為學校諮商（86.8%）和社區諮商（47.2%），具有醫療諮商和企業諮商專長的只有 10.6%和 7.9%（林家興，2014）。

五、個案服務量方面

至於在個案服務量方面，每位心理師所服務的對象年齡層焦點不同，多半仍以成人居多，兒童與青少年其次，老人最少。針對不同年齡層的個案，每週平均個案量人次在兒童與青少年、成人、老人方面，分別為 4.55 人、5.83 人及 0.13 人（林家興，2014）。整體評估，心理師平均每週接案量為 10.51 小時。這些是屬於直接接觸服務，可見得心理師，尤其是專任心理師所擔負的間接服務工作是相當繁重的。

六、所使用之心理衡鑑工具

上述曾提及有些諮商所會提供一般性評估業務，通常他們是使用哪些測驗呢？依照林家興（2014）的調查，百分比依序是：生涯規劃與興趣測驗（86.18%）、人格測驗（68.70%）、性向測驗（37.80%）、學習診斷與成就測驗（28.45%）、智力測驗（10.16%）。使用其他身心健康量表和神經心理測驗則相對少很多，分別只有3.66%和2.44%，而使用生理回饋儀的諮商心理師則有8.9%。衡鑑工具的使用，在諮商心理領域並不頻繁，在一般學校中，多數以團體方式進行施測及解釋。而在醫院所使用的工具，則以身心健康及神經心理測驗為主，但畢竟在醫院執業的諮商心理師並不多。

七、諮商心理師的生涯規劃

諮商心理師的工作模式，如前所述，可以專任、可以兼任；可以在學校、醫院、社區，或是在私人執業機構；此外，也可以自行開業。在幾個選擇中，仍舊有較多心理師偏好在機構專任，有138人；其次是在機構兼任，有127人；偏愛個人開業者，僅50人（林家興，2014）。

由於諮商心理服務並非完全依循朝九晚五的例行工作時間，許多個案須使用晚上或假日時間進行諮商，因此，心理師在夜間或假日工作的情形也相當普遍，尤其是行動諮商心理師。也因此，可以看到行動諮商心理師支援報備跨界學校及私人診所的現象十分普遍；依據林家興（2014）的調查，325位當中有219人（72.27%）辦理支援報備，前往其他機構執行諮商心理業務。在現階段，《學生輔導法》應允各大學校院聘用兼任心理師，以及社區各諮商所也聘用兼任心理師的情況下，行動諮商心理師的模式會長久持續。其所應得的福利，包括健保給付、退休福利等議題，應當持續做理性的討論。

肆、就諮商心理師繼續教育訓練層面談心理師的服務藍圖

一、諮商心理師的繼續教育

在國內，各個不同職場專業單位均有其在職繼續教育訓練，簡單可見的如美容美髮、保險推銷，或是如科技企業界的資訊技術提升、醫事界的定期講座課程等。教育單位亦然，不論是教育部或教育局（處）的補助推動，或是各校自行撥款辦理諮商專題或個案督導，校園中的心理師有不少接受繼續教育訓練的機會。但嚴格說來，諮商心理師屬醫事人員，教學醫院每年均規劃全院的繼續教育訓練，諮商心理師當然也在其中。而醫院中的繼續教育訓練之涵蓋範圍十分廣泛，以醫院評鑑暨醫療品質策進會對一般教學醫院所規範的諮商心理師兩年期訓練計畫課程中，早期包括以下 17 項：

1. 心理評估、心理測驗、心理衡鑑。
2. 心理諮詢與照會。
3. 個別心理諮商與心理治療。
4. 團體心理諮商與心理治療。
5. 病例撰寫與檔案管理。
6. 諮商文獻探討與臨床研究。
7. 醫療法規與健保制度。
8. 醫療諮商特性與諮商專業倫理。
9. 醫療團隊工作模式。
10. 不同醫療場域之諮商介入。
11. 醫療場域之常見生死議題與疾病適應議題。
12. 創傷與悲傷諮商。
13. 不同醫療場域病人家屬的生理、社會、心理與靈性之需求與特性。

14. 醫護場域的助人者之壓力調適與自我照顧。

15. 健康心理學與心理健康促進。

16. 生理—社會—心理評估模式及靈性層面與家族系統評估。

17. 社區心理衛生推廣。

近年來，訓練課程指引將這 17 項課程進一步分為核心課程及專業課程。核心課程包括 5 項：(1)心理評估、心理測驗、心理衡鑑；(2)個別諮商與心理治療；(3)團體心理諮商與心理治療；(4)社區心理衛生推廣；(5)臨床倫理法規。專業課程則包括以下 8 項，不同醫事單位可選擇其中 3 項進行課程內容規劃，將專業焦點集中於該 3 項議題（財團法人醫院評鑑暨醫療品質策進會，2018）。

1. 兒童、青少年諮商與心理治療。

2. 伴侶、或家庭諮商與心理治療。

3. 創傷與悲傷諮商。

4. 自殺、危機狀況之評估與處遇。

5. 醫療場域之常見疾病適應議題。

6. 精神疾患之諮商與心理治療。

7. 醫護場域員工之壓力調適與自我照顧。

8. 其他具醫院發展特色之諮商心理學門。

新的分類方式較能符合執業者在其實務場域中所接觸的個案性質，能針對服務族群發展或所處狀況進行持續性的專業服務。

訓練期間所採用的訓練方式，以臨床個案工作、專業督導，以及個案研討為主要方式；以繼續教育課程和文獻研讀為輔助方式。訓練時間則以半天為單位，兩年的訓練時間，只要符合工作比例之規定即可。督導心理師應提供受訓心理師每週 1 小時個別督導、每月 2 小時團體督導或個案研討。除此之外，財團法人醫院評鑑暨醫療品質策進會並訂有評核標準，舉例而言，包括：(1)受訓諮商心理師應詳細記錄實務訓練內容；(2)督導心理師每半年填寫一份學員評量表；(3)受訓學員

每半年填寫一份訓練機構與督導評量表。另外，訓練機構對於完成兩年實務訓練，並且成績及格之諮商心理師應發給實務訓練證書。

　　由於教學醫院長期有醫事人員訓練經驗，因此對諮商心理師的訓練也較有系統。其他非醫院系統的私人診療所、諮商所，或是學校、社區諮商心理師，在繼續教育訓練方面，則以相關學術團體所舉辦的繼續教育訓練課程為主，包括：台灣輔導與諮商學會、諮商心理師公會全國聯合會、臺灣諮商心理學會等。一般學校或社區諮商中心所舉辦的繼續教育訓練活動，均可向前述的相關學會團體申請繼續教育課程積分的認證。繼續教育訓練的內容，則五花八門，但多半不出前述教學醫院所列 17 項課程內容。近年來也有許多套裝課程，例如：精神分析、家族治療、藝術治療、人際歷程系統取向治療、客體關係、督導訓練課程等。

　　除了醫院之外，在教育系統的訓練，不論職前培育或繼續教育訓練，本書亦另有專章討論，在此不重複敘述。

二、諮商心理師的服務藍圖與職能

　　諮商心理師至今發展近二十年，在各執業層面已小有所成，一些制度也日上軌道。針對未來，其服務藍圖的規劃，最需要努力的方向當屬法治機構及醫療院所。林家興（2014）曾經提出全民心理諮商服務藍圖，整個系統包括社區、醫療、公共衛生，以及組織機構等四個區塊：(1)在社區方面，包括私人成立或學校附屬的社區諮商中心或私人諮商所及基金會；(2)醫療系統包括精神科醫院及一般綜合醫院，各科可視需求彈性增設心理諮商門診，為民眾提供心理衡鑑及心理治療；(3)公共衛生系統，指政府立案的社區心理衛生中心、家暴中心，各地衛生局也應當提供諮商心理服務，而非停留在事務性的社會福利扶助性業務；(4)組織機構部分，包括學校及企業機構，就廣義視野而言，可包括公私立企業員工的心理輔導與諮商服務。而在學校部分，

這些年來因教育政策的穩定而有不錯的發展，服務系統日益專業，學校的諮商心理專業也因為持續教育訓練及督導而不斷精進。在未來，於員工協助方案中，心理壓力調適方面的諮商服務會持續增加。

除此之外，諮商心理師跨專業的合作，也更是重要。不論是學校、企業機構、醫療院所、私人諮商所、社區諮商中心、法治矯正單位等，這些服務藍海均需要各相關單位的聯繫配合。舉例而言：學校諮商心理師遇有疑似性侵或性騷擾個案，是否需要通報？通報後如何與相關社福單位合作？必要時如何與家屬及醫療人員溝通？在校內的各行政或學術單位彼此之間的橫向聯繫如何進行？又該如何安全穩當的注意隱私保密倫理？這些行為不只必須牽就法律層面的規範，更應注意人倫常理、道德善念。

若期望自己成為一位全方位的心理師，必須具備多項能力。依據前述藍圖，應具備下述幾方面的能力：與個案建立適當關係並持續至結束；適當的諮商介入能力、衡鑑診斷能力、諮詢及轉介能力。若持續提升自我，則應增加自己在督導及管理方面的能力；即使是執業範圍較小的行動諮商心理師，也應當具備足夠的行政管理及經營知識，方能在職場與相關同業有適當的溝通。

面臨社會變遷，職場結構也經常變動。諮商心理師在執業過程的各個層面也逐漸變化，有時甚至一不小心而忽略法令的限制，例如：諮商晤談地點場所、支援報備的申請、線上諮商的進行等。這些行為雖然就個案的受益性而言是肯定的，但就法令層面，也許是在《心理師法》或醫事人員相關規定之外。以情、理、法三個層面衡量，諮商倫理中所重視的受益性及不受傷害為最重要原則，但一上了法庭，法令端看人們如何詮釋，看法官如何判定。心理師在執業過程中，能建立起自己的社群網絡是十分重要的，因此，也建議心理師要加入相關專業公會或學會，以熟悉與時俱進的變化：第一，能敏感於民眾的需求，提供服務；第二，要持續進修，提升個人的職業自信；第三，則

是與相關資源及友伴建立關係，適當支援；最後，則伺機與相關團隊主動向政府提出建言，重視心理健康的具體政策。

諮商理論派典的多元性

壹、諮商理論研究派典在時序上的轉變

為探究諮商輔導六十年來的研究發展，筆者自華藝線上圖書館資料庫中，以「諮商」為關鍵字所搜尋出之論文約 6,800 篇，其中僅有362 篇出自 TSSCI 期刊。在眾多文章中，除諮商理論派典的應用外，亦包括技術層面或諮商歷程研究。本節僅討論諮商理論典範，與理論相關的技術亦含括在內，前後經地毯式閱讀，收錄《台灣輔導與諮商學報》及《教育心理學報》兩份 TSSCI 認可期刊共 32 篇，再進行內容分析，以了解諮商理論派典在臺灣社會這些年來的流動與應用情形。

基本上，諮商理論來自西方，隨著留學歐美學者返國而輸入臺灣後，我們的學習典範逐漸從早期的精神動力、行為與認知、人文取向，直到近年來現代及後現代主義思潮之下，包括：家族治療、情緒焦點、焦點解決、敘事取向等，更強調諮商心理師在諮商過程中對個案的賦能，並以個案為改變的主動機制。

一、1980 年代：諮商研究的啟蒙

就時序而言，在 1980 年代，臺灣實徵研究最早討論的是 Frankl 的意義治療，並由道家觀點探究心靈觀的心理健康概念。何英奇（1987，1990）以 837 名大學生為對象，發現大學生所體會的生命意義與責任感之間是正相關；但僅就生命意義的體會而言，大學生經常感

受到「存在的空虛」。在此時期，筆者所蒐錄的兩份期刊中，僅此一篇。

二、1990 年代：西風東漸後的東方文化研究

1990 年代之後，西方的後現代思潮逐漸東向，家族治療開啟了這方面的實徵研究。賈浩妃、陳秉華（1999）以家族治療中的結構學派分析祖父母協助照顧孫子女的決定過程；在他們的研究中，發現婆婆是最有權力決定是否接受托育的人。而在文化上，依舊存在著不成文的／潛規則，會讓媳婦接受應以父系優先決定由誰托育／帶小孩，而非自己或是娘家父母。在如此的華人文化下，女性如何因應？宜切記：(1)夫妻是家庭中最穩固的次系統，因此一定要維持良好的夫妻關係；(2)女人的智慧展現在完整的家庭結構與子女成長，而非僅聚焦於子女的養育責任分擔。

三、2000 年代：諮商研究百家爭鳴

2000 至 2010 年代，各家學派研究同時出現，實務者似乎要求自己要有個招牌，以呈現個人之專精取向，相關研究也均以質性分析為主。在這段時期，不論是心理動力精神分析、經驗取向，或是認知取向各方面，均有相當多之研究出現。在心理動力取向的知識應用方面，黃淑清、陳秉華（2005）以六位執業者為對象，包括精神科醫師及資深教授或實務者，在進行實務工作上的訪談後發現：(1)六位執業者均重視心理動力知識的主觀性，且深信移情是開展治療之門；(2)在治療過程中，治療者本身的專業實踐即在認識自己，並透過認識自我的體會，也就是透過修通而引領個案認識與發現自己；(3)治療者本身的自戀需求與實踐上的困難會有相關，需要在學習過程中先處理乾淨，這部分也是精神分析領域所提的修通概念。精神分析在醫療場域中仍舊為當時受到重視的實務派典。

　　在經驗人文取向方面，王純娟（2005）探究個人中心學派裡的人性觀，兼論其與東方禪宗及老莊義理的映照；其中，在無條件的正向關懷方面，王純娟認為與禪宗的明心見性及內在觀照、不思善惡，以及道家的坐忘、心齋有關。在完形治療方面，陳金定（2007）以定量方式探究完形理論所討論的各類接觸干擾，包括：內射、投射、折射、回射、低敏感／解離、融合／混淆。她所關心的問題，是平日我們接觸的干擾與個人心理幸福感之間的關係如何？而兩者之間完形學派所認為的未竟事務又扮演著如何的角色？她以434位高中生為對象，所得資料分析結果發現，個人情緒表達上的壓抑（未竟事務）對接觸的干擾與心理幸福感之間有中介效果。也就是說，我們所面臨的干擾，形成未竟事務，也就是潛意識情緒上的壓抑，進而降低了幸福感受。

　　在認知取向方面，理情治療概念的應用，則係探討父母管教方式與兒童非理性信念之間的關係（賴正珮、陳慶福，2007）。而在認知治療方面，也僅有一篇實徵性研究，且係以即時網路諮商方式介入憂鬱情緒之個案（張勻銘、王智弘，2009），研究發現認知治療網路諮商對中度憂鬱情緒當事人之憂鬱情緒減緩有所助益，而對重度憂鬱情緒當事人則具支持作用。

　　家族治療學派在此時期是當紅的取向，尤其是 Satir 模式的應用。莊雅婷、陳秉華（2006）發現，參與此一模式方案的情侶，在溝通方面能學習直接溝通、增加彼此互動的安全感，同時也能覺察並表達自己的需要，並控制自己的情緒。此一時期，家族治療受到重視，雖然實務上的研習及治療從蠢蠢欲動到穩定行之，但實徵上的研究仍十分有限。

　　在此同時期，也有相對應的諮商關係、諮商技巧、口語互動的序列分析等其他相關研究（許雅惠，2009；許維素，2009；郭璟澐、李素芬，2009）。而這些研究，所依循的理論典範，有的係以認知取向

為主，有的係以經驗取向治療為主，但不論其典範如何，均重視諮商關係的建立。

四、2010 年之後：後現代思維盤據研究場域

2010 年之後，因《心理師法》的頒布，諮商心理專業更為穩定，相關研究也更豐富多元。後現代思維盤據年輕執業者的工作取向，精神科醫師依舊偏愛心理動力精神分析；諮商心理師則以豐富多元的後現代思維居多，包括：敘事取向、希望取向、表達性藝術治療、宗教靈性諮商議題、關係理論、焦點解決、合作取向、情緒焦點治療（EFT）、接納承諾治療（ACT）等。

敘事觀點的應用則不僅止於個案。張琦芳、金樹人（2012）以三位敘事取向的心理師為對象，發現敘事取向助人者以外在的學習為起點，向內觸碰個人生命經驗，再持續向外化為所用。在這當中，自身改變歷程的理解與再敘說，可分為見證已知、發現未知或新知，以及指引未來三個層次。類似於敘事治療的書寫療癒，也引發相當的注意。李非、金樹人（2016）分析六位大學及研究生為期四週所書寫的心理位移日記的詞語結構與內涵，除發現不同的話語模式及社會角色之外，重要的是發現書寫者所使用的正向情緒字詞，或具有情緒傾向的非情緒字詞有增加之情形，而負向的字詞則較一開始書寫時減少。

表達性藝術治療是另一波後現代思維的應用，包括：心理劇、舞蹈，以及其他相關繪畫媒材的應用（劉玉玲，2017；賴念華、張祐成、黃傳永、龔庭溱、林葳婕，2017）。不論是就學生或是病人而言，這類表達性活動均有助於個案覺察自我，在實務工作上相當有其實用性，也能作為與個案建立關係的重要媒介。

關係理論取向在此時也頗受資深心理師的歡迎，陳婉真、蔡依玲、黃惠惠、吳國慶（2014）訪問三位以關係取向為主要諮商模式的資深心理師，探究個案在深度諮商關係中，對心理師所產生的內在依

賴衝突及反應與因應方式。結果發現，個案確實在深度關係中出現對心理師又想接近又想逃避的衝突，會將不愉快的依賴經驗投射在心理師身上，但又會認同心理師，極力扮演好個案的角色。此外，也可能與心理師形成競爭的關係，對心理師形成威脅；然而在成功的治療經驗中，心理師的敏感覺察及沉穩的應對，通常能讓個案矯正原有的情緒經驗，解決其內在核心衝突。周育滕（2015）則是以一位中年危機的國小教師為例，分析其接受關係取向諮商的歷程及結果，結果發現，關係取向中對衝突及依附關係的同理，以及同盟關係的建立、個案的洞察等因素，有助於個案對生命腳本的重寫，並拓展新的人際關係。

希望中心取向則是另一新興的諮商取向，在 2010 年之後也頗受歡迎，尤其是面對大學生或特殊族群身上。本取向重視個人關係衝突及生活適應，謝麗紅（2014）將希望理論應用於單親女性新移民的生活適應，結果發現個案能看到自己的正向特質，並對自己產生自信，對未來懷抱希望。鄭曉楓、吳永杉（2018）以某監獄一年內即將出獄的男性毒品受刑人為對象，進行希望取向的個別諮商，結果發現受刑人能從過去的無尊嚴感轉化而試圖創造自我價值，並且能覺察社會興趣，思考未來的希望與目標。

在靈性或宗教融入諮商或應用方面，也是近期出現較多的研究領域。張淑芬（2017）以天主教諮商心理師及一對同為天主教信仰的夫妻為對象，分析諮商心理師在諮商過程中所進行的概念化、諮商意圖，以及融入靈性之後的諮商介入內涵；在進行針對紀錄及訪談稿的分析結果發現，晤談中的幾個重要事件／想法相當豐富，舉例而言：先生認為成功的定義確實有受到宗教信仰之影響；覺得人們就如同先知一般，人生是充滿磨難的；個人意志力的源頭，則是耶穌及聖母所給的釋放與平安。而當心理師提及天主的愛是他們支撐至今的動力時，先生則潸然落淚，愧疚於自己對兒子的行為，不是耶穌愛門徒的

方式。從心理師及這對夫妻所表達的重要事件與經驗，可以看得出心理師的意圖在加深夫妻對神愛的體驗，並重新架構夫妻對上帝意象的內涵，例如：耶穌先知的全貌並非全是苦難，越過苦難，就有可佩的精神。如此一來，先生對耶穌的認知結構也因而鬆動，進而接受人生可以是美好的信念。在介入技巧方面，同樣為協助個案重新架構對上帝的意象，同時也接納夫妻的情緒表達如同天主的接納，進而讓夫妻個案能維持與神的對話，並聆聽神的訊息。這些介入，提供夫妻個案對神愛有更深的體會，同時也能聆聽神的訊息，對自己好，也善待他人。詹杏如、陳秉華、范嵐欣、范馨云（2015）針對諮商心理人員設計了一套宗教／靈性融入諮商的課程，其課程目標有四：(1)協助諮商心理人員對信仰與靈性的自我探索與覺察；(2)提升諮商心理人員對諮商中的宗教信仰與靈性議題之敏感度、了解與接納；(3)增加諮商心理人員對臺灣社會文化的多樣化宗教與靈性行為的認識；(4)提升諮商心理人員對不同宗教信仰案主的靈性評估與介入處理的實務能力。並根據課程目標設計十個主題，每個主題 3 小時，全部課程共計 30 小時。學員的反應資料來自於課程中期與末期共八個焦點團體對學員的訪談，訪談資料依據主題分析法進行分析。22 位參與者表達在課程結束後的收穫與改變，包括：獲得宗教／靈性與融入諮商的新知、增進對宗教／靈性的自我覺察及專業反思、對宗教／靈性的態度有些轉變、實務工作融入宗教／靈性考量的改變、對宗教／靈性與融入諮商的新領悟並引發新思考。

陳秉華、范嵐欣、詹杏如、范馨云（2017）則是訪談 16 位有不同宗教信仰或新時代靈性觀的心理師，結果就七個主題層面做討論，包括：諮商心理師都相信每個人都具備非物質性的靈性層面、結合靈性與諮商發展的心路歷程、融入靈性於諮商之使用時機、靈性介入的方法、肯定靈性介入的正向結果、成為融入靈性的諮商師之意義，以及融入靈性的諮商倫理。綜觀上述這幾位作者近年來關於靈性介入諮商

的幾份研究，不難發現宗教靈性概念應用於諮商是可行的，只是心理師本身的宗教信仰對應用上的效果，仍需進一步的研究。基本上，在融入靈性議題時，對個案的接納及認知架構的重新建立，與傳統諮商取向相同，是治療效果的兩個重要因素；然而在諮商實務上，將靈性／宗教概念應用諮商的情形，仍不甚普遍。

綜觀這些年來，雖然輔導工作的推展已有六十餘年的歷史，但嚴謹而有系統的研究則是近三十年來才逐漸上軌道。雖然如此，由於學會及相關學系所的成立，加上學術單位對此專業的重視，也使得從事這方面的研究學者逐漸增加，實務單位更是隨著《心理師法》的頒布而紛紛成立，各有各的派典特色。三十年來的流動，從早期經驗取向的討論，到認知治療及後現代取向後的各家爭鳴，諮商心理研究派典的流動，形成傾向於後現代取向的思維居多，這也符應當今多元社會趨勢及多元族群、多元文化現象的需要。預期未來在諮商研究領域中，依舊會以後現代取向居多，並且多以質性研究取向進行分析。

貳、就實務應用層面分析各家派典

據林家興等人（2008）的調查，近四成的諮商心理師係以折衷或整合學派為主要理論取向（39.17%），其次依序為：認知、認知行為或理情治療學派（15.67%）、個人中心學派（14.75%），以及心理分析或心理動力學派（11.52%）。在 2014 年的調查結果，則依序為：折衷或整合學派（24.4%）、心理分析或心理動力學派（13.6%）、個人中心學派（12.5%）、認知、認知行為或理情治療學派（12.5%）、焦點解決短期治療學派（12.2%）。由此可知，臺灣諮商心理師的學派背景相當多元，並沒有任何一個學派主導諮商心理師的訓練與執業。但是，這些數字的結果依稀可透露出些許訊息，近年來心理分析或心理動力學派已逐漸受到重視。臺灣心理治療學會、臺灣精神分析學會等相關

團體，也陸續辦理心理動力精神分析取向之訓練課程。而私人執業方面，也陸續有不少診所是由精神科醫師負責，而由臨床心理師或諮商心理師執業登記協助諮商及心理治療工作。

參、由理論派典的流變反觀今日的多元文化諮商

一、西方文化初體驗

多年前，筆者接受公費補助，前往美國愛荷華大學攻讀諮商博士，當時來自臺灣的學生多數是念統計測驗或是教育心理，念諮商的只有筆者一個。經過一段時間適應，相較於同期的美國同學，筆者覺得自己的成績算很不錯，只是覺得奇怪，老師在發期中考卷時，不會順便稱讚一句。心想，大概筆者從小到大習慣讓老師當眾稱讚，這是中國人的面子問題，也是虛榮心作祟。另一個經驗，是筆者想多申請一份獎學金，問了有獎學金的同學，才知道需要跟老師開口。之後，筆者主動跟老師開口，老師也確實提供獎學金的研究或是教學機會。在西方，是需要積極主動，而非等老師賞識你、邀請你。但在四年的學習經驗中，也確實體驗到男性白人潛意識中的傲慢，總覺系上某些男老師有著無比的權力，甚至不易接近，對你好，可能也是因為他有著優勢而善待你；相反地，對於非裔的男老師，還比較容易跟他開口要求些小惠。在這當中，不僅是潛藏著東西文化差異，也蘊含著人與人接觸時細膩的敏感與尊重。

二、日趨多元的臺灣諮商文化

回到臺灣，正值經濟起飛之時，人們所接觸的生活層面也更加多元，本土心理學也更是受到重視。雖然很多地方不習慣，卻也是吾土吾民，很容易跟上專業及非專業的生活文化。若回到根深蒂固的華人文化，從傳統到現代，當中仍脫離不了集體主義思想所形成的潛意

識。該如何看待這些西方派典在華人世界中的流變，並萃取各家菁華、折衷調節、發展未來的華人本土諮商文化，已然成為現代諮商界需要努力的方向。此文化議題在諮商領域中，不論是研究或實務，都必須紮根於本土，紮根於個案的需求。

多元的臺灣文化，是如何形成的呢？早期筆者在學習諮商理論時，傾向從東方思想看待西方理論的應用，並比較東西方的差異。即使是在西方學習，也會在課堂上討論東西方的差異，尤其是實務性課程在面對個案問題的討論時，筆者是唯一來自東方的學生，意見可能更具代表性。有時問題根源甚至是因為東西方對心理健康的定義不同：西方傾向個別主義，重視個人幸福感，東方則重視家庭和樂；西方強調積極爭取，東方重視自然、無為的道家心理健康概念。東方觀點甚至認為要能破我執，追求心靈上的動力；能破認知之蔽障，接納一切；能達到天人本一，逍遙真人的境界（人、神、真）；能致虛極、守靜篤，無為而治；要能以心齋坐忘為修習方法，達到無欲、無己的境界；然就西方觀點而言，這絕對並非所謂的心理健康。西方對心理健康的定義，傾向於近年來常見的幸福感概念，重視效能、自主、韌性；整體而言，也就是工作與愛的能力，這也是依西方傳統佛洛伊德所講的心理健康真理。

然而近年來，西方後現代思潮出現後，似乎發現對東方個案而言也十分適用。因為再怎麼傳統的東方個案，都是「個人」，每位個案均有其獨特性，似乎均能適用後現代思維。如何從東方文化應用西方思維來對待個案，成為諮商心理師個人的專業智慧。就某種程度上似乎是消極的因應，但事實上東方傳統文化中的積極智慧，諸如物極必反、否極泰來的概念，也都蘊藏著後現代主義中所討論的重新共構，端看我們如何與個案共處，並增能個案。當我們看到個案的內心深處，理解其根深蒂固的集體與個別文化情境脈絡，與個案共同從這些脈絡中檢視自己的問題，則個案也將更有能量面對未來。

第三節 臺灣諮商心理學的未來

　　二十年前，欣逢中國輔導學會慶祝成立四十週年，吳武典理事長號召理監事撰文共襄盛舉：《輔導學大趨勢》，筆者在其中寫了一篇〈諮商心理學之回顧與展望〉（金樹人，1999）。那時的企圖是從一個宏觀的角度，上窮碧落下黃泉，整理客觀的回顧數據，鋪陳臺灣諮商心理學的未來面貌。這次為了慶祝學會成立一甲子，筆者又被指定撰寫類似的題目。有了一些年紀後，筆者收斂了以往年輕氣盛的大企圖。寰宇之下，一個人只能活在自己有限的活動空間；在偌大的時空維度，這個位置充其量只是一個點——筆者個人的觀點。因此，這一篇二十年後的觀察心得，筆者打算用自己的時空經驗來描述所見所思。既然是個人的觀點，就必須先行交代這個觀點所在的時空位置。

　　2008 年 8 月以前，筆者的學術活動範圍以臺灣為主；之後，即離臺赴澳門大學任教。許多師長好友不解，筆者為何要遠去他鄉？今年自澳門大學屆齡退休，有時還會捫心自問：筆者的個性安土重遷，為什麼在中年生涯路上，會有連自己都意想不到的移動？當時或許惘然，現時回想，此中或有深意。意識的深處，總是受到文化評論家 Edward Waefie Said 與李安的影響。Said 出生於耶路薩冷，在哈佛大學獲得碩士和博士學位，其浸潤於阿拉伯文化又成為基督徒，身為巴勒斯坦人卻也是美國居民，是「局內人」眼光中色彩鮮明的「局外人」。「局外人」的多重視野，能讓他看到局內人看不到的多元繽紛。李安，是臺灣人眼中的外省人，大陸人眼中的臺灣人，美國人眼中的中國人，西方人眼中的東方人。文化的多重視域，自由靈動，活潑了李安的創作力。

　　站在「我的對面」，可以看到我自己原來看不到的風景。澳門的

地理環境位於臺灣的對面，兩岸四地的邊陲位置，嶺南風情與南歐葡式文化也在此交融。在生活上，筆者必須習慣於三言（中文、葡文、英文）四語（粵語、普通話、英語、葡語）的溝通方式；在專業上，筆者也得適應港澳大陸因文化的差異，而對諮商心理學不同的理解。視野的不同，讓筆者不只觀察到西方諮商心理學在華人文化中的差異性，也讓筆者思考如何從東方文化層面理解心理諮商的本質，以落實心理諮商的效益。

近年來，隨著華人整體經濟水準的大幅躍昇，有一股不容忽視的聲音不斷湧現：華人的特色何在，華人的話語何在。由下而上，由上而下，從科技、教育到文化，一層一層的探問，儘管困難重重，華人主體意識力圖掙脫長期受西方價值宰制的匡限，其甦醒力道之強勁，真不容小覷。

就兩岸四地諮商心理學的發展而言，不可否認，臺灣在各方面保有相當程度的優勢。這種優勢呈現在早期西方諮商心理學理論的全盤引入，中期諮商心理學專業證照與諮商倫理的落實，以及晚期諮商督導與諮商研究的紮根。「理論」與「研究」是基底，基底以上的發展靠「實務」，這三個要素構成的鐵三角，使得臺灣諮商心理學在過去一甲子以來，諮商心理人才輩出，諮商專業穩固而紮實地向前邁進。

筆者對臺灣諮商心理學未來趨勢的觀察，是以上述個人與環境的脈絡為基礎所進行的思考。

壹、加強務實而有意義的研究

接受西方諮商心理學訓練的臺灣諮商心理學家，大多深諳主流諮商心理與臨床心理課程中的「科學人—實務人模式」（scientist-practitioner model）（Belar & Perry, 1992）。美國對於諮商研究生的訓練，經常以此模式耳提面命（Leuty et al., 2015）。此一模式對諮商專業訓練的

要求是同時強調科學人與實務人的能力與角色，不只看重兩者等量齊觀的價值，且看重對兩種角色的身體力行。換言之，研究與實務相輔相成，不可偏廢。在《心理師法》通過後，臺灣心理師的教考用訓之標準化，也齊一了諮商心理師培訓的差異性，臺灣各校研究所的心理師課程也大多蘊含有類似於「科學人—實務人模式」的精神。

臺灣諮商心理學術研究的蓬勃發展，優於兩岸其他三地，這可從兩方面來觀察。其一，《心理師法》通過後，規定相關科系的碩士層級畢業生才能報考，這使得各校的碩士班招生人滿為患，每年產出大量的諮商心理碩士論文。諮商心理博士論文的數量雖相對較少，然精品迭出，這可從每年台灣輔導與諮商學會所頒發的優秀博士論文獎可略窺一斑。其二，大學諮商心理學的教學人員，在各校六年升等條款與科技部的研究獎勵下，每年發表的論文也相當可觀；然而，這些數量眾多的研究心血，能為實務工作所用者，幾何？

無可諱言，諮商心理的研究與實務存在著若干落差。在本質上，實徵性研究只能聚焦於觀察整體行為中的一部分，然而實務工作者卻必須關注個案的整體變化。此外，研究的內在效度與外在效度經常難以兼顧（Gelso, 1979, 1993; Heppner, 2006），顧此則失彼；過分呵護內在效度的結果（這又是獲得 SSCI 期刊青睞之必要），就必須犧牲外在效度。其中一個極端的例子是量化研究的統計方法愈見複雜，個體的整體經驗被切割成更小的觀察變項，這使得實務工作者對研究報告的「不友善本質」（user-unfriendly）產生反感。

因此，循證實踐（Evidence-Based Practice, EBP）是最能貼近實務工作者需求的研究。美國心理學會在 2005 年開始注意 EBP 的議題（APA Presidential Task Force on Evidence-Based Practice, 2006）。EBP 係指，將最好的研究證據、臨床專業知識和個案獨特的價值觀與環境脈絡相互結合（Straus, Glasziou, Richardson, & Haynes, 2011），並進一步要求納入專業人員實踐場域環境脈絡的特徵（Hoffman, Bennett, & Mar,

2016）。

　　實務工作者需要的是 EBP 這類務實而有意義的研究。心理學研究方法論的典範轉移，使得質性研究法的研究更能貼近實務工作者的需要，這在臺灣的諮商學術界不是問題，甚且在兩岸四地占有絕大的優勢。問題在於，有沒有一個友善的交流平臺，讓實務工作者與科學研究者的需求，能彼此有著建設性的交流與對話。

　　美國賓州心理學會（Pennsylvania Psychological Association）建構了「實務研究網絡」（Practice-Research Network, PRN）（Castonguay et al., 2010），這個 PRN 群集了不同取向的臨床心理師，以及全職的心理治療研究人員。渠等所進行的研究，是病患與治療師對於治療歷程有效與否的深度報告，同時側重於報導研究本身對實務工作者的參考價值與參考意義。在諮商心理學部分，Alexandra M. Minieri 團隊的研究是一個很好的範例（Minieri, Reese, Miserocchi, & Pascale-Hague, 2015）。

　　未來的台灣諮商與輔導學會似乎也可以構設類似友善心理師（counselor-friendly）的對話平臺，使得這一代諮商「實務人」本土經驗的累積，與諮商「科學人」的理論思維結合；一方面共構出更多具有參考價值與實用意義的研究，另一方面也可創造出契入在地知識的實用理論模式，面向國際。

貳、諮商療癒核心本質的探究

　　2014 年秋，提倡「正念減壓」（Mindfulness-Based Stress Reduction, MBSR）的 Jon Kabat-Zinn 旋風式的訪問臺灣，也為臺灣的臨床、諮商、精神治療學界帶來一陣風潮。這股影響力至今未歇，現今相關的培訓課程遍布在學校、醫院、企業。對於「正念」這個概念的理解，其實中英文之間有很大的落差，嚴格來說，mindfulness 並不等同於佛法中的「正念」。從 mindfulness 字面上來看，是一種「保持留意

或覺察的狀態」，其定義與內涵相當於佛學中的「止觀」，也就是對於所有從內心深處竄起的情緒或念頭，「止」而「觀」之。「正念」在佛學中屬於八正道中的第七軌，源於「四念處」（《大念處經》卷22），其境界、其深度遠遠超過了 mindfulness 所能界定的範圍。但是，這並不妨礙 MBSR 的推廣。Mindfulness 緊緊扣住「止觀」的心法，藉者相對應的技法，穿透人心。

筆者也參加了 Jon Kabat-Zinn 在臺北的三天培訓，印象最深刻的是，在結訓時大討論的場合，一位法師起身發言的感慨。他說，這些培訓的內容原本都是禪佛止觀訓練的基本功夫，但經過 Jon Kabat-Zinn 萃取原始佛法的精髓，去除宗教儀軌的外衣，且經由結構性的設計，能夠無縫接軌的造福飽受壓力折磨之現代人，是值得我們學習的。

Jon Kabat-Zinn 跨越文化與宗教的藩籬，成功的將艱澀難懂的東方禪修轉化成西方的治療學派，筆者覺得至少有三個可資借鏡的重要因素。

一、萃取本質，深入淺出

Jon Kabat-Zinn 深入佛法本質，其核心論述貫穿了宗教表象、新時代（new age）語言，以及神祕主義色彩。整整三天親炙的課程，他將 MBSR 八週的課程濃縮，說得少、做得多。筆者看著他的示範，聽著他的解說，直覺他就是一個有著西方面孔的東方高僧。

他對佛學的理解幾已深入骨髓，而以深入淺出的方式，輕描淡寫；只談現象，只談本質，卻聞不出一絲一毫宗教味。這也是 mindfulness 在以基督教為主流的美國社會能夠風行無阻，甚至進入校園，帶動「正念教育」的主要原因。這是一種穿透苦苦與離苦本質的本事，三十年磨一劍，在西方成了另類身心醫學療癒的典範，其在兩岸四地華人社區引起的熱烈迴響，全無僥倖。

二、心法為體，技法為用

　　心法靠直覺領悟，有所覺有所悟，無法言說。技法有著具體清楚的操作步驟，可直達心法之要。Jon Kabat-Zinn 掌握住 mindfulness 的精髓，清楚界定了 mindfulness 的定義：以一種開放的心靈，在當下透過有意識的專注，以一種不帶評價的方式，如實地觀察內在的歷程（Williams, Teasdale, Segal, & Kabat-Zinn, 2007）。根據上述定義，mindfulness 濃縮成三個重點：(1)「覺察為先」：對於任何起心動念，不畏動心、只畏覺遲；(2)「此時此刻」：純然的注意當下；(3)「不二默觀」：對於任何內在狀態的覺察，不帶任何評價。這三個重點畫龍點睛的將抽象之 mindfulness 轉化為可操作的原則（或口訣）。

　　重要的是，這三個原則延伸至八週的訓練技法，從葡萄乾體驗、身體掃描到各種的禪修，由淺入深。掌握了心法，各種禪修的技法都可靈活運用；技法之為用，完全由心法衍伸出來。更關鍵的是，這套方法要能發揮減壓的功效，必須如同行為改變技術的行為塑造（behavior shaping）般，透過不斷的練習，形成新的思考模式。西方邏輯思維的長處，在於將繁複抽象的概念轉化為具體操作的步驟，Jon Kabat-Zinn 東西合璧，創造出了一個新的療法——MBSR。

三、技法為用，科學為證

　　前曾提及，循證實踐（EBP）是一種基於證據的實踐。MBSR 的訓練實踐，其療效涉及降低憂鬱症、焦慮症、慢性疼痛與癌症等症狀對身心的負面影響，其調節變項與認知、情緒與行為的改變有關，更關聯到大腦神經機制與免疫力的調控。這些療癒效果均需要大量科學的檢證，近三十年來，根據美國正念研究學會（American Mindfulness Research Association）的統計，截至 2017 年累積的研究數量已逾兩千餘篇（如圖 7-1 所示）。

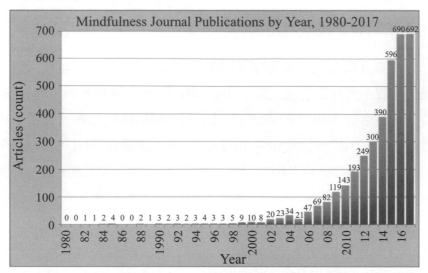

圖 7-1　「止觀正念」之期刊論文發表篇數：1980～2017

資料來源：American Mindfulness Research Association（n.d.）

　　傳統東方的智慧，遍布儒釋道，如何轉化成現代可用的諮商語言，就好比舊時王謝堂前燕，飛入尋常百姓家。海峽兩岸的諮商心理學界都有一種急切感與迷茫感，苦思如何進行這種浩大且艱鉅的轉換工程。浩大，是因為儒釋道浩瀚無垠；艱鉅，是因為儒釋道博大精深。筆者認為，至少對於諮商療癒本質的通透理解，對於傳統東方智慧哲學的深邃鑽研，是最為重要的基本功。一位西方的學者，Jon Kabat-Zinn，成功地掌握了這兩個基本功，將東方智慧轉化成一個跨越地域文化的諮商與心理治療學派，提供了一個值得我們深入學習的範式。

參、建構適性的個我諮商理論模式

　　對筆者而言，個我理論（Personal theory）的探究經驗啟蒙於吳英

璋（1993a，1993b）。1990 年代，全國輔導工作六年計畫如火如荼的展開，吳教授申請了一個校園自我傷害的防治計畫，此計畫同時邀請許文耀教授與筆者擔任協同主持。

「校園自我傷害防治計畫」在四所實驗學校試行，四校的輔導主任與輔導教師是計畫的主要成員。他們的輔導專業必須延伸到危機個案的處理，以及危機情況下校園內其他處室相關人員之輔導，這對計畫中的每個成員是極大的壓力。這些成員都是各校資深的輔導教師或主任，體認到自己內在的概念化架構可能是關乎整個計畫成敗的關鍵，有必要探索自己面對個案時的內心深層狀態。因此，吳教授帶頭整理所有組員的「個我理論」，這應該是臺灣進行心理師「個我理論」探究的濫觴。

在組員培訓時，吳教授以三個問題協助整理每個人的「個我理論」（吳英璋，1993a）：(1)什麼是「改變」；(2)「改變的條件」為何；(3)「改變」與「改變的條件」兩者有何邏輯性的關聯。

探索的目標是建構每個人內在的「個我理論」，所以採取的方法是：先由一位輔導教師根據自己處理個案的內在語言，提出對上述三個問題的看法；其次，每位參與者皆可以針對這些看法提出「質詢」，儘量地要求澄清可疑之處；報告者面對任何一個質詢，均必須進行直覺式辯解，而不必找到結論，可以就這個歷程所形成的辯論，再度審思自己的答案。經由反覆的辯論與反思，成員大致可以形成一個暫時性的關於「自己本身所擁有」的「人如何受苦以及如何改變」的知識系統。

隨後，筆者有機會在國立臺灣師範大學教育心理與輔導研究所博士班擔任諮商理論專題研究課程，對於博士班的諮商專業學生來說，特別需要這種深度反思的訓練。筆者嘗試將這套訓練模式帶入課堂，特別強調「我」（心理師）與「汝」（當事人）之間互即互入（interbeing）的瞬間高峰經驗；同時，也將敘事的概念帶入探究的過程，從

諮商成功的經驗中，from thin to thick，深究背後的個人理念。解構—共構—再建構，這個過程無比的挑戰，也無比的精彩。隨後，筆者也在資深張老師的年度培訓、資深心理工作者或輔導主任的培訓、國立暨南國際大學輔導與諮商研究所博士班等機緣中，逐一推展。此項培訓相當費時，吳英璋教授的訓練經過了歷時 23 個月，21 次工作坊，而筆者的培訓部分，每個團體大約維持 10 至 14 次的工作坊。

這種訓練對於筆者個人專業成長的幫助是巨大的，在澳門進行的諮商督導，即是以看見與啟發受督者的「個我理論」為原型。筆者曾經整理過自己的「個我理論」（金樹人，2002），也幾度在不同專業發展階段思索自身個我理論的調整與修正，「才將報告寫出來，就已經想重改了」（吳教授的話語）。

「個我理論」的整理，其實是一種對於理論統整概念化與適性化之後的結晶。這種概念化的結晶是以諮商現場中成敗經驗的反思為基礎，這種適性化的開顯是以諮商情境中互為主體的激盪為基底，而逐步醞釀而成。「個我理論」的內涵，含有幾個理論整合的維度：(1)概念整合：統整不同理論的不同概念；(2)個別理論：認同與深化專一理論，但也兼採其他學派的技術；(3)技術折衷：針對不同的個案，採用不同的方法與技巧；(4)共同因子：抽離學派，專注在跨學派的療效因子。當然，這種劃分不是絕對的，在個人的不同專業發展時期，有可能特別偏好某個維度，用起來也特別得心應手。

個我理論的形成，係在經驗中建構個人適性的理論或模式。臺灣的《心理師法》通過後，執業的諮商心理師不斷在累積豐碩的臨床經驗。未來對於諮商從業人員個我諮商理論的深度探究，不僅可以深化心理師的理論基礎，且有助於提升諮商療效，保障消費者的權益。

肆、深化身心互動與靈性關懷的議題

一、身與心的互動

　　諮商心理學究竟能夠從生理／神經科學學到什麼？筆者在大學時代必修的人體生理學知識，考完試之後便已還給了授課老師，十多年後從事諮商心理工作，才深知生理學知識之必要。1990 年代參與吳英璋教授的壓力管理心理衛生推廣專案（吳英璋、金樹人、許文耀，1994），環島走透透，整個壓力理論模式都與生理機轉息息相關。學員常問，為何要進行壓力放鬆練習？練習中的每一個動作，包括呼吸訓練，都與生理反應有關；涉及放鬆的每一個環節，都必須給一個學理上的解釋與交代。

　　MBSR 之所以在近代從西方風靡到東方，除了操作簡便、語言親民外，有關生理與腦神經科學的紮實研究，也不脫關係。覺察／當下／不二，這三個法則的技法，無論是瑜伽或禪修，均涉及認知、情緒與行為的改變，也影響到生理反應，需要借助神經科學的解釋系統（neuroscientific explanatory system）（洪蘭譯，2013），除了知道 MBSR 機轉的 what，也能深入探究 why。這套身心互相影響的解釋系統，對諮商心理工作者尤其重要。

　　最近，筆者在彙整心理位移書寫法（金樹人，2005）近十幾年來累積的療癒效應，一個有趣的探問是：心理位移書寫法在「我」、「你」、「他」位格中書寫的效應，可否牽動腦神經的活動？Nigro 與 Neisser（1983）發現，當個體回憶負面情緒困擾的事件時，之所以陷入反芻，係經常採取一種「我執觀點」（a self-immersed perspective），其特徵是從「我」的眼睛看「我」。反之，另一群學者發現一種「我離觀點」（a self-distanced perspective），其特徵是從「觀察員」的眼睛看「我」（Pronin & Ross, 2006），也就是讓自我成為他者（an other）。有學者使用功能性磁共振成像（functional Magnetic Resonance Imaging, fMRI）監測大腦活動發現，針對負面的情緒事件，如果採取「我執」（相當於我位格）而非「我離」（相當於他位格）的策略，觀測到主管情緒失調的「腹側前扣帶迴皮質」（subgenual anterior cingulate cortex, Brodmann Area 25）與情緒記憶有關的「內側前額葉皮層」（medial prefrontal cortex, Brodmann Area 10）的活動水平，相較於「我離」的策略，均有顯著的增加（Kross, Davidson, Weber, & Ochsner, 2008）。未來與腦神經科學的跨領域研究，有助於了解心理位移書寫法在不同位格的腦神經機轉，將可推論此法在情緒或認知領域的影響，或許有助於思覺失調症患者的處遇。

另外，心理位移效應所造成的認知調節或情緒紓解，對心血管反應有何影響？心理與生理健康的交互影響是整體性的，許多實驗研究發現痛苦經驗的不斷認知反芻，對生理的影響是負面且巨大的（Glynn, Christenfeld, & Gerin, 2002）。Ayduk 與 Kross（2008）發現，回溯痛苦的經驗，在實驗結束後 20 分鐘所測得的血壓數，「我執組」顯著的高於「我離組」。血壓受到自主神經系統的控制，心理位移書寫法是否或如何透過認知與情緒影響到自主神經系統的調控機制，也有助於諮商心理人員深化對此法療效的理解與掌握。

二、靈性介入與靈性關懷

身心靈原為一體，靈性的發展是諮商心理較於忽略的一塊。臺灣所發生的重大災難事件或哀傷輔導的需求，促使靈性介入受到重視。近期的研究（陳秉華、范嵐欣、詹杏如、范馨云，2017）也顯示，不同靈性取向的諮商師（包括天主教徒、基督徒、佛教徒與新時代靈性觀者）認為，在諮商中與案主探討靈性議題是合宜的，採用靈性介入的方法能夠為個案帶來正面的諮商效果。

臺灣社會對不同的宗教向來兼採包容與悅納，諮商心理學未來在

面對老齡化現象、長照制度與安寧照護時，靈性取向的諮商教育與研究是一個值得努力的方向。這些靈性取向的內容，包括：諮商師的靈性自我覺察、諮商師對不同宗教靈性議題的知能，以及諮商師的靈性介入處理等（陳秉華，2017b）。學界對靈性持正面開放的態度與持續的研究，靈性關懷的重視將能為臺灣的諮商心理學開拓更高之視野。

伍、本土化與本土：諮商心理學模式的發展

心理諮商的對象是生活在這塊土地上的吾土吾民。先民是如何解決自己的心理困境呢？知識分子或著書立說，或賦詩寄詞，昇華之；平常百姓或算命卜卦，或測字擲筊，疏洩之。時至今日，東西學術交流已無時空屏蔽，東方的大學充斥著西方的心理學教材。本土心理學運動強調，這土是自己的土，自己腳底下踩著的土。當代的斯土斯民，在社會與文化熏染下，如何思、如何想，社會心理學與人格心理學的本土運動，大多數是著重在學術研究。但諮商心理學則大異其趣，必須更接地氣，將「科學人—實務人模式」放進來實踐，這任務遠較其他心理學領域更為艱鉅困難。行百里路勝讀萬卷書，對諮商心理工作者來說，見百十位個案更勝讀千百篇文獻；本土諮商心理學的建構，除了已經有的案頭經典，真正的經典論述還得從自己與個案的互動中尋覓萃取。

首先，要釐清「本土化」（localized）與「本土」（indigenous）是不同的概念。「本土化」是將外來的融入本土，本質上或精神上還是外來的；「本土」則是土生土長的，成於斯、長於斯。澳門受葡萄牙殖民四百餘年，天主教相當盛行。澳門離島路環的聖方濟各聖堂內有一幅畫：「天后聖母」，畫內的聖母和手抱幼子耶穌，展現的是中國本土的造型：聖母頭頂髮髻，幾乎就是漁民信仰中的天后娘娘之形象，這是天主教「本土化」的例子。澳門本島的媽閣廟，奉祀的是媽

祖林默娘,源於中國東南沿海所發展出來的媽祖文化,這是華人「本土」的信仰。

當我們談本土諮商心理學的建構,首先必須釐清這兩個概念。諮商理論本土化,是將西方的諮商理論以華人的語言習慣融入華人之語境與諮商情境;本土諮商心理學建構,則是從華人獨特的社會文化脈絡中,發展出適合於華人心理調適的諮商理論,再進一步拓展或影響到西方社會。

一、西方諮商心理學派的本土化

西方諮商心理學派多源於歐洲,其後在北美發揚光大。筆者的諮商啟蒙劉焜輝教授從日本留學回來,所接受的第一堂大學諮商課程用的就是 Carl Rogers 的理論。我們多年來採用的諮商理論教科書,全盤的移植西方理論。這些原汁原味的西方理論體系,源自於西方人的文化體系,含攝西方人獨特的宇宙觀、人性觀、價值觀與適應觀。經過這麼多年來的積累與應用,這些西方理論對於臺灣諮商心理專業一甲子以來的貢獻相當可觀,其療效也大多不容置疑。

然而,吾人文化中強調固有的孝道、順從、家族責任與義務等,使得華人在現代化過程中形成了有別於西方的心理適應問題(Lim, Lim, Michael, Cai, & Schock, 2010)。若干有跨文化意識與經驗的諮商心理學家,也開始呼籲如何擺脫西方個人和專業的民族中心主義(ethnocentrism)及其「文化封裝」(cultural encapsulation)的霸權心態,從多元文化的角度重新檢視現有的西方諮商理論(Heppner, 2006; Leung, 2003)。

從華人角度論及西方諮商心理「本土化」的議題,筆者認為可有微調、探幽、詮釋與共舞等幾個層次的努力方向。

（一）微調：西方理論應用的文化調整

微調是指，在引進西方諮商理論的應用過程中，或因理論探究，或因實踐反思，發現西方理論有水土不符之處，從而採取微幅調整，然則理論的基調不變。

例如：John Holland 的六角形模式是西方生涯諮商中相當成熟的生涯興趣理論。然而，我們在實務或研究中發現，有兩個文化中扞格不入之處，必須要加以調整：其一，在臺灣校園的生涯諮商中經常發現，興趣代碼中隱含的小六碼更適合解釋本土個案在 to have vs. to be 的生涯衝突，因而有「小六碼」的發明（黃素菲，2014）；其二，在西方的研究中，均發現六個類型底層有著「事務處理─心智思考」（D/I）與「與物接觸─與人接觸」（T/P）穩固的對應關係。然而，我們在以臺灣高中生、大學生與成人的一系列研究（金樹人，1993；金樹人、宋德忠，1993；金樹人、張德聰，1993）中發現，這六角形模式與其潛在結構於華人的資料中出現了一個新的對應關係：趨近於 Y 軸「與物接觸」這一端的興趣類型，是「實際型」（R）與「研究型」（I），而非原來單純的「實際型」；趨近於 Y 軸「與人接觸」這一端的興趣類型，是「企業型」（E）與「社會型」（S），而非原來單純的「社會型」。另外，趨近於 X 軸「事務處理」這一端的是單純的「傳統型」（C），而非原來的「傳統型」（C）與「企業型」（E）；趨近於 X 軸「心智思考」這一端的是單純的「藝術型」（A），而非原來的「研究型」（I）與「藝術型」（A）。這種新的對應關係，鑲嵌入臺灣的社會，反映出不同興趣類型底層的活動特性，文化契合度十分一致。這種發現，使得在使用 John Holland 理論進行生涯教育的生涯試探，或生涯諮商的測驗解釋時，必須採用新的對應關係。

另外一個例子，是敘事治療中「外化對話」（externalizing conversation）的微調。外化對話是敘事治療的一個重要技巧，鼓勵個案把問

題物化或擬人化，使原本被視為屬於人的內在，較不易改變之「問題」，成為和人分開的實體。透過外化對話，「人」與「問題」之間產生距離，就更能看清楚問題的特性、運作、行為及背後的意圖，而形成有效的改變（黃孟嬌譯，2008）。Michael White 在《敘事治療的工作地圖》一書中提出了外化對話的定位圖 （黃孟嬌譯，2008），揭示進行的步驟。

筆者在澳門督導當地心理師採用此法進行諮商的過程中發現，定位圖只是粗枝大葉的概念圖，心理師在順藤摸瓜的過程中會吃盡苦頭，而必須有所調整。於是，筆者鼓勵心理師採取行動研究的方法，在諮商過程中配合督導，仔細記錄微調的軌跡。最終，根據三個不同大學生案例的行動循環經驗累積，心理師發展出一套適應華人的外化對話定位圖（周靜芬，2016）。

這種微調實屬必要，尤其若干理論的應用涉及華人文化中特有的心理適應習慣與人際關係倫理。臺灣專精於不同學派的學者們，對於西方理論在臺灣文化中的應用調整已有可喜的洞見，這些微調的論述散見於心理劇（Lai & Tsai, 2014）、哀傷輔導（李佩怡，2017）、家庭治療（趙文滔，2017）、焦點解決短期治療（洪莉竹，2015；許維素，2017），以及敘事治療（吳熙娟，2017）等。在香港，對於如何將 Virginia Satir 模式在北美操作的經驗微調融入香港本地文化，也有很深刻的反思與討論（張包意琴、陳麗雲，2002）。

（二）探幽：西方理論中掩隱的東方元素

近百年來，在西方諮商與心理治療學派的創始人中，或多或少、或顯或隱的受到東方哲學之影響。受東方哲思影響最大的，應該是分析心理學的 Carl Jung，他對印度、中國與日本的文化與宗教涉獵甚廣，也深受啟發。受到德國漢學家 Richard Wilhelm 所譯《太乙金華宗旨》，以及《易經》的影響，Carl Jung 發展了集體潛意識與原型理論。

也受到藏傳佛教曼陀羅（mandala）的影響，Carl Jung 繪製了大量精美的曼陀羅，發現這是人類心理中潛隱的原型意象，具有自發地調整心理混亂、恢復心理平衡和秩序的功能，也成了他進行自我療癒與心理治療的重要方法之一。Carl Jung 在《心理類型》中提到的二元對立概念，以及男人性格中潛隱的女性意象阿尼瑪（anima），女人性格中潛隱的男性意象阿尼姆斯（animus），二分的異質對立終極在尋求本質上統整、平衡與和諧，這與儒家的中庸思維、佛家的中道思想，幾無二致。

　　完形的 Fritz Perls 曾在日本接受短期的禪學訓練，離日前向禪師辭行，禪師問曰：風是什麼顏色？這句話相當於期末考。他的答案是：向禪師吹了一口氣。完形的技法或與東方無涉，但完形的心法卻遍布禪風。完形知名的空椅對話，其療效即隱含著陰陽的二元辯證。我們在細讀《完形對話錄》（Perls, 1971）中出自 Perls 與弟子口無遮攔的對話，可以發現他也深受東方禪佛的影響。這些影響是如何滲透到他的治療工作，我們不得而知；但我們可以推論，在某些程度上，東西方哲人對於苦苦的理解與離苦的對策，大體上所見略同。

　　焦點解決短期治療（Solution-focused brief therapy, SFBT）創始人 Insoo Kim Berg 是韓裔美人，為人耳熟能詳各種具代表性的焦點解決問句，無不指向東方陰陽太極的正向積極概念。敘事治療（Narrative therapy）中的尋找支線故事、尋找例外故事，也是在黑色的太極半圖中試圖找到白色的力量。

　　探幽於西方諮商與治療理論中掩隱的東方元素，可以讓我們開闊的思索普世人類受苦的本質、改變的可能性，以及改變的路徑。對於某些受苦的心理現象，東方古籍或已窮究其理。東西方哲人的交互輝映，除了讓我們共享古人智慧，對於西方相關治療學派具有普世價值的義理，也可獲得進一步的融會貫通。

（三）詮釋：東方哲思對諮商心理學的註解

前述的探幽是一種發現之旅，這種東方元素的發現多屬於義理與哲學層次，因而開啟了以東方哲思詮釋西方諮商心理學的可能性，特別是對於心理諮商療癒效果的註解。

禪宗的曹洞宗「五位」的概念，原意是用來說明禪學訓練的五個階段、境界或步驟（王雷泉、馮川譯，1990）：(1)正中偏——在「正」之中的「偏」；(2)偏中正——在「偏」之中的「正」；(3)正中來——從「正」之中出來；(4)兼中至——達到「兼」；(5)兼中到——安於「兼」。筆者曾嘗試借用這五個階段，詮釋心理位移不同位格之間轉化歷程的心理流變（金樹人，2005），有令人豁然開朗的效果。

最近一段時間，筆者曾試圖以《中庸》中的「致中和」來詮釋諮商心理學的療癒效果（金樹人，2018）。《中庸》第一章提到：「喜怒哀樂之未發，謂之中；發而皆中節，謂之和。」但凡心理狀況的失控，或為情緒或認知的失控，蓋數喜怒哀樂之「發」：此係人之常情，也是人之所以受苦的源頭。細屬不同學派的諮商方法，都試圖將當事人從「喜怒哀樂之發」的狀態，導入「喜怒哀樂之未發」的狀態，也就是《中庸》所述「中」的狀態。「中」是一個相當抽象的概念，不偏不倚、不上不下，也是佛禪中的「不二」狀態。空無一物，卻是真空妙有。

心理治療讓心理狀態由「發」而導致極端，試圖回到「未發」的典型例子，是積極想像（active imagination）的分析技術。Carl Jung 在《紅書》（*The Red Book*）中提到，他在生命最艱困的時期，開發了積極想像的分析技術，藉著意識與心靈深處的集體潛意識連結，拯救了瀕臨二分的自我。此法是透過繪畫、雕塑、舞蹈、書寫等途徑，把清醒狀態的潛意識內容可視化（visualization），有意識的與之建立關係（倪安宇譯，2017），最終產生兩者之間的質變。失衡的人格在這種

辯證性的互動中，會產生新的整合。這種整合的狀態，即是「喜怒哀樂之未發」的狀態，也就是「中」的狀態。

同樣的，這種整合的狀態，遍布在整合二元對立的諮商技巧，例如：完形治療中的空椅對話、認知治療中的 focus interview、敘事治療中的解構與迴響，以及後現代合作取向治療的合作對話（Anderson, 1997）等。

至於「發而皆中節，謂之和」，此之謂「中節」，則相當於自我調節理論（self-regulation theory, SRT）主張的內容（Bandura, 1991; Baumeister, Schmeichel, & Vohs, 2007），是一種內在價值與外在價值的校準與調節。至若「中也者，天下之大本也；和也者，天下之達道也。致中和，天地位焉，萬物育焉」，則已然是超乎諮商技術層次，臻於個體的身心靈與寰宇整合之宇宙觀化境了。

（四）共舞：東方智慧挹注於西方理論

共舞是指，將東方智慧與西方智慧放在一個對等的位置。Human being 與 Being human 有何差別？在心理諮商與治療的領域，同樣屬於 Human being 的心理現象（etic），在 Being human 的過程中，東方與西方揣摩與分化出不同的理解智慧（emic）。以往在全盤西化的過程中，東方智慧會被有意或無意地忽視。共舞，是一種還原的企圖心，希冀還原東方智慧在心理諮商與治療領域應該有的位置與能見度。以下分舉四例說明之。

1. 緣觀

「緣」是華人文化中非常獨特的認知形式，被廣泛的用於解釋一切人事物的親疏遠近、悲歡離合。「緣」有著悠遠豐富的文化內涵，從心理調適的角度觀之，為華人維持人際關係的和諧和處理各種矛盾衝突，提供了一個合情合理的解釋，是一種避免受到傷害的心理緩衝

機制。徐欣萍（2012）從文化心態與心理適應兩個層面進行分析，提出了「關係互動中的緣分運作與心理適應歷程模型」，更進一步分析大學生的緣觀構念，並探討緣觀對本土諮商的啟示（徐欣萍、黃光國，2013）。李迪琛、金樹人（出版中）也分析了中國大陸華南地區大學生對「緣」這一構念的心理意涵，分析「緣」在生涯發展中的功能及其對生涯發展的影響。

2. 慈心禪

在佛法中，慈心禪（Loving-Kindness Meditation）為一種調心的修行方法，從諮商與治療的角度來看，可藉此對治「瞋」（包含憤怒與仇恨等）這一類負面的破壞性情緒。慈心禪的觀想次第，依對象之不同，從「對自己修慈」開始，然後「對愛者修慈」，復次「對眾生修慈」，最困難的是「對怨敵修慈」。這種觀想的方式，從對自己慈悲開始，有助於華人調節在人際或家庭關係中受到傷害的隱忍情緒。許多 MBSR 的培訓課程，也將慈心觀納入成為重要的訓練科目。

3. 《易經》

《易經》係華人最早觸及到人生意義及生活智慧的一部經典。陳偉任、夏允中、陳冠旭（2015）將華人的獨特人生哲學「反求諸己」、「陰陽兩極的對立與和諧」、「命運觀」，以及「執簡馭繁」運用於「動機式晤談法」，試圖提出一個能夠協助個案在面對「矛盾」時，於和諧中蛻變的本土化諮商模式，期使「動機式晤談法」能更適合於華人文化。另外，也有不同學者試圖將《易經》的智慧應用在生涯發展與轉化（彭心怡、劉淑慧、洪瑞斌、盧怡任、張嘉惠，2015；劉淑慧、盧怡任、彭心怡、洪瑞斌，2013）。

4. 中庸模式

生涯困境是一種人的存在困境，當個體面臨重大的選擇時，需要

極大的智慧進行抉擇。現有的西方生涯決策模式，幾乎大部分都強調理性的思考。CUC 模式（金樹人，2010）是一個企圖融合西方理性與東方直覺的中庸性生涯決定模式，其主要包括三個部分：意識階段（consciousness）進行理性的分析與探索、潛意識階段（unconsciousness）接納直覺或潛意識的訊息進入決策歷程，以及協調或執中階段（coordination/concordancy）則執其兩端，以中庸之道兼容並蓄之。

前揭從「微調」至「共舞」的本土化方向，主要沿襲「詮釋現象學」的本土心理學者所提倡之一種「以現象世界為先為本的知識與學習取向」。此種態度，不一定視西方諮商理論為唯一統攝人類心理調適共性的至尊，「而視理論的建構為學習與認識現象的步驟之一，是對生活現象的了解之清晰的言說，它不具任何優越性，也不是最終的知識」（引自黃光國，2014，頁 38）。西方諮商心理與治療理論的知識系統，必須在華人的社會現象與人文世界中，接受不斷的試煉、微調、契入與融合。

二、本土諮商心理學的建構

此係指諮商心理學界建構出當代華人獨特的系統療法或模式，此套系統療法或模式必須形成一種論述，此論述的根基具有華人思維的特色，源自於華人本土的社會系統、價值系統與文化系統。

根據這套論述延伸，檢視本土諮商心理學界建構的判準，必須包括：(1)嚴謹的哲學基礎；(2)清晰的理論建構；(3)豐富的實徵研究；(4)反覆的循證實踐。目前能夠符合這些判準的東方本土諮商與治療理論寥寥可數，稍早的僅有中國大陸的「認識領悟療法」（鍾友彬，1988）、日本的「森田療法」（李文瑄，2013），以及「內觀療法」（王承祖，2011）。

可喜的是，經過一甲子的努力，臺灣的本土諮商心理學模式，逐漸有「循環督導模式」（施香如，1996，2005；蕭文，2008）、「WISER

學校輔導工作模式」（王麗斐、杜淑芬，2017），以及「人我關係協調的諮商模式」（陳秉華，2017a）等模式的發皇。這些模式的形成，率多從臺灣本地諮商工作的現場發現問題，透過研究形成可以操作的模式，繼而反覆的循證實踐，大抵符合上述理論建構的四個判準。事實上，有更多醞釀中的本土諮商心理學模式蓄勢待發（夏允中、劉淑慧、王智弘、孫頌賢，2018；劉淑慧、王智弘，2014）。未來，我們期盼更多兼具東方智慧與普世應用價值的助人模式，橫空出世。

　　申言之，華人原創的本土諮商心理學，應以主位思維（emic）關注中華文化與東方智慧所開創的本土諮商模式，而以客位思維（etic）摩挲模式中的普世應用價值，對多元文化的諮商心理學做出貢獻。

總結

　　欲知何處去，先問何處來。臺灣的諮商心理學發展，經過了而立、不惑、知天命，進入到六十而耳順的階段。這個蕞爾小島，一甲子以來，經過現代化東西文化的洗禮與激盪，成長出自己獨有的面貌。此面貌的神韻，是一種對自身文化的從容自信與對多元文化的坦然涵融。文化的互為主體性在耳順之年的甦醒與作用，容許我們一方面欣然接受東西思潮的有機融合，另一方面也逐漸型塑出自己的學術語言。

　　今年（2018 年）學會年會的主題是：《風華一甲子：輔導諮商之典範流動、轉變與創新》，正好見證了臺灣諮商心理學的一甲子風流華韻：諮商心理的研究典範從量化研究流動到質性研究，兼容並蓄；諮商心理實踐應用的場域從學校、工商企業、科技業、醫療到司法，熠熠生輝；諮商心理的服務對象從生老病死到多元文化的不同族群，悲智雙運。老幹與新枝攜手，兼顧轉變與創新，昂首闊步，欣欣然邁向無限。

　　臺灣諮商心理學的未來，歷經後現代思潮的沖刷洗禮，在邁入七十的從心所欲之前，可以看出若干現在正在進行，或時機已成熟、未來可以大步向前發展的趨勢。理論與實務持續的深度對話，可望相互挹注彼此的精神與內涵；諮商療癒核心本質的探究，落實心法為體與技法為用；個我諮商理論的建構，凝塑心理師的個人風格與色彩；身心互動與靈性關懷的拓展，豐富跨領域的廣度與高度；諮商理論本土化與本土原創的深耕，促成多元理論的百花齊放。

　　這些努力的方向，朝向的目標是立足臺灣、放眼世界。認同帶來發展，發展帶來契機。我們不斷的從文化認同中找到自我認同，從自我認同中發展專業認同。由主體意識的深度覺察建立起自尊與自信，臺灣的諮商心理學將以此為動力，繼續展翅高飛，迎向更開闊的未來。

參考文獻

第一、二節

中華民國諮商心理師公會全國聯合會（2011）。**第一屆第二次會員代表大會手冊**。新竹市：作者。

王純娟（2005）。深思個人中心學派之人性觀與治療者態度兼論其與禪宗、老莊義理之映照。**中華輔導學報，17**，213-244。

何英奇（1987）。大專學生之生命意義感及其相關：意義治療法基本概念之實徵性研究。**教育心理學報，20**，87-106。

何英奇（1990）。道家思想的心靈觀與心理健康觀的初步實徵性研究。**教育心理學報，23**，159-188。

李玉嬋（2017）。醫療機構諮商心理師人力合理配置的現況與建議。**諮商與輔導，383**，50-57。

李非、金樹人（2016）。心理位移日記書寫詞語結構與內涵之話語分析。**教育心理學報，47**（3），305-327。

周育滕（2015）。關係取向心理諮商之歷程分析：以一位國小中年危機教師為例。**中華輔導與諮商學報，42**，125-156。

林家興（2014）。臺灣諮商心理師執業現況與執業意見之調查研究。**教育心理學報，45**（3），279-302。

林家興、謝昀蓁、孫正大（2008）。諮商心理師執業現況調查研究。**中華輔導與諮商學報，23**，117-145。

財團法人醫院評鑑暨醫療品質策進會（2018）。**二年期諮商心理師訓練課程指引**。取自 http://www.jct.org.tw/sp-gs-1.html?Query=%E6%95%99%E8%82%B2%E8%A8%88%E7%95%AB

張勻銘、王智弘（2009）。以全球資訊網為介面之認知治療網路即時諮商研究：以憂鬱情緒當事人為例。**教育心理學報，41**（1），45-68。

張淑芬（2017）。融入基督宗教靈性觀之心理諮商歷程分析：以家庭關係諮商為例。**教育心理學報，49**（2），243-266。

張琦芳、金樹人（2012）。敘事取向諮商師運用敘事概念後生命經驗改變

歷程之研究。**中華輔導與諮商學報**，**33**，119-153。

莊雅婷、陳秉華（2006）。大學生情侶對「薩堤爾模式」溝通方案的改變知覺及改變影響來源之研究。**教育心理學報**，**37**（3），297-317。

許雅惠（2009）。臺灣諮商人員諮商關係建構經驗之分析研究。**中華輔導與諮商學報**，**26**，85-119。

許維素（2009）。焦點解決短期治療高助益性重要事件及其諮商技術之初探研究。**教育心理學報**，**41**（S），271-294。

郭璦濫、李素芬（2009）。社區心理輔導機構當事人輔導助益性之研究。**教育心理學報**，**41**，249-270。

陳秉華、范嵐欣、詹杏如、范馨云（2017）。當靈性與心理諮商相遇：諮商師的觀點。**中華輔導與諮商學報**，**48**，5-36。

陳金定（2007）。完形治療理論之驗證：接觸干擾、未完成事件與心理幸福感因果模式考驗。**教育心理學報**，**39**（1），45-68。

陳婉真、蔡依玲、黃惠惠、吳國慶（2014）。關係理論取向諮商中個案因應內在依賴衝突之分析。**教育心理學報**，**46**（1），141-163。

黃淑清、陳秉華（2005）。心理動力取向治療的知識獲得初探研究。**中華輔導學報**，**17**，173-212。

詹杏如、陳秉華、范嵐欣、范馨云（2015）。心理諮商的宗教／靈性處遇培訓課程之成果評估。**中華輔導與諮商學報**，**44**，1-35。

賈浩妃、陳秉華（1999）。祖父母協助托育孫子女的決定過程：運用家族治療中結構學派的分析。**教育心理學報**，**31**（1），109-137。

劉玉玲（2017）。運用舞蹈治療概念提升國中生情緒知能之研究：Vico 理念的實踐。**中華輔導與諮商學報**，**48**，137-172。

鄭曉楓、吳永杉（2018）。希望取向個別諮商對藥癮者目標建構與未來生活適應之探究。**教育心理學報**，**49**（3），367-390。

賴正珮、陳慶福（2007）。父母管教方式與兒童非理性信念、A 型行為組型之相關研究。**教育心理學報**，**38**（4），443-460。

賴念華、張祐成、黃傳永、龔庭溱、林葳婕（2017）。表達性藝術治療運用於華人文化下乳癌婦女團體方案介入之要素探究。**中華輔導與諮商學報**，**48**，107-136。

謝麗紅（2014）。希望理論運用在單親女性新移民個別諮商之個案研究。**輔導與諮商學報**，**36**（1），65-86。

第三節

中文部分

王承祖（2011）。**內觀療法**。北京市：人民衛生出版社。

王雷泉、馮川（譯）（1990）。**禪宗與精神分析**（原作者：E. Fromm, D. T. Suzuki, & R. D. Martino）。臺北市：遠流。（原著出版年：1970）

王麗斐、杜淑芬（2017）。Working WISER：臺灣學校輔導工作模式之本土化發展與建置。載於陳秉華（主編），**多元文化諮商在臺灣**（頁 613-648）。新北市：心理。

吳英璋（1993a）。「諮商員個我理論探索」專輯：楔子。**輔導季刊**，**29**（5），9-10。

吳英璋（1993b）。從諮商過程分析談諮商員「個我理論」的重要性。**輔導季刊**，**29**（5），1-8。

吳英璋、金樹人、許文耀（1994）。**校園自我傷害防治計劃執行報告**。臺北市：教育部訓育委員會。

吳熙娟（2017）。後現代敘事治療。載於陳秉華（主編），**多元文化諮商在臺灣**（頁 369-410）。新北市：心理。

李文瑄（2013）。**森田療法的理論與實施**。臺北市：天馬文化。

李佩怡（2017）。華人文化哀傷輔導與諮商。載於陳秉華（主編），**多元文化諮商在臺灣**（頁 259-296）。新北市：心理。

李迪琛、金樹人（出版中）。緣的特性及其對生涯發展的影響。**教育心理學報**。

周靜芬（2016）。**敘事治療中外化對話的理解與應用之行動研究**（未出版之碩士論文）。澳門大學，澳門。

金樹人（1993）。我國大學生職業興趣結構分析。**輔導與諮商學報**，**1**，37-55。

金樹人（1999）。諮商心理學之回顧與展望。載於中國輔導學會（主

編），**輔導學大趨勢**（頁 53-72）。臺北市：心理。

金樹人（2002）。**變與流變**。發表於輔仁大學心理系三十週年系慶學術研討會，輔仁大學，臺北縣。

金樹人（2005）。**心理位移辯證效果之敘事分析**。行政院國家科學委員會專題研究成果報告（編號：NSC 93-2413-H-003-001）。

金樹人（2010）。**生涯決定歷程的 C-U-C 模式：東方與西方的融合**。發表於 2010 學習、教學、與評量：生涯發展取向國際研討會，國立臺灣師範大學，臺北市。

金樹人（2018）。**致中和：心理治療與諮商中的東方智慧**。發表於華人文化下的心理健康與諮詢高峰論壇，南京大學。

金樹人、宋德忠（1993）。**我國大學科系圖之初步研究：興趣量表之應用**。發表於第一屆華文社會教育與心理測驗研討會，中國測驗學會主辦。

金樹人、張德聰（1993）。**中國人之職業興趣結構分析（III）**。行政院國家科學委員會專題研究計畫成果報告。

施香如（1996）。**諮商督導過程的建構：循環督導模式之分析研究**（未出版之博士論文）。國立彰化師範大學，彰化市。

施香如（2015）。諮商實務課程團體督導之學習經驗初探：循環督導模式及反饋小組的應用。**中華輔導與諮商學報**，**43**，127-157。

洪莉竹（2015）。焦點解決短期心理諮商在臺灣的發展。**河南大學：心理研究**，**8**（4），23-29。

洪蘭（譯）（2013）。**情緒大腦的秘密檔案**（原作者：R. J. Davidson & S. Begley）。臺北市：遠流。（原著出版年：2012）

倪安宇（譯）（2017）：**積極想像：與無意識對話，活得更自在**（原作者：M. Tibaldi）。臺北市：心靈工坊。（原著出版年：2011）

夏允中、劉淑慧、王智弘、孫頌賢（2018）。靈性及安身立命：從四大存有問題建構貫串靈性與生涯的本土化理論。**中華輔導與諮商學報**，**51**，1-26。

徐欣萍（2012）。華人關係互動中的緣分運作及其心理適應歷程。**本土心理學研究**，**37**，57-97。doi:10.6254/2012.37.57

徐欣萍、黃光國（2013）。大學生緣觀構念研究與對本土化諮商的啟示。
　　教育心理學報，**45**（2），241-259。

張包意琴、陳麗雲（2002）。沙維爾模式與本地文化：一個香港實踐的反
　　思。載於何敏賢、李懷敏、吳兆文（主編），**華人文化與心理輔導理
　　論與實踐研究**（頁 173-191）。北京市：民族出版社。

許維素（2017）。焦點解決短期治療於臺灣應用的文化適用性。載於陳秉
　　華（主編），**多元文化諮商在臺灣**（頁 325-368）。新北市：心理。

陳秉華（2017a）。人我關係協調的諮商模式。載於陳秉華（主編），**多元
　　文化諮商在臺灣**（頁 147-174）。新北市：心理。

陳秉華（2017b）。持守信念，公義冠冕為我留。載於呂旭亞等人，**靈性的
　　呼喚**（頁 121-136）。臺北市：心靈工坊。

陳秉華、范嵐欣、詹杏如、范馨云（2017）。當靈性與心理諮商相遇：諮
　　商師的觀點。**中華輔導與諮商學報**，**48**，5-36。

陳偉任、夏允中、陳冠旭（2016）。矛盾轉化：結合《易經》人生哲學於
　　動機式晤談法的矛盾轉化歷程。**台灣心理諮商季刊**，**7**（2），1-19。

彭心怡、劉淑慧、洪瑞斌、盧怡任、張嘉惠（2015）。從易經內涵探討生
　　涯發展中轉化之經驗結構。**臺灣心理諮商季刊**，**7**（2），20-48。

黃光國（2014）。論「含攝文化的積極心理學」。**臺灣心理諮商季刊**，**6**
　　（2），36-47。

黃孟嬌（譯）（2008）。**敘事治療的工作地圖**（原作者：M. White）。臺北
　　市：張老師文化。（原著出版年：2007）

黃素菲（2014）。以「生涯興趣小六碼」建置多元生涯發展路徑之研究。
　　教育實踐與研究，**27**（2），133-166。

趙文滔（2017）。運用在地文化進行家族治療。載於陳秉華（主編），**多
　　元文化諮商在臺灣**（頁 297-324）。新北市：心理。

劉淑慧、王智弘（2014）。頂天立地的生涯發展模型：華人生涯網之理論
　　基礎。**臺灣心理諮商季刊**，**6**（1），76-87。

劉淑慧、盧怡任、彭心怡、洪瑞斌（2013）。**易經變易哲學對生涯諮商的
　　啟發**。發表於台灣輔導與諮商學會 2013 年會暨學術研討會：走入吾土
　　與吾民：輔導與諮商工作的本土化和在地化，臺北市立大學，臺北

市。

蕭文（2008 年，10 月）。**循環督導模式之發展與應用**。發表於「第五屆世界心理治療大會」，北京國際會議中心，北京市。

鍾友彬（1988）。**中國心理分析：認識領悟心理療法**。瀋陽：遼寧出版社。

西文部分

American Mindfulness Research Association. (n.d.). *AMRA resources and services*. Retrieved from https://goamra.org/resources/

Anderson, H. (1997). *Conversation language and possibilities*. New York, NY: Basic Books.

APA Presidential Task Force on Evidence-Based Practice. (2006). Evidence-based practice in psychology. *American Psychologist, 61*(4), 271-285.

Ayduk, O., & Kross, E. (2008). Enhancing the pace of recovery: Self-distanced analysis of negative experiences reduces blood pressure reactivity. *Psychological Science, 19*, 229-231.

Bandura, A. (1991). Social cognitive theory of self-regulation. *Organizational Behavior and Human Decision Processes, 50*, 248-287.

Baumeister, R. F., Schmeichel, B. J., & Vohs, K. D. (2007). Self-regulation and the executive function: The self as controlling agent. In A. W. Kruglanski & E. T. Higgins, *Social psychology: Handbook of basic principles* (2nd ed.). New York, NY: The Guilford Press.

Belar, C. D., & Perry, N. W. (1992). National conference on scientist-practitioner education and training for the professional practice of psychology. *American Psychologist, 47*(1), 71-75.

Castonguay, L. G., Boswell, J. F., Zack, S. E., Baker, S., Boutselis, M. A., Chiswick, N. R., ... Holtforth, M. G. (2010). Helpful and hindering events in psychotherapy: A practice research network study. *Psychotherapy, 47*, 327-345.

Gelso, C. J. (1979). Research in counseling: Methodological and professional issues.

The Counseling Psychologist, 8, 7-35.

Gelso, C. J. (1993). On the making of a scientist-practitioner: A theory of research training in professional psychology. *Professional Psychology, 24*, 468-476.

Glynn, L. M., Christenfeld, N., & Gerin, W. (2002). The role of rumination in recovery from reactivity: Cardiovascular consequences of emotional states. *Psychosomatic Medicine, 64*, 714-726.

Heppner, P. P. (2006). The benefits and challenges of becoming cross-culturally competent counseling psychologists: President address. *The Counseling Psychologist, 34*(1), 147-172.

Hoffmann, T., Bennett, S., & Mar, C. D. (2016). *Evidence-based practice across the health professions* (3rd ed.). Chatswood, Australia: Elsevier Australia.

Kross, E., Davidson, M., Weber, J., & Ochsner, K. (2008). Coping with emotions past: The neural bases of regulating affect associated with negative autobiographical memories. *Biological Psychiatry, 65*, 361-366.

Lai, N. H., & Tsai, H. H. (2014). Practicing psychodrama in Chinese culture. *The Arts in Psychotherapy, 41*, 386-390.

Leung, S. A. (2003). A journey worth traveling: Globalization of counseling psychology. *The Counseling Psychologist, 31*(4), 412-419.

Leuty, M. E., Bullock-Yowell, E., Womack, A., Schmidtman, E., Paulson, D., Wiebusch, L. A., & Osborne, L. K. (2015). The integration of science and practice in one training program: Outcomes of a manualized career counseling group. *Counselling Psychology Quarterly, 28*(3), 286-304.

Lim, S., Lim, B., Michael, R., Cai, R., & Schock, C. K. (2010). The trajectory of counseling in China: Past, present, and future trends. *Journal of Counseling and Development, 88*(1), 4-8.

Minieri, A. M., Reese, R. J., Miserocchi, K. M., & Pascale-Hague, D. (2015). Using client feedback in training of future counseling psychologists: An evidence-based and social justice practice. *Counselling Psychology Quarterly, 28*(3), 305-323.

Nigro, G., & Neisser, U. (1983). Point of view in personal memories. *Cognitive Psy-*

chology, 15, 467-482.

Perls, F. S. (1971). *Gestalt therapy verbatim.* New York, NY: Bantam Books.

Pronin, E., & Ross, L. (2006). Temporal differences in trait self-ascription: When the self is seen as an other. *Journal of Personality and Social Psychology, 90*, 197-209.

Straus, S. E., Glasziou, P., Richardson, W. S., & Haynes, R. B. (2011). *Evidence-based medicine: How to practice and teach it* (4th ed.). Edinburgh, UK: Churchill Livingstone Elsevier.

Williams, M., Teasdale, J., Segal, Z., & Kabat-Zinn, J. (2007). *The mindful way through depression: Freeing yourself from chronic unhappiness.* New York, NY: The Guilford Press.

第八章

臺灣諮商與輔導發展的契機：跨領域合作

第一節 跨領域世代的來臨：不同專業對諮商的需求

許育光[1]

邁向高度噴發前進的社會和科技可能帶來之變革，高度需要領域整合與對話溝通的跨領域時代，似乎已經悄悄到來，筆者嘗試先從幾個臨近的經驗舉例來談起：

初秋：參觀電資實驗室，提到對於心理與行為大數據的興趣，有些老師已經跟醫院精神部門合作，也談到「逐資料而扒」的想像中，如何能從網路雲端或社交平臺，發現心理健康或大學生憂鬱傾向早發的跡象，能預測、預防和預先追蹤。

聯想：數據、資訊、心理健康，朝向一種互動與滾動的循環連結，需要多些了解和學習；或者，需要「知道」一些。

冬末：幾位不同領域老師在研討會中熱烈討論，機器人是否能有情感？是否也能懂幽默？轉向更進一步思考，是否能讓機器人也

---

1 國立清華大學教育心理與諮商學系教授

有同理心？另一方面，認知或情感神經科學的研發，是否能貢獻到 AI 的發展？伴老機器人的內建語言和功能，如何貼近老人心理？學習歷程與動機、課業輔導功能符合心理學設計、創意音樂時光機電長廊對行走者的療癒效果、機電治療輔具設計與使用的心理調適等。

聯想：有趣，但想更深入了解；擔心，自己了解不夠；但是卻又覺得自己能在當中有些觀點提供。很複雜的對話和嘗試相互理解。

初春：過境海外，電視廣告小胖機器人管家，能待客、講故事、放電影、教英文數學、連線爸爸視訊、走路即掃地、安排家庭餐會的聯絡……；一句：「我爸爸都不知道，什麼都叫我去問小胖！」

聯想：假若臺灣也開始賣這種機器人（價格不貴而逐漸普及），新時代的兒童成長模式來臨，當中的倫理和價值議題，以及機器人陪伴長大的孩子們（機寶兒童），心理的發展會是如何？

仲夏：研討會上的議題，放在發展諮商機器人的瓶頸和有待突破之處。

聯想：心理諮商被列為最不容易被 AI 取代的職業，難道有可能翻盤？新的世代，人機介面對生活機能與型態均有所改變，助人專業有何需要面對的？又該如何去面對？該來想想。

　　人在江湖，應知江湖事；諮商輔導作為協助人的科學和藝術，在各個世代亦是需要深刻了解人與社會的脈動，其中的專業發展也難離社會脈動趨向。本節即從社會高速變革的時勢，來探討諮商在此一脈絡中的可能價值，以及要迎上前去展現價值的可能實踐方向或開展。在輔導諮商一甲子的發展上，企盼拋磚引玉，引發大家更多的想像和對話空間。以下即從世代回顧和跨領域社會的樣貌，來潛在談論對於諮商輔導的期待或展望。

壹、世代回顧與當前社會脈動的觀察

一、社會型態變遷與輔導諮商需求：臺灣的飛躍

　　人類社會結構的變遷，從遠古的狩獵時代（1.0 社會）、農耕畜牧時代（2.0社會），到近代的工業商貿時代（3.0 社會），歷經了非常長的時間。遠古社會中，人群的哀傷處境、危機應變、生涯困惑，或人生抉擇難題等「心理」困擾，大多透過社群禮俗儀式，或是從宗教心靈面向的媒介（如西方的告解、東方的問巫文化）來獲得舒緩。但在工商社會勞動生活新型態與科學至上之背景下，較為科學的「心理」協助活動——諮商輔導或心理治療等，也隨之發展並漸被社會大眾所熟知和接受。

（一）製造、供應與勞動力的穩定、適應

　　一甲子的專業發起與發展主體，輔導諮商的需求其實與社會歷史和生活文化脈絡息息相關，其背景是臺灣近期社會經濟與生活層面的發展和變遷。回溯 1958 年台灣輔導與諮商學會啟動的當時，是 60 年代「客廳即工廠」經濟政策，締造中小企業為主之經濟理念時代，農業出產與貿易結合的生產型態逐漸被輕工業取代。70 年代初期，連續爆發石油危機，全球經濟不景氣，以及因生產成本劇增、出口大幅下降，加上退出聯合國等因素使對臺投資意願下降，臺灣社會面臨極大的考驗。挫折中勇往直前，推動十大建設、發展重工業、化工業，以及建立自主經濟體系和進行大規模公共投資等，民生與經濟條件逐漸在這樣的基礎上攀升，使得臺灣能創造經濟奇蹟，躋身亞洲四小龍之列。

　　截至 80 年代後，臺灣工業化發展更具動能。農村大家庭的崩解和式微、大批勞動人口向都市流動、就業勞動力的穩定和都市小家庭的

生活型態發展，都是此時期的發展重點。國高中輔導室的工作建構，以及張老師在社區和青少年輔導等耕耘，都顯示在經濟發展轉型、城鄉差距、工商社會小家庭適應等變遷中，青少年輔導面臨學業、就業、家庭等諸多適應問題之進展。在此階段，小家庭所冀求的是穩定成長，社會對個人的期許是一種「適應」觀點，個人要能融入社會、適應社會、依據有結構的社會秩序來生活，來獲致安全感、人際歸屬與自尊等需求；相對的，諮商輔導觀點也自然放在幫助個體或學生，能夠儘量的去自我調整、適應社會、融入社會。

（二）創造、轉型與多元發展、成長

　　電腦和網路科技的發展，近幾年來高速改變了整個人類生活的樣貌，而網際網路時代的來臨，也型塑了社會結構的新形態（4.0 社會：網路互聯時代）。臺灣在 1980 年設立的新竹科學工業園區，以優惠鼓勵投資相關產業之政策，為後續電子高科技產業之拔尖發展，提供了一個重要的基石；緊扣了世界對電腦相關軟硬體和網際網路設備之大幅需要，臺灣在此趨勢上扶搖直上，相關亮眼的成長和專業貢獻受到國際肯定。

　　然而，兩股不安的社會激盪和挑戰，呈現在 90 年代的臺灣社會。一方面，人均 GDP 突破一萬美元，民眾的自信心大幅提升；稍後的 1997 年亞洲金融風暴、2000 年美國網際網路泡沫危機等衝擊，經濟的發展開始緩步成長，隱約的一種何去何從的焦慮和開始浮現的不確定感，是社會和個人發展中無法避開的重要課題。解嚴後的兩岸開放、戒急用忍的限制大陸投資，以及部分臺商轉往東南亞投資等，臺灣社會在政治鬆綁、全球經濟挑戰和兩岸歷史現實架構下，開始經驗到一股必須、也必然朝向開放、多元的重要趨向，但又同時在尋找新方向的迷惘。

　　對應於心理助人的景象，活力湧現的社會經濟發展，促使個人有

條件更朝向自我實現的需求發展；但同時社會的劇烈變化和生活步調的加速等不安因素，也強化了人們對心理議題的重視。各類型專業的諮商取向、民眾對諮商和心理服務之需求大幅提高、諮商輔導工作在大專和中學深耕、學碩博各階層人才訓練的紮實，以及社區型態的諮商工作室經營有成等，都是此時期的重要發展，也為緊接的《心理師法》之通過，匯聚了一定的能量。

（三）創新、創業與未來社會發展

1989 年，英國資訊科學家 Tim Berners-Lee 提出超文字系統連結理論，建立了全球資訊網，開啟了網路世代等 4.0 社會的網際網路到互聯網時代；而臺灣從 80～90 年代前後三十年的跨距，跟隨著資訊與思考的豐富化，後現代社會的豐富樣貌和多元漸漸呈現，也促使臺灣的輔導諮商專業，以多元的樣貌來回應社會需求：多樣的對象、各種思潮所傳入的學派取向，以及各種模式和方法，組合成多元的服務內涵。然而，邁入二十一世紀，在網際網路泡沫化、全球經濟放緩和銀行債務困局等國際局勢下，2001 年的臺灣經濟也首次出現五十年以來的負增長，且失業率升到歷史新高。臺灣內部的多元文化共生、社群意識和能量蘊蓄力強大，個人在生活中身處於多元價值體系，對於自我的認識和認同需要經歷更強的解構或個人再建構的歷程；此間，後現代、系統取向、生態觀點、靈性或超個人思潮、多元模式或不同取徑、多元媒材等發展，對諮商輔導專業實務都有某種程度的借用、啟發或深化。同時，《心理師法》對於諮商心理師實務服務和國家於醫事人員認證的確立，十多年來也更加深了社會對於心理服務專業和諮商的認識。

二、社會迅速轉型與輔導諮商需求：變革與進階

站在 AI 元年（2018 年），啟動變革和創新的世代，同樣的有著期

待興奮和對於未知感到擔憂的兩股心情。近年來的臺灣社會所面臨之挑戰仍多，例如：社會議題的多元和對話、勞動權益與資本、個人與集體利益衝突、多數與少數對峙、社區再建構等議題；明顯的困境則包含：少子化、老齡化、世代差距、教改失焦、學用落差、貧富失衡、青年族群貧窮化等課題。加上在經貿交流上，對中國大陸投資和開放、近年間的大量產業外移，以及衍生的勞工失業、經濟蕭條、兩岸局勢詭譎多變，以及中國大陸對於各行各業的磁吸效應和人才外流課題等。

　　經濟轉型的呼聲，伴隨著對於創業創新的期許，時代性的運作創新或理念的創新，蘊蓄著各種被鼓勵的創業可能性，加上數位網路的高速發展，邁進雲端、互聯，更一舉推進至人工智慧 AI 元年。同步發展，無人商店、無紙鈔時代來臨；新的經濟型態，如區塊鏈（block-chain），從去中心化、智慧合約認證等，走向與實體生活、人群互動和互聯網連接等挑戰。腦科學、心智科學、基因工程等領域的研究與快速發展，也促發了各行各業的前進和變革。在這一複雜或矛盾、困惑的年代，同時也是科技與創新生活媒介高度激發發展的年代。臺灣，該如何好好定位自己？心理學、心理學者、心理助人工作者、諮商輔導實踐者、教學者或研究者，大家該如何嘗試去思索對於時代和社會變革的參與，又該如何去準備面對新世代下的個體心理與社會發展呢？

（一）5.0 超智慧社會的來臨

　　以物聯網（IoT）、大數據、機器人、人工智慧（AI）、再生醫療和腦科學等新興先進技術進展為基礎，帶動產業經濟和社會結構發生巨大變化的新時代已經來臨；日本政府也在 2016 年提出了科技白皮書描繪願景——超智慧社會「Society 5.0」，作為未來二十年國家社會發展的目標。其觀點認為，人類社會歷經演變，由狩獵社會、農耕社

會、工業社會，變遷為資訊社會，預期發展至 2035 年時，超智慧社會「Society 5.0」的人們生活將在不同領域之整合下，朝向連結、協調、自律、自動化等方向發展，並從製造業延伸至整體社會，進入物流、銷售、交通、醫療、金融、公共服務等，而衍生新的價值、新的產業變革，以及新的社會生活型態（邱錦田，2017）。

在超智慧的 5.0 社會中，跨領域的合作整合是必然的。社會存在的是人類個體獨立與發展（包括生理、神經、認知、情感等多層面）、人機介面（各種 AI 和新的科技媒材），以及生活關係（家庭、學校、社區、機構等社群新生活）等三個方面的相互依存和支持。日本動力機器輔助肢體發明人 Yoshiyuki Sankai（2018）認為，在面對這些不確定的變化，社會的方向反而更要回歸到人心的需要，未來社會是朝向一種在科技架構下，發展支持跨域互聯的跨文化與多元文化時代（Era of Techno Peer Support）。在高度科技創新的同時，社會核心的「相互支持」必須更深刻的被認識到，例如：創造是為了解決問題和支持個人，個人的使用經驗也支持創新和變革，生活關係的支持也共同協助產品的研發或修正，而產品數據的分析也貢獻和支持對個人和生活需求的了解。循此思維，科技始於人性，人性展於生理、心理、社會與價值等需求，而心理學與諮商輔導等適可多發揮科技與人文之雙軌特性，在使用、回饋、變革、創新等歷程，輔助更深、更廣的相互支持與連結。因此，在新趨向的創新創業、科技整合與支持、跨領域合作等社會中，諮商輔導或許能雙軌的從：科技融入（理解、參與和開創）vs.人性深度追尋的參與、輔助與開創（從促進支持、使用者體驗、需求再探與回饋）著手。表 8-1 簡單摘要社會進階變革與諮商輔導需求轉換之初步想法，提供大家延伸更多的思考。

表 8-1　社會進階變革與諮商輔導需求轉換

社會	類型	內涵與追求	對諮商輔導的需求
1.0	狩獵	生存與延續	（面對焦慮恐懼）
2.0	農業／畜牧	生產與安全	（集體結構的穩定）
3.0	工業／商業	穩定製造與效率	社會環境適應
4.0	網路數位	創造應用與多元互聯	多元價值的整合和抉擇
5.0	超智慧社會	創新創業、科技整合與支持、跨領域合作	科技融入 vs.人性深度追尋的參與、輔助與開創

（二）邁向高度不確定的年代

　　對比上一個時代，邁向超智慧社會之「不確定性」和「未知」，成了當代須面對的重要課題；在 5.0 的超智慧新型社會，是一個從 NO 到 NEW 的時代，個體或團隊在市場未知（no market）、使用者未知（no user）、沒有既定專業（no professional）、沒有工廠與技術（no industry）、沒有社會規則（no social rule）等通通「沒有」（No）的狀況下，要嘗試地去創出新的（New）市場、新的使用者、新的專業人才、新的設備與技術，以及新的規則（Yoshiyuki Sankai, 2018）。

　　這樣的不確定性，給諮商輔導人員什麼樣的啟示呢？一方面，長期以來我們從換位思考、多元反思、正向思維等錘鍊而出的實務角度或觀點，可能正適於這樣一個模糊又充滿機會的年代，但仍需要我們調整心態去更開放的接納不同之人、事、物；另一方面，諮商輔導對於忍受模糊曖昧和未知的「祖傳秘方」，更適於在這樣高度不確定的年代，進入體系、組織、社群、學校、家庭與個人，促進新社會生活和關係間的支持，採取催化、諮詢、會議對話、動力分析或教練等多元模式，來加以推進和展現不同的工作效益。

貳、跨領域時代的社會與諮商輔導發展

當「變」，特別是與人群生活福祉相關、具有需求的「創新變革」，更是未來社會重要的要素。也因為「知識」的獲取方便而快速，訊息普及之下的創新，難度與門檻更加提升；個體的博學思辨和跨域學習力、多樣化工具媒材的縱橫連結之運用和掌握，以及集思廣益的團隊或跨界連結等三個事項，成了新時代的發展要素。而由於「創新變革」的高度複雜性，這當中的核心就在於「跨領域」的學習、溝通、對話和合作。相對的，「跨領域」人才之培養和生涯新路徑，與上一個世代有相當的差異；諮商輔導在面對「跨領域」世代也需要有新的思維和能力來應對，連帶的諮商輔導專業之「跨領域」見識或合作發展，也相形的需要去開創和起步。

一、新世代重要議題的前瞻與人才需要

行至 2018 年，台灣輔導與諮商學會在臺發展一甲子，剛好也是媒體所稱的人工智慧（AI）元年；從全人發展（橫向的個人與人際，以及縱向的環境與靈性等層面）與生活變革的角度來看：所處環境的產業經濟變革（例如：電子商務、互聯網進階發展、人工智能取代創新、區塊鏈、綠能與環保、基因工程與醫藥研發、巨量資料與品牌行銷等），以及息息相關的個人生涯發展與生活／職涯型態轉變（例如：人才潛能發展、數位管理能力、創新創業、國際移動與文化流暢性、斜槓青年與新式職涯等），一直到橫向的人際關聯（例如：社群媒體連結、網路人際與虛擬交往、全面數位家庭生活、人機互動生活、新型供應鏈的友伴連結等），以及可能因空虛感、失範感擴大，而漸被著重而朝向超越導向需求發展的靈性成長（例如：養生健體、個人修練與成長、正念覺解、宗教與靈性法門學習、意義追尋等）。

所處的世代，正有聲有息、以夾帶催促席捲而來的變革，提醒我們世界樣貌的急速改變。

這樣的改變力道，也對應了未來社會對於跨領域人才的期待和想像。以「知識是否淵博或是專精？」以及「是否具備單一專業或多元專業？」來加以組合思考，可區分四種人才類型（呂宗昕，2009；孫憶明，2015），簡要的概念略述如表 8-2 所示。

表 8-2　四種人才類型表

知識淵博	T 型人才	π型人才／鼎型人才
知識專精	I 型人才	II 型人才
	單一專業	雙專業

傳統人力培育的觀點在於培養專業人才，是一種長期以來培育 I 型人才的觀點，許多傳統系所若以堅守單一專業之學識和知能培養，多屬於此類型。而鼓勵多個輔系或雙學位，能跨域具備雙專長的思考，是一種 II 型人才的思維，在大學選課修課上，長期也多有這樣的多元觀點，鼓勵學生擁有多個專長能多些機會。然而，跨領域世代的思考上，更希望的不只是掌握專業內容與學習，更期待的是能有寬廣的知識背景，且具備高度學習力（動機與能力）的學習者和實踐者，雖來自單一專業，但因為知識淵博且能永續學習，可理解為一種 T 型人才；但是，因為 T 字形只有一隻獨立的腳（單一專業），在觀點上會覺得跨領域世代更需要能跨專業站穩的π型人才，或是像一個鼎一般有三個腳能鼎足而堅立，為同時有知識淵博和多元專業素養的鼎型人才（呂宗昕，2009）。

在專精與通才之間，呂育誠（2015）也認為跨域訓練不是通才或專才訓練，而是同中求異的洞察與異中求同的協作，其重點不是「不同領域都參與訓練」，而是「訓練參與不同領域」，且在於促使學員

在運用各種知能時，能採行不同的思維或態度。更進一步的說，跨領域更看重的不是目的（學習多少領域或技能，為了有用而學的被動態度），而反倒是歷程（具備跨領域的好奇心和主動想學習的動機），啟動了願意接收新知、從實踐中學習、與人溝通合作和主動整合內在知識結構之優勢，朝向跨領域人才的實踐前行。

二、學科邊界與領域跨界

因應社會的「變」，教育體系在這個需要積極創新的跨領域時代，對於「如何培養一個人才」應與過去有相當的不同。不僅是跨領域的見識和職能（內容等跨域專業學習），相關的反思和設置也漸漸被辨識和認知到：時代的創新與思考、溝通與團隊合作、工作執行與永續發展，因此人才的「跨領域」特性（歷程等跨域學習能力）是非常重要的。

（一）學科整合趨向

近代學科的劃分與學門區別，從哲學或近代科學發展所衍生開展出的各個學門，在十九世紀的大學學術發展上，傾向於依據系所的專門知識，而規劃了各自獨立的系級單位，例如：心理學、社會學、物理學、生物學等；然而，回觀臺灣近一甲子的大學學術反省思潮（特別是心理學與社會科學等對「人」的研究學門）可發現，80 年代正反映解嚴前後的社會鬆綁，質性研究、互為主體等著重脈絡意義與現象詮釋的思潮也漸次被看重，心理學的應用領域，特別是諮商輔導的社會科學屬性與人文藝術特性，相對的強調並反映在訓練課程的設計上。然而，1990 年代末之教育鬆綁與廣設大學等政策，大幅度的促使專技學院的大學化，也同時在學科分化上更為細緻與職能導向，例如：大學校院的科系名稱複雜、各有特色、凸顯多元與專業職能領先；銜接「有沒有就業市場」的實用思考，例如：《心理師法》通過

後，走向諮商輔導培育的科系漸增，系所名稱也傾向於各有不同和一定的長度。多元與分野，展現不同和特色，似乎是此一階段的重點。

然而，以院為核心的發展，在 2000 年前後漸漸的為世界各國頂尖大學所推進，強調整合和廣博的教育理念，和臺灣方興未艾的「專門化」方向，剛好相反。傳統的學院（college）和系（department），在新的組織合作或學門整併下，用更寬廣的學院（school 或 institution）、學術類群／學群（academy 或 faculty），或者是變動和創新較容易的學程（program）來取代，而系所則僅留為行政運作上的基本單位。這與我們了解的知識爆炸和社會快速變遷等時代特性有關，傳統的系所和學門有其領域性和僵固性，但新的改變隨時發生、處處浮現和產出，一個僵固的組織系統要調整創新非常耗時，等到改變和學習完成，別人的知識追尋和產出已經跳躍幾級，而無法開放和改變的學科領域或系所，恐怕就只能遭時代淘汰或固守老本。至此，跨領域的時代其實已然成形，新創與學科對話合作，相互的激盪和思考以能產出新知識，是當前教育和人才培養亟需的方向，而各種學程的組合和發展，也反映了跨領域整合的機動性和彈性。

（二）如何跨域？以及——跨域又如何？

回觀跨域發展的已然現象，例如：商業結構的跨領域特性（如便利商店的多功能，近乎無所不能）、社區總體發展的多元跨域經營（如生產、設計、營銷、協調、網絡、觀光等）、商品的多功能特性（如手機、穿戴裝置）或是設計的跨領域合作產出（如優質商品的美學再現、通路建立、品牌管理和價值再創造）等，跨領域的時代已然來臨。如何去跨域？又如何去整合或合作，是我們必須思考的。

對於學科的整合或跨域，可以用幾種形式和主客體對話的強弱整合，例如：多學科（Multidisciplinary）—（關聯性低的學門並列組合）、多元學科（Pluri-disciplinary）—（相關學門加以整合）、跨學科

（Cross-disciplinary）—（以一個學科為主體的融入或比對其他學門），以及跨科際／跨領域（Interdisciplinary）—（可能包含多學科對於概念、方法論、程序、認識論、教育組織的整合），和超學科（Transdisciplinary）—（由一組學門建立共通的學識或知識系統）等整合方式（邱誌勇，2014）。延伸上述概念，跨領域的理念或許可以作用於個人（跨領域人才培養），也可能作用在人際間（跨領域團隊）、團體間（系院合作或共構學程），或是組織系統間（跨校、跨國、跨公司等不同領域合作等）；對輔導諮商專業而言，跨領域的諮商輔導人才、跨域團隊、跨域學程、跨界組織協作、國際與海外合作等，也都可以成為未來重要的思考方向。

　　以國立清華大學近年推展的學分學程、跨院系學分學程，以及跨域選修專門學程（第一專、第二專）等為例子，推動學生跨院系選修相關不同學科背景之學程，或是在本科學門之外有所延伸，對相關領域有更寬廣的認識和學習。此外，專門學程有別於傳統的轉系、輔系或雙主修，能提供自由的進出系所專門領域，例如：教育學院學士班入學、修習第一專長特教主修，第二專長可為跨院的音樂主修，再加上一個創新設計學分學程，組合成其畢業學分，延伸為其個人獨特的創新專業；在學生的認知裡，跨領域的氛圍更強調的是「學習」而非傳統的「學籍」。而又如最近剛成立的跨領域數據科學學分學程，以及跨領域金融數學學分學程等，都呈現跨域教師和跨院系所合作共構的交流合作之彈性和實質性。

　　綜合領域跨界、學科邊界漸趨模糊，是跨域整合愈來愈重要的想法；對於諮商輔導專業，必須提前加以理解對於跨領域學習與人才發展等，具有流暢且開放的思維空間，例如：以下面幾個例子而言，跨領域能有趣的交織出能動性很強的創新能力：

　　電機＋特教＋認知神經科學……作用於障礙者大腦復健之機電輔具研發。

幼教＋體育＋管理……幼兒體適能律動團隊創業行銷與經營。

音樂＋資訊工程＋設計……開放空間數位影音藝術設計與執行製
作。

資訊科學＋心理＋行銷……大數據分析與品牌管理營運規劃。

藝術＋諮商＋資訊科學……媒體藝術治療平臺與心理健康推廣藝
術創造。

（三）跨領域人才培育與學習的啟發

承上舉例，千萬組合帶來了獨特性，也需要個體積極的思辨「自
己要的是什麼？」。對於教育和輔導工作來說，認識自己、了解自己
和探索自己與未來社會的關聯等「知道自己要什麼？」，可說是未來
教育和輔導的核心理念，不單是生涯輔導，對於個體在情緒、人際和
各類型領域發展上，更需要比對和常能省思自己的價值觀點。因為所
處的環境已經不同，社會型態也在大幅改變，新的思維和看待學習、
教育、輔導或諮商等，都應更加考慮學生的主體性促進，以及增進其
對於所處脈絡和社會環境的覺察、理解及裝備。

相對的，作為諮商輔導「專才」，我們來自先前社會型態所累積
的底蘊，是否也應加上對於跨域學習更為看重的角度，來思索諮商輔
導人員的培養和專業長遠發展。我們要的可能也是一個「能夠實踐跨
領域學習」的專業人才，因此諮商輔導人員的訓練應朝向更為寬廣的
社會觀察和認識，也能採取更開放的合作態度來與其他專業或學門互
動；這個是不是諮商專業的「界線」（是，我才學；不是，那不關我
的事）等思維，很需要重新去定義。不單是調整對於學習和生涯輔導
的視框，更需要勤於閱覽新知，了解時代脈動和學門跨域連結對話更
是重要；在實務工作場域上，認識和了解別人在做些什麼，保持對新
事物的好奇心，並且能保持學習力來建構對世界變革的看法，都是未
來諮商輔導人才的發展重點。

參、諮商輔導專業在跨領域世代的可能變革

一、跨領域世代下的社會變遷與個人發展

（一）未來世界個體生涯發展之重要發展

　　承《紐約時報》專欄率先提出的「斜槓現象」（目前有許多年輕人的名片，選擇呈現多重的職涯身分而使用斜槓「／」來加以劃分和定位自己，例如：劇作家／鐘錶鑑賞／藝術管理策劃／水電維修），《斜槓青年：全球職涯新趨勢，迎接更有價值的多職人生》一書的作者 Susan Kuang（2017）從現代企業依存於傳統行銷鎖鏈的斷裂、新世代工商結構的改變、傳統工作職缺銳減，以及新時代青年未必履行朝九晚五的生涯消磨等實況，說明斜槓職涯的存在性和未來的重要性。

　　回推到小學、國中和高中職的輔導工作，「斜槓職涯」所需要的全面綜合能力，例如：創意和獨立思考、溝通與人際協調、領導與統整決策，以及實際執行的勇氣和能力等，都不是憑空在大學時代突然跑出來的；中小學的輔導或心理工作，在與教育體系接軌上，如何促進孩童能充分發展，實際上是一個寬廣的重要議題。

　　聚焦在大專學生的發展上，很難用輔導人員的經驗去套用在未來的社會青年身上，多元而新穎的職稱，甚至是需要自己命名的工作職缺，假若我們都搞不清楚，又有何力道去「輔導」？然而，助人的內功和促進個體有勇氣和智慧去面對變化，仍可以是輔導人員的工作，只是需要加上更多的謙虛和開放度，以及永續學習的動力。試想，一位大三學生針對有機會擔任「星際航太基地規劃」一事詢問輔導人員，輔導人員會回應什麼？又諸如：自營創業進行跨國界的區塊鏈管理技術研發、非洲人道雨林物種基因復育工程團隊、城市空中輕軌飛行器研發、停車場無線充電和無人駕駛車輛自動調控、法律專家機器

人進階設計、睡眠生理高感健康探測床鋪公司、生命回溯 VR 影像敘說禮儀團隊等新興職稱，輔導人員臉上是否表現出茫然不解或甚至是驚恐、不流暢等，都是面對未來生涯諮商可能發生的挑戰。新的職場模式、人事甄選方式、人才評鑑與發展培育，以及組織團隊互動、職場健康等議題，都將嶄新而有待輔導人員去了解和探究。

（二）個人、人機介面、人際與生命福祉的全人幸福發展

從發展歷程來看對於諮商輔導的需求，新生胎兒到銀髮終老，人的生命全距發展在新的超智慧社會中，可能須經歷一定程度的衝擊和調適。對於我們的上一代，可能從撿拾柴火煮飯的童年時期，進展到老齡時以智慧手機控制爐火的狀況；從農村間走路上學的經驗，經歷機車、火車、汽車、飛機、火箭、太空梭、高鐵的體驗或理解。一路走來，社會變化一定程度的影響一個人的心理狀態。

以幼兒或兒童所處的新世代中之機器人管家為例，若居家機器人普及了，能講故事、唱歌、放電影、玩遊戲、教英文、指導作業、督促生活起居等，那麼「機寶兒童」（機器人帶大的小孩）之身心適應和各項發展，均是兒童心理諮商輔導所需關注的新議題。

青少年等高度沉浸在多樣數位媒體的隱憂，過猶不及；家家戶戶、班班校校都大量使用智慧型人機介面媒體，包括：虛擬世界的多樣性高度發展、各樣的世界和各種誘因與規則，以及創新的虛擬世界和新潮的遊戲空間。其所反射的就是不知道該鼓勵，還是該限制的家長和老師，追不上技術和創新的改變，僅能趕上困惑而迷惘的尾隨列車，連帶的中輟、成癮、身心焦躁、衝突等，都是輔導諮商工作者將面對的世代議題。

無法定義未來職涯、不明確和未知、大幅因為人工智慧而減少的職缺等就業困境，則是青年階段的困境。選填的科系，治學有成，沒想到畢業後發現該專業變成因轉型而蕭條的行業，進而就業困難；如

何能三十而立？成家立業的想望和面對必須解構、自己去開創和發想
的生涯路徑，大專和社區諮商師如何陪伴青年人尋找安身立命之所
在，幫助中年人面對轉型和轉業的考驗，更甚者還有動機、興趣、能
力、性格和家人期待等既存問題。

　　老齡化的社會，與未來超智慧社會共構同行；各類型的老齡個體
議題，以及相連的家人和親屬間之關係議題，都被預測是未來社會最
為廣泛且重要的挑戰。諮商輔導以深入人心的同理心，來思考個人與
環境互動之內在歷程，例如：在日常社會生活與學習方面，老人要能
熟悉新的科技應用、感知穿戴裝置、接受數據將為了安全顧慮而遠端
傳送，熟悉隨身可帶伴老機器人出場（提醒過馬路、吃藥、打電話和
生活起居叮嚀等，類似生活小秘書）；這些改變，該要多少心理準備
和推廣，方可漸漸接受和習慣。而在老人職能生理復健或發展方面，
許多新型的輔具日新月異，能幫助肌力、協助站立、強化走路、上肢
復健或各型輔助器材；再加上是否願意多走出戶外與人互動、參與能
協助培養體力的社群活動。「科技」帶來新的好環境，但「意願」仍
埋藏於人心，在人機介面的互動上，心理調適與準備的工作，相對是
非常關鍵的核心工作。更進一步而言，在家庭生活與關係上，即使輔
具和良好機構帶來專業與效能，但老人所擔心的被家庭子女或親友拋
棄的擔憂、主觀感受，更需要被關注；在科技高度發展的年代，人心
的細微和脆弱更需要被看見和留意，心理輔導工作除了與人類福祉創
造相輔助之外，在壓力調適、人文關懷、復原力增進等工作上，都應
有更多的開展和模式創造發展。

二、諮商輔導在多元領域／場域之新時代開創契機

　　從跨領域時代的社會需求來看輔導諮商專業，如何能做到不只是
解決問題和關注困境，更重要的思維是能促進社群支持，促動全人幸
福的開展。我們可以從人群需求發展（市場和使用經驗、需求的改

變），以及輔導諮商工作人員的裝備（專業能力、媒材與技術、規則與倫理等）等兩個角度來看；以下亦以常見的學校、社區和企業三個場域，來略述相關的變革與發展。

（一）學校、家庭、教育與學習科學／科技場域

　　精緻教育，更強調跨領域人才的學校教育，勢必更為著重人才特殊性培養的教育歷程；「幫助每個孩子都能成功或展現其優勢」，正向提升和開發潛能，適足以是未來二十年，大家一起共同努力的目標；而不再僅是解決問題或處理個案，更重要的是預先了解社會變革趨勢，思考衍生的心理適應或挑戰，主動介入教育的增能或系統資源的促進。輔導教師，形同國外的學校諮商師（school counselor），在新的世代中不僅僅停留在作個案或接案、帶團體，更重要的是能連結跨領域專業，共構服務團隊，例如：與特教教師建構共同團隊，發展特教諮商（special educational counseling）；與資訊課程教師，發展心理衛生課程融入媒體，能有行動學習，或連結到家長能行動學習的契機；與校外來的職能治療師或語言治療師，發展復健聯合方案，當中也包括情緒、行為和學習，整合在機器人小老師，展開家庭與家長資源連結，共同促進發展遲緩的學童能穩定生活復健和進步。

　　在大專校院方面，傳統的學務輔導花了很大的力氣處理危機或應對來談論問題，鮮少以未來社會趨勢、培養未來世界人才的角度，來思考教育問題。若大學能夠持有「為社會國家培養各領域未來的優秀人才」這樣的概念，如同企業組織培育其員工，願意投入心力和善用各種教育訓練課程，則「潛能開發」與領導力、多元文化力、實踐力的培養，特別是新款諮商中心可以跳階思考的理念，積極與學校相關特色書院、宿舍、就業輔導、社團或系所來合作，用心理學與諮商輔導概念，有系統的推進學生的自我探索與潛能發揮，或透過教練模式促進在學期間對於願景的追尋和實踐。這樣的調整，讓諮商輔導的專

業眼界跑在發展之前，跟隨快速脈動而變化無窮的社會；而不像以前，是追在社會之後幫忙處理善後問題，是在解決社會變遷所衍生的麻煩。諮商輔導在未來學校圖像的想像，值得我們系統性的來研討和發想。遠觀慎思與主動開創，加上系統合作和跨域連結，或許可以是未來大專教育對諮商輔導專業，雙向的期待與貢獻。

（二）社區、機構、醫療與司法場域

　　社區心理工作的多角化、跨域經營多元服務、數據／雲端／數位的行銷與健康促進融入等氣息，已然在近期的許多新創機構中可悄悄觀察到。「民眾如何能接觸到心理資源？」和「心理專業如何能連接民眾需求？」等課題，長期都是社區工作的核心要素。從新型態的行銷和推廣來看，超智慧時代的訊息流傳廣泛，傳統的大量模式不再當道，「小眾」且是足夠支持的一定數量，則需要有：真正有好的產品（優質可信賴的服務）和實際符合民眾需要的服務（確實了解民眾真正的需求），兩者能夠良好的對應。新型的各種自媒體、新介面和新的經營模式，縱使都是未來重要的趨向，但核心有創意和紮實、有幫助的服務，仍是社區諮商輔導最關鍵的一環。

　　而因為多元、多樣、多眾、多介面和多媒體的社會生態，機構的多樣短期高效服務的開展，相形重要；對諮商輔導專業的挑戰是：快速的分析、覺察和理解，深入了解需要和跨領域連結資源，更要與在地多專業團隊接軌，實質進入社區與社群共鳴，宛如一種田野蹲點、參與觀察、行動研究的能耐，相對是重要的。在文化關注上，華人社區「接地氣／撥融」（閩南語，表示交情深遠的涵義）的持續深耕實務與跨域推廣諮商輔導的理念。

　　在醫療等場域，照護的多樣性與精緻化、矯治與復原工作的高度挑戰性、各類型跨專業團隊合作的需求性，也探問一甲子的諮商輔導，是否準備好能開展對於醫療的投入和合作；肇因於臨床與諮商在

立法過程的磨合，諮商雖為醫事類別人員，但似乎難登醫院體系大堂。新的跨領域時代，若回到民眾的真實需求，醫療群體各科別的民眾，必然是高度需要心理預防、諮詢協助和各類型諮商輔導的支持。然而，長期的陌生和養成體系中對生理成因或基本精神醫學的資源不足，致使在對話上實屬不易。跨領域的學習，對有志於投身醫療場域的諮商輔導新輩，更為重要；特別是新進對精神醫學與認知神經科學的進展、基因與發展的研究、身體復健與腦功能變化的探討，以及心理治療的神經心理論據等，都值得強化。是故，未來諮商學碩層級訓練在人文關懷感受面之外，是否宜稍加增強認知心理、心智科學或精神醫學相關基礎，也是可再加以討論的議題。

養護照顧精緻化，也是未來老齡社會的重要課題。心理服務在其中，是插花附帶、串接聯絡？還是能夠有方向的積極論述，從老齡的心理特質或需求、全人發展的角度，來連結或支持「優質的老齡安居照護」？未來社會如何對待老人，其實關鍵還在於是否了解老齡階段，許多內心隱而不說、難以統整的心理需求，安養或安老的群聚設計，用年輕人的想法？還是探測老人的需要（或者更細緻的提出某一種老人的特別需要）？人機介面和智慧建築的構成、起居照護和關係連結，其實每個環節都應有心理深層或靈性層面的考慮，有待輔導人員去開展和努力。

鏡頭轉向社會邊緣角落。司法系統中的監獄、收容、更生、觀護、保護，或是社區型態的刑後矯治、相對人心理教育等心理工作，目前已受到政府部門相當的重視。社會正義、是否可教化、死刑存廢、矯治還是輔導等議題，其複雜度和多觀點的思維，已然在法律、政治、倫理、道德或醫學面向，有許多的討論；且從預防犯罪、建構良好的更生生態系統，以及心理賦能、強化回歸社會的適應與再創造，都可以是諮商輔導更著力於社區的面向。而在跨領域時代，不單是科技的深著，人文社會關懷的省思和辯證，也可以是諮商輔導倫理

探討和獨立思考等培育，需要大幅加強的領域。

（三）企業、組織、工商場域

　　隨著超智慧社會中，連結形式的不同（多樣形式串接連結），促成了過去大型機構掌握大盤資源再分支的商業型態改變，企業的嘗試扁平化、去中心化、以專案為核心的組織模式，並提供員工創意發揮空間等，可以是因應跨領域世代、亟需創新創業的必然趨勢。從單一集中到多元、從有結構到嘗試去架構，一波波的改變勢必也影響諮商輔導專業介入工商社群的工作型態和角度。創新創業，若不只是口號，而是未來跨領域世界重要的能力，那原有「人力資源」（以公司結構來尋找適合的人來擔任適合的職位）的概念也可能都需要有所轉換。對比起來，因為人才的流動性高且主導開創性強，社會變遷又快，因此高度需要的反倒是一種前瞻性的人才評鑑與培育的發展觀點，例如：能發現潛質與優勢，提前為未來組織發展培育下個世代需要的領導人才，或是對於個體量身訂做適合其潛能進階發揮的教練導向課程（以人才為主體來創造和建構公司的未來）。

　　從人力資源到人才評鑑與培育發展的理念，可能也影響了未來輔導人員與組織企業或工商管理階層，展開專業服務的眼界；既定而制式的評量工具若不適合，該如何發展適切的評量工具？從古典或工業社會階段而來的理論若不貼近，又該如何創造新的組織員工諮商或諮詢方案？展望未來的員工輔導或諮商工作，變革中的企業員工協助方案理念，加入教練、諮詢與領導力促進，或是新型工作角度與更多樣的諮商協助，都是高度可期待和致力開發的部分。企盼關注於企業心理工作的夥伴們，能在新時代勇於開創，開展新局有成。

第二節 合作平台從社區諮商開始

林妙容[2]、方惠生[3]

壹、前言

　　隨著社會文明之進展及變遷，人們對於心理健康之關注與需求逐漸增高，隨之而來的是，提供心理專業之服務也愈來愈受到重視。再者，因著許多經轉介而需要提供心理諮商服務之個案，往往涉及多方層面之議題，其複雜度也隨之增加。舉凡來自各級學校、醫療、警政、司法、社政等系統轉介需要心理諮商之服務對象，皆讓提供服務的人員意識到網絡單位間跨專業合作之重要性。

　　在傳統諮商專業養成之過程中，一向強調的訓練重點在於如何促進個案內在心理機制運作之改變。於是，許多心理諮商專業人員帶著傳統舊有之專業思維提供心理諮商服務，很自然地受限於理論架構、個人工作模式，以及僵化倫理界線之考量，而固守在自我專業領域之本位上，導致難以和不同網絡及專業領域之人員合作，直接或間接地阻擋了發揮實質效益之契機。

　　在實務運作上，如何以個案為主體，以及個案最佳福祉為考量，而建構一個實質可運作之合作平臺呢？心理諮商專業人員首在如何拓展及挑戰傳統諮商之思維，而轉移至社區諮商之典範，如此才有可能

2　國立暨南國際大學諮商心理與人力資源發展學系副教授

3　彰化縣學生輔導諮商中心主任

開啟實質跨專業合作的開始。

貳、何以社區諮商

社區諮商之興起有其社會變遷及發展脈絡。美國在 1960 年代，因應社會經濟、政治環境快速變化，人們感受到沉重的壓力，普遍產生生活適應困難，進而引發心理疾病之問題層出不窮。面對眾多群眾之心理需求，傳統一對一不但耗時、耗費人力資源，且需要主動求助之個別諮商服務模式及其諮商效能，也開始受到質疑與挑戰。

因應社會心理衛生之需求，美國於 1963 年通過《社區心理衛生中心法案》，緊接著在全國廣設社區心理衛生中心，以社區群體為對象來思考，如何提供有效能之心理衛生服務方案，以促進群眾之心理健康。再者，社區心理學於 1965 年興起，提出以生態系統之觀點來剖析人類所面臨之心理困境，不僅強調環境與人的關係，其基本核心價值更著重於預防、賦權、社會正義、尊重多元，且致力於系統及社會之改變。承上，皆促使有別於傳統諮商架構與思維之社區諮商應運而生。

對照起傳統的個別諮商，因其對人的心理健康問題假設之不同，社區諮商可說是諮商典範之移轉。在傳統諮商典範移轉的過程中，除受到上述社會發展脈絡之背景因素影響外，不可諱言的，社區諮商之理論基礎植基於社區心理學之精神與內涵，其中亦包含受到脈絡主義、生態系統觀點、女性主義、多元文化心理學，乃至於後現代主義等相關理論之激盪與影響。

社區諮商所強調之基本假設在於：(1)人在環境脈絡中，環境對人之影響無所不在；(2)強調初級預防教育，不僅需預防心理問題之發生，更加積極著力於心理健康促進；(3)尊重服務對象文化之多元與差異；(4)運用賦能之觀點，以增進個人，乃至於社區之系統改變；(5)發

展具多元面向及綜合性之服務方式及解決策略（陳嘉鳳、周才忠，2011）。基於此，在社區諮商之實踐場域上，Lewis、Lewis、Daniels 與 D'Andrea（2011）進一步提出社區諮商模式，而其模式向度包含直接個人、間接個人、直接社區與間接社區四大服務面向。Lewis 等人並於 2010 年修訂其服務向度為促進人類發展的焦點性策略與廣泛性策略、促進社區發展的焦點性策略與廣泛性策略。社區諮商模式服務面向所包含之具體實施策略，包含：預防教育、諮商、高危險群之外展、網絡間之跨專業合作、倡導、危機處理、諮詢、影響公共政策，以及促進社會改變等，而其終極目標則在於促進人類群體之幸福感。

基於上述社區諮商所強調之生態系統與環境脈絡息息相關之理念，當在面對日漸複雜、挑戰之個案處遇上，建構網絡之間跨專業之合作平臺實是不可或缺。

參、跨專業之合作平台

根據 World Health Organization（2010）的定義，跨專業合作（interdisciplinary collaboration）乃是來自不同領域之身心健康照護專業與個案、家庭、社區一起合作，期能為個案提供最佳品質之照護服務。在醫療領域裡所提及之跨專業合作，是指來自至少兩種或更多專業領域可以個案照護為主，一起合作，並分擔在形成與執行照護計畫過程中的問題解決與決策之責任（D'Amour, Ferrada-Videla, Rodriguez, & Beaulieu, 2005）。同樣地，在面對不同領域及複雜議題之處理上，採用跨專業團隊合作之處遇模式亦有其必要性。

隨著愈來愈多的介入性方案重視心理諮商，而延聘心理諮商專業人員參與方案，也因而增加諮商專業人員參與跨專業合作之機會。迄今，在個案處遇之實務現場上，因其問題之複雜度，轉介單位常以召開個案會議、網絡會議、專案會議等相關之名義，來共同討論個案之

處遇計畫。然在實際執行之層面上，不乏常看到跨專業、網絡間合作上所出現的問題，例如：各個網絡單位只分工執行自己的職責，而缺乏合作溝通。再者，在合作過程中，因專業角色定位不清、對個案問題之認知不同、缺乏共識（張淑芬，2015；游淑華、姜兆眉，2011），於是空有「跨專業合作、整合」之名，而未有實質運作之實，殊為可惜。

　　社區諮商引用生態系統之觀點，強調的是人在環境中，充分顯示人不斷的受到不同環境因素之影響（Bronfenbrenner, 1979）。跨專業合作的分工與實質運作之前提乃基於 Bronfenbrennerm 於 1979 年提出生態系統理論之觀點，其主要系統包含：微系統（microsystem）、中間系統（mesosystem）、外系統（exosystem）、鉅視系統（macrosystem），之後再加上時間系統（chronosystem）。因能深刻理解、體會五大系統間之關聯，以及對人產生之衝擊和影響，則更能實踐跨專業系統之間的合作。

　　再者，根據 Lam、Wong、Ho、Choi 與 Fung（2017）歸納文獻之整理認為，能促進跨專業合作之主要因素在於：(1)能了解合作的跨領域專業之角色與知識；(2)能彼此相互溝通；(3)能互相尊重；(4)能分擔決策之責任；(5)能分享目標。在以「案主」為核心之跨專業合作過程裡，能尊重合作對象專業領域之多元與差異，且可以在合作模式之運作中，對於不同專業所使用的語言、偏好的理論（對人的問題之理解）、倫理考量，乃至於專業限制等，皆能保有高度的敏感，才得以在合作之平臺上，充分溝通協調，以達成共識，為個案之處遇與福祉共同努力。

　　游淑華、姜兆眉（2011）深入訪談四位社工人員，以探討諮商與社工在家暴、性侵害議題之跨專業合作經驗，其研究建議則指出，諮商教育工作者應在培育過程中重視系統觀及多元文化之訓練，以具備跨專業合作之知能，此乃回應社區諮商一再強調生態系統及尊重多元

文化之精神與內涵之展現。

肆、實務舉隅

以下試著以兩個案例來呈現網絡間跨專業合作之運作。

案例一

小玲、小華、小明三姊弟分別就讀九年級、八年級及六年級。他們的父親對於孩子的教育方式具有自己的理念，並認為要求孩子工作到半夜，例如：撿資源回收、撿餿水、餵養牲畜（豬、狗等），對孩子而言是一種磨練。此部分之行為因涉及家暴，學校已進行通報，並核發保護令。

小玲在小學階段曾有一段時間由姑姑及姑丈代為照顧，所以小玲與姑姑及姑丈較為親近。在核發保護令後，小玲曾表達願意被安置，其父母十分不諒解，常以她想離家、不為家人著想、懶惰等理由諷刺她，導致小玲在家中似乎較無地位。小華較聽從父母的話，因此掌握家中資源，如床位、棉被、網路使用等的分配權力，姊弟間經常為此爭吵、打架，難以相互扶持照顧。小明面對兄姊爭執，大部分時間選擇漠然以對。

父親本身的經濟狀況無虞，卻以給予每週500元零用金來「控制」母親及孩子們。後來因為受傷住院，父親曾要求三個孩子每天搭最早班的車子去醫院照顧他，如果不到就不給生活費，甚至因此要小玲休學來照顧他。其父母與親戚及鄰居經常互告，關係交惡，加上長期撿拾資源回收及廚餘，家中環境清潔堪慮，缺乏可以睡覺、讀書及洗澡的場所，導致三個孩子經常身體有惡臭，在學校也很難發展良好的人際關係。

　　小玲在學校經常出現幻聽與幻覺，經醫院診斷為思覺失調症，且狀況愈來愈嚴重；小明也因為父母長期在醫院，家中缺乏大人照顧而出事。本案經學校輔導教師主動通報，而啟動三級輔導機制，並召開高危機網絡會議，串連教育（國中、國小、學生輔導諮商中心）、社政（高風險、兒少保）、警政、衛政等單位共同協助。

　　各網絡單位介入本案之處遇摘要如下。

一、教育單位

（一）國中輔導室

1. 導師察覺小玲的衛生習慣及精神狀況不佳，主動聯繫父母想了解家庭狀況，並欲與學校輔導室及學務處前往家中進行家訪，而父母皆以不方便或不需要為由，拒絕學校單位之家庭訪視。

2. 專輔教師與小玲晤談之後發現這個家的「祕密」，原來父親雖沒有動手打孩子，但是失當管教及控制孩子的方式皆已是「精神虐待」。於是專輔教師以藉故路過家訪，恰巧父母不在，而揭開此家庭的「祕密」，旋即通報社會處。

3. 召開專案會議，邀請學生輔導諮商中心、該生畢業國小之輔導人員、高風險社工進行討論。

4. 後來，由輔導室負責小玲與小華的生活、學習、安全關懷及認輔工作。

（二）國小輔導室

1. 輔導主任表示，小玲、小華皆為該校畢業生，目前還有小明仍就讀該校，父親因失業而於兩年前返回家中居住。之後發現，學生到校時似乎沒有睡好，而精神狀況經常不佳。學校老師也發現，小明經常需要將廚餘或資源回收帶回家中。

2. 學校曾主動到家訪視，並溝通、勸告多次，父母皆虛應故事，甚至會以各種理由搪塞及掩飾。

3. 父親住院期間，母親前往照顧，家中無大人照顧，故小明放學之後在外逗留，因而被誘騙遭到性侵，於是通報社會處進一步介入處理。

4. 後來，由輔導室負責小明的生活、學習、安全關懷及認輔工作。

（三）學生輔導諮商中心

1. 在召開案家專案會議後，旋即開案，分別由 1 名社工師與 3 名心理師介入處理。社工師主要負責網絡系統連結及追蹤案件處遇進度；3 名心理師則針對小玲、小華及小明進行定期的諮商服務。

2. 召開縣市層級的網絡會議，邀請社政、警政及衛政等相關單位進行討論及一起協助。主要的工作分配如表 8-3 所示。

表 8-3　網絡單位之分工合作（案例一）

網絡單位	主責工作
學生輔導諮商中心	1. 提供 3 名學生的心理諮商與教師、家長之專業諮詢。 2. 每月定期召開個案專案會議，以掌握輔導狀況。
○○國中／○○國小	1. 認輔及關懷 3 名學生，不定期進行家訪。 2. 針對家庭風險進行預警及通報。
社會處及社福單位	1. 針對家暴及性侵害部分，協助後續處遇，提供必要協助。 2. 針對家長提供親職教育，協助改善家庭環境。
警政（區域派出所）	1. 加強學校附近區域的巡邏，保護學童安全。 2. 協助課後校園及上學、放學安全維護。
衛政及醫療單位	1. 協助父親就醫期間會同精神科進一步檢查。 2. 協助小玲診斷及就醫，建立緊急事件的後送機制。

3. 協助學校進行危機評估，建立預警制度，討論重要連結方式及契機。

4. 與網絡單位積極合作，尋找可以介入的時機與方式。由於父母親對外界協助頗多抗拒，遇到不順意的事情，會不分青紅皂白的以言語攻擊。學生輔導諮商中心運用專業的諮詢，化解父母與家庭及外單位間不少的誤解與衝突。

二、社政單位

（一）高風險家庭社工

1. 不定期家訪，協助父母改善家庭環境，例如：增購熱水器，以方便冬天時盥洗；回收資源物的收納與豢養牲畜的地點及方式，以清潔居住環境。

2. 持續與父母溝通子女管教方式，多次的介入似乎可以達到提醒、警惕的效果。

3. 關心 3 個孩子在家的狀況，配合學校輔導教師帶小玲就醫。

（二）兒保社工

1. 針對父母的不當管教，多次主動警告，與父母持續溝通並督促改善，在必要時，進行安置或配合家防官申請保護令。因為父母家暴的事實不易認定，過程中遭遇頗多困難，由於學校輔導人員的堅持及小玲本身願意表述作證，讓家暴社工可以有施力點。

2. 與心理師共同合作，陪伴小明面對性侵害案件的審理及創傷復原的過程。

3. 結合高關懷社工及學校輔導人員提供必要之協助。

三、警政單位

1. 配合教育單位，在學生上學或放學時，主動加強區域的巡邏。
2. 到校協助宣導自我保護的方法及重要性。
3. 必要時，協助學校輔導人員及社工進行訪問。

四、衛政單位

1. 衛生局透過醫療系統提供父親必要的協助，促成接受精神科會診及進一步檢查。
2. 在小玲確診為思覺失調症後，協助邀請精神科醫師到校，以專業諮詢方式幫助教師了解如何與精神疾病的患者相處，以及可以提供哪些適當的協助。
3. 連結醫院社工提供相關資源連結，形成學校、家庭及醫療的防護網。

　　本案持續了八個多月的努力，不僅資源系統的整合愈來愈順暢，整個家庭成員也有頗多進展。茲將重要的改變陳述如下：

1. 小玲在心理師及輔導教師的鼓勵下，考上自己心目中的第一志願，而邁入下一個學習的歷程。小明升上國中，進入兄姊們就讀的學校，面對創傷的經驗，皆能有正面積極的態度迎接挑戰。學生輔導諮商中心協助高中、國中及國小召開「個案轉銜會議」，邀請三所學校的輔導人員進行輔導工作的銜接與討論，希望在孩子進入學校前能有妥適的安排，學校會持續輔導其適應學校生活，必要時可以再申請諮商服務。
2. 父親在接受醫療的過程中，受到系統頗多支援、協助，後來，甚至發現腦中有腫瘤，也順利完成割除手術，於一年後返家，目前的健康及情緒狀況也穩定許多。

3. 小玲進入高中後，因為壓力問題幾度需要住院治療。目前，癒後情形稍穩定。由於高中輔導室積極介入，排除許多可能產生的問題，必要時也能夠快速的連結醫療系統之協助。

案例二

小如是一個國小六年級學生，平時在班上的言行舉止宛如大姊頭，不喜歡與同學相處，喜歡在網路上交友，且結交年紀比她大很多的高中生、大學生等，經常私會後就住在對方宿舍，有多次中輟未到校紀錄，大部分是在網咖、轟趴或汽車旅館被警察尋獲，但很快又逃家了。

小如剛入小學時，父母離異，但過程中，父母皆不想爭取孩子的監護權，小如好似被踢皮球般，最後只好由父親帶回給阿嬤照顧。從此，她沒有再見過母親，而父親長年在外工作，回家的次數屈指可數，只有固定給阿嬤生活費，也逃避照顧之責。小如阿嬤因年老，視覺及雙腳退化，造成行動能力不佳，僅靠微薄補助度日。小如雖然還算願意聽阿嬤的話，但總覺得她過於嘮叨。在離家期間也曾多次偷阿嬤的錢，便於逃家後在外花用。

小如如果能夠順利到學校，大部分可以將當天的課上完，所以基本上，她只是覺得到學校上課無聊，態度上倒也不排斥。但是逃家後，就經常幾週找不到人，好幾次都得要靠社群網站或友伴的連結才能被尋獲。

學校曾通報小如為高風險及兒少個案，甚至每天到家裡去找她，只要在家就能將她帶到學校。導師及專輔老師皆用心輔導小如，希望讓她穩定就學。但是往往成效不彰，持續不久又逃家，阿嬤覺得十分無奈且無助，學校幾度聯繫父親皆得不到回應。最後，學校提報全縣中輟評估會議進行討論。本案經會議評估後，由學生輔導諮商中心會同學校輔導室召開中輟特殊學生專案會議，邀集社政（高風險社工、

兒保社工）、警政（少年隊、少輔會）、司法（檢察官）等單位共同
討論後續處遇方式。

　　各網絡單位介入本案之處遇摘要如下。

一、教育單位

（一）國小輔導室

1. 導師及輔導教師持續進行家訪，只要小如在家，就能夠讓她到
   校學習。平時，導師除了鼓勵小如到校學習外，也讓與她較友
   好的同學運用各種形式與她有所連結，時常鼓勵小如回到班級
   上課。
2. 肯定阿嬤的用心，提供物質協助與精神支持，並邀請父親到校
   開會或接受諮詢。
3. 詳細記錄導師及輔導教師對小如的輔導歷程，包括召開相關的
   會議，並記錄每次的處遇重點。

（二）學生輔導諮商中心

1. 在接受學校轉介後，學生輔導諮商中心即派 1 名心理師與小如於
   固定時間晤談，小如願意到校接受諮商，但到校的狀況仍是不
   佳。透過心理諮商，讓小如能夠改善偏差行為，並能夠修復與
   父親間的關係。
2. 以專案會議方式來連結系統資源，並依照狀況及需求連結更多
   的資源介入。主要的工作分配如表 8-4 所示。

表 8-4　網絡單位之分工合作（案例二）

網絡單位	主責工作
學生輔導諮商中心	1.定期召開專案會議，以掌握三級輔導處遇的狀況。 2.按照全縣中輟評估會議之結果連結相關單位進行處遇。 3.進行中輟復學評估及建立復學安置後的穩定機制（如中輟學園）。
國小輔導室	1.妥善整理相關輔導紀錄及會議紀錄。 2.由導師及輔導教師持續連結家庭（支持阿嬤／聯繫父親）。 3.會同強迫入學委員會執行中輟復學。
社政單位（社工）	1.多次家訪，針對父親的教養功能提出相關諮詢。 2.進行家庭照顧功能評估。
警政單位（少年隊、少輔會）	1.加強中輟協尋，並了解可能違反《少年事件處理法》之情事。 2.協助家訪，配合《強迫入學條例》之規定，對父親提出警示。 3.加強查緝可能出入之不當場所，如網咖、廟會等。
司法單位（檢察官、觀護人）	1.建議以法律途徑加強對父親與孩子的約束力。 2.啟動與教育單位中輟學園的後續配合。

二、社政單位

（一）高風險家庭社工

1. 多次進行家訪，協助評估家庭的照顧功能。據社工表示，案家父親或有照顧上的失責或疏忽，但有固定寄錢回家，家庭經濟狀況尚可。小如與阿嬤同住，有所照應，無安全之虞，高風險案件無法成案。

2. 由社工陪同學校、村里長及強迫入學委員會至家中宣導，並聯繫父親。

（二）兒保社工

1. 學校通報性侵事件，據社工與小如晤談、評估後，也認為兒少保案件無法成案。
2. 學校及學生輔導諮商中心與社會處社工討論，希望在無法成案後，也能有較為妥善的未來處遇方向。

三、警政單位

（一）少年隊警察

1. 積極協尋並且密切與學校保持聯繫，在尋獲小如之後，第一時間聯繫學校。
2. 協助社工及學校教師前去家訪。

（二）少輔會志工

1. 到家對父親與小如進行關心、勸說及輔導，並支持阿嬤。
2. 與學校導師及輔導教師定期聯繫、討論。

四、司法單位

（一）檢察官

1. 提議依照《少年事件處理法》第 3 條第 2 款規定，依其性格及環境，而有觸犯刑罰法律之虞者，小如有「經常逃學或逃家」、「經常出入少年不當進入之場所」、「吸食或施打菸毒或麻醉藥品以外之迷幻物品」、「有預備犯罪或犯罪未遂而為法所不罰之行為」等情事，學校可以蒐集證據，以控告父親「養育照顧不力」。

2. 協助學校了解如何運用法律來約束父親盡到監護的責任，能每天接送小如上下學。

（二）觀護人

1. 督促小如及其父親履行到校義務，並且約束小如偏差行為的再犯。
2. 與教育單位合作，共同評估小如進入中輟學園的可能性。

　　對於本案件，學校依照「高級中等以下學校輔導特殊事件學生應注意事項」的原則及規定召開相關會議及處遇，也提供完整的三級輔導資料。法院判定父親必須履行「照顧養護之責」，每天需準時接送小如上下學，否則將處以罰緩。小如則因偷竊被判保護管束，在觀護人及心理師的說服下，於學期結束後進入中輟學園就讀。茲將重要的改變陳述如下：

1. 小如的狀況經常遊走在中輟與兒少之「通報」與否的邊緣，導致學校與社會處社工對於其問題之處理經常缺乏施力點。但是，學校不放棄努力，透過三級輔導充分的分工與合作，並未讓問題持續惡化，最後終能從「法」的觀點介入，找到可以約束的力量。
2. 父親被要求每天接送小如上下學後，在心理師、社工及學校輔導教師的鼓勵與支持之下，反倒找到父女之間關係冰釋的機會。小如可以感受父親不是討厭她，而是不知道如何面對她的無奈與挫折，對於家庭的破碎，兩人都有共同的失落。一直到學期結束，阿嬤也因為父親經常回來履行義務，其照顧的壓力較為緩解。
3. 學期結束後，學校老師帶父親和小如參訪中輟學園，透過心理師的正向鼓勵與觀護人的行為約束力，小如認真考慮要進入學

園學習，而阿嬤的支持讓她的決心更加堅定。

4. 開學時，小如在阿嬤、輔導教師與心理師的陪同下，來到學園展開新的學習。在這裡，因為改換居住及學習環境，小如可以杜絕複雜的交友及外在環境對她的影響，能專心於學習，加上許多技藝課程是小如有興趣的，使她很快就適應新的環境。

5. 學生輔導諮商中心的心理師仍可較以往更穩定持續的進行諮商，學校導師、輔導教師及父親、阿嬤不定時會來探視。經過三個月後，小如不論在想法及行為上都有成熟、穩健的改變。父親亦十分感謝大家合力幫忙救回他的孩子。

綜上所述，這兩個學校輔導的案例跳脫傳統個別諮商之服務模式，皆充分運用社區諮商的觀點，如生態系統觀，強調跨系統之間的資源整合，不僅網絡單位間各司其事，進而藉由定期、不定期之網絡會議當作溝通平臺，達到以「案主」為核心之跨專業合作的共識，如此才能促進更佳的輔導成效。在過程中，學生輔導諮商中心亦發揮了促進網絡間合作連結的力量與功能。

伍、結語

不論是實務之需求，抑或跨專業合作之相關研究報告，皆顯示網絡間之跨專業合作已然是時勢所趨，而如何能凝聚共識，以理解、合作取代專業間之防備、猜疑，建構實質運作之合作平臺，其網絡成員是否具備社區諮商之知能，實扮演關鍵性之要素。再者，如何在諮商教育及養成訓練之過程中，以融入式課程之方式，讓學生學習具跨專業合作之態度、知能與技術，實是刻不容緩之任務。

蕭文[4]

第三節　諮商產業與諮商通路：未來諮商專業的趨勢

　　在 2013 年 10 月 29 日於臺北召開的第 11 屆華人企業領袖遠見高峰會中，臺灣科技界大老李開復先生曾語重心長的說：「（臺灣）到現在還講臺積電、鴻海，不是不夠好，但經驗不能延續。」他疾呼臺灣需要更大的轉型，否則危機迫在眼前。李先生的話好像也可以針對諮商專業的未來發展來說。在過去六十年來，臺灣的輔導諮商從無到有，體制燦然，結構完整，例如：我們有多元的諮商系所、完整的課程規劃與教育訓練，我們擁有國家認證的諮商心理師證照，有諮商心理師工會，有與醫療人員同樣嚴格的繼續教育與認證系統；在學校，我們有法令保障的輔導權責單位，各縣（市）教育局（處）也多設有學校諮商中心，而國際級的諮商專業大師亦絡繹不絕的來臺灣進行學術交流，諮商服務的族群／對象也不斷地擴大等，諮商專業在學術上的發展已可用「具有專業內涵的獨特性與完整性」來形容了。然而，仔細思量似乎覺得有哪裡不對，原來臺灣的諮商工作只能在自己的領域、機構或範圍進行諮商，這是一個侷限性的專業，是一個沒有「通路」的專業。

　　同樣是在 2013 年，教育部為了提升技職教育競爭力，積極推動技職校院辦理「產業學院」，開設「契合式人才培育班」，讓學業與就業無縫接軌，幫企業找到其所需人力，例如：某大學與臺灣區製衣工業同業公會合作辦理「時尚服飾製成學分學程班」，其他如「時尚廚

4　國立暨南國際大學諮商心理與人力資源發展學系榮譽教授

具設計與行銷學分學程」、「電信產業學程」等皆是產業學院概念下的設計。產業學院的概念雖然較偏重於就學與就業的媒合，但其中卻隱含了一個「通路」的概念。臺灣的諮商自有其專業的考量，然而這樣的一個專業是否能從「產業」的角度重新定位未來發展的領域？

　　本節即是從這樣的一個「諮商產業」的視野，一方面要檢討臺灣目前諮商的困境，另一方面也要從產業合作的角度界定臺灣諮商專業領域。

壹、在被動中發展的諮商專業

　　在過去一百年來，諮商專業從無到有，在一個世紀的發展裡，諮商專業不斷地從回應社會、政治、經濟、文化和人口的變遷乃至科技的發展，逐步調整並充實其內涵。然而，這樣的諮商發展和成長的過程，卻只看到諮商專業是被動回應周遭環境的變化，諮商的主體性與創新性並未明顯的被呈現。以下即從這樣的一個觀點來回看「被動中發展的諮商專業」。

　　諮商專業的發展，嚴格來說可分為兩個路徑：其一是從 Freud 以來的理論建構；其二是為回應社會的需求而出現的諮商形式與概念；兩者雖在內涵上有很大差異，但其實均反應出社會變遷的痕跡。在 1900 年前後，當歐洲仍關注在精神醫學或心理治療之際，美國於 1908 年在波士頓設立了職業輔導局，這個機構的設立固然是為了媒合大學畢業生或求職者就業需求的一個平臺，但它可算是一個職業輔導的萌芽，雖然與現今的生涯諮商有一段距離，但至少它擁有現今就業輔導的基本精神，只是這樣的就業輔導並無法兼顧個人的興趣、性向、人格特質，以及其他足以在工作上勝任與否的能力預測。在 1917 年前後的第一次世界大戰裡，由於美國的參戰需要大量的兵源，因而領導幹部的需求迫切，導致美國軍方開始研發陸軍α測驗和β非文字測驗，以用來

篩選誰可勝任基層領導幹部。這個事件很快的引發了西方世界在 1920 年代相關心理測驗的研發，從 1905 年比奈―西蒙（今日的「比西量表」）的智力測驗開始，心理相關專業開始意識到測驗的重要性，其後的歲月裡亦逐步發展並建構心理測驗（Psychological testing）與評估（Assessment）的理論建構與操作模式；這個心理測驗運動雖然並非因諮商／心理治療的需求而起，但它確實在其後的諮商專業發展中扮演了一個重要的角色。

　　1944 年第二次世界大戰雖然結束，但由於戰爭期間對人性的摧殘與不尊重，人們開始思考人本的精神，Frankle 的意義治療即是在這樣的思考下出現。存在主義在 19 世紀是以一種哲學的形式出現，然在 1950 年前後受到人本思潮的影響，開始探究「我是誰？」、「人的生命意義和價值何在？」、「人存在的本質和主體性又在哪裡？」。Carl Rogers 在 1950 和 1960 年代分別因此提出了「當事人中心諮商理論」和「人本諮商理論」（Person-center Counseling），強調人是自己的主體。這個概念也促成了在 1960 年代諮商理論發展百花齊放，即使精神分析理論此時也不得不修正從人際動力取向的角度來看待「人」的問題，依此看來，諮商理論的發展何嘗不是反應社會需求的結果。

　　1958 年，美國國會通過了《國防教育法案》，這個法案的緣由是因為前蘇聯在 1957 年向月球發射了一具載運猴子的火箭，這個事件震驚了全美――「為什麼蘇聯可以而美國不可以」，於是在全國民意的支持下通過了《國防教育法案》。這個法案的影響雖不是直接針對諮商而來，但法案中要求學校設立輔導室並推動人才篩選的培育工作，其他如中小學教科書的大幅修正、教學方法的被研究等，無不說明該法案對教育與諮商／輔導的重視。法案通過的結果，卻在無意中促使了輔導與諮商在學校教育環境中心被定位與確認。

　　在 1960 至 1970 年代中期，美國甚至在全世界，由於科技突破性的發展、社會結構的變遷、經濟活動的改變，乃至越南戰爭的衝擊，無

不使諮商專業必須作翻天覆地的改變，以因應這一波的變革，例如：傳真機的發明、越洋客機的啟用，促發了知識爆炸與天涯若比鄰的概念；經濟活動的蓬勃發展促使了更多婦女就業，但也因此引發了女性主義、雙生涯家庭、鑰匙兒童、青少年與藥物濫用問題；美國水門案件與 Kent 州立大學被大學生占領三個月，促發人們開始思考對威權的反動和對人的主體必須被尊重的理念，形成了第二波的人文思潮；而越戰後的船民問題，由於東、西方文化與價值觀的差異和引發的衝突，促使美國和西方世界除了美國在教育體制內開設雙語教學外，也將過去的跨文化（cross culture）修正為多元文化（Multicultural），並在多元文化的概念下，不同文化族群（包括婦女、兒童、少數民族、貧窮等）紛紛受到重視。1977 年，DSM 也將同性戀從異常行為裡剔除，其他如對幸福感的追求、開發個人潛能、提升個人的自我成長等，凡此種種無不反應在諮商專業發展的內涵裡。1972 年，美國的 APA 年會即為諮商專業與當時的發展下了一個註腳：「諮商是在社會變遷下逐步成長和發展出來的！」

　　1984 年，美國 APA 在洛杉磯召開的年會中，Ivey 即提出了一個「個人與環境的適配性」概念（Personal environment fit），認為任何人不可自絕於環境的影響，強調人與環境的適配性是個人心理健康與諮商心理必須關注的議題。其實早在 1980 年，Alvin Taffler 即在他的名著《未來的震盪》（*The Future Shock*）一書中預測：「人類未來的社會將因受到高科技的衝擊和影響，而使我們的思考和生活方式受到空前的巨變和影響，層面包括政治、軍事、經濟、教育、農業、休閒、醫療……。」而在 1989 年，Herr 在《變動社會中的諮商》（*Counseling in a Changing Society*）一書中也特別提到，人類的未來社會因社會快速變遷和高度壓力的影響，而使人類出現與現在截然不同的各種心理疾病，Herr 也提醒未來的心理衛生工作模式應與目前有相當的差異。Taffler 與 Herr 所提到的未來就是我們現在的二十一世紀，他們雖沒有提到未

來的諮商專業該以何種形式出現，但都不約而同的主張未來的諮商專業應從開放與創新的角度去重新定位諮商專業。

　　截至 1990 年代為止，我們所看到的諮商專業內涵一直不斷的在擴大和充實，但如果抽掉了社會變遷的各類議題和事件，吾人今日所熟悉的諮商究竟還剩下多少？這個結論說明了在過去一百年來諮商專業的發展，不僅是被動的回應社會需求，而且孤立於其他各行各業。諮商較從自身的角度去思考如何解決相對應的問題，而較少將問題的源頭納入諮商專業自身發展的內涵，這個觀點 Lent 在 1990 年即語重心長的提到：「諮商專業的界線究竟在哪裡？」這個界線（boundary）的概念除了提醒諮商專業不可畫地自限外，更應從公眾印象（public image）的角度創造跨行業的合作平臺，而這個合作平臺的概念會不會就是「產業」的原生概念？

貳、臺灣諮商專業的危機

　　臺灣諮商專業的危機如果從呈現之形式來看，至少包括兩個面向：其一是沒有通路的臺灣諮商專業；其二是諮商專業非典化的隱憂。以下分別討論。

一、沒有通路的臺灣諮商專業

　　講到通路就不禁想到臺灣的便利商店，講到便利商店又讓我們想到什麼？

　　在約 25 坪大小的便利商店裡，滿足了多數人的基本生活需求，包括：各類飲品、便當、日式料理、水果、沙拉蔬菜、火鍋料理，還有銷售最夯的各式咖啡、各式泡麵，更備有烹飪需求的各式佐料、女性化妝品、出門在外輕便的旅行配備等，便利商店幾乎就等於一個具體而微的超市、飯店或自助餐商店；如果想寄信、寄包裹也不必到郵局

就可搞定；想領現金、匯款、領取網路訂購的任何商品都可在便利商店得到滿足；如果想買大眾交通車票、訂購藝文活動入場門票、繳納政府的各種稅款、查詢統一發票等也可以搞定；更誇張的是，它提供了桌椅可以讓人們在裡面休息、聊天、吃飯，甚至約會也可以在此進行；還想到什麼嗎？它提供積點換獎可以兌換玩偶、經典模型、杯子碗盤等，逢年過節還提供應景禮盒、節令食品等。在此不是為便利商店作廣告宣傳，我們好奇的是，為什麼一個只有 25 坪左右的便利商店，竟然能跟一般大眾的生活如此息息相關？走進便利商店的感覺是開心的、滿足的，尤其當問到店員有沒有賣什麼或想要的服務，店員的回答往往是「有」的時候，那種欣喜似乎只能以高峰經驗差可比擬。這是一個百貨（物）流通的空間，是誰想出這樣的一個好點子，讓古早的雜貨店搖身一變成為大眾依賴甚深的空間？

臺灣的便利商店其實就是一種「微型產業」，它有自己的通路（deliver system），能夠接觸到不同客層並滿足需求；它有自己的產業平臺，藉由平臺的提供，以策略聯盟的方式與不同的產業或商業活動進行策略聯盟，讓彼此互蒙其利；它能以創意行銷的理念吸引消費者的目光。如果從生活的面向來說，臺灣的便利商店應該就是一個不折不扣的「生活產業」，它滿足了多數人生活必需品的想像，前述 Lent 所提到的諮商專業之界線問題即可在便利商店得到答案，而且便利商店的界線還在不停的創新與擴大，可以說是一個充滿通路與活力的產業！

回到臺灣諮商專業的面向，大家都說諮商很重要，是你、還是我？社會大眾包括：家長、學校、主管教育的政府機構、企業，甚至監獄、軍隊、警察等，都說諮商很重要。近年來，社工也把諮商納入服務範圍，整個社會好像都在說諮商很重要，可是為什麼臺灣的諮商專業始終活絡不起來，而且是被動的回應不同單位與機構的需求；臺灣的諮商專業好像成為一個「派遣專業」，主體性幾乎很難被看見，

原因之一就是臺灣諮商專業沒有通路，為什麼會是這樣的結果？我們試著來看下面這幾個問題：

1. 我們有諮商與心理治療的相關學會，其服務對象多以會員為主，服務項目包括：年會或學術研討會、主題工作坊、專題演講、電子報或諮商輔導的相關訊息提供、協助政府（如衛生福利部）進行心理師認證或修正相關法規、辦理諮商督導培訓與認證、配合政府計畫提供人力資源等；以上服務內容多為對內的，目的仍為提升會員在專業上的自我成長。學會基本上是一個封閉的組織，較少看到與其他不同行業或產業的連結，換言之，學會較缺乏專業創投的服務，諮商專業的通路自然有限。

2. 我們有諮商公會，可是沒有諮商人力銀行或人力派遣組織。公會的成立係依相關法規而設置，公會的組織形式與服務內容大體與諮商相關學會類似。公會是最接近社會面向和需求的組織，理論上最應知道哪裡需要諮商心理師，或是最應掌握誰需要諮商心理師的服務並主動與之連結，如果彼此能找到彼此，那麼公會便可扮演一個人力銀行或人力派遣的平臺，而與不同單位或組織形成策略聯盟，於是公會所代表的諮商專業便有了通路，而不僅是一個職業登記的所在。

3. 在諮商專業教育訓練方面，我們有完整的諮商教育課程規劃，可是由於較強的諮商專業知識與能力的完整性，卻相對的缺乏管理與溝通協調的能力。我們的諮商實習著重於專業相關機構的培養，卻較少或是沒有在不同專業性質的機構實習，以致未來的諮商師並不能將他們所學應用在不同的族群對象上，我們需要跨領域的實習，至少先考慮兼職實習；另外，我們熟悉不同的諮商理論、學派、模式，然對社會的變遷較少關切，不同背景的個案並不能用單一的諮商模式應對，諮商師很難體會沒有絕對的諮商理論和方法，只有相對的個案，其諮商歷程客制

化或彈性的概念自然不會出現。這樣的結果，我們的諮商專業
只有固守此岸，對於彼岸的個案和不同背景個案的問題較難理
解，於是臺灣的諮商專業只能愈做愈小，結果就是沒有了通
路。

4. 我們有各種諮商專業的工作坊與學術論文研究，可是較少看到
跨領域與跨行業的工作坊與研究。這種缺乏來自外在合作的諮
商活動，很難讓其他行業了解到為什麼他們需要我們，我們的
諮商專業平臺只有我們自己，但我們需要策略聯盟的介入。

以上種種，簡單的說，我們的諮商專業是孤立的、有限的、沒有
通路，諮商專業只能在「點」進行，出了點，諮商專業就不見了。

二、諮商專業非典化的隱憂

（一）從非典化到典型化諮商的理解

非典化就是非典化諮商的簡稱。典型的諮商是在有條件的情況下
發生的專業行為。所謂的有條件指的是諮商師受過完整的諮商教育訓
練，個案的問題可以從不同的心理面向提出概念化的假設，諮商的發
生是在安排的情境下藉由諮商關係的建立進行助人的歷程，其採用的
諮商方法是諮商師在理解個案需求的前提下，經由個案自我察覺而提
出的諮商介入。

典型化諮商基本上延續 Freud「talk therapy」的形式，藉由諮商師
與個案之間的語言互動、情緒的理解或抒發，認識自己（個案）的經
驗基礎與信念來源，其中諮商師與個案因此建立的工作同盟關係，在
對話中找到切入點的好時間（good moment）與重要事件，或讓個案看
到自己的能量、優勢與可利用的資源，在自我覺察與整合自我中開始
行動與問題處理的探索。

然而，上述所謂的典型化諮商之操作，在許多新一代的諮商師身

上消失了。它們雖然受過專業訓練，可是他們的諮商似乎與專業訓練關聯不大。舉一個筆者個人在督導中聽到的諮商師與個案之對話為例：

> 諮商師：說說你的問題。
> 個　案：我不知道怎麼說，反正就是我跟我媽關係很不好。
> 諮商師：嗯，你是說你很辛苦啦！
> 個　案：哦！
> 諮商師：你想解決這個問題嗎？
> 個　案：大概是吧。
> 諮商師：我這裡有幾張牌卡，你抽一張出來。（個案抽出一張）
> 諮商師：來，你看到牌卡上的人物了嗎？說說看你在想什麼？

　　這一段對話其實就是非典型諮商，諮商師藉由牌卡，也就是所謂的媒材去引發個案內心的投射。個案或許因此去除了對諮商的焦慮與刻板印象，甚至開始覺得有趣而願意開口說話，其實這位諮商師正在進行一場另類的「talk therapy」。其他如塔羅牌、易經卜卦、星座、紫微斗數等，其作用大抵如此。這種非典型諮商的方式到底算不算諮商？是否真的有效？或著它根本就不是諮商，只是運用媒材提供暗示線索，然後讓個案自動對號入座？問題不在於非典諮商「可不可以」的問題，就像「羅夏克墨漬測驗」、「TAT主題統覺測驗」、「畫人、畫樹、畫房子」，以及「班達完形測驗」一樣，這些測驗也可以算是「媒材」，但治療師至少在解讀之前受過完整的訓練，並非開口說故事的街頭算命師啊！

（二）非典化諮商出現的必要性與隱憂

　　科技的快速發展讓諮商專業對「人」的理解愈來愈陌生與無力。筆者舉幾個在實務工作上碰見的現象：

　　1. 憂鬱症好像是個案的基本困擾，多數的個案都認為自己有憂鬱

症，它們除了服用相關藥物外，也會參加一些心靈工作坊，並會閱讀一些靈性書籍，甚至有些會研讀諮商相關理論。結果在諮商中，他們是專家，諮商師只能背書。如果諮商師不採用其他的方法，整個諮商情境就失控了！

2. 由於電腦與網路的影響，許多人呈現的不是自我而是電腦我。如果這些人成為個案，它們會將自己的需求投射在電腦的相關活動中，諮商師如果遵循傳統諮商想從個案的感覺著手，結果往往是沒有感覺或答非所問的敘說一些經驗。如果諮商師能利用媒材，個案一見到具體的影像人物時，就如同面對電腦的景象人物，就會很自在的投射自己的心理狀態；對某些人而言，媒材的使用確有必要。但正如前文所言，不同的人面對同一張牌卡時會有不同的故事投射，諮商師又要從何角度去解讀？這就是一個大隱憂。

於此筆者提出了一個假設的想像：

> 「如果個案知道至少要花兩年或者更久的時間才能覺察自己的問題，他還要來接受諮商嗎？如果個案知道眼前的諮商是 Jung 取向的，所以他至少要花 20 次的諮商才能建立諮商關係，那麼他當下的決定會是什麼？如果個案發現諮商師在諮商前幾次不斷要他說出自我對任何人事物的覺察，那麼他有這個耐性嗎？如果個案不斷的被帶往過去負向的生活經驗，並指出現在的生活經驗與這些過去創傷所形成的信念有關時，他會不會困惑自己是來做什麼的？」

以上種種都是傳統諮商理論／模式的經典操作，在這樣的操作中，諮商師很自然的會以專家的角色出現，同時諮商過程的嚴肅性也是可以預期的。這樣的諮商方式或許對某一個世代或某些族群的個案是合適的，但對於 1990 年後出生的所謂「寬鬆世代」，似乎相當窒礙難行。因為他們被形容為跳 Tone 的、反權威、強調新奇與刺激、喜歡

表現自己、不耐久操又容易挫折、喜歡被肯定的……，前面所提到的傳統諮商的經典操作在他們身上恐怕行不通，於是非典化諮商應運而生。

非典化諮商不只是媒材的使用，在日本也出現「出租大叔」的行業，許多年輕族群喜歡找他們聊天、吐苦水。這些大叔其實沒有什麼諮商背景，但他們很能傾聽，也會適時說些驚人的觀察，往往會讓來談者身心舒暢、如夢初醒。而在中國大陸也有人將諮商語言包裝成為「高端語言」，他們習慣將同理心和後設認知的概念應用在行銷、管理、教室管理的過程中，自稱「人性導師」，充分利用人對關懷、同理和願景的渴求，完成人與人之間的正向溝通與連結。在臺灣，某個行業這幾年來快速興起，它們與人的對談方式正是高端語言應用的極致，導致參與的人在接觸之後對自己充滿自尊與自信，好像問題都不是問題了。

以上種種，其實都說明了非典型諮商有它的市場與必要性。諷刺的是，非典諮商的方法其實是從專業諮商中演化而來的，如果這也是一種助人的方式，那麼傳統諮商又該何去何從？如果助人就是諮商人的信念，那麼諮商人該如何面對這種有點變形的所謂助人行業（此處並未稱他們為助人專業）？面對非典化諮商的新興市場，有些人贊成，也有些人持反對與保留的態度，然而問題不在贊成或反對，如果從產業的角度來看，正如臺灣的便利商店一樣，它的多元性與包容性廣受不同層次客群的喜愛與接納，則臺灣的諮商專業就必須如便利商店一樣，透過不同包裝的方式，才有可能適合不同的客群，諮商專業的通路才有可能出現。

參、從知識經濟到諮商產業化

（一）再談諮商專業產業化的必要性

以傳統的諮商工作來看，絕大多數的諮商師都在學校或機構中，被動的等待個案上門前來尋求協助，其中個案屬於轉介或被政府公部門，如法院、社會處、相關基金會委託案指定者，也占相當比例，以此而言，諮商師的專家形象似乎被侷限於固定的領域範圍內。而諷刺的是，諮商這個專業好像是為這些單位或機構而存在的，此問題來自兩方面：一是諮商師的全年或兼職實習不出這些範圍，結果當然是只有這些機構知道諮商或輔導在做什麼；其次，當今社會的各行各業之間很難獨立的維持業務運作，以便利商店為例，它只提供一個平臺但整個店內卻能滿足不同客人和專業服務提供的需求。這就說明了「產業化」是諮商專業未來發展的方向，諮商這個專業必須將自己視為一個提供所有產業服務的平臺，正如前述所提的便利商店，就是一種產業合作的概念。諮商產業化的概念能擴大諮商師的行動範圍，只有透過產業化，諮商專業在未來才有競爭力，因為產業化的合作結果，會促使不同行業不僅知道也能了解諮商對該行業的影響，當然跨領域的課程與諮商實習課程的場域也必須認真思考。

（二）知識經濟與諮商產業化

有一句話是這麼說的：「誰說牛頓以前沒有萬有引力的存在！」卡通「哆啦 A 夢」為什麼受到這麼多人的喜愛，其中一個原因是劇情充滿了「如果……」般的想像。從過去到現代，人類對知識的追求與獲取大致可以分為四個階段：

1. 知其何（know-what）：知道有關事實的知識，如各種統計、調

查資料等。

2. 知其因（know-why）：知道為什麼的知識，如行為塑造原理。

3. 知其然（know-how）：知道如何去做的知識，如諮商技術的學習與應用。

以上三者幾乎構成了傳統諮商教育課程訓練的重要內涵。但近十年來，由於電腦的普及化，於是又加上了第四個：

4. 知其誰（know-who）：知道誰需要你擁有的知識、誰擁有你需要的知識，以及如何找到彼此。

以上四者從未來的角度來看，充其量只能維持諮商師「保有工作」。在上個世紀末的 1999 年，OECD 即開始強調知識經濟（Knowledge-Based Economy, KBE）的概念，認為「知識已經成為經濟成長與社會發展的驅動力」。觀諸現今中國大陸的互聯網，馬雲藉由電子支付改變經濟活動，以及臺灣郭台銘的電子生技儀器提供銀髮族更精細的照顧等，無不說明知識不只是用來傳承的，知識應是藉由反思並結合不同的知識以創造前所未有的知識，這個概念其實就是「誰說牛頓以前沒有萬有引力的存在！」的最佳註腳。

根據上述，人類對知識的追求與應用已不是單一知識的應用結果，各行各業都有自己獨到的知識，如果不同的知識能做結合，也就是知識加知識甚至知識乘知識，而每一個個別知識又代表不同的經濟實體，那麼知識組合的結果會不會形成一個新的知識，甚或一個新的產業呢？於是，未來的知識發展將出現第五個樣貌：「知其知（know-known）」，這個現象不就又回到前述所言：「誰說牛頓以前沒有萬有引力的存在！」諮商專業知識現有的發展只停留在自身專業知識與應用的層面上，可是如果以現有的諮商專業知識加上其他行業的專業知識，是否就會出現如便利商店的新型產業？臺灣早期的雜貨店加上了物流、電腦、科技、管理、行銷，以及不同領域的商品，在客制化的考量下，終致形成今日的產業樣貌；臺灣的諮商專業是否也能在知識

經濟的引領下，有遠見也有勇氣的朝諮商產業化邁進！

（三）合作共治是諮商產業化的關鍵

面對知識經濟時代的變革，各種領域的從業人員莫不感受到加乘速度的市場變化，這樣的變化可以看到更細緻的分化，或更具功能性的多元概念之整合，例如：早年的郵遞業務發展為今日多元服務的物流業；傳統茶行演化為茶香、書香、文化陳列與網路服務的綜合體；保險業者除了保險理財，也提供了健康、旅遊、醫療方面的服務；許多行業莫不競相將原本單一服務／供給產品演化為多元服務的產品，其中最具成效的也就是在前文曾提到過的便利商店。

2008 年的諾貝爾經濟學獎得主 Paul R. Krugman 提出了一個「合作共治」的概念，他認為產業萎縮、貧富差距過大是因為「資訊不對等的結果」。所謂資訊不對等，指的是人與人、專業與專業、行業與行業，乃至區域與區域，甚至國與國之間無法將自己的資源與他者分享，也無法利用他者的資源作為自身資源強化的來源，更無法藉由一個論之為「平臺」的場域概念，作為彼此資源整合，以創造新的資源。這個概念更是一語道破了目前諮商專業的窘境，諮商專業在當前社會中亟需將專業轉型為「產業」，才有繼續發展的可能。依此而言，臺灣的諮商專業在未來必須以合作共治為平臺，在此平臺上與其他行業交換資訊與需求，進而共創新的產業。

肆、結語：臺灣諮商產業的通路

臺灣諮商產業未來的通路包括兩個部分：其一是哪些潛在的客戶會成為我們服務的對象；其二為達成目標的初步手段為何。以下分別說明之。

（一）誰需要我們的諮商產業

1. 未來的諮商產業掌握在現在的兒童與青少年手中

　　臺灣目前銀髮族正快速增加，政府和相關機構不僅已注意到此現象，也努力的整合不同資源提供銀髮族的協助，而臺灣的諮商專業近年也已開始思考如何面對這一新的挑戰。然而，從諮商專業到諮商產業是一條漫長的歷程，對於現今的兒童與青少年，諮商人似乎仍用已知的知識和相關資源在提供心理健康服務，殊不知這些兒童與青少年從出生始即面臨資訊化的社會變遷、父母的晚婚和遲育阻礙了親子溝通，AI 人工智慧的大量應用導致他們未來生涯型態的必然改變。臺灣的諮商專業化在現今此刻即應早思對策，開始與不同的行業對話並交換資訊，這個新興的諮商產業必然會與科技做密切的合作。

2. 尋求寬鬆與追求有趣的世代

　　如果以 2000 年為基準前後各加減 10 年，這一階段的人口數約占臺灣總人口數的四分之一，他們有一個特殊的稱呼，社會學家稱他們為「寬鬆世代」或「厭世代」。他們雖然寬以待己，卻嚴以律人，甚至容易以批判角度面對環境，但他們又喜歡搞笑製造一些無厘頭的歡樂，「Just for fun」就是他們的寫照，因此又被稱為「FUN 世代」。「希望問題能快速解決」是他們的另一個特徵，這個思維有可能影響到他們的工作、婚姻、異性交友，乃至生活態度等。以此而言，臺灣的諮商專業需要重新思考此一族群對諮商操作的方式，面對諮商產業的通路，要與能夠提供和滿足他們態度的機構或場域合作，才有可能提供適切的諮商服務。

3. 追求良好生活品質的人

　　早在 1970 年代（約民國 80 年）前後，心理學界出現「幸福感」（wellness）的相關研究。所謂的幸福感，偏重於個人的自我滿足與實

現，包括：自我控制、做自己、情緒自由、潛能發揮等，然而到了2000 年前後，由於一方面經濟的富裕、生活的改善，乃至後期相對的生活壓力愈來愈大，於是除了追求生活品質的提升外，追求小確幸的人也大有人在。我們從媒體節目的內容製作便可嗅出端倪，有愈來愈多的節目偏向養生、美食、營養與健康、休閒旅遊（特別是結合美食），還有電視購物產品也多以上述商品為主；當然，在追求生活品質的背後，其實也隱藏了許多個人議題。職是之故，未來的諮商產業通路就需要以提升生活品質為平臺，結合相關行業進行整合／合作，為追求良好生活品質的人提供諮商服務。

4. 追求自尊、自信的人

臺灣的有線電視第 20 頻道 Travel & Living Channel（TLC），有次播出了一個節目，略謂自覺身體意像（Self-Image）不佳，不敢結交異性朋友，也擔心職場被人嘲笑，於是辭去原先工作賦間在家，個人變得十分退縮、沒有自信，幾乎快要出現憂鬱情緒。其後，在節目主持人的邀請下，上了「改變造型，給我自信」的節目，主持人聽完該女士的自我陳述後，立即給予許多同理，接著在現場準備好多套衣服，聆聽該女士對每件衣服的感覺外，也不忘給她肯定，加上主持人在美學與穿著搭配上的專業知識，該女士終於選了一套衣服；同樣的過程在其後的美髮造型與面部化妝上皆再上演一次，整個過程主持人以傾聽、同理、敘說該女士心裡的故事，間歇給予讚美並肯定她的努力。在看完節目後，筆者個人心裡的感覺是：「天呀！她根本就是一位稱職的諮商心理師。」只不過主持人藉由衣服、妝髮視為媒材的應用，完美的提升了原來低自尊與低自信的自我概念。在筆者個人某次與醫美業者對話的過程中，她提到來診所的人多半為女士，也多半是因為缺乏自信而在兩性關係中有過挫折經驗的人，她知道如果能同理她們是最好不過了，可是她們做的不夠好，因此希望筆者的團隊能協助她

們，包括基本諮商技巧的訓練等。

　　以上兩個例子雖然有些特殊，然回歸本初，皆與自信、自尊有關。檢視諮商師所面對的當事人，許多都有類似的問題，也需要諮商師給予協助，如果諮商產業的通路能以此為平臺，是否也能與不同行業進行合作呢？

5. 還有誰？

　　其實整個社會都需要諮商人，如果諮商專業能把已經存在的知識與需求放在平臺上交流，也就是前面提到的從 know-known 開始，那麼諮商產業的通路將會是無限大的了。

（二）諮商產業的願景

　　既然是願景，以下謹從原則性的提示並為本節的結束。

1. 諮商專業要有自己的識別系統（CIS 或 Logo）。
2. 諮商專業要有自己的形象廣告。
3. 諮商專業要能與其他專業合作舉辦學術／實務研討會。
4. 諮商專業要有定期的社會現象調查與分析之相關大數據，並以之透過電腦模擬未來之大趨勢。
5. 諮商專業要成立公益基金會。
6. 諮商專業要主動成立一個平臺，並與各行業進行策略聯盟。
7. 諮商專業要有人力整合機制並建立人力通路系統。
8. 諮商專業的教育訓練要加入知識經濟的相關課程。

第四節　科技諮商的影響與整合

許育光[5]

　　科技躍進發展架構下的科技諮商輔導，可以是怎樣的一個新圖像呢？從庶民生活的發展和社會生活的大幅跳躍來看，5.0 版的超智慧前瞻社會是一個將個人生活、人工智慧、資訊訊息系統等三個方面整合的過程，例如：老年人的各種新型數位化生活配件（心律或血壓等偵測與調節）＋伴老機器人的陪伴監控和對話提醒等＋雲端巨量資料庫的訊息整合與模式控制修正，當中三者是息息相關的相互建構和連結。又如：教師課室教學的新型態，在主題學習後仰賴數個 AI 助教幫忙評量每個學生之學習程度，數據彙整分析可指出班級學生對主題概念某部分的不熟悉，如算數的進位概念需再加強等。

　　從諮商輔導的前瞻發展來看，新時代的科技飛躍可從實務和新模式研發、教學與訓練／督導，以及研究和理論建構等角度來看，以下即從這幾個方面來探討和想像可能存在於未來社會科技樣貌與諮商輔導之影像或整合。

壹、科技諮商的新藍圖：影響、衝擊與創新

　　從三級預防輔導的架構來看，科技在諮商輔導的實務應用也許可從初級預防輔導與推廣工作，以及次級預防諮商諮詢與三級介入工作來思考其潛在的影響、衝擊與創新。

5　國立清華大學教育心理與諮商學系教授

一、初級預防輔導與推廣工作

（一）心理衛生與輔導課程之科技應用

在人群需求與科技整合部分，心理健康資訊能很親近的取得，且從新課綱對素養和教師能自主規劃課程的理念著手，網站互聯的資源整合已是基本；AI 應答或提供訊息的諮詢，或是融入教學型機器人當中，也能在班級中輔助教師留意每位學生之狀況，適時提供多樣的資訊。而虛擬實境的媒材則可以非常大幅有創意的運用在各種輔導活動之教材研發上，例如：生命教育輔導活動、生涯輔導活動、生涯願景想像職涯體驗、性別平等教育方案、人際關係對話練習、情感輔導與相互尊重對話體驗練習等。

（二）各級社區或家長推廣課程之科技整合

近年來，各種遠距教育課程、行動學習介面、繼續教育學習系統等，已經相當成熟也早入民眾生活；但在素材上，心理健康與衛生推廣的社會教育仍較為零散，有待積極開發更有系統且貼近時代的課程內容。加上大數據對於學習者網路行為的追蹤分析，以及未來穿戴裝置或社區影像資料分析，能更加精準的知道，例如：A 鄉鎮需要更多父母親職壓力紓解、B 區域需要中堅青年職場心理健康、C 社區特別需要祖孫隔代的各項管教與衝突紓解訊息，讓科技融入到社區實質的成長需要。

（三）數據蒐集與互動式模式控制系統的運用

區域性的心理衛生課題，可透過科技加以輔助，各種有特定發展需求的民眾也可在數據裡被找到和邀請，像是網路行銷的新技術一般，數據的巨量資料會找到潛在需要加入的客群，並跳出訊息邀請加

入。不論是主動或被動，進入到能夠橫向互動支持或在群組裡面問答解惑，以提升心理健康知識和意識，例如：架構能協助潛在父母面對生育抉擇難題的「新生維基」互動平臺，像是參加團體輔導一般，在當中即能獲取訊息和互動學習新知；又如：「轉角」則是協助青中年失業、待業、想創業、正轉業、尋志業、堅持斜槓、蘊蓄發展事業等正值人生轉換的平臺，透過交流和訊息主被動的提供支持性的輔導。

二、次級預防諮商諮詢與三級介入工作

（一）網路與媒體諮商諮詢的多樣形式

科技的前進性雖然多元且日新月異，但諮商諮詢的專業本質仍應有其核心價值：深刻傾聽與理解、助人覺察和面對人生課題仍是主軸，專業度和精神不變。但多樣的媒材開發，可能是前瞻科技所帶來的選項，例如：想像中的智慧型眼鏡能帶來虛擬仿真的視覺效果，手機連網後即可在網路上彷彿個案坐在輔導人員對面，輔導人員坐在他面前一般，是否有可能也可行？團體影像的虛擬和呈像技術，彷如公司團隊會議，超智慧眼鏡投影出八個人同時的「虛擬仿真團體諮商」（也真實呈現同時間有八個人在不同角落深入探索和分享），可能嗎？雲端測驗技術、線上虛擬仿真的心理衡鑑測量、雲端資料庫與常模自動更新、智慧型態自動細微綜合分析來幫助臨床決策等日新月異的科技，用在諮商諮詢實務上可行嗎？倫理考量適切嗎？輔導人員會選用嗎？

（二）深夜對談機器人的可能發展

近期，常遇見科技人喜歡詢問筆者，對於發展諮商機器人的看法；一則憂心，擔憂飯碗也被 AI 搶走，但一則是好奇和覺得有趣。在藉由應用 AI 來創造服務系統的概念（by AI）中，倚賴以類神經網絡來

學習人類的非結構化知識，例如：從網路留言辨識有自殺或犯案的高危險群、情感撫慰功能的聊天機器人等，大致均有其可能性，且也已處於發展階段。對於是否能製造諮商機器人，其實對於高複雜度的諮商輔導工作而言，實際上若要追趕到具有基本的諮商能力，其實還有非常多需要克服的難題，例如：臉孔辨識與情緒的覺察能力、對於聲音表情或聲線的判斷、後設的概念化和理解、危機型態的複雜度難以精準辨識，以及如何能夠深度學習和進階修正等，都是很大的一段鴻溝。但是，聊天或情緒支持等簡單功能，或者依存於某個單一理論或模式來對談的聊天機器，卻是逐步在進步和發展的。假若我們能接受深夜空窗，能委由聊天機器人持續與來電者或網友會談到天明，轉而回到真實諮商師來處理危機，是否有其可行性？則是可以再討論和思考的。

在 AI 應用與發展過程中，潛在或已經浮現之人文社會議題，尤其是倫理、法律與社會問題（in AI）的未來狀況，其實都需要諮商輔導工作者的留意和關注，例如：AI 與人類的互動（如新的社交及公共空間衍生的互動關係）、AI 政治決策、管理機制、法律司法運作等社會治理議題、AI 等社會信用、評等系統之法律與道德界限等。此外，更多的倫理與價值議題（of AI）雖無實質效益，但卻是人類在招喚 AI、應用 AI 的基礎，例如：如何看待 AI 的智慧、記憶、學習與意識、AI 的發展方向（與人類相同嗎？）與發展歷程（演化軌跡是否相同？），以及 AI 整體對於人類生活、人群關係和集體文明的影響，更包括對未來人類心理層面的影響。

（三）各類型表達媒材數位化之可能研發

腦科學的發展以及虛擬仿真技術的直線加速，與心理或腦神經影像表達的技術都嘗試加以努力和發展。對於心理工作來說，「知道你在想什麼」在未來的科技中，可能有複製創造和呈現顯像等方向，仍

有待突破和發展。其一，讓心裡所想的具體客體或事件能仿真的呈現出來，例如：在空椅技術或心理劇中，對於媽媽的懷念或未完成的心情，能透過複製來投影出媽媽的影像，強化相關的情緒連結或表達，這當中是否會過於渲染情緒或是否有相關倫理議題，還有待討論和研議。而其二的神經影像呈現，則還有許多無法突破（也可能無法達成）的困難，在腦波和造影技術高度發展的想像下，有無可能透過穿戴科技，顯像出當下記憶或情感的內涵影像，亦即模糊的呈現目前腦中所思所想，這樣的發展將是非常嚇人的。因為假若輔導人員能「看見」案主在想什麼，對於測謊、記憶探測、意念形成等運用，以及心智科學研究，等於是跳到另外一個層次；同理，當中牽涉的複雜倫理議題和個人隱私等，也都是需要仔細去討論與關注。

（四）新型科技生活的倫理抉擇陪伴

科技發展社會下的對談議題，恐怕開始牽涉更複雜的倫理議題。「要不要」可能是一個環繞在諮商輔導中的重要主題，案主來談可能牽涉像是：基因修復或改造的醫療抉擇、胎兒的基因工程、是否要做基因檢測，或是因為安全考量為家中的老齡長輩強制佩戴科技裝置、全方位的子女影視監控設備，或者是否就讓機器人為主來陪伴孩子。另一個是面對新型科技的「怎麼辦」等焦慮和不安，例如：對於無人駕駛的恐懼、搭乘城市代步小型飛行器（如果有可能）的懼高、家人一起參加太空旅程而倍感壓力、對於某些仿生科技產品感到害怕，或者開始對新款的機器人感到擔憂懼怕而和家人有衝突等。新科技、新社會、新話題帶來諮商輔導的新導向，以及必須開啟新的對話和應對。

（五）數據追蹤與潛在危機發現

在延伸應用上，大數據與各類穿戴裝置、居家智慧數據（例如：室內調控指標、行為習慣、駕駛行為、智慧床鋪等）的結合，衍生了

可透過分析和預警來發現危機的可能性，例如：智慧手環的各種自我健康指標，可用在個人自我回饋但也同時可以用於安全監測，如慢性病患或是老年人的各種追蹤和危機；又像是大專學生，在生活節奏和生理指標變化過度、社群網站出現灰暗內容的留言、多次登高樓或其他偏離常態的行止，則高度的關注和數據可主動預警等延伸的次級篩檢工作，也是可設定和努力的方向。在此一雲端心理與社會安全資料庫的發展工作上，個資的保護、數據預警通報的倫理、資料的加密或安全性，以及提供團隊訊息的流程和程度、接受訊息者的回應和應變，都是有待討論和研究的議題。

貳、從應用到實踐：諮商輔導跨域整合的訓練新景緻

一、心理學與諮商輔導認真玩（serious play）的教材研發

在生物學的人體系統課程內容上，戴上 VR 進入博士所帶領的人體內部探險團隊，跟著血液、搭著各種血球，一路從心臟開始旅程，探究各個器官的奧秘和機能；各組競賽間，有得有失，但總體來說就是對於人體生理學知識的「寓學於樂」。諸如此類的認真玩或嚴肅遊戲（serious play）教材已成為教育訓練之應用趨勢，像是外科醫師訓練的模擬仿真、虛擬進入法院情境的法學課程訓練等。從虛擬實境等多元媒體和人工智慧融入教材，或教學過程的各項研發趨勢來看，相關的科技技術也可開創性的運用在心理學或諮商輔導教學中，來啟迪新一輩的學習者，或是運用到社會教育推廣來讓民眾接觸更「真實」和「有趣」的心理相關知識。

我們可以想像：戴上 VR 等設備，化身為「心爾摩斯」來到佛洛依德古樸的躺椅旁，擔任治療小漢斯或安娜的診療助手嗎？或是與阿德勒一同前往各地演講，上樓梯時扶他一把，夜間幫忙整理隔天的講稿，是怎樣的感覺？仿真的與大師同行，進入時代脈絡，深刻經歷理

論形成的人生場景，例如：輔導諮商理論、心理測驗、變態心理學、社區心理學或諮商輔導實務課程等，在當前技術成熟之背景下，輔導諮商與心理學知識「認真玩」，其實是可以研發和運用的。

二、虛擬實境或 AI 個案的實務扮演

長期以來的諮商輔導實務訓練，仰賴於假扮案主的角色扮演。試想，若延伸上述的認真玩概念而能創造在實務課程或練習上可用的實務扮演機器人，或是戴上 VR 即可開始有所反應和對話。此類的相關案主資料庫，可運用於教學、訓練、課餘練習，甚至可用於甄選和評鑑諮商輔導專業，也可適用於研究上，對於諮商師或輔導教師的專業能力評量。倘若在不考量成本、又能蒐集到很精準適切的案主資料，此類科技的應用或許能大幅提升諮商輔導實務之訓練效能與考核。

三、諮商輔導實務人機小秘書的開創

隨著多樣媒體的去中心化和個人能夠運用精良媒材，能非常行動化的整合多項功能事務，例如：近十年來的行動智慧年代，一支手機能夠同時完成聯繫、蒐集、上網、編修、攝影、行銷、自媒體經營、預約、給付、記錄、運算、視訊等相當多項功能。以諮商輔導專業工作為核心的平臺——不論是學校或社區輔導工作，或是個人工作室等，諸如：推廣、宣傳、預約、通知、倫理同意、錄音錄影、記錄、回饋與分析、月報呈現、追蹤和回報等，AI 小秘書之協助甚至能鉅細靡遺的滿足專業工作中的各項複雜需求。專業在技術的襯托下，期待能顯現出其具效益和流暢的運作，造福投身於諮商專業的每個實踐者。

參、始於人性：勇於創新的諮商科技研究與人文關懷精神之融入

一、數據訊息的主動建構與創新思考

　　隨著大數據在網路或雲端大量的資料滾動，當前的研究關鍵常與是否能夠取得數據資料有關，也因此「被動的」隨著資料呈現，或僅能侷限的捕捉等，是當前對於了解人群心理健康與行為的可能限制。愈來愈多的生理同步測量、情緒狀態回報、生活作息與習慣，或是更進一步能蒐集與壓力等心理狀態有關的訊息指標，透過跨領域研究持續的對民眾心理與行為有更深且更細緻的認識，持續回饋和更新我們對新世代心理的了解。更進一步而言，若有團隊能積極地開創心理發展指標之網路社群，或能主動設計規劃融入到現有的社群媒體網站（例如：融入性格、關係行為、發展指標、問卷測量或早年回憶等），那縱貫的和大量橫斷的資料蒐集，能更豐富輔導人員立即的對民眾心理健康的更深入了解。

二、新科技與民眾對諮商資源可近性的創新

　　更便捷而有規範的諮商輔導資源或整合平臺之建構，也可以是重要的資源開創和體系建構。新近的媒體電子行銷技術、多樣網路支付，或是輔導資源與諮商預約的即時媒合等方式，若整合起來，可大幅提高民眾對於諮商資源的親近性，並且強化和增加民眾對於心理健康和尋求幫助的比例。而未來前端的區塊鏈或加密支付等體系的研發，也或許在法律和倫理考慮均合宜的狀況下，例如：「心幣」的開創（與心理／輔導／諮商等服務有關的虛擬貨幣交流供需連結）、有層次且能相輔相成的接近心理服務資源（例如：收閱心理新知並線上

與 AI 問答，進而與真實諮商師線上會談，再進一步願意參與團體，並開始進入會談，且同步參加線上家庭成長課程等）。

三、各年齡層需求與創新心理服務的科技應用

科技，始終始於人性。回應到科技與人群心理服務的天平，到底是心理服務跟著科技走？還是科技跟著心理需求或服務價值思維，來尋求變化和創新應用？筆者認為，最理想的狀態應該是後者，能夠回歸人性，以各年齡需求和有方向與理想的服務願景，來善用科技媒材。

例如：遠距線上的新手爸媽成長團體之創新模式或日誌平臺，對於早期幼兒發展與家庭親子互動，應有莫大的幫助。又如：提供給青少年父母各類型簡要諮詢問答的 AI 互動平臺（預防推廣）、關係與管教效能的測驗評量（篩檢評估），進而提供網路諮詢或家庭面談（介入處理），更從中累積資訊而能對家長親職力提出倡議和推廣。此外，老齡心理健康或身心發展輔具使用者的心理復健等，在各種輔具設計和創新中融入心理照護或健康促進的元素，都是未來發展的重要創新。

在陰陽與正反合的思維中，一個更加高科技的世代，是否也意味著對於人性更加看重和強調之世代的來臨？而能對於 AI 時代的規範與社會規則、個人資料和隱私的保護與尊重、人文關懷理念融入科技設計，以及對於人機介面和心理需求滿足的看重。從科技始於人性，而人性達於我們對心理的微察和關注；心理學和相關的諮商輔導全人跨距服務，在新的 AI 時代和跨領域世代很值得輔導人員投入新的耕耘和努力。在一甲子的豐厚基礎上，延伸、發想並積極跨域連結、勇於乘風踏浪，航向另一個極具開創性與挑戰性的新甲子。

第一、四節

中文部分

Susan Kuang（2017）。斜槓青年：全球職涯新趨勢，迎接更有價值的多職人生。臺北市：圓神。

呂育誠（2015）。專業的再定義與跨域人才培育。**T & D飛訊，213**，1-16。

呂宗昕（2009）。π型人：職場必勝成功術。臺北市：商周。

邱誌勇（2014）。眾聲喧嘩：跨領域的界定與範疇。取自 http://talks.taishinart.org.tw/juries/ccy/2014100603

邱錦田（2017）。日本實現超智慧社會（社會 **5.0**）之科技創新策略。取自 https://portal.stpi.narl.org.tw/index/article/10358

孫憶明（2015）。為何「跨領域學習能力」如此重要？取自 http://blog.cw.com.tw/blog/profile/256/article/2661

西文部分

Yoshiyuki Sankai (2018). *Dawn of the era of techno peer support: Pioneering the future with cybernics*. Opening ceremony presentation in 40th annual Conference of the International School Psychology Association (ISPA), Tokyo, Japan.

第二節

中文部分

張淑芬（2015）。心理師從事家庭暴力暨性侵害類社區諮商之跨專業系統合作能力初探研究。**教育心理學報，47**（1），23-43。

陳嘉鳳、周才忠（2011）。社區諮商典範在台灣的轉移與失落。**輔導季刊，47**（4），40-49。

游淑華、姜兆眉（2011）。諮商心理與社會工作在「家庭暴力暨性侵害防治中心」的跨專業合作經驗：從社工觀點反思諮商心理專業。**中華輔**

導與諮商學報，**30**，24-53。

西文部分

Bronfenbrenner, U. (1979). *The ecology of human development*. Cambridge, MA: Harvard University Press.

D'Amour, D., Ferrada-Videla, M., Rodriguez, L., & Beaulieu, M. (2005). The conceptual basis for interprofessional collaboration: Core concepts and theoretical frameworks. *Journal of Interprofessional Care, 19*, 116-131.

Lam, AHY, Wong, JTL, Ho, ECM, Choi, RYY, & Fung, MST. (2017). A concept analysis of interdisciplinary collaboration in mental healthcare. *COJ Nurse Healthcare, 1*(2), COJNH.000506.

Lewis, J. A., Lewis, M. D., Daniels, J. A., & D'Andrea, M. J. (2011). *Community counseling: A multicultural-social justice perspective* (4th ed.). Pacific Grove, CA: Brooks/Cole-Thomson Learning.

World Health Organization. [WHO] (2010). *Framework for action on interprofessional education and collaborative practice*. Retrieved from http://apps.who.int/iris/bitstream/10665/70185/1/WHO_HRH_HPN_10.3_eng.pdf

台灣輔導與諮商學會
（原中國輔導學會）
六十年大事紀

年代	大事紀	理事長
1958	・中國輔導學會創立，致力於將西方輔導觀念引入我國，推動各級學校輔導工作	創會理事長：蔣建白老師（擔任1～14屆理事長，1958～1971）
1962	・宗亮東老師、楊寶乾老師與臺灣省政府教育廳合作，提供「中等學校輔導工作實驗計畫」專業人力，發行《輔導研究小叢書》和《輔導研究專刊》	
1965	・舉辦「第三國訓練計畫」，為越南教育人員實施六週的輔導專業訓練	
1966	・行政院青年輔導委員會成立，本會負責青年輔導工作策劃，宗亮東老師將輔導教學與研究引入大學校園	
1967	・美國輔導學會會長威廉遜來臺訓練，帶動兩會交流 ・本會製作「輔導教師的任務」教育影片，編劇、導演、演出及攝影皆由本會同仁擔任	
1968	・教育部接受本會建議，於九年國民義務教育之國中階段設置「指導活動課」，其課程由宗亮東老師、李亞白老師、張植珊老師合編，本會協同編著	
1969	・救國團創辦「青少年輔導中心—張老師」，並設置專線電話，宗亮東老師為幕後靈魂人物	
1970	・本會與日本職業輔導協會共同發起亞洲區教育及職業輔導學會（ARAVEG），蔣建白老師為第一任會長，為首位擔任國際性學術組織的領導者	
1971	・臺灣省立教育學院（現國立彰化師範大學）成立國內第一個輔導學系，張植珊老師為創系主任，其後由彭駕騂老師擔任	

年代	大事紀	理事長
1972	・教育部頒定《大專學校學生輔導中心設置辦法》，要求大專校院設置學生輔導中心，本會接受教育部委託協助各校成立輔導體制	第15～19屆理事長：楊寶乾老師（1972～1977）第20屆理事長：
1973	・彰化「張老師」成立，與臺灣省立教育學院（現國立彰化師範大學）合作，由張植珊老師擔任常務理事	楊寶乾老師（1977年4月15日逝世）張慶凱老師
1974	・教育部頒定《高級中學輔導工作實施方案》，本會多位同仁擔任指導委員	（1977年5月8日起任代理理事長）
1975	・教育部將「輔導活動」列為國小新增課程，編印《輔導活動教師手冊》，本會同仁應邀籌劃推行	
1976	・本會協助教育部修訂「國民小學課程標準」，規定對國小學生按其身心發展實施輔導工作	
1978	・中國輔導學會創立20週年，舉辦輔導學術研討會，編印《我國輔導學的回顧與展望》一書	第21～29屆理事長：宗亮東老師（1978～1988）
1979	・「張老師」修訂輔導中心人事編制，設立北、中、南三區指導委員會，宗亮東老師坐鎮北區，中、南兩區亦由本會同仁主持	
1981	・教育部公布《高級中學學生輔導辦法》，本會協助訂定其工作組織、人員、工作報告	
1985	・理事長任期自第28屆起改為2年	
1987	・首屆「木鐸獎」得獎人：龍書祁老師 ・「服務獎」得獎人：吳正勝老師	

年代	大事紀	理事長
1989	• 公布《中國輔導學會會員專業倫理守則》 • 「木鐸獎」得獎人：彭駕騂老師 • 「服務獎」得獎人：陳采老師	第 30 屆理事長： 彭駕騂老師
1990	• 「木鐸獎」得獎人：林幸台老師 • 「服務獎」得獎人：劉安屯老師	
1991	• 教育部公布「輔導工作六年計畫」，為輔導工作高峰	第 31 屆理事長： 劉焜輝老師
1993	• 《輔導月刊》正式更名為《輔導季刊》，另針對特定主題發行《中華輔導學報》	第 32 屆理事長： 林幸台老師
1995～1996	• 進行專業倫理守則修訂，成立審查委員會，邀請專家與實務工作者就修訂內容提供意見	第 33 屆理事長： 蕭文老師
1997	• 承辦亞洲職業與教育輔導協會（ARA-VFG）年會 • 「木鐸獎」得獎人：金樹人老師 • 「服務獎」得獎人：王玉珍老師	第 34 屆理事長： 吳武典老師
1998	• 慶祝學會成立 40 週年，出版紀念專書《輔導學大趨勢》 • 本會與中華心理衛生協會合辦「1998 心理衛生與輔導會議」 • 「木鐸獎」得獎人：楊瑞珠老師 • 「服務獎」得獎人：林家興老師	
1999	• 建置「921 災後輔導資訊網」，提供災後緊急處置及線上諮詢服務，並於國立彰化師範大學舉辦「921 災後心理復健學術研討會」 • 「木鐸獎」得獎人：陳秉華老師 • 「服務獎」得獎人：張德聰老師	第 35 屆理事長： 金樹人老師

年代	大事紀	理事長
2000	・成立「專業倫理委員會」，負責專業倫理守則之修訂、倫理教育規劃，以及倫理申訴、調查、懲戒等事宜 ・成立《心理師法》推動小組 ・「木鐸獎」得獎人：曾端真老師 ・「服務獎」得獎人：王麗斐老師	
2001	・《心理師法》於立法院第四屆第六會期第六次會議通過，其間本會多位理監事及會員來回於立法院、行政院衛生署不斷協調溝通 ・「木鐸獎」得獎人：吳麗娟老師 ・「服務獎」得獎人：田秀蘭老師	第36屆理事長： 鍾思嘉老師
2002	・第36屆第四次理監事會議通過《諮商心理實習課程辦法》 ・「木鐸獎」得獎人：林家興老師 ・「服務獎」得獎人：修慧蘭老師	
2003	・本會接受教育部訓育委員會委託建置「校園危機處理與SARS心理輔導諮詢網」，提供學校輔導教師與一般教師相關心理輔導諮詢服務 ・針對《國民教育法》第10條之修正，發動連署與拜會立法委員，促其再提修正草案 ・本會成立「諮商心理學組」 ・「木鐸獎」得獎人：吳秀碧老師 ・「服務獎」得獎人：王智弘老師	第37屆理事長： 林家興老師
2004	・本會接受行政院衛生署委託辦理諮商心理師繼續教育審查事宜，通過《諮商心理繼續教育及積分採認作業規章》。 ・「木鐸獎」得獎人：田秀蘭老師 ・「服務獎」得獎人：廖鳳池老師	

年代	大事紀	理事長
2005	• 召開第一次學校輔導工作任務小組會議，深入了解學校輔導工作及學生需求，並在北、中、南各地舉辦公聽會 • 「木鐸獎」得獎人：陳金燕老師 • 「服務獎」得獎人：曹中瑋老師	第 38 屆理事長： 陳秉華老師
2006	• 「諮商心理學組」開始執行行政院衛生署之「諮商心理學程研究生臨床訓練規範訂定計畫」 • 《中華輔導學報》獲選為 94 年度 TSSCI 資料庫收錄之期刊（綜合類） • 「木鐸獎」得獎人：王文秀老師 • 「服務獎」得獎人：程小蘋老師	
2007	• 完成教育部委託之《學生輔導法》草案修訂計畫 • 《中華輔導學報》獲美國心理學會（APA）認可，收錄於 psycINFO 資料庫 • 參與《社會工作師法》協調會議，爭取將「諮商與心理治療」等文字從其社工業務中移除 • 「木鐸獎」得獎人：王麗斐老師 • 「服務獎」得獎人：林美珠老師	第 39 屆理事長： 陳金燕老師
2008	• 本會成立 50 週年，同時經內政部正式核准更名為台灣輔導與諮商學會 • 《中華輔導學報》完成改版，正式更名為《中華輔導與諮商學報》 • 正式受理諮商心理實習機構審查 • 學校輔導工作小組努力奔走，爭取臺北市增設國小專任專業輔導教師，以三年到位的方式外加一百多位國小專任專業輔導教師	

年代	大事紀	理事長
2008	• 協助本會下之諮商心理學組獨立為臺灣諮商心理學會 • 本會LOGO正式出爐，設計意涵融合生命與愛，葉片代表生生不息，生長出方框展現本會歷經 50 年的不斷修正與轉型，而不被現實環境所圍，勇於突破及成長之精神 •「木鐸獎」得獎人：林美珠老師 •「服務獎」得獎人：黃素菲老師	
2009	• 為鼓勵研究生參與學術活動，並能跨校交流、相互學習，辦理第一屆全國輔導與諮商碩博士研究生研討會（國立臺中教育大學諮商與應用心理學系承辦） •「木鐸獎」得獎人：修慧蘭老師 •「服務獎」得獎人：吳芝儀老師	第 40 屆理事長： 張德聰老師
2010	• 行政院青年輔導委員會委託辦理「生涯發展輔導師：能力指標暨本土化課程研發」之擬訂及成果發表暨研討會 • 教育部委託辦理「國高中階段生涯輔導工作實務現況分析與多元進路觀點生涯輔導策略發展之探究研究計畫」 • 辦理第二屆全國輔導與諮商碩博士研究生研討會（臺北市立大學心理與諮商學系承辦） •「終身成就獎」：劉焜輝老師 •「木鐸獎」得獎人：郭麗安老師 •「服務獎」得獎人：林蔚芳老師	

年代	大事紀	理事長
2011	• 針對學校輔導工作等校園議題，向教育部提出七項建言（分為國小、國中、高中職） • 針對《國民教育法》第 10 條修正後之配套措施、諮商心理師等相關議題積極進行立法院拜會 • 參與《醫療機構設置標準》之推動 • 學校輔導工作研究委員會檢送《各直轄縣（市）政府及國民中學設置專任專業輔導人員辦法草案》修訂建議予教育部 • 行政院國家科學委員會中部科學工業園區管理局委託辦理「中科園區員工協助方案整合平台運行計畫」 • 教育部委託辦理「災難（或創傷）後學校諮商與輔導工作參考手冊編製計畫」 • 辦理第三屆全國輔導與諮商碩博士研究生研討會（國立新竹教育大學心理與諮商學系承辦） • 「木鐸獎」得獎人：趙淑珠老師 • 「服務獎」得獎人：許維素老師	第 41 屆理事長： 王文秀老師 副理事長： 趙淑珠老師
2012	• 立法院通過《國民教育法》第 10 條修正案，大量增置學校輔導與諮商人力，本會針對專業輔導教師之角色、工作任務、職能、資格等之建議，函文教育部中等教育司、各縣（市）教育局及學生輔導諮商中心供參 • 學校輔導工作研究委員會擬定「學校專任輔導教師職前 40 小時培訓課程方案」及「督導模式與任務計畫方案」函文教育部訓育委員會供參	

年代	大事紀	理事長
2012	• 舉辦第四屆全國輔導與諮商碩博士研究生研討會（國立臺南大學諮商與輔導學系承辦） • 積極促成《學生輔導法》立法，該法於2014年11月12日公布實施 • 「終生成就獎」：牛格正老師 • 「木鐸獎」得獎人：卓紋君老師 • 「服務獎」得獎人：林繼偉老師	
2013	• 與心理健康行動聯盟共同發聲爭取「心理健康司」獨立設置，以維護全民心理健康 • 針對「研商諮商心理師執行全民健保醫療服務項目及支付標準心理治療相關診療項目」，積極參與會議之討論與推動 • 設置「性別平等委員會」，以促進諮商專業中的性別地位之實質平等，保障諮商服務中雙方之性別人權 • 持續針對諮商心理師實習制度凝聚相關培育系所之共識，整合相關建議，完善實習制度 • 舉辦第五屆全國輔導與諮商碩博士研究生研討會（銘傳大學諮商與工商心理學系承辦） • 「木鐸獎」得獎人：潘正德老師 • 「服務獎」得獎人：王文秀老師	第42屆理事長： 徐西森老師 副理事長： 林繼偉老師
2014	• 舉辦「建構理想之諮商實習培訓制度：困境與突破」座談會，邀請實習機構、學校培育等單位，針對諮商心理實習制度進行討論交流，並於北、中、南三區分別辦理	

年代	大事紀	理事長
2014	• 針對立法院欲修正《心理師法》第 2 條，將心理師應考資格放寬至學士畢業，發表相關抗議聲明，並建置「心理師法修正草案專區」，凝聚各界共識，理監事並分區拜會立法委員爭取支持 • 分北、中、南、東區舉辦制訂「學校輔導工作倫理守則草案」公聽會 • 本會網頁建置性別平等專區，促進性別平等訊息交流及支持性別平等相關聲明 • 舉辦第六屆全國輔導與諮商碩博士研究生研討會（國立嘉義大學輔導與諮商學系承辦） • 終生成就獎：吳武典老師 • 「木鐸獎」得獎人：許維素老師 • 「服務獎」得獎人：陳斐娟老師	
2015	• 學校輔導工作研究委員會針對《學生輔導法施行細則》研擬提供意見予教育部學生事務及特殊教育司供參 • 教育部委託成立「因應 0927 八仙樂園粉塵暴燃案提供受傷學生及家長心理健康諮詢專線計畫」 • 承辦「第六屆兩岸四地大專院校心理輔導與諮商高峰論壇」，邀請中國大陸、香港、澳門、馬來西亞、日本學者共襄盛舉，計有約三百多人次參與 • 與警察廣播電臺合作電台節目「番薯的呢喃」，推廣心理健康資訊 • 舉辦第七屆全國輔導與諮商碩博士研究生研討會（國立暨南國際大學諮商心理與人力資源發展學系承辦） • 「木鐸獎」得獎人：劉淑慧老師 • 「服務獎」得獎人：徐西森老師	第 43 屆理事長： 王智弘老師 副理事長： 修慧蘭老師

年代	大事紀	理事長
2016	・因應 0206 臺南大地震,教育部緊急委託建置「26 震災心理健康資訊網」,提供相關救災與心理附件資訊給專業人員與一般民眾 ・本會與北京高教學會心理諮詢研究會簽訂合作交流協議書 ・舉辦「2016 本土諮商心理國際學術研討會」,會中有將近兩百餘位中外學者參與、近百篇論文發表 ・舉辦第八屆全國輔導與諮商碩博士研究生研討會(國立東華大學臨床與諮商學系承辦) ・「終生成就獎」:林幸台老師 ・「木鐸獎」得獎人:黃宗堅老師 ・「服務獎」得獎人:魏麗敏老師	
2017	・理事長率領相關人員拜會教育部,針對《師資培育法》第 6 條修正案,將「輔導教師」納入師資類科單獨培育進行討論與建議供參 ・建置「照見前方的路:輔導教師的專業與不可取代,我們一起來發聲」專區,針對學校輔導工作及輔導教師專業議題進行討論與推動 ・學校輔導工作研究委員會擬訂「學生輔導政策聲明:落實學生輔導法,健全學生輔導政策」,並積極拜會教育部相關單位,遊說《學生輔導法》修法與專業輔導人力之重要性	第 44 屆理事長: 田秀蘭老師 副理事長: 吳芝儀老師

年代	大事紀	理事長
2017	・學校輔導工作研究委員會規劃舉辦北、中、南、東四區之「2017年學生輔導工作巡迴論壇暨增能課程」 ・設置伴侶婚姻與家庭研究委員會，以提升本會會員在面對家庭與婚姻之社會變遷、多元家庭型態之現況，以及文化脈動與跨文化之專業知能 ・舉辦第九屆全國輔導與諮商碩博士研究生研討會（國立彰化師範大學輔導與諮商學系承辦） ・「木鐸獎」得獎人：徐西森老師 ・「服務獎」得獎人：洪莉竹老師	
2018	・慶祝本會60週年，於國立臺灣師範大學舉辦學術研討會（10/20～10/21），並製作「風華一甲子」影片，採訪歷屆理事長及耆老，展現學會風華歷史，同時也呈現臺灣輔導歷史 ・慶祝本會創立60週年，出版紀念專書《臺灣輔導一甲子》 ・辦理「學校輔導督導認證課程」，推動學校輔導督導制度；督導認證分諮商心理專業督導及學校輔導專業督導雙軌並行 ・辦理北、南區「107年度長期照護心理專業人員培訓（Level II）」課程 ・「終生成就獎」：吳秀碧老師 ・「木鐸獎」得獎人：洪莉竹老師 ・「服務獎」得獎人：劉淑慧老師	

國家圖書館出版品預行編目資料

臺灣輔導一甲子／蕭文、田秀蘭主編.
-- 初版. -- 新北市：心理, 2018.12
面；公分. --（輔導諮商系列；21122）
ISBN 978-986-191-852-5（平裝）

1. 心理輔導　2. 心理諮商

178.3　　　　　　　　　　　107023042

輔導諮商系列 21122

臺灣輔導一甲子

策　　　劃：台灣輔導與諮商學會
主　　　編：蕭文、田秀蘭
責 任 編 輯：郭佳玲
總 編 輯：林敬堯
發 行 人：洪有義
出 版 者：心理出版社股份有限公司
地　　　址：231 新北市新店區光明街 288 號 7 樓
總　　　機：(02) 29150566
傳　　　真：(02) 29152928
郵撥帳號：19293172　心理出版社股份有限公司
網　　　址：http://www.psy.com.tw
電子信箱：psychoco@ms15.hinet.net
駐美代表：Lisa Wu（lisawu99@optonline.net）
排 版 者：辰皓國際出版製作有限公司
印 刷 者：辰皓國際出版製作有限公司
初版一刷：2018 年 12 月
Ｉ Ｓ Ｂ Ｎ：978-986-191-852-5
定　　　價：新台幣 600 元